Jutta Berninghausen
Birgit Kerstan
Nena Soeprapto-Jansen

SCHLEIER, SARONG, MINIROCK

**Frauen im kulturellen Wandel Indonesiens
2. Auflage**

Herausgegeben von:

Interkulturelle Studien

Zentrums für interkulturelles Management (ZIM)
Institut der Hochschule Bremen

www.zim-bremen.org

Das ZIM (Zentrum für interkulturelles Management) leistet einen Transfer zwischen Theorie und Praxis als Kompetenzzentrum für interkulturelle Kommunikation und Diversity Management im norddeutschen Raum. Führungskräfte erhalten gezielte Unterstützung durch:

- Beratung,
- Training,
- Forschungsvorhaben.

Regionale Kompetenzen sind unter anderem für die folgenden Länder und Regionen vorhanden:

- Arabische Länder,
- China,
- Japan,
- Lateinamerika,
- Südostasien,
- südliches Afrika.

© 2., überarbeitete Auflage 2009, Kellner-Verlag, Bremen • Boston
Kontakt: Kellner-Verlag • St.-Pauli-Deich 3 • 28199 Bremen
Tel. 04 21 - 77 8 66 • Fax 04 21 - 70 40 58
sachbuch@kellnerverlag.de • www.kellner-verlag.de

Lektorat: Mandy Klingbeil
Layout: Manuel Dotzauer
Coverfoto: Dieter Lotze
Covergestaltung: Designbüro Möhlenkamp, Bremen

ISBN 978-3-939928-03-4

Jutta Berninghausen, Birgit Kerstan, Nena Soeprapto-Jansen

Schleier, Sarong, Minirock
Frauen im kulturellen Wandel Indonesiens

I. **Indonesien verstehen**

Einleitung   5

Einheit in der Vielfalt?
Herausforderungen eines Vielvölkerstaats   11

Interview mit Franz von Magnis-Suseno:
Eine Republik, in der sich alle zu Hause fühlen   31

Reformasi – Ein Streifzug durch die neuere politische
Geschichte Indonesiens   38

Interkulturelle Spannungsfelder zwischen Tradition
und Moderne – zum Verständnis der indonesischen Kultur   63

II. **Frauenleben auf dem indonesischen Archipel –
Splitter eines Kaleidoskops**

Die Macht hinter den Kulissen –
Mütter und Töchter im ländlichen Mitteljava   82

Licht und Schatten der Götterinsel: Frauen auf Bali   105

Von Königen und Sklaven. Frauen auf Sumba   138

Identitätssuche im Druckkessel. Frauen auf Lombok   152

Die Kraft des Standhaltens. Frauen in Aceh   168

Interview mit Nurul Akhmal:
Die erste Frauenpartei Indonesiens – gegründet in Aceh   194

III. **Kulturmuster im Umbruch**

Die weibliche Art des Führens. Frauen im öffentlichen
und politischen Leben   200

Frauenbewegung und Islam – ein ungleiches Paar?   230

Interview with Julia Suryakusuma:
»I am an insider and outsider at the same time.«
Women and Islam in Indonesia   254

Liebe und Ehe im Umbruch   258

Herausforderungen meistern – Frauen im Geschäftsleben 276

»Ich habe dafür gesorgt, dass der Kochtopf nie ganz leer war.«
Die Geschichte der Ibu Wiro 289

Gegen den Strom schwimmen –
Reflektionen einer kulturellen Kosmopolitin 295

IV. Was uns verbindet

Die weibliche Suche nach einer neuen Identität.
Autorinnengespräch 317

Literaturverzeichnis 330

Fotonachweis 340

Über die Autorinnen 341

Anmerkungen 343

Danksagung

Die Arbeit an diesem Buch war für uns eine Reise durch die letzten zwei Dekaden unserer Auseinandersetzung mit Indonesien, diesem vielschichtigen Land, in dem wir einen großen Teil unseres Lebens verbracht haben und das uns selbst sehr geprägt hat. Die Jahre, in denen das Buch entstand, waren gefüllt mit bewegenden Gesprächen und Begegnungen mit unterschiedlichsten Frauen – Freundinnen, Politikerinnen, Aktivistinnen, Hausangestellten, Wissenschaftlerinnen, Journalistinnen, Künstlerinnen, Arbeiterinnen, Bäuerinnen; Frauen, die wir seit Langem kennen, die wir nach langer Zeit wieder trafen oder die wir im Rahmen der Recherchen erst kennen lernten.

Wir möchten uns bei allen für ihre Bereitschaft bedanken, uns an ihren Lebensgeschichten und Ansichten teilhaben zu lassen. In den nachgezeichneten persönlichen Geschichten haben wir grundsätzlich die Namen verändert. Namentlich zitiert sind nur Persönlichkeiten des öffentlichen Lebens, mit denen wir ein formelles Interview geführt haben.

Hier sind besonders hervorzuheben:

Anak Agung Ayu Mirah, Prinzessin und Geschäftsfrau; Andi Yuliani Paris, Mitglied des nationalen Parlaments für die islamische Partei PAN; Chusnul Mariah, Wissenschaftlerin und früheres Mitglied des nationalen Wahlkomitees; Cok Sawitri, Künstlerin; Edriana Nurdin, Programmdirektorin am Women's Research Institute (WRI) sowie Sita Aripurnami und ›information officer‹ Ning, beide WRI; Endang, Kreisvorsteherin von Delanggu bei Klaten; Frans von Magnis-Suseno, Jesuitenpater und Philosoph; Illiza, Leiter der islamischen Partei PPP in Aceh; Julia Suryakusuma, Journalistin; Kamala Chandrakirana, Vorsitzende der Nationalen Kommission zu Gewalt gegen Frauen; Luh Ketut Suryani, Psychiaterin; Luh Putu Anggraini, Rechtsanwältin; Mari Elka Pangestu, Ministerin für Industrie und Handel, Masruchah, Vorsitzende der Frauenorganisation Koalisi Perempuan Indonesia; Mawardi Ismail, Dekan der Rechtsfakultät an der Syah Kuala-Universität in Aceh; Mayling Oey-Gardiner und Debra Yatim, Frauenaktivistinnen und Beraterin für Frauenangelegenheiten; Musdah Mulia, Vorsitzende der Indonesischen Konferenz für Religion und Frieden; Nursyahbani Katjasungkana, Mitglied des nationalen Parlaments für die islamische Partei PKB; Nurul Akhmal, Mitbegründerin einer Frauenpartei in Aceh, Ratu GKR Hemas, Mitglied des indonesischen Regionalrats DPD und Ehefrau des Sultans von Yogyakarta; Seniwati, Dorfvorsteherin von Gergunung bei Klaten; Shanti L. Poesposoetjipto, Senior Advisor bei der Ngrumat Bondo Utomo Aktiengesellschaft im Samudera Indonesia Building, Sita van Bemmelen, Wissenschaftlerin; Sri Kusumastuti, Mitglied der NGO Smeru; Suraya Kamaruzzaman, Frauenorganisation in Aceh; Teungku Iwan Fitrah in Aceh; Titik Suntoro und Avi Mahaningtyas, Aktivistinnen für Umwelt und Frauen;

Besonders verbunden sind wir den Frauen in dem mitteljavanischen Dorf nahe Klaten, wo wir Mitte der 80er Jahre im Rahmen unserer Feldforschung ein Jahr gelebt haben, insbesondere Ibu Salam und Ibu Utari, aber auch den vielen Freundinnen, Kolleginnen und Nachbarinnen in Aceh, Java, Bali, Lombok und Sumba, deren Geschichten und Gedanken uns beim Schreiben begleitet haben: Sulikanti, Yuliani, Soeyatni, Paramita, Diah, Eva, Rowena, Ati, Mifta, Monica, Umi, Bibit, Lala, Bibi, Yanti, Komang Mirah, Ade, Ratnawati, Diahndra, Cok, Budi, Yuliati, Ayu, Nung, Iik, Rambu Ana und Dhani und vielen anderen, die ihre Anschauungen und ihr Wissen mit uns geteilt haben.

Herzlichen Dank möchten wir allen sagen, die uns bei der Erstellung dieser Publikation unterstützt haben: Iwan Sawanto für die Transkription von Interviews, Sita Zimpel für die gelungene Übersetzung vom Indonesischen ins Deutsche, Sita van Bemmelen und Christa Limmer für ihre hilfreiche Kommentierung, Mandy Klingbeil für das sorgfältige und kreative Lektorat, Luciana Ferrero und Friedhelm Betke für die kostenlose Überlassung ihrer Fotos. Dank gebührt natürlich auch unseren Familien, die uns die Entstehung dieses Werkes mit aufmunternden Kommentaren und praktischer Hilfe begleitet haben.

Unseren Kindern Charlotte, Karl, Paul, Max, Carla, Jack und Adjna, die in zwei Kulturen aufwachsen oder groß geworden sind, soll dieses Buch gewidmet sein.

I. Indonesien verstehen
Einleitung

»Hello Mister, I love you!« Endlich wieder in Indonesien. Nach all den Jahren machen indonesische Straßenjungen bei der Anrede von Fremden immer noch keine Geschlechterunterschiede. Dabei spielt die Anrede bei den Indonesiern sonst eine große Rolle, zeigt diese doch die soziale Beziehung zwischen dem Sprechendem und dem Angesprochenen an.

Es ist über 20 Jahre her, dass wir begonnen haben, uns für die Lebensbedingungen indonesischer Frauen zu interessieren. 1986 sind wir mit unseren Kindern für eineinhalb Jahre in ein kleines javanisches Dorf inmitten fruchtbarer Reisfelder gezogen, um das Leben dieser Frauen kennen zu lernen. Seitdem hat uns dieses Land nicht wieder losgelassen und wir haben mehr als 50 % unserer Zeit hier verbracht. Nena, die dritte Autorin in unserem Team, wirft den Blick aus einer anderen Perspektive auf die indonesischen Frauen. Als Indonesierin in Deutschland aufgewachsen und studiert, in Indonesien gelebt und gearbeitet, ist sie in beiden Kulturen zu Hause.

Heute, im Jahr 2008, möchten wir wissen, wie sich das Leben inzwischen verändert hat, mit welchen Problemen indonesische Frauen, die in der heutigen Zeit groß werden, zu kämpfen haben, welche Lebensentwürfe dahinter stehen und welche Antworten sie auf die Fragen haben, die Frauen weltweit beschäftigen: wie können die unterschiedlichen Rollenerwartungen aber auch Bedürfnisse der Frau als Mutter, Lebenspartnerin und Berufstätige in der Gesellschaft und in der Familie verwirklicht werden? Wie kann Geschlechtergerechtigkeit hergestellt werden in einer Kultur, die noch zutiefst von hierarchischen und kollektiven Strukturen durchdrungen ist? Wie lassen sich Gleichberechtigung und Religion miteinander vereinbaren?

Die Fragen mögen dieselben sein, die Antworten auf sie unterscheiden sich indessen von Kultur zu Kultur. Doch Kulturen als das Muster der Sinngebung, in dessen Rahmen Menschen ihre Erfahrungen deuten und ihr Handeln lenken, verändern sich. In Zeiten der Globalisierung schmilzt die Welt scheinbar zusammen. Zunehmend entstehen transkulturelle Räume, in denen verschiedene kulturelle Werte aufeinanderprallen und sich miteinander vermischen. Die bei der Staatsgründung von Soekarno propagierte Staatsphilosophie »Einheit in der Vielfalt« hat das im Westen noch neue Konzept des »Managing Diversity« seit vielen Jahren zur primären Herausforderung der politischen Führer dieses Vielvölkerstaates gemacht. Das gleichberechtigte Miteinander von Religionen und Ethnien war für das Ent- und Bestehen des indonesischen Nationalstaates überlebenswichtig. Gleichzeitig war die indonesische Kultur immer schon dafür bekannt, dass sie sich auch deshalb so gut gegen alle Fremdeinflüsse bewahren konnte, weil sie die neuen Einflüsse und Werte in ihre traditionelle Kultur aufnehmen und assimilieren konnte, ohne diese aufzugeben. »Sowohl als auch« und nicht »entweder oder« schien immer das Geheimrezept der indonesischen Kultur zu sein, wie es noch vor 25 Jahren der indonesische Jesuitenpater Franz von Magnis-Suseno beschrieb.[1] Heute beurteilt auch der Jesuitenpater die Situation nicht mehr so optimistisch und befürchtet, dass der jahrhundertealte kulturelle und religiöse Pluralismus in Indonesien zerbrechen könnte. Amerikanisierte westliche Werte und Lebenseinstellungen überschwemmen den Globus und verändern traditionelle Lebensweisen radikal und unaufhaltsam. Neben der kapitalistischen Kommerzkultur finden durch den weltumspannenden Dialog von Bürgerrechtsbewegungen und internationalen Organisationen auch universelle humanistische Werte – Menschenrechte und Geschlechtergleichberechtigung, um nur die prominentesten zu nennen – Eingang in traditionell hierarchische Gesellschaften. Gleichzeitig erstarkt eine ebenfalls global ausgerichtete fundamentalistische islamische Gegenbewegung, die strenge Sittengesetze gegen die hedonistische Lebensweise des Westens setzen will.

In Indonesien mehren sich die Stimmen, die befürchten, dass die traditionelle indonesische Kultur zwischen diesen beiden global orientierten Strömungen verloren geht. Sita von Bemmelen beschreibt, wie sich das öffentliche Bild der indonesischen Frau über die Jahre gewandelt hat – von einer javanischen *Ibu*[2] mit *sarong* und *kebaya*, eine Kleiderordnung, die unter Präsident Soekarno für seine Frauen als offizielles Erscheinungsbild propagiert wurde, über den späteren Zusatz eines schräg über die Schulter geworfenen *slendangs*, ein Tuch in dem traditionell die Babys getragen werden, als formelle Bezeugung mütterlicher Sorge für die Gesellschaft und auch durch Ibu Tin, der Ehefrau des über 30 Jahre lang amtierenden Präsident Suharto sowie die erste weibliche Präsidentin Megawati, bis hin zu dem sich heute immer stärker durchsetzenden Trend der moslemischen Tracht mit *jilbab* (Kopftuch), langer Bluse und Hose. Dass alle diese Kleidungsstücke primär durch die javanische Kultur und Religion geprägt sind, zeigt wie sehr diese Insel, auf der immerhin mehr als die Hälfte aller Indonesier leben, seit Jahrzehnten die übrigen Landesteile nicht nur politisch, sondern auch kulturell und ethisch dominiert. Dieser Trend demonstriert zugleich, wie sich das Wertesystem der indonesischen Gesellschaft wandelt.[3]

Welche Rolle nehmen indonesische Frauen zwischen diesen unterschiedlichen Werten ein, welche Bedürfnisse haben sie? Welche Wege wählen sie und haben sie überhaupt die Freiheit, zwischen unterschiedlichen Wegen und Lebensformen zu wählen? In vielen Interviews mit indonesischen Frauen aus unterschiedlichen Landesteilen, ethnischen Gruppen und Religionen, mit unterschiedlichem ökonomischen Hintergrund, Bildung und Status sind wir solchen Fragen nachgegangen. Antwortmöglichkeiten darauf reflektieren wir im Kontext der aktuellen Literatur und im Lichte unserer eigenen Erfahrung zwischen den Kulturen.

Van Bemmelen und Grijns[4] zeigen, dass sich bisherige Veröffentlichungen zur Rolle der indonesischen Frau hauptsächlich auf die der ländlichen javanischen Bäuerin konzentrieren, verheiratet mit Kindern. Kaum eine Studie bezieht sich auf Frauen in der sozialen Mittel- oder Oberschicht, auf die Probleme unverheirateter Frauen oder auf Frauen außerhalb Javas. Unser Buch soll eine größere Bandbreite umfassen, das Leben unterschiedlicher indonesischer Frauenleben porträtieren und regional spezifische Facetten unter die Lupe nehmen.

Dabei liefern wir kein soziologisch repräsentatives Abbild der Frauen in Indonesien. Wir legen das Brennglas vielmehr auf die Stellen, wo unterschiedliche Kulturen aufeinander stoßen, wo sie sich aneinander reiben, überlagern und mischen. Wir wollen die Brüche erkunden, die dabei entstehen: Abgrenzungen, Werte-Dichotomien, Mehrdeutigkeiten, Suche nach Nischen, individuellen Ausdrucksformen und Lebensformen. Wir erkunden, wie Frauen mit den gesellschaftlichen Umbrüchen um sie herum umgehen und welche Wege sie als Antwort auf die Veränderung von Werten und Normen finden. Was dabei sichtbar wird, unterscheidet sich von dem in den Medien üblicherweise gezeichneten Bild. Denn wir werfen den Blick bewusst auch hinter die Kulissen, weil hier – und das gilt für Gesellschaftssysteme unterschiedlichster Couleur – die Abweichungen, Verstöße und Ausschweifungen ans Licht kommen, die auf der Hauptbühne nicht erscheinen dürfen. Dass sich Gegenwelten und Subkulturen um so vehementer und vielschichtiger herausbilden, je stärker und breitflächiger die offizielle Normschablone die Oberfläche prägt, lässt sich in vielen repressiven Gesellschaften primär an Kunst und Literatur ablesen. Wenn wir auf der Suche nach der Identität indonesischer Frauen Normverstöße und Abweichungen zu Tage fördern, so geschieht dies nicht mit einem moralisch erhobenen Zeigefinger, sondern mit Empathie für den menschlichen Umgang mit dem Doppelboden normativer Konstrukte und der Einsicht, das sich Ordnung und Unordnung, Bewegung und Gegenbewegung, Anpassung und Widerstand in von Menschen geschaffenen Regelwerken gegenseitig bedingen und in einem fortwährenden Wechselspiel stehen.

Im Prozess des Betrachtens und Spiegelns blättern wir immer wieder zurück auf die Seiten, die wir bei unseren früheren Aufenthalten in Indonesien 1982 und 1985–1988 geschrieben haben[5] und vergleichen, was wir gesehen und auch wie wir geschaut haben. Denn in den seitdem verflossenen Dekaden haben sich nicht nur die betrachtete Realität, sondern auch die Betrachterinnen verändert. Was heute anders ist am Was und am Wie ist dabei genauso interessant wie das, was geblieben ist, denn gerade hier zeigen sich bei Betrachteten und Betrachtern kulturelle Prägungen und Grundhaltungen, die nicht nur auf der Oberfläche liegen, sondern in tieferen Schichten eingegraben sind.

Im ersten Teil dieses Buches werfen wir Schlaglichter auf verschiedene Regionen Indonesiens, in denen unterschiedliche Themen das Leben der Frauen prägen:

Nach 20 Jahren sind wir in unser altes Forschungsdorf in Java zurückgekehrt. Wir hatten den Eindruck, dass sich die Erde seitdem kaum weitergedreht hatte. Am Beispiel von zwei Müttern und ihren Töchtern beschreiben wir die typischen Lebensentwürfe in javanischen bäuerlichen Familien, die klassische Arbeitsteilung, den Handlungsspielraum von Frauen und ihre sprichwörtliche Macht hinter den Kulissen.

Bali, die Insel der Götter, von westlichen Touristen als das Land des Lächelns und der leichten Lebensweise verklärt, hat eine dunkle Schattenseite. Nach dem Gewohnheitsrecht des balinesischen Hinduismus haben die Frauen gerade auf dieser Insel viel weniger Einfluss und Entscheidungsgewalt als in den meisten moslemischen Landesteilen.

Auf der Nachbarinsel Lombok sind die wirtschaftlichen Bedingungen so schlecht, dass viele Frauen als Arbeitsmigrantinnen nach Malaysia und Saudi Arabien gehen. Die Suche nach einem besseren Leben führt sie oft in eine rechtslose Situation und macht sie zu Opfern skrupelloser Ausbeutung, die in vielen Fällen den Charakter von Menschenhandel hat.

In Sumba, der armen Insel Ostindonesiens, herrschen nach wie vor feudale Heerschaftsbeziehungen, in denen Familien durch Geburt und Erbe Leibeigene besitzen können. Gleichzeitig gibt es auch hier gebildete emanzipierte Frauen, die für sich Gleichberechtigung in Anspruch nehmen.

Aceh ist durch den verheerenden Tsunami 2004, der fast 200.000 Menschenleben forderte, in den Blickpunkt der ganzen Welt geraten. Eine Region, die dem Islam als »Terrasse Mekkas« seit fast eintausend Jahren besonders verbunden war und in den letzten zwei Dekaden durch einen Bürgerkrieg zerrüttet wurde. Heute ist in Aceh offiziell das Islamrecht eingeführt und die ersten öffentlichen Auspeitschungen für Ehebruch haben stattgefunden. Wie stehen Frauen dieser Provinz zur Unterwerfung unter die *shariah*? Wie verarbeiten sie die traumatischen Erfahrungen der Naturkatastrophe? Wie gehen sie mit den Folgen von Tod und Verwüstung um? Welche Schicksale verbergen sich dahinter?

Der zweite Teil widmet sich den veränderten Kulturmustern im Leben indonesischer Frauen. Es ist ein weltweit zu beobachtendes Phänomen, dass sich kulturelle Veränderungen in patriarchalischen Gesellschaften mit besonderer Deutlichkeit an der Ausgestaltung des weiblichen Handlungsspielraums ermessen lassen, denn hier wird über sozialkulturelle und religiöse Wertesysteme und Verhaltenskodices die Kontrolle über die Frauen und damit über die Reproduktion der Gesellschaft gesichert.

Wie stellt sich die Rolle der indonesischen Frauen in der öffentlichen Sphäre heute dar und was hat sich in den letzten Jahrzehnten verändert? Wie hat sich der nach dem Suharto-Sturz 1998 begonnene Reformprozess auf die Rolle der Frau ausgewirkt? Haben Demokratisierung und Dezentralisierung zu mehr Gleichberechtigung der Geschlechter geführt?

Wie ist die Stellung der Frau in Familie und Gemeinwesen? Sind Frauen, die wenig auf der öffentlichen Bühne agieren, aber dafür oft im Hintergrund die Fäden ziehen, die heimlichen Führungsfiguren, während die Männer nur eine repräsentative Funktion ausüben? Interviews mit Frauen in öffentlichen Ämtern – als Bürgermeisterin, Ministerin, Parlamentarierin – zeigen, wie die Frauen mit ihrer Rolle umgehen, an welchen Vorbildern sie sich orientieren und wie ihr Umfeld auf sie reagiert. Die Gespräche mit Aktivistinnen der indonesischen Frauenbewegung lassen erkennen, wie sich feministische Forderungen heute zunehmend mit den Zielen anderer Sozialbewegungen verbinden.

In der privaten Sphäre beleuchten wir anhand der Lebensläufe von Frauen aus unterschiedlichen sozialen Gruppen und Schichten, inwieweit rationale Erwägungen bei der Wahl des Liebes- oder Ehepartners eine Rolle spielen. Auch wenn im Westen rationale Überlegungen bei einer Partnerwahl durchaus vorkommen, werden sie als Grund für ein Zusammenleben heute gesellschaftlich eher abgewertet. In Indonesien dagegen sind Liebesheiraten eine noch relativ neue Erscheinung, wenn sie auch zunehmend an Popularität gewinnen. Die verschiedenen Mischformen von Verstandes- und Gefühlsentscheidungen sind ein interessantes Phänomen heutiger Liebesbeziehungen in Indonesien.

Welchen Stellenwert hat die Berufstätigkeit für die Identität indonesischer Frauen? Frauen im Westen sind seit Jahrzehnten dabei, sich gegen viele Widerstände einen gleichwertigen Platz im Berufsleben zu erobern, meist zum Preis einer Doppel- und Dreifachbelastung. Für indonesische Frauen war es immer schon selbstverständlich zum Familieneinkommen beizutragen. Die ökonomische Absicherung galt hier traditionell als profane und unfeine Beschäftigung und wurde daher gerne den Frauen überlassen, während Politik und die Ausübung öffentlicher Ämter für Männer reserviert waren.

Die Globalisierung hat auch in Indonesien die wirtschaftliche Situation verändert. Die Schere zwischen arm und reich ist immer noch nicht kleiner geworden, der stabile Sockel einer Mittelschicht fehlt. Die Verlagerung von Produktionen in Billiglohnländer schafft zwar Arbeitsplätze, doch zu dem Preis, dass die Löhne kaum zum Lebensunterhalt reichen. Frauen sind durch diese Entwicklung besonders benachteiligt und stehen am untersten Ende der Lohnskala. Auch Klein- und Kleinstunternehmerinnen im informellen Sektor müssen ums Überleben kämpfen. Auf der anderen Seite gibt es auch sehr erfolgreiche Geschäftsfrauen, die mit dem für indonesische Frauen sprichwörtlichen wirtschaftlichen Geschick viel mehr als ihre Männer erreichen.

Zwischen zwei Fremdeinflüssen zerrissen – der die individuelle Freiheit idealisierenden westlichen Konsumwelt einerseits und moslemischen Moralvorstellungen nach fundamentalistischem Vorbild andererseits – wie bilden Frauen in diesem Spannungsfeld konkurrierender Wertesysteme ihre Identität heraus? Der große Anpassungsdruck an die moslemische Moral bringt auch großen Widerstand hervor. Frauenaktivistinnen und Nichtregierungsorganisationen kämpfen gegen die Einführung des Islamrechts *shariah* in den Distrikten Indonesiens, wo starre Verhaltensvorschriften gemäß arabisch-islamischer Norm erlassen worden sind, sie kämpfen gegen häusliche und gesellschaftliche Gewalt gegen Frauen, Mädchenbeschneidung, für gerechtere Arbeitsbedingungen, gleichen Lohn und eine stärkere Beteiligung von Frauen im öffentlichen Leben und in der Politik.

Gerade moslemische Frauenorganisationen setzen sich besonders aktiv für die Durchsetzung dieser Ziele ein. Wie passt dies zusammen mit der vielerorts durch den Islam gerechtfertigten Unterordnung der Frau?

Den Abschluss dieses Teils bildet ein Interview mit der indonesischen Autorin dieses Buches, die mit ihrer Familie in Deutschland aufgewachsen ist und sich aus der östlichen und westlichen Lebensweise die Elemente herausgenommen hat, die sie für richtig hielt. Sie hat sich aus dieser kulturellen Mixtur ein Lebenskonzept gestrickt, das sowohl für Deutsche wie für indonesische Verhältnisse außergewöhnlich ist. Wie sieht sie die Vor- und Nachteile beider Lebenswelten für Frauen?

Frauen, in Indonesien wie in Deutschland, sind auf der Suche nach einem erfüllten Leben. Es gibt unterschiedliche Wege und Lösungen für die gleichen Bedürfnisse nach Glück, Liebe, Sicherheit und Wohlstand im Osten wie im Westen. Jeder der hier beschriebenen Wege folgt einer eigenen Logik, abhängig von den ökonomischen, kulturellen, geschichtlichen und individuellen Bedingungen jeder Einzelnen. Natürlich sind diese Wege nicht austauschbar und übertragbar. Den idealen Weg gibt es nicht. Oft jedoch sind wir in unseren kulturellen Systemen in einer Weise gefangen, dass wir nicht in der Lage sind, von außen auf unsere Situation zu schauen und damit den Spielraum für neue Lebensentwürfe zu erweitern. Indem wir anfangen, andere Antworten auf unsere Grundfragen des Lebens kennen zu lernen und zu verstehen, öffnen wir auch für uns selber den Blick, um neue Wege einschlagen zu können.

Einheit in der Vielfalt?
Herausforderungen im Vielvölkerstaat

Zehn Jahre nach Beginn des Demokratisierungsprozesses ist die Einheit Indonesiens auf die Probe gestellt. In den Massenmedien ist immer häufiger vom Auseinanderfallen der Nation die Rede. Aussagen wie »We are on the brink of destruction«, sind an der Tagesordnung. Politische Beobachter und Aktivisten zeigen sich gleichermaßen besorgt darüber, welche Richtung die indonesische Nation einschlägt. Ihre Befürchtungen werden genährt von gewalttätigen Auseinandersetzungen, die sich sowohl in Form von interethnischen Konflikten als auch interreligiösen und regionalen Konflikten äußern. Die zunehmende Radikalisierung des Islam führt zu einer Infragestellung des Prinzips der kulturellen Vielfalt. Besonders angeheizt wurde die Debatte 2006 durch das geplante Antipornografiegesetz, dessen Erstentwurf islamische Verhaltensnormen und Bekleidungsregeln zum Maßstab der Rechtsprechung machen wollten.[6]

Das Ironische dabei ist, dass diese antipluralistischen Bewegungen in Richtung einheitlicher religiöser Werte ausgerechnet nach dem Beginn der *Reformasi*-Ära[7] im Jahre 1998 entstanden sind. Dieser Umstand zeigt den Niedergang nationaler Grundwerte, deren zentrale Staatsphilosophie, die *Pancasila*, auf dem Prinzip *Bhinneka Tunggal Ika*[8] – Einheit in der Vielfalt – beruht. Das Bestreben, eine Einheit in der Verschiedenheit der gesellschaftlichen Gruppierungen herzustellen, ist genau das, was den indonesischen Staat ausmacht. Doch dies verursachte bereits während der Staatsbildung und auch in den Jahren nach der Unabhängigkeitserklärung einige Aufruhr.

Das Prinzip der »Einheit in der Vielfalt« ist überaus wichtig für ein Land wie Indonesien, in dem mehr als 250 ethnische Gruppen leben. Der Philosophieprofessor und Sozialkritiker Franz von Magnis-Suseno[9] sagte in einem Interview im Jahre 1995, dass die Formierung der indonesischen Nation nicht auf natürliche, sondern auf historische Weise erfolgte. Er erklärte, dass die Einheit des indonesischen Volkes nicht auf einer *ethnischen*, sondern auf einer *ethischen* Einheit beruhe, genauer gesagt auf dem Wunsch, eins zu sein. Dieser Wunsch entstand aus einer historischen Erfahrung heraus und nicht, weil es natürliche Faktoren wie eine gemeinsame Muttersprache oder eine gemeinsame ethnische Herkunft, Kultur oder Religion gab. Was die zahlreichen Ethnien und Religionen in Indonesien vereinte, war vielmehr die gemeinsame koloniale Vergangenheit und das Bestreben, unabhängig zu werden und gemeinsam in einem Einheitsstaat zu leben. Ähnlich beschreibt es auch Dwi Winarno in seinem 2006 erschienenen Leitfaden für Universitäten mit dem Titel »Ein neues Paradigma, Staatsbürgerkunde als Leitfaden für die universitäre Ausbildung«. Seiner Ansicht nach wurde die Idee einer einheitlichen indonesischen Nation geformt und motiviert durch die Aussicht auf eine nationale Identität nach der Staatsgründung.[10]

Die Entstehung der Idee einer einheitlichen Nation

Die bis heute als erste Frauenrechtlerin Indonesiens verehrte Raden Ajeng Kartini, Tochter des Regenten von Jepara, zählt zu den ersten, die die Idee der nationalen Einheit in Indonesien entfachte. In den dokumentierten Briefen an ihre Freundin in Europa aus dem Jahr 1899 erzählt sie von dem Leid ihres Volkes unter der niederländischen Kolonialregierung, welche der lokalen Bevölkerung Bildung verweigerte, weil Bildung deren Unterwürfigkeit beenden würde. Sie sah, dass die Geschichte nicht aufgehalten werden konnte und dass bereits ein Transformationsprozess eingesetzt hatte. Kartini gehört zu den Pionieren für die Herausbildung des indonesischen Nationalstaates.

Anfang des 20. Jahrhunderts setzte sich die »Indische Vereeniging«, eine Bewegung indonesischer Studenten in den Niederlanden, als erste für die Belange der Studenten aus Indonesien ein.[11] Die Idee der Unabhängigkeit kristallisierte sich immer stärker unter den indonesischen Studenten in den Niederlanden heraus, so dass sie schließlich eine eigene Organisation, die »Indonesische Vereeniging«, ins Leben riefen, die 1925 in *Perhimpunan Indonesia* (PI) umbenannt wurde. Im Vordergrund der Diskussion stand hierbei die Terminologie »Indonesien« selbst, mit der man der niederländischen Kolonie einen eigenen Namen gab und sich zugleich von Britisch-Indien abzugrenzen suchte. Im Jahre 1927 wurde die Vereinigung einiger Organisationen und Parteien gegründet, die den Namen *PPPKI (Permufakatan Perhimpunan Politik Kebangsaan Indonesia* oder *Union of Indonesian Political Parties)* trug. Doch es waren schließlich die Jugendorganisationen, die aktiv zu der Entfachung des Nationalgedankens beitrugen und im Jahre 1928 auf dem Nationalen Jugendkongress das bis heute gültige Motto der Nation schufen: Indonesien, ein Volk, eine Sprache, eine Nation. Das Wort »Indonesien«, das zunächst als eine leere Hülle betrachtet wurde, wurde endlich zu einem bedeutungsvollen politischen Begriff.

Als eine der Hauptfiguren der nationalistischen Bewegung bemühte sich Soekarno stets, eine Brücke zwischen den Kommunisten und den Islamisten zu schlagen. In seinen eigenen Worten: »Wir suchen gemeinsam einen Konsens über einen philosophischen *Grondslag*, eine Weltanschauung, mit der wir alle uns identifizieren können. Ich sage wieder: Ich stimme dem zu! Yamin stimmt dem zu, Ki Bagus stimmt dem zu, Ki Hajar stimmt dem zu, Sanusi stimmt dem zu, Lien Keen Hian stimmt dem zu, und wir suchen einen bestimmten Modus. (…) Sowohl diejenigen, die sich hier Nationalisten nennen, als auch diejenigen, die sich Islamisten nennen, haben sich bereits darauf geeinigt. (…) Wir müssen einen Staat ›von allen für alle‹ schaffen.«[12]

Bhinneka Tunggal Ika und *Pancasila* als Motto der nationalen Einheit

Die Herausforderung, mit der sich die junge indonesische Nation konfrontiert sah, bestand in der Zusammenführung von 250 verschiedenen Ethnien mit jeweils unterschiedlichen Gebräuchen und Sprachen, Religionen und politischen Strömungen. Das Motto von der Einheit in der Vielfalt stellte eine Einladung an viele gesellschaftliche und ethnische Gruppierungen dar, »ein Volk« unter dem Schirm eines Staates zu werden. Dies ist keineswegs selbstverständlich, denn die Idee eines indonesischen Volkes bestand damals noch nicht.

Die Einheit in der Vielfalt und die fünf Säulen der *Pancasila* wurden schließlich zur Staatsphilosophie Indonesiens. In historischer Hinsicht stellte die *Pancasila* eine Ideologie dar, durch die die Einheit geschützt und garantiert wurde und mit der folglich die Verschiedenheit der Ethnien, Kulturen, Sprachen, Religionen und politischen Strömungen anerkannt und respektiert wurde. Mithilfe der *Pancasila*, so waren die Verfechter der Unabhängigkeit überzeugt, konnten die Rechte der Minoritäten gewahrt werden. Die *Pancasila* sollte gewissermaßen der Leim sein, der die Verschiedenheit der Völker Indonesiens beisammen hielt.

Die *Pancasila*, ein Lehnwort aus dem Sanskrit, besteht aus fünf Prinzipien: Nationalismus, Humanismus, Demokratie durch gemeinschaftliches Problemlösen und Konsens, soziale Gerechtigkeit und Glaube an einen Gott. Als Grundlage für den Staat wurde die *Pancasila* als Präambel in das Grundgesetz von 1945 aufgenommen – mit folgenden Änderungen: Monotheismus, Humanismus, Nationalismus, Demokratie nach den Prinzipien von *Musyawarah* und *Mufakat* sowie soziale Gerechtigkeit.

Nationalistische Strömungen sahen die *Pancasila* mit Sicherheit als einen Kompromiss an, mit dem ein Synkretismus und die Vereinigung mehrerer Ideologien erzielt werden sollte. Die Idee der Einheit in der Vielfalt und die einzelnen Säulen der *Pancasila* wurden zur gemeinsamen Plattform mehrerer politischer Ideologien, die zu jener Zeit im Archipel entstanden. Die *Pancasila* bot die Möglichkeit, eine Brücke zwischen den verschiedenen Ideologien unter den Staatsgründern zu schlagen. Die oben genannten fünf Säulen widersprachen keiner der politischen Strömungen, so dass man sich erhoffte, damit die Toleranz gegenüber den verschiedenen politischen und kulturellen Gruppen in Indonesien herzustellen. Auf der anderen Seite sahen die Kommunisten und Islamisten die Möglichkeit, unter dem Schirm der *Pancasila*, eigene Ideologien und Moralvorstellungen einzubringen. In eine moderne Management-Sprache übersetzt war die *Pancasila* die Vision für das Management der Diversität innerhalb Indonesiens. Was zurzeit des Unabhängigkeitskampfes gewahrt wurde und auch heute noch Bestand haben sollte, ist die Toleranz aller gesellschaftlichen Gruppierungen gegenüber unterschiedlichen Ideologien, kulturellen Werten und religiösen Moralvorstellungen.

Der Widerstand gegen die nationale Einheit war stets präsent

Doch von Anfang an gab es Widerstände gegen den Einheitsstaat, besonders aus den Regionen außerhalb Javas. Dies wird besonders deutlich, wenn man die Chronologie der Ereignisse betrachtet, die zunächst zu der Schaffung eines föderalistischen Staates beitrugen, der später in den Einheitsstaat überging.

Es waren die Niederlande, die die Idee eines Föderalstaates erstmals ins Spiel brachten. Dies geschah aus dem Grund, außerhalb Javas eine regionalspezifische Entwicklung zuzulassen. Die Gründer der Republik waren sich von Anfang an der Diversität des Archipels bewusst. Doch glaubten sie, dass die Insel Java und die außerhalb liegenden Provinzen und Inseln sich durch gegenseitige Unterstützung und Einheit entwickeln könnten. Java war allzu dicht bevölkert und daher auf die umliegenden Inseln angewiesen. Letztere waren ihrerseits auf die Expertise aus Java angewiesen, zumindest nach Ansicht der Verfechter der Unabhängigkeit, denn die guten Bildungsinstitutionen waren alle auf Java angesiedelt.

Eine zentralistische Regierung gab es in Java bereits seit der niederländischen Kolonialzeit. Das Zentrum der Regierung befand sich damals in Batavia, im heutigen Jakarta.

»Es war der Sitz des Generalgouverneurs, der die niederländische Krone repräsentierte, und Sitz der Verwaltung von Handel, Finanzen, Bildung, Religion, und so weiter.«[13]

Seit der Kolonialzeit war auch die Bildung und Administration zentralistisch in Java verortet. Die Elite außerhalb Javas war abhängig von den Bildungsangeboten in Java. Und so wuchs die Idee eines Einheitsstaats mit einer Vielfalt an Kulturen und Sprachen, allerdings mit dem Zentrum auf der Insel Java.

Nicht alle Gruppen im Archipel waren auf einer Linie mit den Nationalisten, wie Bernhard Dahm in seinem Buch beschreibt: »(...) und so setzte sich die indonesische Idee immer weiter fort bis in die entlegenen Inseln, die nicht so sehr dem Einfluss nationalistischer und marxistischer Maximen ausgesetzt waren.«[14] In Aceh beispielsweise war die Idee einer indonesischen Nationalität und der Schaffung einer *Republik Indonesia* (einer indonesischen Republik) nicht das Hauptthema. Im Gegenteil, die *Ulama* oder islamischen Rechtsgelehrten störte die Idee eines säkularen indonesischen Staates. Sie setzten sich für die Religion als Staatsgrundlage ein. In einigen anderen Regionen, wie z.B. Kalimantan sowie im Osten des Landes, entstanden ebenfalls Bewegungen gegen einen nationalen Einheitsstaat, besonders weil dieser von Java aus regiert werden sollte.

Im Jahre 1945 versuchten die Niederländer einige Bewegungen zu mobilisieren, welche der Schaffung einer Republik entgegenstanden und die Autonomie für diverse Regionen, einschließlich Java, forderten. Mit einigen kleinen Ländern wurden am 29. Oktober 1949 die United States of Indonesia (USI) durch einen Vertreter der Republik und 15 Mitglieder der Föderation ins Leben gerufen und eine Verfassung verabschiedet. Die USI sollte aus der Republik sowie einigen kleineren Ländern bestehen, denen von den Niederländern eine gewisse Autonomie zugestanden wurde. Unter dem Schirm der USI gab es einen Senat und einen Rat. Der Senat wurde durch zwei Länder vertreten, während der Rat aus 150 Vertretern bestand, einschließlich 50 aus der Republik. Einige der Regionen, welche ebenfalls der Föderation beitraten, waren unter anderem Süd-Sumatra, Ost-Java, Madura, Zentral-Java, Ost-Indonesien und Ost-Sumatra. Nachdem einige Aufstände durch Soldaten der Republik niedergeschlagen wurden, schlossen sich die kleinen Länder eines nach dem anderen der Republik an. Unter den ersten waren Süd-Sumatra, Ost-Java, Madura und Zentral-Java. Im Jahr 1950 zählten nur noch Ost-Indonesien, Ost-Sumatra und die Republik selbst zu den USI.[15] Die Aufstände der *Republik Maluku Selatan* (RMS), Bestrebungen für die unabhängigen Süd-Molukken, konnten ebenfalls von Soldaten der Republik niedergeschlagen werden. Danach hielt die Föderation nur noch sechs Monate.

Die Idee eines Einheitsstaates machte schließlich das Rennen und am 19. Mai 1950 wurden die USI, zu denen zu dem Zeitpunkt nur noch Ost-Sumatra und Ost-Indonesien gehörten, der neuen Republik Indonesien untergliedert. Der Senat und der Rat der USI sowie die föderalistischen Länder wurden damit aufgelöst.

Der Einheitsstaat Indonesien wurde von 1949 bis 1957 durch ein System der parlamentarischen Demokratie regiert. Die *Pancasila* bildete hierbei weiterhin die grundlegende Staatsphilosophie. Sie gab die Richtlinien und Prinzipien vor, die die übergreifende Vision für alle gesellschaftlichen

Strömungen der damaligen Zeit darstellte. Die stärksten Strömungen bildeten die Nationalisten, die Muslime (*Masyumi* und *Nahdatul Ulama*) sowie die Kommunisten. Die Bewegungen der Sozialisten und Christen waren zu jener Zeit schwach aber stabil. Angesichts der Diversität der vorhandenen politischen Kräfte, der Multiethnizität und den Belangen der Regionen konnte sich seit 1955 das Militär als politischer Stabilisator und Hüter des Einheitsstaates zunehmend etablieren und wurde zu einer wichtigen politischen Kraft im neuen Staat.

Mit den vorhandenen politischen Unterschieden und Schwankungen kam die Diskussion um die parlamentarische Demokratie auf. Es wurde argumentiert, dass diese nicht mit der Schaffung einer nationalen Identität zu vereinbaren sei. Für die Verfechter des Nationalismus, mit Soekarno als Hauptperson, war klar, dass eine parlamentarische Demokratie dem neuen Einheitsstaat nicht dienlich sei. Dieses System nach westlichem Vorbild, in dem unterschiedliche und konfligierende Sichtweisen auf eine höhere Ebene transportiert wurden, war nicht mit den östlichen Konzepten zu vereinbaren. Soekarno priorisierte die Konsensbildung und vermied Konflikte. Eine solche Demokratie entsprach eher der östlichen Kultur. Es wurde befürchtet, dass die Zulassung unterschiedlicher Sichtweisen die Einheit Indonesiens gefährden könnte.

Wenn eine Stimmenzählung im Parlament durchgeführt wurde, zeigte das Ergebnis der Zählung die Vielfalt der unterschiedlichen Ansichten der Bürger Indonesiens. In den ersten Jahren nach der Unabhängigkeit wollte man sich auf Gemeinsamkeiten konzentrieren. Das Konzept der Harmonie und Konfliktvermeidung, das vielleicht für die Interaktion kleiner Gruppen auf der Mikroebene anwendbar ist, wurde von den Nationalisten als Denk- und Verhaltensrichtlinie auf der nationalen Ebene propagiert.

Interessant ist Bernhard Dahms Einschätzung, dass »die öffentliche Beratung (*musyawarah*) Raum für Manipulation schaffte und die Konsensfindung (*mufakat*) auf dem Prinzip der Überredung basierte. Mit anderen Worten: sie gaben den Agitatoren und Populisten Spielraum, die politische Situation im Land zu beeinflussen und die Autorität der Parteien zu mindern.«[16]

Diese Idee Soekarnos wurde weiterentwickelt mit einem Kabinett nach dem *gotong royong*-Prinzip (gegenseitige Unterstützung) und der Analogie des dreibeinigen Pferdes entsprechend der drei politischen Hauptströmungen: *PKI* (Kommunistische Partei Indonesien), *PNI* (Nationalistische Partei Indonesiens) und Islam. Die Ideen Soekarnos wurden zu jener Zeit von den vorhandenen Regionen und Parteien allerdings nicht allzu gut aufgenommen, da sie die Gründe für Soekarnos Demokratie mit *musyawarah* und *mufakat* durchschauten. Nur die Nationalisten und Kommunisten stimmten diesem System der Demokratie zu, denn sie sahen, dass es ihnen die Möglichkeit gab, ihre Flügel weiter auszustrecken.

Am 2. März 1957 löste ein General namens Sumual den Notstand aus, als er in Makassar eine Proklamation vorlas, mit der die zivile Regionalregierung durch eine militärische ersetzt werden sollte. Diese Bewegung wurde *Perjuangan Semesta*, kurz *Permesta* oder umfassender Kampf, genannt. *Permesta* forderte jede Provinz auf, einen eigenen Fünfjahresplan zu entwickeln, und die Regionen, die einen Überschuss erwirtschaftet hatten, sollten 70 % ihrer Einkünfte einbehalten dürfen. Für die nationale Ebene wurde gefordert, dass der Staat gemeinsam von Soekarno und Hatta geführt werden sollte. 70 % des Nationalen Rates (*Dewan Nasional*) sollten mit Repräsentanten aus den Regionen besetzt werden, und der Rat selbst nach und nach in einen Senat transformiert werden.

Der *Permesta*-Aufstand führte schließlich zur Auflösung des parlamentarischen Systems. Ali Sastromidjojo als Vorsitzender des Kabinetts war nicht mehr in der Lage, diesem Aufstand etwas entgegenzusetzen. Er erklärte den Ausnahmezustand. Schließlich ergriff 1957 das Militär die Macht. Zuvor hatte es bereits eine entscheidende Rolle in der Niederschlagung von Aufständen außerhalb Javas gespielt. Nun wuchs die Macht des Militärs weiter und dehnte sich auf die politische Entscheidungsfindung in Java und die nationale Politik aus. Das Militär als Pfeiler des Volkes und Bekämpfer von Aufständen außerhalb Javas wurde die dominanteste politische Kraft in Indonesien. Die Einheit der Vielfalt der Ethnien, Kulturen, Sprachen und politischen Strömungen des Landes wurde letztlich durch das Militär bewacht.

Bhinneka Tunggal Ika und *Pancasila* als Mittel der Machthaber

Die Volksgruppen und lokalen Machthaber in den verschiedenen Regionen Indonesiens nahmen nicht alle widerstandslos die Idee des Einheitsstaates an. Die Regierung in Jakarta musste die vorhandenen Unterschiede stets in eine Balance bringen. Der Slogan *Bhinneka Tunggal Ika* und das Grundprinzip der *Pancasila* wurden oft zur Machtlegitimierung genutzt, um unterschiedliche Ansichten und Meinungen zu unterdrücken. Das Konzept von *Bhinneka Tunggal Ika* in Kombination mit der Staatsphilosophie *Pancasila* wurde schließlich von den jeweiligen Machtinhabern so interpretiert, wie sie es gerade brauchten.

Der erste Präsident Soekarno verwendete die *Pancasila* als Brücke zur Einheit verschiedener Strömungen und propagierte intensiv die Einheit der Nation. In seiner Amtszeit wachte die Regierung in Jakarta stets darüber, dass die Regionen unter der Zentralregierung auf Java blieben. Im Jahr 1959 mussten sich die politischen Parteien der *Pancasila* verschreiben und die Zahl ihrer Zweigstellen außerhalb Javas begrenzen. Die Annahme von finanzieller Unterstützung aus dem Ausland wurde verboten. Wer sich dem damals widersetzte, gab Soekarno das Recht, die jeweilige Partei aufzulösen. Dies war eines der Beispiele für die Unterdrückung von Unterschieden zu jener Zeit.

Die kommunistische Partei zu Anfang der 60er Jahre verwendete ebenfalls die *Pancasila* als Legitimationsgrundlage für ihre Expansion. Sie bekannten sich zur *Pancasila* und zugleich nutzten sie diese tolerante Philosophie als Schutzschild für die Verbreitung ihrer eigenen Ideologie.

Die »Neue Ordnung« machte die *Pancasila* zur ideologischen Legitimationsgrundlage für die Verteidigung und Ausweitung ihrer Macht. Die *Pancasila* wurde als Mittel benutzt, um der Unterschiede im Land Herr zu werden und sie zu unterdrücken. Die Opposition wurde ausgeschaltet unter dem Vorwand, dass sie gegen die *Pancasila* sei.

Einer der negativen Eindrücke, die im Zusammenhang mit der *Pancasila* entstanden, war, dass ihre Formulierung formalisiert und durch eine vom zweiten Präsidenten Suharto geschaffene Institution streng bewacht wurde. Zu dieser Zeit mussten alle diejenigen, die eine Sprosse auf der Karriereleiter aufsteigen wollten, zuerst eine Unterweisung in die *Pancasila* absolvieren, welche P4[17] genannt wurde. Dies traf besonders auf Staatsbedienstete zu. Jeder Beamte musste an einem P4-Training teilnehmen und wurde entsprechend bewertet. Diejenigen, die unter den besten zehn im Training waren, erfüllten die Voraussetzungen für eine Karriere in der Politik. Viele, die heute über 40 Jahre alt sind, gingen damals durch diesen Prozess der Indoktrination der *Pancasila* in Schule und Universität. Damals wurde die *Pancasila* auf jeder Stufe in Schulen und Hochschulen des Landes gelehrt. Dabei wurden jedoch weniger die philosophischen Werte dieser Ideologie diskutiert als benutzt, um eine kritiklose Akzeptanz des politischen Systems herzustellen. Dieser Umstand ist ein Stigma für die *Pancasila*, denn ironischerweise wurde diese auf Pluralität begründete Philosophie zweckentfremdet, um ein einheitliches Denken zu schaffen sowie einen ungesunden Nationalismus zu fördern. Und obwohl schon seit Beginn der *Reformasi*-Ära im Jahr 1998 abgeschafft, stellen die P4-Kurse noch heute ein Trauma für die indonesische Zivilbevölkerung dar.

Die nationale Stabilität bedeutete auch die Niederschlagung von separatistischen und regionalen Aufständen, die Suharto mit eiserner Hand durchsetzte. Die *Pancasila* wurde Mittel zum Zweck, um zu vereinen und zu vereinheitlichen, um unterschiedliche Ansichten und Meinungen zu unterdrücken. Die *Pancasila* und P4 waren Mittel zur Repression von politischen Ideologien und Verdrängung politischer Gegner von der öffentlichen Bühne. Wie Bambang Setiawan in der Zeitung Kompas schreibt: »Das ideologische *Screening* erstreckte sich auf die politischen Parteien, die Massenorganisationen, bis hin zu privaten Angelegenheiten, und wurde so zum kennzeichnenden Phänomen der Neuen Ordnung, besonders nachdem das Parlament 1978 die P4 verabschiedet hatte. Die *Pancasila* wurde damit jeder Gesellschaftsschicht und -gruppe aufgezwängt.«[18]

Andere Wege zur Stärkung der Einheit

Suharto war besonders raffiniert in der Entwicklung einer Strategie zur Stärkung des Nationalismus. Gleichzeitig gelang es ihm, die Abhängigkeit des Volkes von der Regierung zu steigern. Er entwickelte eine Reihe von Strategien, um die »rebellischen« Regionen in Schach zu halten und versuchte, die Unterschiede außerhalb Javas so weit wie möglich zu vereinheitlichen. Unter anderem erreichte er dies über Gelder zur Dorfentwicklung (*Inpres Desa*) und die Gründung zentralgesteuerter hierarchischer Organisationen wie *KORPRI* (*Korps Pegawai Negara Republik*, einen nationalen Beamtenbund) oder *PKK*, (*Peningkatan Kesejahteraan Keluarga*, das Familienwohlfahrtsprogramm), die ihre Arme über den gesamten Archipel ausstreckten.

Die Gelder zur Dorfentwicklung (*Inpres Desa*) waren zentralgesteuerte Zuwendungen aus dem nationalen Haushalt, die jedes Dorf für die Errichtung von Basisinfrastruktur erhielt. Neben dem Ziel, die Dörfer mit Schulen, Gesundheitszentren und anderen Basiseinrichtungen auszustatten, diente das Programm auch dazu, die Regionen an die Zentralregierung zu binden und die Einheit Indonesiens durch das gleichgeschaltete Aufbauprogramm zu zementieren. Jedes Dorf sollte dieselbe institutionelle Struktur, dieselben Verwaltungsregeln und dasselbe Budget besitzen. Auf diese Weise gingen die Unterschiede in den Dorfstrukturen, wie Größe der Dörfer, Befugnisse und Funktionen der Dorfoberhäupter, die Wahlprozesse, aber auch die lokalen Traditionen der Entscheidungsfindung in den Regionalverwaltungen, die Prozesse des Personalmanagements und die Quellen zur Generierung von öffentlichem Einkommen auf Gemeindeebene verloren. Was blieb war eine einheitliche Struktur nach javanischem Muster, die vollständig vom Budget der Zentralregierung abhängig war.

Die finanzielle Abhängigkeit wurde zu einer politischen. Voraussetzung für den Erhalt der Gelder war die gute Beziehung zur nächst höheren Verwaltungsebene: vom Dorfvorsteher zum *Camat* (Sub-Distriktvorsteher), von diesem zum *Bupati* (Regenten), vom *Bupati* zum Gouverneur und so weiter, so dass die gesamte Regierungsstruktur vom Dorf bis zur Zentralregierung der nächst höheren Ebene hierarchisch unterworfen war. Mit dem Ausschalten einer freien Meinungsbildung und ohne eigene Einnahmen verloren die Dörfer ihren individuellen Handlungsspielraum und konnten sich den Anweisungen von oben nicht mehr widersetzen. Die Vielfalt sozialer Organisationen und Wirtschafsformen in den Regionen wurde durch die zentral gesteuerte Gleichschaltung aller öffentlichen Institutionen ebenfalls ausgeblutet.

Die Führungsstruktur des Beamtenbundes *KORPRI* war identisch mit der Führungsstruktur der Bürokratie. Eine wichtige Aktivität von *KORPRI* für seine Mitglieder war das Lobbying. Wer eine gute Lobby besaß, kletterte die Karriereleiter hinauf. Zugleich dienten die Aktivitäten von *KORPRI* dazu, die Kultur und den Verhaltenskodex eines »guten Beamten« aus Java als Modell für die Kollegen aus anderen Regionen herauszustellen. Auf diese Weise entstand die *Basa Basi*-Kultur (Austausch von Höflichkeitsfloskeln) und die javanische Art, Vorgesetzten so gegenüberzutreten, setzte sich als Standard für ganz Indonesien durch. So kam es, dass Beamte in Regionen außerhalb Javas verstanden, wie sie ihre Vorgesetzten und hochgestellte Persönlichkeiten aus Java am besten bei Laune halten konnten. Der Ausdruck »*asal Bapak senang*« oder »solange es nur dem Herrn gefällt« wurde zum zentralen Motto der Regierungskultur. Die meisten empfanden dies nicht als nachteilig, denn auf diese Weise konnten sie bei ihren Vorgesetzten Lobby machen und ihren Aufstieg auf der Karriereleiter positiv beeinflussen. *KORPRI* vereinheitlichte auch die politische Ausrichtung der Mitglieder. Sie wählten quasi automatisch die von Suharto ins Leben gerufene *GOLKAR*-Partei[19]. Taten sie dies nicht, waren ihre Arbeit und ihre weitere Karriere gefährdet.

Das Familienwohlfahrtsprogramm *PKK* stellte das Äquivalent zu *KORPRI* für die Ehefrauen der Staatsbeamten dar. Die *PKK* war Teil der Struktur auf der Dorf-, Kreis- und Provinzebene bis hin zur Zentralregierung und wurde von Frauen und für Frauen organisiert und geleitet. Die Führungsstruktur richtete sich nach der Position des Ehemannes, so dass die Frau eines Staatsbeamten automatisch die entsprechende Funktion in der *PKK* innehatte, unabhängig von ihrer persönlichen Motivation und Qualifikation. Das Prinzip der Ehefrauenpflichtvereinigungen hatten sich die Javaner von den Japanern abgeschaut, die während ihrer Besatzung Indonesiens im Zweiten Weltkrieg ähnliche Strukturen eingeführt hatten. Die Unterordnungskultur durch die *KORPRI*-Struktur wurde durch die Frauenorganisation *PKK* noch verstärkt. Mit dem Fokus auf die Rolle der Frau als Ehefrau und Mutter wirkte *PKK* darauf hin, dass Frauen sich voll und ganz der Familie und der Gemeinschaft widmen sollten, natürlich immer stark in Richtung der *GOLKAR*-Partei. Auf der einen Seite stellte die *PKK* ein Mittel für Frauen im Dorf dar, um zu lernen, sich selbst zu organisieren und soziale Aktivitäten auszuüben, auf der anderen Seite sollte die *PKK* auch die Macht der *GOLKAR*-Partei stabilisieren.

Suharto herrschte 32 Jahre lang mit eiserner Hand und einer gewissen Raffinesse, um die Einheit der Nation über das Militär, den Machtapparat *GOLKAR* und *KORPRI* bzw. *PKK* sowie einige andere Methoden zu gewährleisten. Mit dem Ergebnis, dass es keine nennenswerten politischen oder sozialen Aufstände in den Regionen und auf Java gab. Soziale Aufstände wurden in der Regel durch die Verwaltungsstruktur verhindert, gewaltsame Aufstände durch das Militär niedergeschlagen. Wenn es einen Konflikt zwischen den Regionen, den Religionen oder gesellschaftlichen Gruppen gab, so gelangten diese kaum an die Oberfläche.

Die Demokratisierung wird von der Desintegration der Nation begleitet

Nach dem Sturz Suhartos im Jahre 1998 begann der Demokratisierungsprozess in Indonesien, der im allgemeinen *Reformasi* genannt wird. Es war recht erstaunlich, dass mit Beginn dieser Ära die religiösen und ethnischen Konflikte im Land offen zu Tage traten: in Kalimantan zwischen der angestammten Bevölkerung, den *Dayak*, und den Migranten aus Madura, in Zentral-Sulawesi und den Molukken zwischen Christen und Muslimen, um nur einige Beispiele zu nennen. Auch der Terrorismus begann zu erstarken. Bomben explodierten auf Parkplätzen, in Geschäftsvierteln und in einigen Einkaufszentren, Diskotheken und Restaurants. Das Militär, das zuvor die eiserne Herrschaft Suhartos ermöglicht hatte, schien sich nun nicht mehr in der Niederschlagung politischer Aufruhr einmischen zu wollen. Oder ließ das Militär absichtlich das Entflammen dieser Unruhen zu, um das Land instabil wirken zu lassen und die Bevölkerung schließlich die Stärke der Neuen Ordnung zurücksehnen zu lassen? Viele Stimmen meinen, dass militärische Figuren möglicherweise diese Konflikte provozierten und auch hinter den mysteriösen Morden in Ost-Java, den brennenden Kirchen in Lombok im Jahr 2000 und hinter dem Konflikt in Peso zu vermuten sind. In Sampit und Ambon kam es sogar zu bewaffneten Auseinandersetzungen zwischen dem Militär und der Polizei.

Mit der Wirtschaftskrise 1997/98, die bis heute noch nicht völlig überwunden ist, verschlimmerte sich die Armut im Land, und die Kriminalitätsrate stieg an. Die gewaltsamen Konflikte wanderten von einem Ort zum anderen. Stimmte es, dass die alten Machthaber die Unruhen provozierten? Diese Frage taucht bis heute immer wieder latent in den Massenmedien sowie in vielen Bevölkerungsschichten auf. Ironischerweise wird nun von vielen die unter Suharto herrschende Stabilität herbeigesehnt, am stärksten natürlich von denen, die am meisten von seinem Regime profitierten.

Angesichts der verschiedenen Unruhen und horizontalen Konflikte in einigen Regionen und der verstärkten Rolle des Islam zeigen sich Experten und Medien gleichermaßen besorgt: »Das Nationalgefühl wird schwächer.«[20] »Befasst Euch mit der Kultur-Katastrophe, Indonesien muss wieder aufgerichtet werden.«[21] »In der Transformation der Nation muss die Einheit gewahrt bleiben.«[22] »Findet die Gestalt Indonesiens wieder, die Vielfalt muss zum gemeinsamen Bezugspunkt werden.«[23] »Die Gefahr der Desintegration steht uns bereits vor Augen. Wir müssen diese Nation retten.«[24]

Befruchtet ausgerechnet die politische Freiheit den fundamentalen Islam?

Interessanterweise scheinen die politische Freiheit und der Demokratisierungsprozess in Indonesien ausgerechnet den Boden für eine soziale Transformation in Richtung des fundamentalistischen Islams bereitet zu haben. Das Volk wird nicht mehr von einem *dalang*, den Puppenspieler hinter der Leinwand, geführt, wie es in der Neuen Ordnung oft der Fall gewesen war. Der Islam, der bereits zu einer öffentlichen Bewegung in der Gesellschaft geworden ist, wird sowohl unter Volksvertretern als auch in der Region, von Intellektuellen als auch von einfachen Menschen gleichermaßen akzeptiert. Scheinbar hat ein kultureller Wandel in der indonesischen Gesellschaft stattgefunden, doch offenbar leider nicht in Richtung freier Meinungsäußerung und Toleranz gegenüber anderen Gruppen und politischen Gesinnungen, sondern in Richtung eines Ausschließlichkeitsanspruches islamischer Werte und Normen.

Die Radikalisierung des Islam gedeiht in Indonesien immer besser.[25] Es gibt immer mehr radikale Gruppen, die Selbstjustiz ausüben. Dies beginnt mit Übergriffen auf Restaurants und Pubs, die als allzu westlich angesehen werden, setzt sich fort mit Bomben in Kirchen und sogar der Gefangennahme des Leiters der Schule I'tikaf Ngaji Lelaku in Malang, Ost-Java, der das Gebet in arabischer und auch in indonesischer Sprache verbreitete. Die Zerstörung der Gebetsräume und Häuser der Anhänger der Ahmadiyah-Sekte, die im Juni 2008 als nicht islamkonform verboten wurde und die Morddrohung gegenüber dem Koordinator des liberalen Islam Ulil Abshar Abdalla, dessen Ansichten als islamgefährdend interpretiert werden, sind eklatante Beispiele für eine Radikalisierung des Islam in Indonesien. In Java wurden zahlreiche Kirchen auf Druck islamischer Gruppierungen mit der Begründung geschlossen, dass sie keine Erlaubnis besäßen und von der Nachbarschaft nicht akzeptiert würden. Die Einschüchterung von Aktivisten, die sich gegen das Antipornografiegesetz stellten, Angriffe auf Angehörige nicht-islamischer Glaubensgemeinschaften, Bombenanschläge, die als »Heiliger Krieg« deklariert werden, machen Indonesien zu einem unsicheren Land.

Die Freiheit der Religion und die Freiheit, zu tun und sich zu kleiden, wie man möchte, sind erheblich eingeschränkt worden. Diese Einschränkung der Freiheit wird sowohl auf dem politischen Wege durch die Parlamentsfraktionen unterstützt, die sich für das Antipornografiegesetz einsetzten, wie durch die fundamentale islamische Gemeinschaft selbst, die anarchisch Selbstjustiz ausübt. Dies sind offensichtliche Beispiele dafür, wie eine

Gruppierung die absolute Wahrheit für sich beansprucht und versucht, die Vielfalt gemäß ihrer Sichtweisen zu vereinheitlichen.

Die größte Befürchtung liegt im Absolutheitsanspruch des Islam. Immanuel Kant sagte: »Wenn in einer pluralistischen Gesellschaft verschiedene Gruppierungen die absolute Wahrheit in der Religion, Moral oder Kultur für sich beanspruchen, dann entstehen Konflikte.« Der Versuch, alle moralischen Werte zu vereinheitlichen, wird zu einer Zersplitterung der pluralistischen modernen Gesellschaft entlang der Kategorien Religion, Moral und Kultur führen. Genau dieser Konflikt ist derzeit im Gange.

Beunruhigend ist auch die Entwicklung in der islamischen Gemeinschaft selbst. Wenn jemand zu einem strenggläubigen Moslem wird und sich in arabische Tracht kleidet, ist dies mit Stolz verbunden. Dies begann bereits in den 80er Jahren, steigerte sich in den letzten zehn Jahren und hat nun seinen Höhepunkt erreicht. Wer im Büro nicht betet oder im *Ramadhan* nicht fastet, wird von den Arbeitskollegen kritisiert. Der Vorsitzende der muslimischen Organisation *Muhammadiyah*, Prof. Dr. H. Achmad Syafii Ma'arif, prangerte diese Tendenz der Islamisierung an. Er nannte dieses Phänomen »Rowdytum (*Premanisme*) im Gewand der Religion«. Viele Prominente bemühen sich, im Fernsehen den Eindruck zu vermitteln, dass sie sehr religiös leben, und wenn der Fastenmonat beginnt, dominieren sie geradezu das Programm. »Komödianten werden auf dem Bildschirm gewissermaßen zu saisonalen Religionsgelehrten.«[26] Den Islam zu verstehen, ihn wirklich zu leben und all seine Handlungen nach seinen Lehren auszurichten, genügt nicht mehr. Islamische Rituale für alle sichtbar zu praktizieren und die muslimische Tracht zu tragen, wird immer wichtiger. Eine islamische Ausbildung gab es früher nur bis zur Stufe von Grundschule und *Madrasah* – heute auffallenderweise bis zur Hochschule.

Dies wäre noch kein nationales Problem, wenn es keine radikale Bewegung gäbe, die ihre Auffassung mit Gewalt durchzusetzen versucht. Diese wächst immer weiter, weil der Sicherheitsapparat ihr nicht die Zähne zeigt und nichts tut, um die gewalttätigen religiösen Gruppen aufzuhalten. Selbst das Staatsoberhaupt scheint nicht genug Macht zu besitzen, um diese Strömungen einzudämmen. Dadurch entstand schließlich mehr Raum für die islamische Agenda in Indonesien, die inzwischen unter Intellektuellen, Journalisten, Arbeitskollegen, in den Regionalverwaltungen, unter Nachbarn und Geschäftsleuten spürbar ist. Soziale Sanktionen bis hin zum »*Sweeping*«[27] und anarchische Gewaltaktionen könnten durch das Ende 2008 verabschiedete Antipornografiegesetz legitimiert werden. Die allgemeine Tendenz der Islamisierung führt dazu, dass in Indonesien zwangsläufig nur noch ein Wertesystem gilt, und zwar das islamische. Bedeutet das, dass der Slogan der Einheit in der Vielfalt in Zukunft in »verschiedene Ethnien auf der Basis des Islam« geändert werden sollte ...?

Die *shariah* in regionalen Verordnungen

Eine wichtige Neuerung der *Reformasi* in der Post-Suharto-Ära war die Dezentralisierung, die den Provinzen und Distrikten eine größere Selbstverwaltung zugestand. Diese an sich positive Entwicklung hat aber auch zur Folge, dass durch die zunehmende Radikalisierung des Islam immer mehr Regionen sowie die Provinz Aceh das islamische Recht, die *shariah*, einführen. Dieser Umstand zerrüttet das Einheitsgefühl des indonesischen Volkes. In vielen Gegenden gilt dank regionaler Verordnungen die *shariah*, oder es wurden zumindest einige Elemente der *shariah* in die jeweilige Gesetzgebung aufgenommen. Auch die Kontroverse im Zusammenhang mit dem Entwurf des Antipornografiegesetzes wird von vielen Seiten als Ausdruck politischer Machtbestrebungen islamischer Gruppen gewertet.[28]

Die *shariah* enthält Verhaltensvorschriften für verschiedene Aspekte des Lebens und beruht auf dem Koran, islamisch-arabischen Traditionen und den Lehren des Propheten Mohammed. Seit der Dezentralisierungsära haben bereits 37 Stadt- und Distriktverwaltungen die *shariah* eingeführt oder ihre Verordnungen entsprechend angepasst.[29] In einigen Fällen geschieht die Durchsetzung dieser Vorschriften mittlerweile durch einen zivilen Wachdienst oder die Polizei, in Aceh gibt es sogar eine *Shariah*-Polizei.

In Cianjur, Tasikmalaya und Tangerang in der Provinz West-Java ist die *shariah* bereits in den lokalen Verordnungen verankert. Einige andere Distrikte bereiten derzeit ebenfalls entsprechende Verordnungen vor, aber haben schon die Empfehlung gegeben, dass weibliche Beamte im Büro die muslimische Tracht tragen sollen. In Cianjur wird derzeit diskutiert, eine Verordnung zu erlassen, die den Schleierzwang für Frauen im öffentlichen Bereich vorsieht. Grundschüler können nicht in die Mittelschule aufsteigen, wenn sie nicht ein Zertifikat vorweisen können, das ihnen die Fähigkeit bescheinigt, den Koran zu lesen und arabisch schreiben zu können. Beamte in Süd-Sulawesi müssen ebenfalls den Koran lesen und arabisch schreiben können. In dieser Provinz plädieren islamische Gruppierungen dafür, dass Grundschülerinnen lange Röcke tragen sollen, die ihre Beine bis zum Fußgelenk bedecken. Auf Ehebruch und Alkoholkonsum stehen schwere Strafen.

Im Allgemeinen lässt sich feststellen, dass das *Shariah*-Recht besonders gravierende Auswirkungen auf die Frauen hat. Frauen werden wesentlich schneller und härter für Verstöße gegen die *shariah* bestraft als Männer. Dies wird auch von Brockhoff in einem Artikel von Watch Indonesia aus dem September 2006 beschrieben, in dem er die Auspeitschung eines verheirateten Mannes und einer jungen Witwe beschreibt, denen außereheliche Beziehungen vorgeworfen werden.

In Cianjur müssen Frauen die muslimische Tracht tragen. Die Gesellschaft wird durch entsprechende Hinweisschilder auf der Straße mit der Aufschrift »Ein Kopftuch oder *jilbab* zu tragen ist das Zeichen einer zivilisierten Frau« dazu ermahnt.[30] In Tangerang werden Frauen, die nach 19 Uhr noch außerhalb des Hauses anzutreffen sind, als kommerzielle Sexarbeiterinnen angesehen und können von der Polizei verhaftet werden. Ein trauriger Fall, der sich in diesem Zusammenhang ereignete, ist die Festnahme einer schwangeren Frau, die auf dem Rückweg von ihrer Arbeitsstelle verhaftet wurde. Sie wurde insgesamt vier Tage von der Polizei festgehalten und musste schließlich eine Strafe von ca. 25 Euro zahlen. Die Regionalverwaltung von Depok bereitet derzeit eine Verordnung über kommerzielle Sexarbeiterinnen, Alkoholkonsum und moralische Verhaltensweisen vor.

Der radikalisierte Islam erhält Unterstützung durch Regierung und Parlament

Obwohl die radikalen Kräfte immer stärker werden, haben die Regierung und der Sicherheitsapparat lange nichts unternommen, um diese Bewegung aufzuhalten. Die Zentralregierung sollte sowohl die Einhaltung des Säkularitätsprinzips als auch die Wahrung der Menschenrechte sicherstellen. Doch es gibt nur wenige Politiker, die die Problematik der *Shariah*-Verordnungen thematisieren, vielleicht, weil sie befürchten, als antiislamisch oder gar als Ungläubige angesehen zu werden. Die Dezentralisierungsgesetze von 2001 schreiben Religion als einen der fünf Bereiche fest, die nicht dezentralisiert werden können, da sie die nationale Integrität betreffen. Regionalregierungen dürfen demnach keine Regularien zu religiösen Fragen erlassen. Trotzdem hat das Innenministerium, das die Gesetzeskonformität aller lokalen und regionalen Verordnungen prüfen muss, bisher noch gegen keine der von den Provinz- und Distriktregierungen verabschiedeten *Shariah*-Verordnungen Einspruch erhoben. Erst der Ende August 2008 eingesetzte Oberste Verfassungsrichter Moh. Mahfud M.D., der in Abdurrahman Wahid's Kabinett Verteidigungsminister war, bewertete die *Shariah*-Verordnungen als nicht verfassungskonform. Vor einer Versammlung hoher Militärs erklärte er, dass die *Shariah*-Verordnungen »das in der Staatsphilosophie verankerte Prinzip der sozialen Gerechtigkeit verletzen, da sie Minderheiten diskriminieren. (...) Sie bedrohen territorial und ideologisch unsere nationale Identität.«[31] Die Regionalkammer (*Dewan Perwakilan Daerah*) und die nationale Rechtskommission erklärten unmittelbar nach dieser Verlautbarung, dass eine Einrichtung zur Überprüfung der *Shariah*-Verordnungen geschaffen werden soll.

Viele islamisch orientierte Parteien sähen es sicher gern, wenn die Prioritäten des fundamentalen Islam formalisiert werden. Wenn man die Geschichte betrachtet, so gibt es diese Agenda der islamischen Strömungen in Indonesien tatsächlich schon seit der Staatsgründung, als die Forderung nach Ergänzung der *Pancasila* um die berühmten sieben Worte aufkam, nämlich dass die *shariah* für die gesamte muslimische Bevölkerung im Land gelten sollte. Damals scheiterte die Forderung, doch dann flammten diese Ressentiments wieder auf und fanden in den geplanten Antipornografiegesetzen ihren Ausdruck. Das Machtspiel von vor 60 Jahren begann erneut. Die Unterstützer dieser Bewegung sind erstarkt, denn wer auch immer sich gegen das neue Gesetz stellt, wird als Gegner des Islam stigmatisiert.

Das Anti-Pornografiegesetz wurde am 31.10.08 vom Parlament verabschiedet. Zwei Parteien, die *PDI-P* und die *PDS*[32] drückten ihren Protest vor der Abstimmung durch ein walk out aus. Abgeordnete islamischer Parteien bejubelten die Verabschiedung des Gesetzes mit Rufen wie »Allah ist groß«. Trotz vielstimmiger Proteste wurde das Gesetz am 26.11.08 vom Präsidenten unterschrieben und damit rechtskräftig. Obwohl in der Zielsetzung des Gesetzes Schutz und Bewahrung kultureller und künstlerischer Werte und religiöser Rituale erwähnt sind[33], ist nicht definiert, wo die als Pornografie deklarierte Nacktheit und Ausstellung sexueller Aktivitäten beginnt. Sind nackte Schultern pornografisch oder auch schon der Hals und die Wade? Ist ein Kuss ein pornografischer Akt? Angesichts dieser Unschärfen des Gesetzes sind Meinungsmache und Selbstjustiz der Bevölkerung vorprogrammiert, denn laut Gesetz ist diese verpflichtet, aktiv gegen pornografische Aktivitäten vorzugehen.[34] Ein Entscheid des zentraljavanischen Provinzparlaments im Januar 2009 führte bereits zur Überklebung eines Kinoplakats, weil der Gesichtsausdruck des darauf abgebildeten Paares als pornografisch eingestuft wurde. Diese Entscheidung ist wahrscheinlich nur ein Vorgeschmack auf die von Menschenrechts- und Frauenaktivisten erwartete Uferlosigkeit der Gesetzesauslegung.[35] Die Provinzen Bali, Ost-Nusatenggara, Manado und Papua haben offiziell gegen das

Gesetz protestiert und angekündigt, beim Verfassungsgericht Einspruch zu erheben. Obwohl sie ihren Befürchtungen, das Gesetz könne zur Diskriminierung ihrer kulturellen Praktiken führen, deutlich Ausdruck verliehen hatten, fand die sonst übliche Konsultation der Regionen vor der Abstimmung im Parlament nicht statt.

Nicht nur die Frauenaktivistinnen, auch die großen moderaten islamischen Parteien *Muhammadiyah* und *NU* mit ihrem prominenten Kopf und ehemaligem Präsidenten Abdurrahman Wahid und seiner Frau und Tochterstellen sich gegen die islamistisch geprägten Gesetzesentwürfe. Die einen, weil sie um die Gleichberechtigung fürchten, die anderen, weil sie die Einheit der Nation in Gefahr sehen.[36]

Eine Nichtanerkennung des Pluralismus wäre tatsächlich gleichbedeutend mit der Nichtanerkennung der Grundpfeiler des indonesischen Staates, der *Pancasila* und dem Prinzip der Einheit in der Vielfalt. Dies ist in der Tat eine Ironie der Geschichte. Die verschiedenen *Shariah*-Verordnungen, die heute forciert werden, tragen zur politischen Zersplitterung bei und schüren den Konflikt zwischen den verschiedenen gesellschaftlichen Gruppierungen. Sie unterminieren die Philosophie des indonesischen Staates und die Einheit des Volkes.

Sicherlich gibt es auch reaktionäre Kräfte, die die Befürchtungen um die Einheit des indonesischen Volkes gewissermaßen als Trittbrettfahrer anheizen. Sie waren es, die in der Suharto-Ära die Zügel des Staates in der Hand hielten, als die uneingeschränkte Macht herrschte, das Militär stark war und die Opposition kompromisslos niedergeschlagen wurde. Eine Diktatur wie damals behinderte zwar den demokratischen Prozess, doch für die Investoren stellte das autoritäre Regime einen Stabilitätsfaktor dar. Viele konnten während der Suharto-Ära enorme Reichtümer anhäufen. Sie sind es, die heute ihr Ende beweinen. Vielleicht nutzen sie gegenwärtig ihren Einfluss, um das derzeit herrschende Gefühl der Desintegration des indonesischen Volkes zu schüren und die Situation noch weiter eskalieren zu lassen.

Ist die Verpflichtung Indonesiens auf das Prinzip der Vielfalt tatsächlich ins Wanken gekommen? Wir werden in den nächsten Jahren sehen, ob Äußerungen in den Massenmedien wie »We are now on the brink of destruction« lediglich polemisch sind oder eine begründete Warnung darstellen.

Es stellt sich auch die Frage, inwieweit die Islamisierung Indonesiens durch das Aufleben des Islams weltweit beeinflusst wurde. In welchem Maße ist sie als Auflehnung gegen die politische Hegemonie und Werte des Westens zu sehen? Das selbstbewusste Auftreten des amerikanischen

Militärs als Weltpolizei und Bewahrer des Friedens bewirkt, dass selbst der moderate Islam zusehends orthodoxer wird. Die Bilder von Müttern und Kindern, die beim Angriff Israels auf die Hisbollah im Süden des Libanon im August 2006 umkamen, schüren den Hass auf den Westen. Die Fotos zeigen, dass die Menschenrechte und Leben derjenigen, die sich nichts zu schulden haben kommen lassen, ebenso mit den Füßen getreten werden wie die derjenigen, die in islamistisch und terroristisch motivierten Anschlägen den Tod finden. Derzeit steht der Islam an vorderster Front auf dem Schlachtfeld zwischen der westlichen und der östlichen Kultur. Der Konflikt zwischen Ost und West entflammt in einem Konflikt zwischen dem Islam und dem Christentum, in dem es darum geht, die ideologische Weltherrschaft zu sichern. Die Zersplitterung in zwei Religionen und Kulturkreise wird immer gravierender.

In Indonesien appellieren Vertreter eines moderaten und intellektuellen Islam an die islamische Gemeinschaft, sich nicht einer religiösen Dichotomie zu verschreiben, wie sie in Huntingtons »Kampf der Kulturen« skizziert wird. Stattdessen plädieren sie dafür, die Gemeinsamkeiten der verschiedenen Religionen herauszustreichen. Viele liberal-islamische Gruppierungen fordern dazu auf, statt die Unterschiede in der Religionsausübung zu betonen, sich auf die innere Verbindung zu einem Gott – *Tuhan yang Maha Esa* – zu konzentrieren, die zumindest den Hauptreligionen Christentum, Islam und Judentum gemein ist. Dies bedeutet, dass die religiösen Prinzipien im gesellschaftlichen Zusammenleben beherzigt und umgesetzt werden sollen, statt den Glauben primär durch die Kleidung und die Verrichtung von Ritualen zur Schau zu tragen. Ein Artikel von Julia Suryakusuma in der Jakarta Post mit dem ironischen Titel »What really makes a chicken *halal*?«[37] beschreibt, wie viele Mitglieder der islamischen Gemeinde auf religiöse Rituale fixiert sind, während Spiritualität und die Kernbotschaften der Religion in den Hintergrund treten.[38]

Wenn Indonesien unter Wahrung der Pluralität ein Volk und eine Nation bleiben möchte, muss die religiöse und politische Toleranz bewahrt und genährt werden. Dazu bedarf es der Einführung einer neuen Staatsbürgerkunde in Schulen, Hochschulen und staatlichen Institutionen. Die Gründer der Nation räumten dem Prinzip der Pluralität einen hohen Stellenwert ein und gaben damit jeder Volksgruppe und jedem Bürger einen Platz im Staat. Heute ist ein klares Bekenntnis der Landesführung zu diesem Prinzip gefragt. Pluralistische Strömungen setzen sich dafür ein, die fundamentalistischen Kräfte im Land einzudämmen und dem Extremismus Einhalt zu gebieten.

Obwohl die Mehrheit der Indonesier formal dem Islam angehört, ist die Bandbreite der Religionsausübung immer noch groß. Diejenigen, die den Islam orthodox auslegen und mit lauter Stimme als einzig wahre Religion proklamieren, stellen nicht die Mehrheit im Lande dar. Die meisten Indonesier und Indonesierinnen sind gegen einen Gottesstaat. Sie wollen selbst entscheiden können, ob sie nach den islamischen Gesetzen leben wollen oder nicht. Dennoch beugen sie sich immer öfter dem moralischen Druck der öffentlichen Meinung. Sie scheinen mehr als alles andere zu fürchten, als gottlos und unmoralisch zu gelten, wenn sie sich aktiv gegen die *Shariah*-Verordnungen einsetzen. Dass ein moralischer Zwang mindestens ebenso einengen kann wie politischer Zwang, wird dabei oft übersehen.

Mehr denn je ist es nun an der Zeit, dass die tatsächliche Mehrheit ihre Stimme erhebt und dem Prinzip der Einheit in der Vielfalt als Grundlage des Zusammenlebens auf dem indonesischen Archipel Geltung verschafft. *Bhinneka Tunggal Ika*, Einheit in der Vielfalt, war lange Zeit zu einem Instrument der Unterdrückung und Kontrolle verkommen. Heute könnte es wieder Symbol der Toleranz und persönlichen Vielfalt werden im Sinne eines politischen *Diversity Management,* das kulturelle und religiöse Vielfalt als Potential und Ressource für die Entwicklung des Landes zu nutzen weiß.

Interview mit Franz von Magnis-Suseno: Eine Republik, in der sich alle zu Hause fühlen

Der Jesuitenpater Franz von Magnis-Suseno ist vor 50 Jahren nach Indonesien gekommen, ist Direktor des Post-Graduiertenprogramms der Driyarkara-Hochschule für Philosophie in Jakarta und hat schon 1977 die indonesische Staatsbürgerschaft angenommen. Er ist einer der führenden Philosophen Indonesiens, bekannt für seine Ausführungen zur javanischen Ethik und Moral und Fragen der Religion. Seine Stellungnahmen zur aktuellen Situation Indonesiens finden sich regelmäßig in den indonesischen Medien. Unser erstes Interview haben wir mit ihm 1982 geführt, als wir an unserem Buch »Die Töchter Kartinis« arbeiteten. Seine Bücher »Javanische Weisheit und Ethik. Studien zu einer östlichen Moral (1981)« und »Neue Schwingen für Garuda (1989)« öffneten uns damals eine Tür zum Verständnis der indonesischen Gesellschaft. Das folgende Interview mit Franz von Magnis-Suseno führte Birgit am 29. Mai 2007 in Jakarta.

Herr von Magnis-Suseno, wie beurteilen sie das Konzept einer pluralistischen Gesellschaft, die in dem Motto »Einheit in der Vielfalt« bei der Gründung der Indonesischen Republik zusammengefasst wurde? Ist das ein Konzept, das der Kultur auf dem Archipel hier gerecht wird oder ist es eher ein oktroyiertes Konzept der Väter dieser Republik?

Man müsste sich fragen, was die Alternative wäre. In kultureller Hinsicht wäre die Alternative ein wesentlich javanisch geleiteter Einheitsstaat, wie wir das in gewisser Hinsicht vor allem unter Suharto hatten, und in religiöser Hinsicht wäre das ein salafistisch[39] islamischer Staat. Ich glaube, dass beide Möglichkeiten keine positive Zukunftsperspektive für Indonesien haben. Sie haben ja in der indonesischen Geschichte zwei Ereignisse, in denen ganz bewusst Stellung dazu genommen wurde. Das Erste war der so genannte »Schwur der Jugend« 1928,[40] wo man bewusst das Malayische und nicht das Javanische als indonesische Einheitssprache bestimmt hat. Hätte man damals das Javanische genommen, es war ja schließlich die Sprache von 40 % aller Indonesier, wäre Indonesien vermutlich überhaupt nicht zustande gekommen. Das war eine ganz große kulturelle Investition, dass man damals das Malayische gewählt hat.

Das zweite sind die Grundwerte der Pancasila[41], deren eigentlicher Kern die Bereitschaft der Muslime war zu akzeptieren, dass Indonesien ein Staat aller Indonesier ist, ohne den Islam zu bevorzugen. Was eine beeindruckende Einstellung ist, wenn man überlegt, dass über 80 % aller Indonesier Muslime sind. Wenn Sie die Verfassung von 1945 lesen, da können sie nicht herausfinden, welche Religion dieses Land hat. In Wirklichkeit besteht Indonesien aus zahlreichen ethnischen Gruppen und nur dadurch, dass alle sich irgendwie in dieser Republik zuhause fühlen, hat sie sich überhaupt erhalten können.

Wie würden Sie die seit Beginn des Demokratisierungsprozesses (reformasi) begonnene Islamisierung sehen, die sich in vielen Lebensbereichen abzeichnet?

Dazu darf ich vielleicht ein bisschen geschichtlich ausholen. Die javanische Adelsschicht, die priyayis, wie auch die einfache Landbevölkerung, waren beide abangan, das heißt, der Islam hat ihnen emotional nicht viel gegeben. Sie waren stärker in der javanischen Kultur, und die priyayi wahrscheinlich auch in der hinduistischen Kultur verwurzelt. Beiden Gruppen gab das Wayang-Schattenspiel mehr als die Lehren der ersten rechtgeleiteten Kalifen nach dem Propheten Mohammed. Davon grenzten sich die strenger dem Islam verpflichteten santris ab, besser würde man sagen, die traditionalistischen und dann auch die modernistischen Muslime. Die Modernisten, Anhänger der Muhammadiah, wohnten in den Städten. Sie waren beeinflusst durch die Islamische Erneuerung in Ägypten im 19. Jahrhundert und daher auch etwas wahabistisch[42] (fundamentalistisch) eingestellt. Die Traditionalisten sind in der Organisation Nahdlatul Ulama (NU) vertreten. Diese wurde gegründet, weil den islamischen Gelehrten, den kyiais, die ständigen Ermahnungen und die Kritik der Muammadiah auf die Nerven gingen, die ihnen sagten: »Euer Islam ist nicht sauber«.

Beide Gruppen leben bewusstseinsmäßig aus dem Islam und partizipieren daher auch nur in geringem Maße an der klassischen javanischen Kultur, den Tänzen, der Gamelan-Musik und auch dem Schattenspiel.

Dann passierte etwas ganz Entscheidendes in Richtung Islamisierung unter Suharto in den 70er Jahren. Suharto hat den politischen Islam unterdrückt, und, genau wie die Holländer früher, den Islam religiös gefördert. Suharto hat das vielleicht auch getan, weil er dachte, dadurch den Kommunismus bekämpfen zu können, das war ja seine Obsession. Die Folge war, dass der Islam in den 70er Jahren nicht nur salonfähig wurde, sondern Standard. Noch in den 60er Jahren hat ein Staatsbeamter, der gebetet und gefastet hat, sich immer als ein wenig rückständig empfunden. Das hat in den 70er Jahren aufgehört, da haben alle Büros ihre Musholla bekommen, es wurden überall Moscheen gebaut, auch in den Abangan-Dörfern. Überall wurde darauf gedrängt, dass Muslime aller Art am Freitag in die Moscheen gehen, fasten und beten.

Das ist eine Sache, die schon unter Suharto stattfand. Doch die Tatsache, dass die Menschen den Islam aktiver praktizierten, bedeutet noch nicht so viel. Wenn Sie die Wahlen von 1999 und von 2004 nehmen, dann ist das Auffälligste daran, dass die islamisch orientierten Parteien weniger Stimmen bekommen haben als im Jahre 1955 und das, obwohl in der Zwischenzeit diese interne Islamisierung stattgefunden hat, also mit anderen Worten, die Menschen wählen genau so wenig islamische Parteien wie die abangans früher.

Der jilbab, also die Kopfbedeckung der Frauen, hat zwar stark zugenommen, aber ich glaube in Jakarta und erst recht auf dem Land, auch abhängig von den Gegenden, sind das nicht mehr als 50 %, die ihn tragen. Ich würde sagen, dass einerseits diese früheren abangans sich heute mehr als Muslime fühlen und sich beleidigt und verletzt fühlen, wenn man den Islam angreift. Andererseits sind die wesentlichen Einstellungen, z.B. was Toleranz angeht, immer noch da.

Und dann kommen wir zum Sturz von Suharto. Die Frage ist nun, haben danach die Extremisten zugenommen oder sind sie aus ihren Löchern gekommen? Ich würde sagen, dass sie zunächst einmal aus ihren Löchern gekommen sind. Indonesien hatte immer ganz harte Extremisten, das waren in den 50er Jahren die Darul Islam-Aufstände. Die dauerten immerhin zwölf Jahre, bis die Republik sie niedergeschlagen hatte. In den 70er Jahren gab es auch einen beachtlichen fundamentalistischen Einfluss von Malaysia auf Indonesien, Abu Bakar Basyir[43] z.B. war ja lange in Malaysia gewesen. Der Einfluss der Fundamentalisten kam immer von Malaysia. Und jetzt, seit 1998, ist auf einmal die Demokratie eingekehrt mit wirklicher Meinungsfreiheit, da sind die dann an den Tag gekommen, und das sehr lautstark. Zunächst hat das den Eindruck gemacht, dass der Islam hier ganz stark zunahm, aber diese Hardliner-Gruppen, die sich dann gebildet haben, die haben dann später nicht mehr wirklich zugenommen. Ausnahme ist vielleicht die PKS, Partai Keadilan Sejahtera, die eine hochinteressante Partei ist. Sie sehen sich selbst als salafistisch an, eine fundamentalistische Bewegung, eng verwand mit dem Wahabismus und sind beeinflusst vor allem durch die Muslim-Bruderschaft in Ägypten. Sie sind strikt gegen Gewalt und haben noch nie einen Stein bei irgendwelchen Demonstrationen geworfen. Das sind moderne Puristen, die zurück wollen zum reinen Islam. Meiner Meinung nach sind das nicht im Prinzip Terroristen, ich mache einen großen Unterschied zwischen Fundamentalisten und Terroristen.

Jetzt: wie stark nimmt der Islam hier zu? Ich habe den Eindruck, dass eine Islamisierung in der Tat ständig fortschreitet. Da spielen ja nicht nur innenpolitische Faktoren eine Rolle. Auch Indonesien kann sich nicht völlig freihalten von der Intensivierung des Islams, die etwas zu tun hat mit Palästina, Irak und solchen Dingen, da ist einfach ein Druck von außen da. Nur ist die Frage, wo das hingeht? Ich glaube, es wird, wenn Indonesien wirtschaftlich einigermaßen auf einen grünen Zweig kommt, nicht zu einem islamischen Extremismus kommen. Es wird sich auf einem erheblich intensiveren islamischen Niveau einpendeln, auf dem aber im Wesentlichen immer noch Religionsfreiheit und Pluralismus gewahrt sein werden.

Warum glaube ich das? Die Traditionalisten, also die NU-Anhänger, wählen unter keinen Umständen einen Modernisten. Das ist völlig ausgeschlossen. Das bedeutet, dass die PKS und die Salafisten, selbst wenn sie weiter zunehmen, wahrscheinlich nicht über die modernistische Gruppe hinaus kommen. Sie werden also bei so 22–24 % im Lande stecken bleiben. So wie ich das sehe, ist die NU total immun gegen die PKS. Im Gegenteil, die Feindschaft wächst. Was die Intelligenz angeht, da gilt zurzeit die Muhammadiah als abgesunken. Die ist irgendwie ausgetrocknet. Die brillanteren Leute kommen gewöhnlich aus der NU.

Ich glaube eher, dass sich all die Hardliner auf etwa 10 %, und das ist ziemlich viel, festsetzen werden, und die anderen Richtungen laufen wahrscheinlich weiter. Die Intensität des Islams wird sicherlich zunehmen, nur ist die Frage, ob es auch gegen den Pluralismus gehen wird. Ich denke, dass es in Indonesien alle totalitären Bewegungen schwer haben werden.

Gerade an den Universitäten in Yogyakarta, Bandung und Jakarta sieht man doch schon an der Kleidung der Studentinnen, dass sich die ideologische Orientierung stark verändert hat. Früher waren es eher die engen Jeans, heute sind es die weiten Kutten und der Schleier. Wie beurteilen sie die Rolle der Studentenorganisationen in der Islamisierung?

Frauen tragen die islamische Bekleidung tatsächlich auch, weil sie ihnen mehr Sicherheit gibt und das Gefühl, dass sie so nicht als sexuelles Objekt betrachtet werden. Das hört man immer öfter von Frauen, die auch in Frauenbewegungen mitarbeiten, die aber trotzdem eine islamische Bekleidung tragen und sagen »so können wir besser arbeiten«. Also es ist nicht alles ein Zeichen eines zunehmenden Fundamentalismus. Es ist sehr komplex.

Frauen, die einen langen Schleier, der den Oberkörper bedeckt und vielleicht sogar einen bis zu den Füßen reichenden Kaftan tragen, sind immer Fundamentalisten, im Gegensatz zu den Frauen, die nur ein Kopftuch tragen. Und natürlich alle Männer, die in Kutten daherkommen, das sind alles »Hardliner«, Fundamentalisten, Extremisten und so weiter und das nimmt tatsächlich im universitären Bereich zu. Ob das irgendwann mal abgefangen wird, das weiß ich auch nicht. Ich sehe nur, dass diese Dinge auch von Muslimen besorgt gesehen werden und zwar sowohl von Anhängern der NU wie auch von der Muhammadiah.

Wie verträgt sich die Demokratie als politische Organisationsform mit der javanischen Kultur? Also der offene Streit der Meinungen gegen das große Harmoniebedürfnis?

Ich glaube, dass es da eigentlich kein Problem gibt. Wir haben jetzt das erste Mal in der indonesischen Geschichte keine bedeutende Gruppe, die Vorbehalte gegen die Demokratie hat. Das ist ganz anders als sogar zu

Soekarnos Zeit. Da hat man schon das Wort Demokratie nicht in das Grundgesetz, die Pancasila, hineingekriegt.

Es stimmt, es gibt viele Leute, die sagen, sie seien jetzt verwirrt und unter Suharto sei es ruhiger gewesen, wobei man vergisst, dass die blutigen Konflikte zum Teil schon unter Suharto angefangen haben. Ich glaube auch, dass Indonesien einfach zu groß ist, um es zentralistisch diktatorisch regieren zu können. Also, man muss sich hier, glaube ich, darauf verlassen können, dass die einzelnen Regionen sich als indonesisch fühlen und bei Indonesien bleiben wollen, und das geht nicht ohne eine Demokratie. Tatsache ist ja auch, dass sich die Demokratie trotz ihrer großen Schwächen bisher gehalten hat und sich doch so ganz langsam stabilisiert.

Das allergrößte Problem der Demokratie hier ist, dass die Menschen die Abgeordneten als korrupt ansehen und eigentlich vor dem Parlament keinen Respekt haben. Und wenn das ewig so geht, dann kann es schon passieren, dass die Demokratie baden geht. Aber im Moment glaube ich immer noch an die Chance, dass die Demokratie die richtige Form findet. Ich bin zu 60 % optimistisch.

Ist die Rolle der Frau ein Gradmesser für kulturelle Veränderungen? Eine der Thesen in unserem Buch ist ja, dass sich kulturelle Veränderungen in einem patriarchalischen System als erstes daran ablesen lassen, wie die Rolle der Frau definiert wird.

Ich glaube, das hängt mit zwei Dingen zusammen. Einerseits mit dem Versuch des islamischen Fundamentalismus, hier sozusagen die Dinge richtig zu stellen. In diesem Zusammenhang ist auch das Antipornografiegesetz zu sehen. Da wäre ein beachtlicher Prozentsatz der traditionellen indonesischen Bekleidung auf einmal pornografisch gewesen. Das wäre dann in den Augen der fundamentalistischen Muslime der Beweis gewesen, dass Indonesien endlich islamisch geworden wäre.

Der zweite Aspekt ist, dass in beachtlichen Kreisen der Bevölkerung und auch in der muslimischen Mittelklasse, das Erstarken der Frauen im Rahmen der Moderne als Bedrohung gesehen wird. Selbstbewusste Frauen entwischen dem Zugriff der Männer und das bildet Ressentiments, erst recht, wenn der Mann vielleicht noch weniger Geld verdient als seine Frau. Da ist man dann psychologisch gerne bereit, religiöse Bestimmungen einzuführen, die im Namen der Religion in Wirklichkeit darauf abzielen, eine Bedrohung durch zu starke Frauen zu verhindern. Das Patriarchat gibt nicht so schnell auf.

Javanische Frauen waren traditionell sehr stark, doch das waren sie immer nur als konco winking, Gefährtin im Hintergrund. Frauen haben immer das Geld gehabt und es auch den Männern abgenommen. Denn Javaner sind hier der Meinung, dass Männer in Gelddingen wie kleine Kinder sind. Wenn sie etwas haben, geben sie es sofort aus, sie verhuren es, verspielen es und so weiter. Und die Männer wissen das selber auch, deswegen geben sie das Geld freiwillig ihren Frauen, denn Frauen gehen verantwortlicher damit um. Jeder weiß, wenn man Frauen Geld leiht, ist die Wahrscheinlichkeit, dass es solide gehandhabt wird weitaus größer als bei Männern.

Als ich damals in den 60er Jahren in Jogya Hausbesuche machte, kam es manchmal vor, dass der Mann im Wohnzimmer saß und die Frau kochte hinten in der Küche Tee. Doch das Gespräch habe ich mit der Frau geführt. Der Mann sagte nur »nge« (»ja«). Aber die Frau hat energisch und kräftig das Gespräch geführt. Die Ehre hatte der Mann, das war ganz typisch.

Wie ist es mit den wirtschaftlichen Tätigkeiten, die den Frauen gerne überlassen wurden, da sie weniger wert waren als die spirituellen Aufgaben der Männer. Hat sich das geändert?

Das hat sich nicht sehr geändert. Es ist vielleicht so, dass jetzt mehr Javaner, vor allem Beamte und ehemalige Militärs, im Business sind, meiner Meinung nach zu 90 % bis 95 % in korruptiven Formen.

Frauen haben früher traditionell im Batikgeschäft gehandelt, heute sind sie in der Stadt Häuser- und Grundstücksmaklerinnen. Das Vorzeigepaar ist die Unternehmerin der Kosmetikbranche Martha Tilar und Prof. Tilar, beide schon über 70, aber immer noch aktiv. Das Geld bringt die Martha ein, er ist der bekannte Professor. Solche Paare gibt es auch auf einfachem Niveau. Da ist sehr oft die Frau diejenige, die die einkommensträchtige Tätigkeit ausübt, und der Mann ist Akademiker oder Beamter.

Doch Geld wird hier heute schon anerkannt. Die alte Priyayi-Ansicht, Geld spiele keine Rolle, Geld stinkt, das ist längst passé.

Manchmal merke ich es noch, zum Beispiel wenn ich eingeladen werde, nur ein kleiner Prozentsatz macht vorher mit mir ab, ob ein Honorar bezahlt wird oder nicht. Da ist immer noch die alte Kultur drin. Als ob es die Würde beeinträchtigen würde, wenn man auch gerne etwas Geld mitnimmt.

Wie sehen Sie das Verhältnis von äußerem sozialen Druck und innerer Einstellung, den internalisierten Normen versus äußere soziale Kontrolle?

Was das Verhalten angeht, hat sich hier nichts verändert. Für Javaner ist es immer noch das Wichtigste nicht aufzufallen, wenn es nicht ihre Berufung ist aufzufallen, sich also anzupassen und nicht unbedingt danach zu fragen, »ist das gerecht, ehrlich« etc.

Im Zusammenhang mit einem stärker islamischen Aussehen gibt es aber sicherlich viele, die dem Islam wirklich etwas abgewinnen. Die, die sich nur anpassen, um nicht aufzufallen, gibt es sicher auch, die würden das dann auch sofort zugeben.

Doch traditionelle Verhaltensweisen und Werte werden durch den Islam nicht so stark beeinflusst. Die Islamisierung ändert meiner Meinung nach überhaupt nichts an dem javanischen Wert der Toleranz.

Insgesamt ist immer noch sehr viel von außen bestimmt. Das kann man sehen an sekundären Tugenden wie Pünktlichkeit, Exaktheit oder dem Willen, Qualitätsstandards einzuhalten. Die intrinsische Motivation hierzu ist immer noch sehr schwach ausgeprägt. Deshalb rate ich auch vehement davon ab, in Indonesien ein Atomkraftwerk zu bauen.

»Reformasi« – Ein Streifzug durch die neuere politische Geschichte Indonesiens

1998 musste Präsident Suharto, der die indonesische Republik seit 1965 mit eiserner Hand gelenkt hatte, nach monatelangen Demonstrationen von Studenten, NGOs und Frauengruppen abtreten. Eine Ära der Reformen begann: *Reformasi.* Die meisten Politiker und Intellektuelle sind heute, zehn Jahre nach Beginn des Reformprozesses, der Ansicht, dass Demokratisierung, Dezentralisierung und Pressefreiheit nicht mehr zurückzudrehen sind. Kritische Stimmen in den Medien stellen dahingegen die Frage, welche Verbesserungen die politischen Reformen für die Bevölkerung gebracht haben. Angesichts der trotz 5–6 % Wirtschaftswachstums wenig zufrieden stellenden Einkommenssituation der meisten Indonesier stellt sich die Frage, warum die Reform nicht zu mehr Wohlstand für die große Masse geführt hat. Viele sehen die Ursache in der bis heute weit verbreiteten Korruption. »*Korrupsi, Kolusi, Nepotisme*«, Bestechung, unlautere Absprachen und Vetternwirtschaft, als KKN in aller Munde, sind ein Erbe aus dreihundert Jahren Kolonialzeit und Suharto-Regime. Sie haben sich wie Parasiten in die wirtschaftlichen, politischen, sozialen Beziehungen hineingefressen. Einige Politiker stellen angesichts der relativen Stagnation im Wirtschaftssektor die Angemessenheit des politischen Systems in Frage: »Wir sind zu demokratisch um voranzukommen«, sagte der indonesische Vizepräsident Anfang Juni 2007 während seines China-Besuches. »Solange die Freiheit des Einzelnen höher steht als soziale Verantwortung, werden wir keinen Fortschritt erlangen.«[44] Die Frage des Interessenausgleichs ist ein Kernproblem jeden politischen Systems – zu wessen Gunsten das Pendel in Indonesien ausschlägt, illustrieren die Armutsstatistiken. Die Zahl der Armen war in der Asienkrise Ende der 90er Jahre auf über 23 % gestiegen. 2007 lag sie immer noch bei fast 17 %, obwohl inzwischen Milliarden Rupiah in öffentliche Armutsprogramme geflossen waren.[45]

Wie hat sich der Reformprozess auf das Alltagsleben der Indonesier ausgewirkt? Hat die *Reformasi* tatsächlich nur demokratische Verzierungen gebracht, die die Lebenssituation der Menschen nicht wirklich verbessert haben?[46] Eine Meinungsumfrage der Tageszeitung »Kompas« unter 875 Befragten in zehn indonesischen Großstädten im Mai 2007 zeigte, dass mehr als Dreiviertel der Indonesier mit den Reformen im sozialen Bereich nicht zufrieden sind. Mit dem Fortschritt im wirtschaftlichen Bereich erklärten sich sogar über 81 % als unzufrieden. In den Bereichen Politik und Recht wird immer noch der Einfluss der Suharto-Günstlinge beklagt, und auch die Korruptionsbekämpfung, die von der Regierung des amtierenden Präsident Susilo Bambang Yudhoyono intensiver betrieben wird als von seinen Vorgängern, fanden fast 83 % der Befragten immer noch unzureichend.

Welche Ausgangsvoraussetzungen, Aufgaben und Probleme kennzeichnen den Reformprozess in der indonesischen Republik? Und was haben die Frauen dabei zu gewinnen – oder zu verlieren?

Das Erbe der »Neuen Ordnung«

Bis heute ist das Erbe von Suhartos Neuer Ordnung in vielen Facetten der indonesischen Gesellschaft spürbar. Nach einem versuchten Militärputsch, der den ersten indonesischen Präsidenten Soekarno zum Rücktritt zwang, übernahm General Suharto im September 1965 die Führung.
Soekarno, der den Sieg gegen die Holländer errang und das Land in die Unabhängigkeit führte, hatte in den 50er Jahren mit seinem Modell der »gelenkten Demokratie« versucht, die nationalistischen Kräfte mit den islamischen, sozialistischen und kommunistischen Parteien unter dem Dach seiner *NASAKOM*-Strategie[47] zusammenzubringen. Suharto dagegen machte mit Kommunisten, Gewerkschaftern und Anhängern linksgerichteter

Organisationen nach seiner Machtübernahme kurzen Prozess. Fast eine Millionen Menschen verloren von September bis Mitte 1966 ihr Leben. Danach begann er mit der Errichtung einer Neuen Ordnung. Kernelemente waren eine zentralistisch-repressive Verwaltungsstruktur und eine starke

Rolle des Militärs. Im Stil totalitärer Staaten wurden zentral gesteuerte Pflichtorganisationen für Beamte, Berufsgruppen, Jugendliche, Frauen, Künstler und Journalisten gegründet. Militärs wurden bis hinunter zur lokalen Ebene auf strategische zivile Posten in der Verwaltung gesetzt, um die Kontrolle über den weit gestreckten Archipel zu gewährleisten.[48] Die politische Einflussnahme des Militärs auf der nationalen Ebene wurde dadurch gesichert, dass ein Fünftel der Sitze im nationalen Parlament für sie reserviert war. Außerdem besetzte Suharto sein Kabinett zu einem hohen Anteil mit Ex-Generälen. Im Rahmen eines zentral gesteuerten Aufbauprogramms wurde eine Basisinfrastruktur aufgebaut: einfache Gesundheitszentren, Grundschulen und landwirtschaftliche Beratungsstellen wurden landesweit nach dem gleichen Muster errichtet.

Die Nationale Familienplanungsbehörde rückte auf alle Inseln vor, um das Bevölkerungswachstum zu senken. Mit der »*dua cukup*« (Zwei sind genug)-Kampagne wurde auf die Bevölkerung ein starker sozialen Druck ausgeübt, die Zahl ihrer Nachkommen auf zwei zu begrenzen. Während NGOs die halberzwungene Anwendung von Dreimonatsspritzen und *Implants* bei Frauen anprangerten, wurde Präsident Suharto 1990 von den Vereinten Nationen für sein Familienplanungsprogramm ausgezeichnet. Zwischen 1970 und 1989 sank das Bevölkerungswachstum in Indonesien von 2,8 % auf 2,1 %.[49]

Wie der erste indonesische Präsident Soekarno stützte Suharto seine Herrschaft auf die Staatsphilosophie *Pancasila*, die von den Gründern der Indonesischen Republik 1945 formuliert worden war.[50] Sie umfasst fünf Prinzipien, die auch im Staatswappen symbolisiert sind: Nationale Einheit, Humanität, Soziale Gleichheit, Demokratie und den Glauben an einen Gott. Nur die monotheistischen Religionen Islam, Christentum, Hinduismus und Buddhismus waren anerkannt, spirituelle und animistische Glaubensrichtungen wurden nicht toleriert. Die Mitglieder der ethnischen Gruppen in Kalimantan, Ost-Nusa Tenggara und anderen Außeninseln, die überwiegend Naturreligionen praktizierten, wurden gezwungen, eine der von Staatsseite anerkannten Religionen anzunehmen.

Pancasila wurde ein Kernstück der Curricula aller Bildungseinrichtungen vom Kindergarten bis hin zur tertiären Bildung, und alle Beamten mussten regelmäßig an so genannten P4-Kursen teilnehmen,[51] die auf *Pancasila* aufbauten. Während das straffe Erziehungssystem und die althergebrachten Methoden des Frontalunterrichts ein kritisches Denken und eine schöpferische Lernhaltung behinderten, wurde die *Pancasila* als Werte-Korridor für alle zivilen Gesellschaftsorganisationen und politischen Parteien etabliert. Suharto nutzte sie auch für die Begrenzung des Einflusses islamischer Gruppen und untersagte mit Verweis auf die *Pancasila* alle Bestrebungen zur Errichtung eines islamischen Staates. Die in einem Pflichtverband organisierten Beamten mussten bei Wahlen für die Regierungspartei *GOLKAR* stimmen. Ihre Frauen wurden automatisch Mitglieder der Ehefrauenorganisation der Beamten »*Dharma Wanita*«, die auf jeder Ebene jeweils von der Ehefrau des höchstrangigen Beamten angeführt wurde und zur Festigung der Statushierarchie auch außerhalb der Ministerialgebäude diente.

NRO wurden generell als potentielle Staatsfeinde beargwöhnt und vom Geheimdienst überwacht. Die Presse unterlag einer rigiden Zensur, zu kritische Journalisten wanderten ins Gefängnis.[52]

Den wirtschaftlichen Aufbau betrieb Suharto durch eine zentral gesteuerte »grüne Revolution« und erreichte Ende der 80er Jahre die Selbstversorgung mit Reis. Eine zentrale Agentur für Nahrungsmittel-Logistik *BULOG* kaufte die landwirtschaftlichen Erzeugnisse über in jedem Dorf eingerichtete Genossenschaften zu festgesetzten Preisen auf. Die Versorgung mit Konsumgütern wurde oligarchisch-kapitalistisch über mit der Regierung und dem Militär verknüpfte Konglomerate abgewickelt. Während der 1980er und 90er Jahre entwickelte sich so eine Vetternwirtschaft, die alle Bereiche der Ökonomie dominierte. Allen voran eigneten sich Suhartos Kinder und Familienmitglieder, denen die Regierung das Monopol auf wichtige Güter und Infrastruktureinrichtungen einräumte, riesige Wirtschaftsimperien an. Investoren mussten 30–50 % der Investitionssumme für Bestechungsgelder ausgeben, um die erforderlichen Genehmigungen für ihre geschäftlichen Aktivitäten zu erhalten. Suhartos verstorbener Frau, Ibu Tin, wurde im Volksmund »Ms. 10 %« genannt, ein Symbol für die Tatsache, dass in Indonesien niemand Geschäfte machen konnte, ohne seinen Anteil an die herrschende Familie und ihre Unterstützer zu entrichten. Die Korruption entwickelte sich unter Suhartos »Neuer Ordnung« zu einem klebrigen Leim, der alle gesellschaftlichen Beziehungen durchdrang und dem sich niemand entziehen konnte.

1997 führte die Asienkrise in Indonesien zu einer dramatischen Entwertung des Rupiah gegenüber dem Dollar und viele der unter den protektionistischen Bedingungen entstandenen indonesischen Unternehmen begannen zu wanken. Es kam zum Zusammenbruch einer Reihe von Banken, die in großem Stil ungesicherte Kredite für Spekulationsprojekte vergeben hatten. Der 75-pro-zentige Preisanstieg für Brennstoffe im Mai 1998 war schließlich der Tropfen, der das Fass zum Überlaufen brachte: Tausende Studenten gingen auf die Straße und forderten Suhartos Rücktritt.

Nachdem sechs Studenten während der Massendemonstrationen am 12. und 13. Mai erschossen worden waren, loderte der Groll auch in anderen Teilen der Gesellschaft auf und führte zu massiven Unruhen, bei denen Geschäfte angezündet, Regierungsbüros zerstört, Supermärkte geplündert und Autos in Brand gesetzt wurden. Während der Unruhen kam es zu gewalttätigen Übergriffen und öffentlichen Vergewaltigungen von 100 chinesischen Frauen – ein Ereignis, das nicht aufgeklärt und juristisch verfolgt wurde.[53] Als Reaktion auf die massiven Proteste beschloss die Regierung, die Preise für Brennstoffe wieder zu senken. Dennoch setzten sich die Massendemonstrationen vor dem nationalen Parlament fort. Es gab nur noch eine Forderung: Rücktritt des Präsidenten. Am 21. Mai beugte sich Suharto dem öffentlichen Druck und übergab die Macht seinem Stellvertreter Bacharuddin Jusuf Habibie. Dieser bildete zwei Tage später unter dem Namen »Entwicklungsreform-Kabinett« eine neue Regierung.

Habibies Interim-Regierung und die erste freie Wahl

Die erste spürbare Veränderung nach dem Zusammenbruch der Neuen Ordnung war die plötzliche Pressefreiheit. Waren kritische Journalisten vom Suharto-Regime von Geheimdienst und Polizei verfolgt worden, so konnte sich das lang aufgestaute Bedürfnis nach freier Meinungsäußerung plötzlich in allen Medien Bahn brechen. Auch die nicht-staatlichen Organisationen, die als potenzielle Regierungskritiker einer strengen Überwachung unterlegen hatten, konnten jetzt frei agieren.

Auf der politischen Ebene machte Habibies Übergangsregierung neben der Durchführung der ersten freien Wahlen im Juni 1999 insbesondere durch das Ost-Timor Referendum und die Einführung der Dezentralisierungsgesetze Geschichte.

Bei dem Referendum über den Status des 1975 annektierten Ost-Timors stimmten über zwei Drittel der 800.000 Bewohner für die Unabhängigkeit von Indonesien. Die indonesische Regierung respektierte den Ausgang der Abstimmung, doch der Sieg der Unabhängigkeitskämpfer löste bei den indonesischen Militärkräften eine Welle der Aggression gegen die Bevölkerung aus. Sie praktizierten das Prinzip der verbrannten Erde und zerstörten vor dem Rückzug nahezu die gesamte öffentliche Infrastruktur, brannten Häuser nieder und töteten Hunderte von Menschen. Nach internationalen Protesten setzte die indonesische Regierung eine Kommission zur Aufklärung der Gewalttaten ein, doch trotz mehrjähriger Ermittlungen wurde nur der damalige Gouverneur von Ost-Timor zu einer Gefängnisstrafe verurteilt, während alle hohen Militärs, die in den Fall verwickelt waren, von der Anklage freigesprochen wurden. Die Verabschiedung der Dezentralisierungsgesetze 1999 läutete eine radikale Veränderung des politischen Systems ein: nachdem bisher alles mit eiserner Hand von der Zentralregierung geregelt worden war, wurde die Wahrnehmung aller öffentlichen Aufgaben nun den Distrikten übertragen, mit Ausnahme von fünf Bereichen: Außenpolitik, Finanzen, Religion, Verteidigung und Justiz. Dass dieses Mandat an die Distrikte und nicht die Provinzen ging, war der Befürchtung geschuldet, dass eine zu große Machtfülle der Provinzen separatistische Tendenzen auslösen könnte.[54] Unter Habibie wurden auch die ersten Gesetze zur Bekämpfung der Korruption verabschiedet.[55] Hohe Staatsbeamte mussten nun zu Beginn und Ende ihrer Amtszeit als Präventivmaßnahme gegen illegale Bereicherung im Amt ihre Privatvermögen offen legen.

Eine weitere wichtige Maßnahme bei der Umwandlung des autoritären Staates in ein demokratisches System war die Trennung von Polizei und

Militär, die am 1. April 1999 in Kraft trat. Die Separation der Sicherheitskräfte zeigte in den kommenden Jahren allerdings noch gewalttätige Nachwehen, denn auf einigen Inseln kam es anlässlich von Unruhen zwischen Angehörigen verschiedener Ethnien und Religionsgruppen zu Kämpfen zwischen Militär- und Polizeikräften, zum Beispiel in Zentral-Kalimantan, in Zentral-Sulawesi und auf den Molukken.

Ein weiterer Schritt zur Einführung demokratischer Strukturen unter Habibie war die Errichtung einer Nationalen Kommission für die Bekämpfung von Gewalt gegen Frauen. Damit entsprach er den Forderungen von Feministinnen und Sozialaktivistinnen, die u.a. eine Verfolgung der Massen-Vergewaltigungen von Frauen während der Unruhen im Mai 1998 forderten. Mit der Gründung der Kommission zog ein neues Paradigma in die indonesische Frauenbewegung und Politik ein: die Missachtung der Rechte von Frauen wurde nun als eine Verletzung der Menschenrechte interpretiert.

Im wirtschaftlichen Bereich initiierte Habibie strukturelle Sanierungsarbeiten, nachdem die Asienkrise die Seifenblase der auf Protektion und Vetternwirtschaft basierenden indonesischen Wirtschaft zum Platzen gebracht hatte. Entsprechend der Forderungen des Internationalen Währungsfonds begann er mit dem Abbau der Subventionen für Grundnahrungsmittel und Brennstoffe. Die zur Sanierung des maroden Bankensektor gegründete Agentur IBRA liquidierte die zahlungsunfähigen Banken und leitete die Fusion überlebensfähiger Geldinstitute zu neuen Banken ein. Stark verschuldete Staatsbetriebe mussten einen Großteil ihres Kapitals an der Börse verkaufen. Die »Bank of Indonesia« wurde als unabhängige Institution unter die Leitung eines direkt dem Präsidenten unterstellten Gouverneurs gestellt und für die Bankenaufsicht und die Steuerung der Geldwirtschaft verantwortlich gemacht.

Die ersten freien Wahlen fanden im Juni 1999 ohne größere Störungen statt. Von 141 Parteien, die sich beim Justizministerium registriert hatten, besaßen 48 eine ausreichende Zahl lokaler Repräsentanzen und erfüllten somit die Voraussetzungen, um zur Wahl zugelassen zu werden.

Megawati Soekarnoputris Demokratische Partei des Kampfes (*PDI-P*) gewann mit fast 34 % die meisten Stimmen. Die *GOLKAR*-Partei kam mit 22 % auf den zweiten Platz. Die dritten bis fünften Plätze gingen ausschließlich an muslimische Parteien, namentlich an die Nationale Erweckungs-Partei (*PKB*), deren Vorsitz Abdurrahman Wahid inne hatte, an die Vereinigte Entwicklungs-Partei (*PPP*) und an die Nationale Mandate Partei (*PAN*).[56] Die verbleibenden knappen 14 % der Stimmen waren aufgeteilt zwischen den restlichen 43 Parteien.[57] Dieses Ergebnis zeigt, dass die drei Parteien, die unter dem Regime der Neuen Ordnung erlaubt waren (*GOLKAR*, *PDI* und *PPP*), immer noch die politische Bühne dominierten, denn auf sie entfielen insgesamt 72 % der Sitze im Parlament. Die Ergebnisse der lokalen Parlamentswahlen offenbaren einen bemerkenswerten Unterschied zwischen Java und den äußeren Inseln. Auf den Außeninseln besetzte die von Suharto gegründete *GOLKAR*-Partei weiterhin die Mehrheit der Sitze, während die Mehrheit der Bevölkerung auf Java, insbesondere in Jakarta, für Megawatis *PDI-P* gestimmt hatte, die in ihrer Wahlkampagne eine gerechtere Verteilung von Macht und Wohlstand versprach. Vom Jahr 2000 an machte sich die Veränderung des politischen Systems bemerkbar: die Entscheidungsfindung wurde plötzlich entscheidend durch die lokalen Legislatoren geprägt, die mehr oder minder über Nacht zu Politikern geworden waren. Auf den Außeninseln dominierten in den Parlamenten noch die Bürokraten aus der Zeit der Neuen Ordnung, da es außerhalb dieser Gruppe nur wenig Leute mit ausreichender Bildung und Sozialstatus gab, um eine Rolle im öffentlichen Leben einzunehmen.

»Gus Dur« – der erste frei gewählte Präsident der Reformperiode

Die Interims-Präsidentschaft von Habibie endete im Oktober 1999 mit der Wahl des liberalen Moslems Abdurrahman Wahid, im Volksmund Gus Dur genannt, zum ersten Präsidenten eines demokratischen Indonesiens.[58] Durch eine Koalition mehrerer islamischer Parteien mit *GOLKAR*, die vom *PAN*-Vorsitzenden Amiens Rais[59] als »Mittel-Achse« *(poros tengah)* zusammengebracht wurde, gelang es den Widersachern Megawatis, ihre Partei in der Volksversammlung zu überstimmen.[60] Dass Megawati auf diese Weise als Präsidentschaftsanwärterin aus dem Feld geschlagen wurde, führte insbesondere in Bali zu gewalttätigen Protesten, denn hier hatte die *PDI-P* bei den nationalen Parlamentswahlen nahezu 100 % der Stimmen erhalten.

Gus Dur fand nicht nur die Akzeptanz der islamischen Gruppen in Indonesien, sondern auch der internationalen Gemeinschaft, da er als ein offen gesinnter, liberaler Muslim bekannt war, der schon unter dem Suharto-Regime öffentlich Unterstützung für regierungskritische NRO gezeigt hatte und über ein weit gespanntes Netzwerk zu zivilgesellschaftlichen Organisationen in- und außerhalb Indonesiens verfügte.

Als Schwachpunkte für seine Präsidentenrolle stellten sich seine konfliktbehaftete Beziehung zum Militär und seine schwachen Verbindungen zur

Wirtschaft heraus. Kritisiert wurde er auch für sein zu nachlässiges Vorgehen gegen die Korruption. Auch Ex-Präsident Suharto wurde der Prozess erspart, nachdem ihn ein Ärzteteam aufgrund »irreversibler Hirnschäden« nach zwei kleineren Schlaganfällen für nicht prozesstauglich erklärt hatte.

Die größte Herausforderung während Gus Durs Präsidentschaft waren die gewalttätigen Auseinandersetzungen, die ab 1999 auf verschiedenen Außeninseln des Archipels entflammten. Ethnisch und religiös motivierte Kämpfe brachen vor allem in West- und Zentral-Kalimantan (2000 und 2001), Lombok (Anfang 2000), auf den Molukken (von Beginn des Jahres 1999 an) und in Zentral-Sulawesi aus (Peso, von April 2000 an). Ursache war meist ein ökonomisches Ungleichgewicht zwischen den ursprünglichen Bewohnern dieser Regionen und den Umsiedlern aus Java und Bali, die im Rahmen der von Suharto initiierten Transmigrationsprogramme auf die Außeninseln verpflanzt worden waren. Die Javaner waren meist nicht nur wirtschaftlich erfolgreicher als die angestammte Bevölkerung, sondern waren von der Zentralregierung auch auf die Schlüsselposten in Militär und Verwaltung gesetzt worden, die traditionelle Entscheidungsgremien verdrängten. Die schwelenden Ressentiments gegen die »javanischen Kolonialisten« brachen sich nach Suhartos Sturz in vielen Regionen Bahn.

Angesichts der Unruhen in Zentral-Sulawesi, den Molukken und Lombok, wo Moslems und Christen seit Generationen friedlich nebeneinander gelebt hatten, vermuteten einige politische Beobachter, dass Angehörige der Sicherheitskräfte durch Provokationen oder Nicht-Einschreiten bewusst eine Destabilisierung betrieben, um den Ruf nach Wiederherstellung der alten zentralistischen Ordnung auszulösen.

Nicht nur auf den Außeninseln auch in Java und in Jakarta kam es nach Beginn des Reformprozesses zu terroristischen Anschlägen. Eine Bombe in der Börse in Jakarta im September 2000 kostete zehn Menschen das Leben und verletzte 90. Bei Angriffen auf Kirchen in Java, Sumatra, Lombok und Riau kamen am Heiligabend des Jahres 2000 16 Menschen ums Leben, 100 wurden verwundet.

Zusätzlich zu diesen Gewaltausbrüchen war Abdurrahman Wahid mit zunehmenden Unruhen in Aceh und Papua konfrontiert. In den beiden ressourcenreichen Regionen am westlichen und östlichen Ende des Archipels hatten separatistische Bewegungen bereits während der Suharto-Zeit gegen das indonesische Militär gekämpft. Aceh hatte bei der Befreiung Sumatras von der holländischen Kolonialmacht eine wichtige Rolle gespielt und bereits bei der Republikgründung Autonomie gefordert. Die Ablösung Ost-

Timors von der indonesischen Republik stimulierte die Unabhängigkeitsbewegungen an beiden Enden des Archipels. Als Aceh im Januar 2000 ebenfalls ein Referendum forderte, kam es zu verstärkten militärischen Auseinandersetzungen zwischen der Bewegung Freies Aceh (*Gerakan Aceh Merdeka – GAM*) und der indonesischen Armee.

Irian Jaya, der westliche Teil Papuas, hatte seit den 60er Jahren gegen die Integration in die Republik opponiert; eine Abstimmung über den Verbleib im indonesischen Staat fand 1969 unter massivem administrativem und militärischem Druck statt und negierte die Autonomiebestrebungen.[61] Im Jahre 2000 leitete Präsident Wahid als Kompromissangebot die Formulierung eines speziellen Autonomie-Gesetzes für West-Papua ein.

Gus Dur stand bald selbst im politischen Kreuzfeuer. Dieses manifestierte sich in Korruptionsvorwürfen: man warf ihm vor, auf seinem privaten Bankkonto Gelder vom Sultan von Brunei erhalten zu haben. Außerdem wurde er für die Unregelmäßigkeiten in der nationalen Lebensmittel-Logistik-Körperschaft *BULOG* verantwortlich gemacht. Nach einer polizeilichen Untersuchung im Juni 2000 verabschiedete das Parlament im Februar 2001 ein Memorandum, in dem er des Betruges bezichtigt wurde. Am 23. Juli 2001 wurde er durch ein Memorandum der Volksversammlung als Präsident abgesetzt.

Eine blasse Legende – Megawati als zweite Präsidentin des Reformprozesses

Obwohl die islamischen Parteien bereits vor dem Memorandum ihre Vorbehalte gegen eine Frau an der Spitze der Nation geäußert hatten,[62] wurde die Vizepräsidentin Megawati Soekarnoputri nach dem Amtsenthebungsverfahren gegen Gus Dur zur fünften Präsidentin der Republik ernannt. Vizepräsident wurde der Vorsitzende der Islamischen PPP-Partei Hamzah Haz, eine Galionsfigur der islamischen Bewegung. Im Laufe seiner Amtszeit wurde bekannt, dass Haz drei oder sogar vier Frauen und 15 Kinder besaß – ein Umstand, den er der Öffentlichkeit während seiner Kandidatur vorenthalten hatte.[63]

Obwohl Gus Dur vordergründig über den Korruptionsfall bei der staatlichen Nahrungsmittelagentur *BULOG* zu Fall gebracht wurde, war das Amtsenthebungsverfahren doch in erster Linie politisch motiviert. Die beiden Parteien mit der größten Anzahl an Parlamentssitzen, *PDI-P* und *GOLKAR*, einigte das Interesse, über eine neue Regierung selbst an die

Hebel der Macht zu gelangen. Das Militär gab stillschweigend seine Zustimmung. Der ebenfalls in die *BULOG*-Affäre verwickelte Sprecher des nationalen Parlaments, Akbar Tanjung, der zugleich Vorsitzender von *GOLKAR* war, wurde vor Gericht gestellt, aber nicht verurteilt. Tanjung blieb trotz massiven öffentlichen Drucks im Amt.

Megawati war als Tochter des Republikgründers Soekarno ein Symbol für die Souveränität der Republik. Die Steuerung des Staates in einer Periode radikaler politischer und sozialer Veränderungen verlangte allerdings Führungsqualitäten, die Megawati nicht besaß.

Die größten innenpolitischen Herausforderungen während Megawatis Amtszeit waren der Kampf gegen Korruption und Terrorismus und die Befriedung der Unruhen auf den Außeninseln. Außerdem war die Umgestaltung des rechtlichen Rahmens und der institutionellen Strukturen im Zuge der Demokratisierung und Dezentralisierung gefragt. Dazu gehörte unter anderem eine umfassende Justizreform.

Zur Bekämpfung der Korruption wurde Ende 2002 eine Anti-Korruptions-Kommission eingerichtet, die selbst Ermittlungen durchführen und Korruptionsfälle strafrechtlich verfolgen konnte.[64] Nachdem Suhartos Sohn Tommy ein Jahr »auf der Flucht« gewesen war, nahm die Polizei ihn im November 2001 fest. Er hatte den vorsitzenden Richter im Bestechungsprozess gegen ihn ermorden lassen und wurde dafür zu 15 Jahren Gefängnis verurteilt. Im August 2002 trat er seine Haft im Hochsicherheitsgefängnis Nusakambangan in Zentral-Java an. Doch nachdem der Oberste Gerichtshof seine Strafe auf zehn Jahre reduziert hatte und ihm wegen guter Führung weitere Jahre erlassen wurden, kam er Ende 2006 bereits wieder auf freien Fuß.

Obwohl die neu gegründete Anti-Korruptionskommission Ermittlungen gegen Manager großer Staatsbetriebe, Politiker und Parlamentsmitglieder auf Regionalebene einleitete, ging Megawati doch nicht an die »großen Fische« im weiten *KKN*-Teich. Viele der von der internen Revision oder vom Rechnungshof in Ministerien und Staatsunternehmen aufgedeckten Veruntreuungsfälle, bei denen es oft um Hunderte von Millionen Dollar ging, wurden nicht verfolgt und die Verantwortlichen blieben straffrei. Ein radikales Durchgreifen wurde offenbar als politisch zu gefährlich erachtet, denn es gab kaum einen gesellschaftlichen Bereich, in dem nicht bekannte Politiker und hoch stehende Beamte auf die eine oder andere Weise in Korruption verwickelt waren. Trotz anders lautender politischer Erklärungen schien Korruption als ein besonderes Merkmal indonesischer Kultur weiterhin toleriert zu werden.

Dem Kampf gegen den Terrorismus musste Megawati höchste Priorität geben, nachdem eine Reihe von Bombenanschlägen bisher unbekannten Ausmaßes die Republik erschütterte. Bei einem Bombenanschlag auf einen Nachtclub in Bali im Oktober 2002 wurden 202 Menschen getötet und 300 verletzt, vorwiegend Urlauber aus westlichen Ländern. Die nächsten beiden terroristischen Attacken richteten sich auf vorwiegend von Ausländern besuchte Einrichtungen in Jakarta. Tatsächlich kosteten die Anschläge auf das Marriott-Hotel 2003 und die Australische Botschaft 2004 hauptsächlich indonesische Parkwächter und Fahrer das Leben. Der Krieg gegen den Terrorismus, in dem Megawati den USA nach den Angriffen des 11. September 2001 auf das World-Trade-Center in New York Unterstützung versprochen hatte, war nun vor der Haustür angekommen.

Die Regierung verordnete einen kontrovers diskutierten Entwurf für ein Anti-Terrorismus-Gesetz als Notstandsgesetz und machte es rückwirkend auf die Bali-Attacken anwendbar. Der kontroverse Entwurf, der der Polizei das Recht einräumt, eine Person sechs Monate lang ohne gerichtliche Anordnung und ohne formale Anklage festzuhalten, wurde vier Monate später ohne Änderungen vom Parlament als reguläres Gesetz verabschiedet.[65] Kritiker äußerten Bedenken, dass die sehr breit angelegte Definition des Terrorismus im Notstandsgesetz sehr stark dem alten Subversions-Gesetz ähnelte, das 1999 annulliert worden war und dass politischem Missbrauch damit Tür und Tor geöffnet werde. Während sich auf der rechtlichen Ebene repressive Tendenzen durchsetzten, war auf der praktisch-operationalen Seite nicht genug getan worden, um die militanten Zellen zu verfolgen, die im Untergrund neue Angriffe vorbereiteten. Die Polizei machte keine nennenswerten Fortschritte bei der Verfolgung des *Jemaah Islamiah*-Netzwerks, obwohl dieses nach der ersten Bali-Bombe zur terroristischen Organisation erklärt wurde und bekannt war, aus welchen radikal-islamischen Schulen (*Pesantren*) die Bewegung ihren Nachwuchs rekrutierte.

Während Megawatis Amtszeit wurden eine Reihe von wichtigen Verfassungsänderungen und Reformen des politischen Systems vorgenommen. Außerdem wurden die Anti-Rassen-Diskriminierungs-Konvention und mehrere Konventionen der Internationalen Arbeitsorganisation ILO ratifiziert.[66] Die dritte Verfassungsänderung im November 2001 brachte die wichtigste Änderung des politischen Systems: Präsident und Vizepräsident sollten von nun an in freier und geheimer Wahl von der Bevölkerung direkt gewählt werden. Die gleiche Verfassungsänderung sah zur Stärkung der Rolle der Regionen bei der Politikformulierung auf nationaler Ebene die Einrichtung einer Regionalkammer (*Dewan Perwakilan Daerah* - DPD) vor, in der jede Provinz mit vier Repräsentanten vertreten ist. Die DPD hat ein Mitspracherecht bei allen Gesetzen zur Ausgestaltung der regionalen Autonomie, die Zusammenlegung oder Etablierung neuer Regionen, dem Finanzausgleich zwischen den Regionen und dem Management der natürlichen Ressourcen.[67]

Die dritte Verfassungsänderung führte die Unabhängigkeit des Justizapparats wieder ein, die Suharto beseitigt hatte. Alle Gerichte wurden nun dem Obersten Gerichtshofs unterstellt.[68] Unter Suharto waren die Verwaltungs- und Religionsgerichte den entsprechenden Ministerien und das Militärgericht dem Kommandanten der Streitkräfte untergeordnet. Die Reform umfasste die Einrichtung eines Verfassungsgerichtes, das die Verfassungskonformität aller Gesetze überprüfen soll.[69] Das Verfassungsgericht kann auch politische Parteien verbieten und entscheidet bei einer Anfechtung von Wahlergebnissen. Im Februar 2004 hob das Verfassungsgericht das Verbot der Kommunistischen Partei auf, die unter Suharto verfolgt worden war.

Die Diskriminierung indonesischer Einwohner chinesischer Herkunft, die während der Zeit der Neuen Ordnung wichtiger Bürgerrechte beraubt worden waren, war bereits durch den Menschenrechts-Erlass von 1998 gelockert worden. Unter Suharto hatten Chinesen indonesische Namen annehmen müssen, durften die chinesische Sprache in der Öffentlichkeit nicht benutzen, erhielten keinen Zugang zu staatlichen Universitäten und durften keine Beamten werden. Ihre Ausweise waren wie bei ehemaligen politischen Gefangenen mit einem speziellen Code markiert. Mit dem Menschenrechtsgesetz von 1999 erhielten ethnische Chinesen alle bürgerlichen Rechte. Die Anerkennung der Chinesen als eine legitime Volksgruppe in einer pluralistischen Gesellschaft fand in der Erklärung des chinesischen Neujahrsfestes *(Imlek)* zu einem nationalen Feiertag ihren Ausdruck.

Unter Megawati wurde auch ein Aktionsplan verabschiedet, der die Einhaltung der Menschenrechte in allen Institutionen sicherstellen sollte und die Integration dieses Themas in die Curricula von Schulen und Universitäten vorsah.[70]

2001 traf Megawati die stark umstrittene Entscheidung, Papua in drei Provinzen aufzuteilen. Die präsidiale Entscheidung widersprach den Bestimmungen des Papua-Sonderautonomiegesetzes, das eine Beratung der Provinzteilung im Papuanischen Volksrat vorsah.[71] Obwohl der Rat noch nicht installiert und kein öffentlicher Konsultationsprozess durchgeführt worden war, wurde die Provinz von West-Papua im Februar 2003 gegründet. Nach schweren Protesten gegen weitere Teilungen der Provinz, die mehrere

Menschen das Leben kostete, entschied die Regierung, die Durchsetzung der präsidialen Anweisung auszusetzen.

Megawatis Präsidentschaftszeit endete mit der übereilten Fertigstellung einiger bereits lange in Vorbereitung befindlicher Gesetze. Darunter waren u. a. das Gesetz zur Einrichtung einer Justizkommission für die Vorauswahl der Richter des Obersten Gerichtshofs und die Etablierung einer Nationalen Wahrheits- und Versöhnungskommission. Diese war nach den Menschenrechtsverletzungen vor und nach Suhartos Sturz bereits 1998 von Sozialaktivisten und Intellektuellen gefordert worden. Das indonesische Verfassungsgericht urteilte im Dezember 2006, dass die Einrichtung einer Wahrheits- und Versöhnungskommission nicht mit der Verfassung von 1945 vereinbar sei. Für Menschenrechtsverletzungen sollen nun Ad-hoc-Gerichte zuständig sein. Damit ist die Möglichkeit, dass Opfer staatlicher Gewalt Entschädigungen bekommen, äußerst unwahrscheinlich geworden.[72]

Die heftig diskutierte Revision der Dezentralisierungsgesetze 32/2004 und 33/2004, die unter anderem die direkten Wahlen von Gouverneuren, Distriktchefs und Bürgermeistern einführten, wurde zwei Tage vor dem Ende von Megawatis Amtszeit verabschiedet.

Am letzten Tag ihrer Präsidentschaft beschloss das Parlament ein Gesetz, das das Mandat des Militärs auf die Landesverteidigung beschränkte und seine politische Einflussnahme damit zumindest formal aufhob.

Während der letzten Monate von Megawatis Präsidentschaft löste ein Ereignis eine Schockwelle in der indonesischen und internationalen Öffentlichkeit aus: Der Menschenrechtsaktivist Munir Thalib, Gründer der radikalen Nicht-Regierungs-Organisation KONTRAS, die dem indonesischen Militär Menschenrechtsverletzungen in Ost-Timor und Indonesien vorwarf, war an Bord eines staatseigenen Garuda-Flugzeugs auf seinem Weg nach Amsterdam mit Arsen vergiftet worden. Die Nachforschungen durch eine Kommission, die von Megawatis Nachfolger Susilo Bambang Yudhoyono angesetzt worden waren, wiesen darauf hin, dass hohe Beamte des Indonesischen Geheimdienstes BIN in den Fall verwickelt waren. Diese verweigerten gegenüber einer vom Präsidenten eingesetzten Sonderkommission zur Aufklärung des Verbrechens die Aussage. Ein zu zehn Jahren Haft verurteilter Garuda-Pilot, der Munir das Gift in sein Getränk gemischt haben soll, wurde später vom Obersten Gerichtshof mangels Beweisen wieder freigesprochen. Bis 2007 konnte die Polizei die Täter dieses Verbrechens nicht identifizieren.

Die Ergebnisse der allgemeinen Wahlen im April 2004 waren ein deutliches Zeichen der Enttäuschung über Megawati und ihre Partei. Hatte die

PDI-P die Wahlen 1999 mit der Versprechung gewonnen, eine demokratische Gesellschaft aufzubauen und für soziale Gerechtigkeit zu sorgen, so war diese Erwartung weder auf der nationalen noch auf der lokalen Ebene erfüllt worden. In vielen Distrikten, wo die *PDI-P* die Mehrheit hatte, waren Korruption und Vetternwirtschaft nach wie an der Tagesordnung. Obwohl das Wirtschaftswachstum während Megawatis Präsidentschaft bei 5 % pro Jahr gelegen hatte, war wenig für wirtschaftliche und soziale Gerechtigkeit getan worden. Die *PDI-P* litt unter internen Kämpfen und einem Mangel an Führungsfiguren. Die Präsidentin selbst wurde in den Medien zunehmend als Hausfrau porträtiert, die sich, statt mit klaren Worten die Geschicke des Staates zu lenken, Sofakissen knetend am liebsten ins Schweigen hüllte.

Der Stimmenanteil der *PDI-P* sank von fast 34 % 1999 auf 18,7 %. *GOLKAR* dagegen blieb mit knapp 22 % nahezu stabil.[73] Die Wahlergebnisse der großen islamischen Parteien lagen alle unterhalb der Zahlen von 1999. Eine große Überraschung war das Abschneiden der Demokratischen Partei *(Partai Demokrat – PD)* und der Sozialen Gerechtigkeitspartei (*Partai Keadilan Sejahtera – PKS*), die 10 % und bzw. 8 % der 547 Parlamentssitze gewannen. Die *PKS*, eine islamische Partei, deren Kampagne sich auf den Kampf gegen Korruption konzentriert hatte, gewann die meisten ihrer Stimmen bei den Angehörigen der frustrierten unteren Mittelschicht in Jakarta. Ex-General Susilo Bambang Yudhoyono, der als koordinierender Minister für Sicherheit und Verteidigung eine wichtige Rolle in Megawatis Kabinett innehatte, schloss sich vor der Wahl der Demokratischen Partei an. Als er begann, die Präsidentin offen zu kritisieren und sich immer mehr zu einem Konkurrenten entwickelte, warf Megawati ihn aus ihrer Regierungsmannschaft. Im August 2004 unterzeichnete Yudhoyono ein Abkommen über eine zukünftige Kooperation mit der PKS.[74]

Susilo Bambang Yudhoyono als Präsident – ein anderer lächelnder General?

Aus der ersten Runde der direkten Präsidentenwahlen im Juli 2004 gingen zwei Kandidatenpaare für die Endabstimmung hervor: Susilo Bambang Yudhoyono, allgemein SBY genannt, mit dem von *GOLKAR* unterstützten Geschäftsmann Yussuf Kalla als Vizepräsidentschaftskandidat und Megawati im Verbund mit dem Kopf der größten islamischen Organisation Nathdlatul Ulama, Hasyim Muzadi. Das Duo Susilo/Kalla gewann im Oktober 2004 mit einer klaren Mehrheit von fast 61 %.

Die Wähler erhofften sich ökonomische und politische Stabilität und ein entschiedenes Vorgehen gegen die Korruption. Um diesen Erwartungen Rechnung zu tragen, setzte SBY sofort den Präsidentenerlass 5/2004 zur Beschleunigung der Korruptionsbekämpfung durch. Doch noch bevor sich die Regierung um die Umsetzung ihres Regierungsprogramms kümmern konnte, wurde Indonesien von einer Katastrophe heimgesucht, die alle anderen Probleme überschattete: Eine durch ein Seebeben ausgelöste Tsunami-Welle hinterließ mehr als 140.000 Tote und 40.000 Vermisste in den Provinzen Aceh und Nord-Sumatra. Da Aceh wegen der Kämpfe zwischen Militär und Guerillabewegung unter einem Ausnahmezustand gestanden hatte und es immer wieder zu Menschenrechtsverletzungen gekommen war, erforderte die Katastrophenhilfe in der Provinz besondere Sensibilität. Sofort nach der Katastrophe waren Armee-Einheiten aus verschiedenen Ländern und hunderte humanitärer Hilfsorganisationen in Aceh eingetroffen. Die *Consultative Group on Indonesia (CGI)* sagte im Januar 2005 mehr als vier Milliarden US-Dollar für den Wiederaufbau Acehs und Nord-Sumatras zu. Einige Wochen später richtete die Regierung eine spezielle Agentur zur Leitung des Wiederaufbaus ein *(Baden Rehabilitasi dan Rekonstruksi - BRR)*. Seinem Koordinator Prof. Koentoro wurde Ministerrang verliehen. Trotz aller Koordinationsbemühungen ging der Wiederaufbau der Häuser und lokalen Infrastruktur nur langsam voran. NGOs erreichten die obdachlos gewordenen Menschen mit ihren Hilfsleistungen oft schneller als die über Regierungskanäle abgewickelten Zuwendungen großer Organisationen. Der Tsunami hatte großes Leid über die Bevölkerung Acehs gebracht, gleichzeitig aber den Vorhang hinweggefegt, den die indonesische Regierung um den gewaltsamen Konflikt an der Nordspitze Sumatras gezogen hatte. Plötzlich konnte die Weltöffentlichkeit den Umgang mit dem Konflikt verfolgen. Nach mehreren Verhandlungsrunden in Finnland unterzeichneten die indonesische Regierung und die Freie Aceh-Bewegung im August 2005 ein Friedens-Memorandum, dem das nationale Parlament trotz der Proteste von *PDI-P* und anderen nationalen Parteien, die die Interessen des Nationalstaates nicht ausreichend geschützt sahen, beipflichtete. Im Juli 2006 wurde ein Gesetz zur Sonderautonomie von Aceh verabschiedet, das im Gegensatz zur nationalen Gesetzgebung auch nicht-parteigebundenen Mitgliedern erlaubte, bei den Wahlen auf Provinz- und Distriktebene zu kandidieren. Dies eröffnete die Möglichkeit für die Kandidatur von Ex-*GAM*-Mitgliedern. Im Dezember 2006 wurde der ehemalige *GAM*-Führer Yusuf in direkter Wahl zum Gouverneur der autonomen Provinz Aceh bestimmt.

In ganz Indonesien wurden im Juni 2005 die ersten direkten Wahlen von Landräten (*Bupatis*) und Bürgermeistern durchgeführt. Sie läuteten eine neue Stufe der Demokratisierung ein, denn sie beendeten die Praktiken der *money politics*, den Stimmenkauf der lokalen Parlamentsmitglieder, die die politischen Führer bisher in indirekter Wahl bestimmt hatten.

Yudhoyono hatte immer noch allen Grund, die Korruptionsbekämpfung ganz oben auf seine politische Agenda zu schreiben. Laut des *Transparency International* Jahresberichts von 2008 belegt Indonesien gemeinsam mit Honduras, Äthiopien, Uganda, Guzana, Lybien, Eritrea und Mosambik Rang 126 der 180 im Korruptionsindex bewerteten Staaten, eine deutliche Verbesserung gegenüber 2007, als Indonesien auf Rang 143 lag.[75] Seit 2005 ist eine größere Zahl von Korruptionsfällen in Regierungsinstitutionen und lokalen Parlamenten aufgedeckt worden. Zahlreiche Manager aus der mittleren und oberen Etage von Banken und staatseigenen Unternehmen wurden der Korruption überführt und verurteilt. In mehreren Regionen kamen lokale Parlamentarier wegen Veruntreuung öffentlicher Gelder vor Gericht. Besonders drastisch war die Situation in West-Sumatra, wo nahezu das gesamte Parlament mit einer Gefängnisstrafe belegt wurde. Ein Fall, der als erster großer Anti-Korruptionsprozess 2005 durch die Schlagzeilen ging, war der Prozess gegen Nazaruddin Sjamsuddin, Leiter der Wahl-Kommission (*KPU*) und Universitätsdozent, der kurz zuvor noch für die reibungslose Durchführung der Wahlen gelobt worden war. Kritische Stimmen weisen darauf hin, dass die Bestrafung der Korruption immer noch keinen einheitlichen Kriterien folgt und sehen politische Interessengeflechte als Ursache für die unterschiedliche Bemessung der Strafen. So wurde im Juni 2006 z.B. der Chef der Nationalen Polizeieinheit für Finanzwesen, Banken und Geldwäsche-Kriminalität, Irman Santosa, nur zu 20 Monaten Gefängnis und 16.000 US$ verurteilt, obwohl er im Zuge der Ermittlungen im milliardenschweren Veruntreuungsfall in der staatlichen Bank BNI fünf Millionen US Dollar Bestechungsgelder angenommen hatte.[76] Das milde Urteil blieb deutlich unter der Forderung der Staatsanwaltschaft, da die Richter positiv in Rechnung stellten, dass Irman während seiner 31 Jahre in Polizeidiensten etliche Ehrenmedaillen gewonnen und außerdem vor Gericht Reue gezeigt hatte.

In vielen Korruptionsfällen war es offensichtlich, dass an Bestechungsgelder an Staatsanwälte und Richter gegangen waren. Dies schloss auch den Höchsten Gerichtshof ein. Mehrere Angestellte des obersten Gerichtshofes wurden im Juli 2006 für die versuchte Bestechung des Höchsten Richters Bagir Manan im Verfahren gegen Suhartos Halb-Bruder Probosutedjo bestraft. Ein deutliches Signal gegen die Korruption in der Gerichtsbarkeit erfolgte am 4. September 2008 mit der Verurteilung des Staatsanwalts Urip Tri Gunawan zu 20 Jahren Gefängnis. Gegen ein Bestechungsgeld von 660.000 US Dollar hatte er die Klage gegen den in Singapore ansässigen Multimilliardär Sjamsul Nursalim fallen gelassen, der im Verdacht steht, im Rahmen der Asienkrise 1998 einen staatlichen Kredit von 2,5 Milliarden US Dollar Kredit für die Rettung seiner »Bank Dagang Nasional Indonesia« veruntreut zu haben.[77]

Dass Richter und Staatsanwälte immer noch anfällig für Korruption sind, führen Angehörige der Justiz auf die niedrigen Gehälter zurück und fordern ein angemessenes Anreizsystem.[78] Derzeit erhält ein Richter des Antikorruptions-Gerichts ungefähr 850 US$ im Monat plus 30 US$ Aufwandsentschädigung pro Gerichtstag. Dieses im Staatsdienst bereits gehobene Gehalt ist minimal im Verhältnis zu den enormen Summen, die bei den Korruptionsprozessen für den Staat zurück gewonnen werden sollen.

Nachdem die Klage gegen Ex-Präsident Suharto aufgrund der ärztlich bescheinigten Verhandlungsunfähigkeit 2006 eingestellt worden war, reichte die Staatsanwalt im Juli 2007 eine Zivilklage auf Rückzahlung von 1,5 Milliarden US Dollar veruntreuter Staatsgelder ein. Als Suharto im Januar 2008 starb, vermutete die ausländische Presse, dass die Klage auf seine Erben übergehen würde.[79] Nur einen Monat später wurde Sohn Hutomo Mandala Putra (Tommy Suharto) von der zivilrechtlichen Klage gegen eine von seinem Vater 1995 ermöglichte Landtransaktion freigesprochen. Das Gericht gestand ihm sogar eine halbe Million Dollar Schadensersatz zu.[80] Im Oktober 2001 hatte der Oberste Gerichtshof in einem höchst umstrittenen Urteil das strafrechtliche Urteil gegen ihn aufgehoben, drei Monate nachdem Richter Kartasasmitra, der Tommy in dieser Sache zu 18 Monaten Gefängnis verurteilt hatte, auf offener Straße erschossen worden war. Tommy befand sich in dieser Zeit auf der Flucht vor der Polizei, wurde ein Jahr später festgenommen und für den Auftragsmord zu 15 Jahren Gefängnis verurteilt. Allerdings kam er bereits vier Jahre später schon wieder auf freien Fuß, da der Oberste Gerichtshof seine Strafe reduzierte und er wegen guter Führung vorzeitig entlassen wurde. Als Finanzministerin Sri Mulyani im August 2008 von einer Firma, die mit Tommy's 1999 liquidierter Automobilfabrik PT Timor Putra Nasional verquickt war, 134 Millionen US Dollar einzog, erntete die »eiserne Lady« in der Presse Anerkennung für ihren Mut, gegen den Sohn des Ex-Diktators vorzugehen.[81]

Im Kampf gegen den Terrorismus intensivierte die indonesische Polizei ihre Fahndung, nachdem im Oktober 2005 in zwei Restaurants in Bali erneut Bomben hochgingen. Ende 2006 wurde einer der meistgesuchten Terroristen in Indonesien, der Malaysier Dr. Azhari, in Ost-Java erschossen und seine Begleiter festgenommen. Der Kopf der Terrorgruppe *Jemaah Islamiya*, Noordin Top, konnte jedoch zum wiederholten Male entkommen. Der spirituelle Führer dieser Bewegung, Abu Bakar Basyir, der 2003 für die Unterstützung der Bombenanschläge in Bali und Jakarta zu 4 Jahren Gefängnis verurteilt wurde, wurde bereits im Juni 2006 wegen guter Führung entlassen. Auf einem Kongress der Muslimischen *Bulan Bintang* Partei nahm er sofort nach seiner Entlassung seine Kampagne für einen Islamischen Staat wieder auf und forderte, das Gerichtsverfahren gegen die für die Bombenanschläge in Bali zum Tode verurteilten Islamisten wieder aufzunehmen. Basyir verbreitet unbehelligt die Ansicht, dass die Bomben in Bali von den USA gelegt worden seien, um eine Handhabe für die Ausweitung ihres Feldzugs gegen den Islam zu erlangen.

Im wirtschaftlichen Bereich erntete die Regierung seit Mitte von Yudhoyonos Amtszeit immer mehr Kritik. Noch 2005 waren die Brennstoffpreise ohne bemerkenswerte öffentliche Proteste drastisch erhöht worden, was unter den Vorgängerregierungen immer zu heftigen Demonstrationen geführt hatte. Ein Teil der damit eingesparten Subventionen wurden in ein Hilfsprogramm für Arme gesteckt, die landesweit Ausgleichzahlungen von 100.000 Rupiah (neun Euro) pro Monat erhalten sollten. Allerdings kam das Geld nicht bei allen an, die nach den Kriterien des Nationalen Statistikbüros anspruchsberechtigt waren. Immer wieder kommt es vor, dass Mitglieder der Dorfverwaltungen die Namen ihrer Familienangehörigen und Freunde in die Listen eintragen und die Distriktregierungen ihre Aufsichtsfunktion nicht wahrnehmen. In einigen Regionen wie z.B. in Lombok kam es zu gewalttätigen Protesten, nachdem die Beamten 30 % der Dreimonatszahlungen für sich selbst als »Verwaltungsabgabe« einbehalten hatten.

Neben den Negativthemen Terrorismus- und Korruptionsbekämpfung stehen auf SBYs Regierungsagenda in erster Linie Wirtschaftsförderung, Energiepolitik, Bildung und Gesundheit. Da die Elektrizitätsversorgung in vielen Gegenden den Bedarf schon heute nicht mehr deckt und die eigenen Ölvorkommen in absehbarer Zeit ausgeschöpft sein werden, wird Bio-Diesel als Alternative propagiert. Dass dies zu weiterer Abholzung von Tropenwäldern führt, in denen in- und ausländische Investoren um das Anlegen weiterer Ölpalmplantagen wetteifern, wird von den Umweltorganisationen bisher ohne nennenswerte Erfolge angeprangert.

Auch die Verbesserung des Bildungssystems hat trotz der stetigen Erhöhung des Haushaltsansatzes für diesen Sektor bisher wenig Erfolge gezeigt. Die Verfassung schreibt vor, dass 20 % des Budgets für Bildung genutzt werden sollen, doch der Anteil liegt bisher erst bei 8 % und soll durch eine Verdopplung des Bildungshaushalts 2008 auf 12 % erhöht werden. Fast täglich finden sich Berichte über eingestürzte Schulgebäude und die Erhebung illegaler Gebühren durch Schulverwaltungen und Lehrer in den Medien. In den Jahren 2006 und 2007 gingen Schockwellen durch das Land, als mehr als 10 % der Gymnasiasten die zentral gesteuerte Abschlussprüfung nicht bestanden. Die Zahl der Selbstmorde von Schülern stieg nach den Prüfungen drastisch an. Nicht-Regierungsorganisationen und Intellektuelle kritisieren die in indonesischen Schulen gängigen Lerninhalte und -methoden, die immer noch dem *top down*-Stil der Neuen Ordnung folgen, der es in erster Linie auf die Heranziehung folgsamer Staatsbürger ankam. Die Politiker erklären, dass bei den jungen Erwachsenen von morgen Kreativität und Kritikfähigkeit gefragt sind, um sich im globalen Wettbewerb zu behaupten, doch derzeit bleibt das indonesische Bildungssystem noch weit hinter dieser Anforderung zurück.

Nicht nur der Bildungssektor, auch das Gesundheitssystem, liegt noch im Argen. Das Netz staatlicher Gesundheitszentren, das während der Ära der

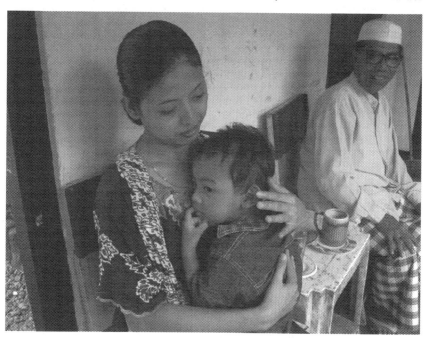

Neuen Ordnung errichtet wurde, ist von schlechter Qualität, für die Armen in vielen Regionen gleichzeitig noch zu teuer oder nicht erreichbar. Im 2004 verabschiedeten Gesetz zur Sozialen Sicherung ist die Schaffung einer sozialen Krankenversicherung vorgesehen. Doch angesichts der großen Zahl der Menschen, die im informellen Sektor tätig sind und kein festes Einkommen haben, dürfte es noch einige Jahre dauern, bis dieses Ziel auch nur ansatzweise erreicht ist. Zwischenzeitlich hat die Regierung ein Programm zur kostenlosen Krankenversorgung der Armen verabschiedet, doch immer noch kommen viele der Subventionen aufgrund von Ineffizienz und Veruntreuung nicht bei den Betroffenen an. Indonesien liegt mit der Qualität seines Gesundheitssystems heute weit hinter den meisten ASEAN-Staaten[82]. Besonders die Sterblichkeitsraten von Müttern und Kindern in den östlichen Landesteilen sind nach wie vor alarmierend.[83] Trotz der Integration einer nationalen Armutsminderungsstrategie in den mittelfristigen Entwicklungsplan Indonesiens konnte die Armutsquote bisher nur geringfügig gesenkt werden: 2007 lebten immer noch 37 Millionen (16,6 % der 224 Millionen Einwohner) von weniger als einem Dollar pro Tag.[84] Im Februar 2008 sank die offizielle Armutsquote auf 15,4 %[85], doch da die Hälfte der Indonesier über weniger als 2 Dollar pro Tag verfügt, sind weitere 35 % der Bevölkerung unmittelbar vom Abrutschen in die absolute Armut bedroht.

Der Präsident wird bei der Wahl 2009 in erster Linie daran gemessen werden, ob sich der Lebensstandard der Bevölkerungsmehrheit verbessert hat. Den messen die meisten Indonesier auf der materiellen und nicht auf der ideellen Ebene – denn weder Demokratie noch Religion machen leere Bäuche voll.

Indonesien vom Kopf auf die Füße gestellt?
Zehn Jahre Dezentralisierung

Nach dem Ende des Suharto-Regimes wurde das autoritäre zentralistische System in ein System politisch und administrativ weitgehend autonomer Regionen umgewandelt. Damit war die Hoffnung auf eine gerechtere Teilhabe der Bevölkerung an der Nutzung der vielfältigen Ressourcen des Archipels verbunden, die bisher besonders auf den rohstoffreichen Außeninseln von den Jakarta-Eliten abgesaugt worden waren. Außerdem sollte die Dezentralisierung eine bessere Versorgung der Menschen mit öffentlichen Dienstleistungen möglich machen. Den Distrikten und Städten wurde deshalb die Erbringung aller wesentlichen Dienstleistungen für ihre Bürger übertragen, von Bildung und Gesundheit bis zu Infrastrukturentwicklung und Kultur. Inzwischen sind nach dem Beginn der Reform zehn Jahre ins Land gegangen und in der indonesischen Öffentlichkeit wird immer öfter die Frage gestellt, ob sich die hoch gesteckten Erwartungen an die Dezentralisierung erfüllt haben.

2001, als die Umsetzung der 1999 verabschiedeten Gesetze über die Regionalautonomie begann, machte sich in den Regionen eine Euphorie breit, als man nach so vielen Jahrzehnten der Bevormundung nun endlich selbst sein eigenes Schicksal in die Hand nehmen konnte. War bisher alles nach dem Kommando der Zentralregierung gegangen, schwang das Pendel nun zurück: die Regionen pochten auf ihre Selbstbestimmung, richteten den Blick stark nach innen und grenzten sich von ihren Nachbarn und vom Rest des Landes ab. Dabei überschätzten die neuen Machthaber allerdings häufig die in der Region tatsächlich vorhandenen Fähigkeiten und Ressourcen. Positionen in Politik und Verwaltung sollten Angehörigen der lokalen Volksgruppen vorbehalten sein, es wurden gesetzeswidrige Steuern auf den Warenverkehr mit anderen Regionen erlassen und traditionelle Entscheidungsstrukturen auf Gemeindeebene wiederbelebt.

Auf den Außeninseln, wo das Ressentiment gegen die jahrelang erfahrene javanische Überfremdung besonders stark war und wo unter den gleichgeschalteten Strukturen des Zentralstaates eine traditionelle Feudal- und Stammeskultur schlummerte, machte sich eine Mentalität »kleiner Königreiche« breit. Die Wiederbelebung traditioneller Entscheidungsstrukturen auf Gemeindeebene in vielen Regionen brachte für die Frauen in aller Regel keine Verbesserung mit sich, da sie in den traditionellen Gremien meist keinen Sitz hatten. Das gilt sogar für die matrilineare Gesellschaft in West-Sumatra, wo die Frauen zwar formal das Land besitzen, die Selbstverwaltungsorgane jedoch nur aus den männlichen Clansprecher bestehen.

Eine unerwartete Wirkung der Dezentralisierung war die Einführung der *shariah* in den Provinzen, wo der Islam besonders streng praktiziert wird. In West-Sumatra, West-Java und Süd-Sulawesi gilt nun die Verschleierungspflicht für Schulmädchen und Frauen in öffentlichen Einrichtungen, und im Distrikt Tangerang am Rande Jakartas ist eine Ausgangssperre für Frauen nach 19 Uhr eingeführt worden. Obwohl die Entscheidungen über religiöse Angelegenheiten im Vielvölkerstaat in den Dezentralisierungsgesetze ganz bewusst auf der nationalen Ebene belassen worden waren, sprießen auf der lokalen Ebene nun die *Shariah*-Vorschriften, ohne dass das Innenministerium einschreitet. Die Regierung scheint ein Vorgehen gegen diese Tendenzen als politisches Dynamit zu betrachten und vermeidet eine öffentliche Debatte darüber. Die vom neu eingesetzten obersten Verfassungsrichter Mahfud M.D im August 2008 ankündigte Prüfung der Verfassungskonformität der *Shariah*-Verordnungen ist der erste staatliche Gegenimpuls zu dieser Entwicklung. Währenddessen gewinnen die auf einen islamischen Staat hin arbeitenden radikalen Moslems immer mehr Anhänger unter den Armen, die die Demokratisierung bisher nur als Sprechblase erlebt haben und auf eine fühlbare Verbesserung ihrer Situation bis heute vergeblich warten.

Eine gerechtere Ressourcenverteilung zwischen den Regionen sollte im Rahmen der Dezentralisierung durch ein ausgewogenes Fiskalsystem und einen Finanzausgleich zwischen armen und reichen Provinzen erreicht werden. Alle Provinzen, Städte und Distrikte erhalten nach diesem System eine ungebundene Finanzzuweisung, deren Höhe sich Bevölkerungszahl und Wirtschaftskraft der betreffenden Region bemisst. Zum Ausgleich struktureller Defizite werden darüber hinaus zweckgebundene Zusatzbudgets vergeben.[86] Das neue Fiskalsystem hat bis heute noch keinen zufrieden stellenden Finanzausgleich zwischen ressourcenreichen und armen Landesteilen herstellen können, da die reichen Provinzen durch ihre Anteile an den Einnahmen aus der Rohstoffförderung (Öl, Bergbau, Holz usw.) erheblich größere Mittelzuflüsse haben als die ressourcenarmen Regionen.

Die Zentralministerien sichern sich nach wie vor Budgets für die Durchführung von Sonderprogrammen auf Lokalebene, obwohl sie sich laut Dezentralisierungsgesetz auf die Formulierung und Überwachung der Einhaltung von Rahmenrichtlinien und Qualitätsstandards konzentrieren sollten.

Die Verfügungsgewalt über die ungebundenen Budgets, die den Distrikten und Städten von der Nationalregierung zur Wahrnehmung ihrer Aufgaben zugewiesen werden, nutzten die lokalen Beamtenapparate und Lokalparlamente, die die Entwicklungs- und Haushaltspläne für Regionen genehmigen und den Rechenschaftsbericht der Distriktvorsteher und Bürgermeister abnehmen müssen, zunächst meist für eine Verbesserung ihrer eigenen Situation, indem großzügige Budgets für Dienstwagen, Büroausstattung, Studienreisen usw. eingestellt wurden. Auch die seit 1999 zu beobachtende immer neue Abspaltung von Teilregionen als autonome Verwaltungseinheiten ist oft dem Interesse der lokalen Eliten geschuldet, die sich über eine Beschäftigung im Staatsapparat direkten Zugang zu öffentlichen Budgets erhoffen.[87] Seit Beginn der Dezentralisierung sind 179 neue Distrikt- und Stadtverwaltungen und sechs neue Provinzen geschaffen worden, so dass die Zahl der Gebietskörperschaften inzwischen auf 483 angewachsen ist.[88]

Die Verbesserung der Dienstleistungen für die Bevölkerung ließ und lässt in vielen Regionen bis heute auf sich warten. Als einen Grund führen Politiker an, dass die von den nationalen Ministerien zu definierenden Mindeststandards für die Dienstleistungserbringung bis heute noch nicht festgelegt wurden. Im Gesundheits- und Bildungsministerium liefen in Zusammenarbeit mit Provinz- und Distriktregierungen seit 2003 mehrere Modellprojekte zur Erarbeitung der Mindeststandards. Der Knackpunkt dabei ist die Abschätzung des Mittelbedarfes der Lokalregierungen, die die Standards umsetzen sollen.

Die zehn Prinzipien guter Regierungsführung, Transparenz, Rechenschaftspflicht, Partizipation, Gleichheit, Respektierung der Gesetze, strategische Vision, Verantwortlichkeit, Professionalität, Effektivität, Effizienz und Supervision wurden zum Paradigma der Demokratisierung erklärt, doch nach einigen Jahren waren viele politische Beobachter der Ansicht, die Dezentralisierung habe in erster Linie eine Dezentralisierung der Korruption bewirkt. Auf den unteren Verwaltungsebenen, wo unter Suharto nur wenig angekommen war, gab es jetzt mehr Möglichkeiten, direkt zuzugreifen. Nur wenige Regionen wie z.B. die Distrikte Jembrana in Bali, Solok in West-Sumatra und Sragen in Zentral-Java gingen mit gutem Beispiel voran und verpflichteten sich selbst in einem Integritätspakt zu einem korruptionsfreien Entwicklungsmanagement.

Die unter dem Slogan »schlank, aber funktionenreich« *(ramping tetapi kaya fungsi)* seit Beginn der Dezentralisierung propagierte Verschlankung der öffentlichen Verwaltung hat bis heute kaum stattgefunden. In den meisten Regionen werden immer noch ca. 60 % der zur Verfügung stehenden Mittel vom Beamtenapparat aufgefressen.[89] Eine Vorgabe der Zentralregierung, die Zahl der staatlichen Institutionen auf Provinz- und Distriktebene zu beschränken,[90] führte in vielen Regionen zur Schließung der Büros für Frauenfragen, die unter der Suharto-Regierung landesweit eingerichtet worden waren. Eine Regierungsverordnung von 2007 zur Organisationsstruktur der Provinzen und Kommunen[91] und ein Erlass des Innenministers zum *gender mainstreaming* in den Regionen[92] gibt den Frauenbüros mehr Gewicht, aber trotzdem fehlt es in vielen Regionen noch an einer öffentlichen Anlauf- und Koordinationsstelle für Frauenbelange. Die Revision der Dezentralisierungsgesetze 2004 stärkte die Aufsichtsfunktion der Provinzen gegenüber den Distrikten und Städten. Auch ein Verwaltungsverfahrensgesetz, das mehr Klarheit und Transparenz in die Abläufe im öffentlichen Dienst bringen wird, steht kurz vor der Verabschiedung.[93] Doch eine spürbare Verbesserung der Qualität öffentlicher Dienstleistungen ist nur zu erwarten, wenn der öffentliche Dienst grundlegend reformiert wird, die Gehälter erhöht und leistungsbezogene Gehaltsanteile eingeführt werden. Einige Distrikte haben bereits modellhafte Anreizsysteme für ihre Beamten eingeführt, doch auf nationaler Ebene traute sich aufgrund der budgetären Konsequenzen noch keine Regierung an diese Mammutaufgabe heran.

Bisher hat sich die Erwartung, dass die Dezentralisierung den Menschen mehr Wohlstand und soziale Sicherheit bringt, nicht erfüllt. Wie die eingangs zitierten Medienumfragen zeigen, kann das Rad der politischen Reformen nicht mehr zum Stand von 1998 zurückgedreht werden, denn Meinungs- und politische Wahlfreiheit werden heute von den meisten Indonesiern als demokratische Grundrechte eingefordert. Nichtsdestotrotz besteht für jede demokratisch gewählte Regierung die wesentliche Herausforderung darin, die Teilhabe der Mehrheit der Bevölkerung am gesellschaftlichen Reichtum zu erhöhen. Der Schlüssel dafür liegt in der Schaffung von mehr sozialer Gerechtigkeit. Diese wird nur zu erreichen sein, wenn Korruption und Amtsmissbrauch kompromisslos bekämpft werden, ein Steuersystem die Wohlhabenden zur sozialen Verantwortung verpflichtet und die Einkommensschere zwischen Arm und Reich durch eine entsprechende Wirtschafts- und Sozialpolitik Schritt für Schritt verkleinert wird. Die Parteien, die diese Ziele glaubhaft vertreten können, werden im Wahlkampf 2009 unzweifelhaft die meisten Stimmen an sich ziehen – bleibt zu erwarten, welche politischen Gruppierungen soziale Gerechtigkeit auf ihre Fahnen schreiben werden – und mit welcher politischen Ideologie sie dies verbinden.

Interkulturelle Spannungsfelder zwischen Tradition und Moderne – zum Verständnis der indonesischen Kultur

Kann man überhaupt von einer indonesischen Kultur sprechen? Indonesien ist ein Vielvölkerstaat, der aus über 300 verschiedenen Ethnien und Sprachen zusammengemixt ist. Jede dieser Regionen hat ihre eigenen Traditionen, Gebräuche und Eigenheiten. Viele Indonesierinnen wollen sich daher nicht mit »der« Indonesierin identifizieren. Sie sehen sich eher als Balinesin, Batakerin, Minangfrau oder Sundanesin. In Deutschland ist dies vielleicht vergleichbar mit dem Unwillen der Norddeutschen, sich mit den Süddeutschen vergleichen zu lassen, der Ostdeutschen mit den

Westdeutschen oder sogar der Hamburger mit den Bremern, die mit einem räumlichen Abstand von nur 100 Kilometer unüberwindliche Unterschiede untereinander entdecken können. Auch wenn diese Unterschiede real existieren, werden »die Deutschen« im Ausland trotzdem als eine einheitliche Kultur gesehen und das genauso zu Recht wie zu Unrecht. Das Merkwürdige an Klischees ist ja, dass sie grob verallgemeinern und daher zwar meist einen wahren Kern beinhalten, im Einzelfall jedoch nur selten zutreffen. Für Außenstehende gibt es daher viele Ähnlichkeiten in dem Verhalten von Balinesen, Sundanesen oder Minangs, ungeachtet ihrer verschiedenen Religionen und Traditionen. Es kommt immer auf den Blickwinkel und die Feinteilung an, mit der wir auf die Situation blicken. Im Folgenden wollen wir daher zunächst einmal erklären, was wir unter Kultur verstehen und warum wir trotzdem den Versuch unternehmen wollen, von »der« indonesischen Kultur zu sprechen, um sie an einigen Stellen mit »der« Deutschen Kultur zu vergleichen.[94]

Zu unserem Verständnis von Kultur

Clifford Geertz, der Kulturanthropologe, der in den 50er Jahren lange in Indonesien gelebt hat, beschrieb Kultur als das Muster der Sinngebung, in dessen Rahmen Menschen ihre Erfahrungen deuten und ihr Handeln lenken.[95] Kultur bestimmt, wie eine Gruppe von Menschen ihr Leben organisiert und welche Problemlösungsstrategien sie anwenden. Alle Menschen müssen sich mit ähnlichen Problemen und Bedürfnissen auseinandersetzen. Doch auf welche Art und Weise diese Probleme gelöst und angegangen werden, ist von Kultur zu Kultur verschieden. Wir alle haben durch die Umwelt in der wir leben und durch unsere spezifische Sozialisation bestimmte Muster des Denkens, Fühlens, Wertens und potentiellen Handelns herausgebildet, nach denen wir unser Leben organisieren. Das Aufeinanderprallen unterschiedlicher Muster führt meistens zunächst einmal zu Missverständnissen und Stolpersteinen in der gegenseitigen Verständigung.

Kulturelle Zuordnungen sind jedoch nicht eindimensional, ist doch die kulturelle Prägung eines Menschen nicht nur von seiner ethnischen oder nationalen Herkunft bestimmt. Der *Diversity*-Ansatz erweitert die Beschreibung kultureller Differenzen um weitere Kategorien, wie z.B. soziale Klasse, Religion, Alter, Geschlecht oder der sexuellen Orientierung. Definiert man Kultur in diesem Sinne, besteht unsere kulturelle Identität aus einem Geflecht von unterschiedlichen kulturellen Prägungen, die sich in vielfältiger Weise ineinander verweben. So können zum Beispiel Menschen aufgrund unterschiedlicher Nationalitäten zwar in vielen Bereichen verschieden sein, durch ihre Zugehörigkeit zu einem Geschlecht, einer Altersgruppe oder einer sozialen Schicht aber dennoch kulturelle Ähnlichkeiten feststellen, die über nationale Grenzen hinweg gehen. In der Ethnologie wurde die Existenz von statischen, nur schwer veränderbaren Nationalkulturen bereits vor Jahrzehnten durch eine dynamische Sicht von Kultur, als ein sich ständig wandelnder Prozess ersetzt.[96] Begriffe wie Transkulturalität beschreiben einen Prozess der Verflechtungen und Vermischung von verschiedenen Kulturen im Zeitalter der Globalisierung.[97]

Gleichzeitig ist es eine Tatsache, dass kulturelle Differenzen real erfahren werden. Menschen fühlen sich unterschiedlichen Gruppen zugehörig und identifizieren sich mit oder grenzen sich ab von den idealtypischen Rollenmustern dieser Kulturen. Dabei ist es natürlich wichtig, im Auge zu behalten, dass es sich bei kulturellen Zuschreibungen immer nur um Konstrukte handeln kann, die, selbst wenn sie stimmen, immer nur eine Tendenz und nie die Realität ausdrücken können. In der Beschreibung von Kulturunterschieden ist es unumgänglich, in gewissem Maße notwendige Verallgemeinerungen und Konstrukte hinzunehmen.

Selbstverständlich ist eine Kultur auch Veränderungsprozessen unterworfen. Dies wird schnell deutlich, vergleicht man einmal die Lebensweise und Werte seiner Großeltern mit den eigenen. Es ist uns Menschen relativ schnell möglich, aufgrund veränderter Lebensbedingungen und Anforderungen, unsere Verhaltensweisen zu verändern, Urteile zu revidieren und sich anderen Normen und Regeln anzupassen. Die dahinter liegenden Werte und Glaubenssätze, die uns geprägt haben, die festlegen, was wir für gut und böse, richtig und falsch halten, sind allerdings tatsächlich nur schwer und nur in langsamen Prozessen veränderbar. Oft hinken daher Wertvorstellungen und Rollenideale einer Gesellschaft weit hinter der realen Lebenswelt her. Gut sichtbar ist dies am Beispiel der Geschlechterrollenerwartungen. Den meisten Menschen fällt es leicht aufzuzählen, wie eine »gute« Frau oder ein »guter« Mann zu sein hat. Kaum eine oder einer wird allerdings noch dieses Idealbild uneingeschränkt befürworten, geschweige denn behaupten, er oder sie würde diesem Ideal entsprechen. Obwohl längst nicht mehr mit unserem tatsächlichen Leben kongruent, leben diese Rollenerwartungen dennoch als positives oder negatives Vorbild in unseren Köpfen weiter.[98] Auch in Indonesien prallen zunehmend alte und neue Werte aufeinander. Fragt man Indonesier, welche Verhaltensweisen die traditionellen indonesischen Werte ausdrücken, wird schnell klar, dass bestimmte moralische Grundelemente immer noch fest in den Köpfen der meisten verankert sind, obwohl sie in ihrem täglichen Leben vielleicht kaum noch gelebt werden.

In der Kulturanthropologie haben WissenschaftlerInnen versucht, Kategoriensysteme zu finden, nach denen die weltweit unterschiedlichen Wertesysteme eingeordnet werden können. Die drei bekanntesten Forscher auf diesem Gebiet sind Edward Hall, Geert Hofstede und Fons Trompenaars.[99] Sie haben versucht, kulturelle Unterschiede zu klassifizieren und daraus zu erklären, wie es im interkulturellen Austausch zu Missverständnissen kommen kann.[100] Die verschiedenen von ihnen entwickelten Kulturdimensionen sind hervorragende Instrumente, um eigenes und fremdes Verhalten erkennen und verstehen zu lernen. Die Dimensionen greifen zum Teil auf die sozialwissenschaftliche Handlungstheorie von Talcott Parson (1902-1979) zurück und beschreiben alternative Bezugspunkte kultureller Werte im Umgang mit allgemeinen Problemen des Lebens, zu und zwischen denen sich Menschen verhalten müssen. Wichtig ist zu beachten, dass es sich hier nicht um richtige oder falsche Ansichten handelt. Die unterschiedlichen Dimensionen beschreiben die verschiedenen Sichtweisen eines Sachverhaltes, die alle innerhalb ihrer immanenten Logik richtig sind. Menschen müssen sich nicht notgedrungen an einem oder dem anderen Extrem dieser Bezugspunkte orientieren. Sie können sich im Mittelfeld zwischen beiden Polen wiederfinden oder von Fall zu Fall zwischen den beiden vorgeschlagenen Extremen hin und her schwanken. Die Verfechter der Kulturdimensionen gehen allerdings davon aus, dass sich eindeutige kulturell determinierte Tendenzen feststellen lassen, nach denen Vertreter bestimmter Kulturen ihre Entscheidungen treffen.

Die Werte, die in Indonesien am stärksten mit neuen Rollenanforderungen einer vom Westen dominierten, globalisierten Industriegesellschaft kollidieren, betreffen den Umgang mit Macht, das Verhältnis zwischen Individuum und Gruppe, den Umgang mit Gefühlen sowie die Unterschiede in den Kommunikationsregeln.

Die indonesische Kultur ist traditionell kollektivistisch und hierarchisch strukturiert und basiert auf dem Prinzip der Gefühlskontrolle.
Wie es der Jesuitenpater Franz von Magnis-Suseno[101] beschreibt, basiert das Ideal der javanischen Kultur auf vier grundlegenden Geboten:

- sich an die Traditionen seiner Gruppe zu halten,
- traditionelle Formen der Höflichkeit einzuhalten,
- sich respektvoll im Rahmen der gesellschaftlichen Hierarchie zu verhalten und
- das Prinzip der Konfliktvermeidung zu befolgen.

Durch die Einbettung in die Weltwirtschaft, den seit dem Sturz Suhartos begonnenen Prozess der Demokratisierung und die Revolutionierung des Kommunikationssystems durch den Anschluss an die weltumspannenden Netzwerke wird das Land mit neuen Anforderungen konfrontiert: Individualismus und freie Meinungsäußerung sowie nichthierarchische Mechanismen der Interessenaushandlung konkurrieren sowohl im wirtschaftlichen als auch im politischen Handeln mit den traditionellen kollektivistisch-hierarchischen Strukturen. Auch in den Beziehungen zwischen Männern und Frauen machen sich Veränderungen in der jahrhundertelang gelebten Ordnung, nach der der Mann das Oberhaupt der Familie ist, bemerkbar. Die hinduistisch-synkretistischen Wurzeln, auf denen viele der hier beschriebenen ethischen Werte beruhen, sind in dem jahrhundertealten Boden des gesamten Archipels verankert. Viele von ihnen wurden im Laufe der Zeit durch islamische oder westliche Einflüsse modifiziert und verändert. Sie beeinflussen die indonesische Kultur jedoch immer noch genau so stark oder genau so wenig, wie das Christentum als ethische Wurzel unseres abendländischen Denkens gelten kann. Am idealtypischsten haben sich diese Werte in der javanischen Kultur gehalten, weswegen wir uns in unseren Ausführungen auch oft auf sie berufen. Auch wenn die hier beschriebenen Werte im gelebten Alltag nicht immer auf den ersten Blick sichtbar werden, meinen wir doch, dass sie oft in der Bildungselite aller indonesischen Ethnien als Ideal weiterhin bestehen.

Ideale, an denen man sich positiv, wie auch in ihrer Abgrenzung orientieren kann – ähnlich wie eine emanzipierte Frau in Deutschland immer noch das klassische Rollenbild vor Augen hat, auf das sie sich bezieht, auch wenn sie sich von ihm abgrenzen möchte. Wir werden im Folgenden den Versuch unternehmen, einige Grundwerte der indonesischen Kultur zu beschreiben und aufzeigen, wo diese Werte mit neuen Rollenerwartungen kollidieren. Wir sind uns bewusst, dass es sich hier um grobe Verallgemeinerungen handelt, die eher Tendenzen beschreiben können, als dass sie in jedem Einzelfall zutreffend sind.[102]

Hierarchie und Autokratie oder Demokratie und Gleichberechtigung?

Wie eine Gesellschaft mit Machtunterschieden umgeht, das heißt, in welchem Ausmaß die schwächeren Mitglieder in der Gesellschaft die ungleiche Verteilung von Macht akzeptieren, wird in Kulturen unterschiedlich bewertet. Hofstede nennt diese Dimension **Machtdistanz**. Sie beschreibt den Grad der Ungleichheit in Bezug auf Macht, Einfluss, Status, Prestige und Reichtum. In Gesellschaften, die eine eher geringe Machtdistanz besitzen, werden krasse Statusunterschiede oder strikter Gehorsam gegenüber Vorgesetzten eher abgelehnt. Eltern haben zum Ziel, ihre Kinder zur eigenen Willensbildung anzuregen und fordern keinen bedingungslosen Respekt. Sie fühlen sich eher als Partner ihrer Kinder. Auch demokratische Grundwerte basieren eher auf einer geringen Akzeptanz von Machtunterschieden.

Wie spiegelt sich diese Dimension in Indonesien wieder? Indonesien ist von einer stark hierarchisch geordneten Weltsicht durchdrungen. Das von Magnis von Suseno beschriebene javanische Respektprinzip lässt sich in seinen Grundzügen für den gesamten südostasiatischen Raum verallgemeinern. Es beruht darauf, dass alle gesellschaftlichen Beziehungen hierarchisch geordnet sind und jeder Mensch seinen durch Abstammung, Alter,

Geschlecht, soziale Schicht oder persönliche Berufung bestimmten Platz und die hierdurch bestimmten Aufgaben im Leben hat. Indem ein Mensch seine Standespflichten erfüllt, trägt er zur harmonischen Einheit der Gesellschaft bei. Durch gegenseitigen Respekt erkennt man die Gott gegebene Hierarchie an.

Allein die Sprache unterscheidet in der Anrede genauestens den sozialen Status. So wird zwar nicht spezifiziert, ob die Geschwister männlich oder weiblich sind, dafür gibt es aber unterschiedliche Begriffe für eine(n) jüngere(n) oder ältere(n) Bruder oder Schwester oder ältere Geschwister. Selbst Onkel und Tanten werden danach klassifiziert, ob sie die jüngeren oder älteren Geschwister der Eltern sind. Die Statusbezeichnung wird immer als Anrede vor einen Namen gesetzt (beispielsweise »älterer Bruder Bangbang« oder »Onkel Warto«). Das vertraute Du wird nur in intimen Freundschaften verwendet. Das Javanische kennt allein vier unterschiedliche Sprachebenen, in denen man mit oder über die unterschiedlichen Statusgruppen in der Gesellschaft sprechen muss. Wie stark das hierarchische Prinzip in der gesellschaftlichen Keimzelle der Familie verankert ist, zeigt auch, dass die Anrede »Herr« und »Frau« auf Indonesisch »Vater« oder »Mutter« ist. In der Familie ist die höchste Respektsperson der Vater. Ein Mann ist, auch nach dem indonesischen Gesetz, das Oberhaupt der Familie und vertritt die Familie nach außen. Zwar haben Frauen oft erheblichen Einfluss auf die Entscheidungsfindung in der Familie und sie werden in zahlreichen Sprichwörtern als die Herrscherinnen hinter den Kulissen betitelt, trotzdem genießen sie nicht soviel Prestige wie Männer. Von Kindern wird ab einem bestimmten Alter an Gehorsam und respektvolles Verhalten ihren Eltern gegenüber abverlangt. Der Umgang von Eltern und Kindern in Deutschland, wo Kinder ihre Eltern beschimpfen und ihnen widersprechen können, wirkt auf die meisten Indonesier schockierend. In Indonesien steigt mit zunehmendem Alter der Respekt vor einer Person. Statussymbole sind wichtige Zeichen der Macht. Ein Chef, der ein kleineres Auto fährt oder ein kleineres Büro besitzt als seine Angestellten, würde nicht ernst genommen. Kaum ein Indonesier könnte nachvollziehen, warum der ehemalige Bürgermeister von Bremen, Henning Scherf, jeden Morgen mit dem Fahrrad zum Rathaus fuhr und sich mit dieser Geste der Bescheidenheit auch noch den Respekt der Bremer Bevölkerung sicherte.

Die Frage der Legitimität von sozialem Status und Macht stellt sich in diesem Wertesystem grundsätzlich nicht. Denn Macht jeder Art wird als Ausdruck göttlicher Kraft gesehen, die demjenigen zuteil wird, der ihrer wert ist. Macht kann man verliehen bekommen, man kann sie nicht erwerben.

Ein guter Herrscher vermag es, die kosmische Macht anzuzapfen, in sich zu bündeln und an sein Volk weiterzureichen, das dadurch in Ruhe, Gerechtigkeit und Wohlstand leben kann. Diese Fähigkeit verliert ein Herrscher in dem Moment, in dem er nicht mehr im Interesse der Gemeinschaft handelt. Drangsaliert ein Herrscher sein Volk und saugt es aus, so ist es ein Zeichen dafür, dass er seine göttliche Macht verloren hat und seine Ablösung bevorsteht. So werten auch heute noch viele Indonesier Ereignisse wie die Asienkrise oder die in letzter Zeit gehäuft auftretenden Naturkatastrophen wie Tsunamis, Erdbeben und Vulkanausbrüche als Ausdruck dafür, dass die politischen Machthaber ihren Einfluss verloren haben. In der indonesischen Tagespresse wurden in häufig Meinungen abgedruckt, die diese Katastrophen auf die gottlose Lebensführung von Herrscher und Volk zurückführten.

Indonesien ist in den vergangenen Jahren weit reichenden Veränderungen unterworfen gewesen. Die Menschen haben für eine demokratische Regierung gekämpft, die zu einem Bruch mit dem autokratischen Führungsstils Suhartos geführt hat. Besonders die intellektuelle Elite tritt inzwischen vehement für eine kritische freie Meinungsäußerung und ein gleichberechtigtes Miteinander ein. Gleichzeitig ist das traditionelle Statusdenken so tief verwurzelt, dass die alte Elite immer noch genug Macht genießt, um ihren Einfluss politisch wie wirtschaftlich geltend zu machen.[103] Die Gesellschaft ist immer noch ein System gegenseitiger Abhängigkeits- und Verpflichtungsverhältnisse. Durch die Zuteilung von Macht und Geld wird ein System der persönlichen Loyalität aufgebaut, dass die so Geförderten gegenüber ihren Gönnern verpflichtet.

Wie schwer es ist, tief verwurzelte Werte über Bord zu werfen, wird auch im Arbeitsleben deutlich. In den meisten Büros ist es nach wie vor undenkbar, seinen Chef zu kritisieren, ihm zu widersprechen oder einen kumpelhaften, freundschaftlichen Umgang zu pflegen. Der hierarchische Abstand zwischen Vorgesetzten und Mitarbeitern wird stets eingehalten. Nur ganz langsam setzt sich ein neuer Umgangston durch, in dem Mitarbeiter mit ihrem Chef offen diskutieren können und die Möglichkeit wahrnehmen, seiner Meinung zu widersprechen.

Genau wie die Demokratie als politisches Leitbild entspringt die Forderung nach Gleichberechtigung der Geschlechter der philosophischen, humanistischen Überzeugung der Gleichheit aller Menschen. Niels Mulder vermutet, dass, solange die hierarchisch aufgebaute Ungleichheit noch so tief im Denken der indonesischen Gesellschaft verwurzelt ist, die von vielen indonesischen Frauen vertretenen Forderungen nach Gleichberechtigung und Emanzipation lediglich ein moralischer Appell bleiben kann, ohne Chance auf tatsächliche Realisierung.[104] Betrachtet man die Familie als Keimzelle der Gesellschaft, wird deutlich, dass es keine Gleichberechtigung und keine Demokratie geben kann, solange hier eine hierarchische Ordnung aufrecht gehalten wird, in der der Mann rechtlich wie tatsächlich als das formale Oberhaupt betrachtet wird, so wie es auch in dem indonesischen Ehegesetz bis heute noch festgeschrieben ist. In unserem Beitrag über Sumba diskutieren wir die Verbindung von Menschenrechten und Emanzipation der Frau. In westlichen Augen ist es ein Widerspruch, wenn sich eine Frau für die Gleichberechtigung der Geschlechter einsetzt, gleichzeitig aber den Besitz von Sklaven befürwortet. Hier nimmt eine Frau für sich in ihrer eigenen Partner-Beziehung westliche Rechte in Anspruch, während sie gleichzeitig die hierarchischen Einordnungen des sumbanesischen Feudalsystems aufrechterhält.

Der Abbau von Machtdistanz ist ein brandaktuelles Thema in Indonesien, der sich unweigerlich, wenn auch langsam vollzieht. Man kann hier sehr deutlich erkennen, dass der politische Wille (Demokratie), die rechtlichen Grundlagen (Gleichberechtigung)[105] und die wirtschaftlichen Voraussetzungen (globale Weltwirtschaft) den tief verwurzelten Glaubenseinstellungen vorauseilen. Dass so hartnäckig an diesen inneren Überzeugungen festgehalten wird, hat aber auch damit zu tun, dass die traditionelle Einstellung zu Macht und Hierarchie durchaus Vorteile für den Einzelnen mit sich bringt, die in einer Demokratie verloren gehen. Die Gewissheit zu haben, einen mit göttlicher Weisheit vorbestimmten, festen Platz in dieser Gesellschaft einzunehmen, über den eine höhere Autorität mit väterlicher Fürsorge wacht, gibt Menschen auch ein Gefühl von Geborgenheit und Sicherheit, das sie in der modernen Welt vermissen. Das Erstarken des Islams kann auch in diesem Zusammenhang interpretiert werden. Zwar sind nach dem Islam alle Menschen vor Gott gleich, jedoch gibt die häufig anzutreffende Auslegung mit autoritären und oft geschlechterhierarchischen Handlungsvorschriften Menschen eine klare Orientierung und damit Sicherheit. Besonders in der heutigen gesellschaftlichen Umbruchsituation helfen die strikten religiösen Regeln, den Platz eines Jeden in der Gesellschaft zu definieren und damit die erforderliche kosmische Harmonie wieder herzustellen.

Geborgenheit in der Gruppe oder Selbstverwirklichung

Das Respektverhalten und sich Zufriedengeben mit seinem Platz in der Gesellschaft hängt in Indonesien eng mit einer weiteren Dimension zusammen. Sie beschreibt das Verhältnis des Individuums zur Gruppe (**Individualismus versus Kollektivismus**) und klassifiziert, ob Menschen sich selbst zuerst als Individuen oder als Teil einer Gruppe erfahren. In stark kollektivistisch ausgerichteten Kulturen sind die Menschen von Geburt an in stark zusammenhaltende Gruppen integriert – die Familie, das Dorf, der Freundeskreis, die Firma. Die Gruppe gewährt ihnen Schutz, Geborgenheit und Unterstützung. Sie fordert dafür aber auch bedingungslose Loyalität und Unterordnung der eigenen Interessen im Sinne des Gemeinwohls. Kinder werden weniger dazu angehalten, eigene Ideen zu produzieren und Verantwortung für ihre Taten zu übernehmen.

In individualistisch geprägten Kulturen sind die Bindungen zur Gruppe lockerer. Jeder ist dazu angehalten, Verantwortung für sich selbst und seine Taten zu übernehmen. Individualismus sollte jedoch nicht mit Egoismus verwechselt werden. Auch wenn das negative Extrem einer individualisierten Gesellschaft zu Vereinzelung und Rücksichtslosigkeit führen kann, geht es in dieser Dimension doch eigentlich eher darum, individuell die Verantwortung für seine Handlungen zu übernehmen. Selbstverantwortung, Selbstverwirklichung, Unabhängigkeit und persönliche Freiheit werden hier groß geschrieben.

Im Vergleich zur westlichen Welt ist die Gruppenzugehörigkeit für Indonesier von unschätzbarer Bedeutung. Von klein auf lernen sie, sich in die Familie, ins Dorf oder in die soziale Einheit am Arbeitsplatz einzuordnen. Die Gruppe gibt ihnen Geborgenheit, sowohl in ökonomischer als auch in sozialer Hinsicht. Man sorgt füreinander, man ist nicht alleine. Das unverzichtbare Bedürfnis der meisten Deutschen, ab und zu Zeit für sich alleine zu haben, können wenige Indonesier nachvollziehen. Ich habe bereits einige indonesische Trainingsteilnehmerinnen in Deutschland restlos verzweifelt erlebt, wenn die gut meinenden deutschen Organisatorinnen ihnen ein Einzelzimmer gebucht hatten und genauso viele verzweifelte Deutsche getroffen, die nicht wussten, wie sie es in den bei ihren indonesischen Kolleginnen so beliebten Mehrbettzimmer auf den indonesischen Workshops ertragen sollten. Deutsche Urlauber beschreiben einen schönen Urlaubsort oft damit, dass sie einen Strand gefunden haben, an dem außer ihnen niemand war. Eine völlig unattraktive Vorstellung für Indonesier. An indonesischen Touristenspots halten sich alle am liebsten dort auf, wo schon viele andere Menschen sind. *Ramai* (voll, belebt) gilt als angenehm, *sepih* (ruhig, einsam) eher als bedrohlich.

Eine eigene, von der Gruppe abweichende Meinung ist in Indonesien nicht, wie in Deutschland, ein positives Zeichen von Charakterstärke und Intelligenz, sondern wird eher negativ beurteilt. Es ist nicht positiv, etwas Besonderes zu sein. Wie schon die Anthropologin Hildred Geertz in den 50er Jahren beschrieb, werden die Kinder von klein auf dazu erzogen, ihre eigenen Interessen zurückzustellen, sich nicht in den Fordergrund zu drängen, auf andere Rücksicht zu nehmen.[106] Dafür lernen es Kinder kaum, Verantwortung für das eigene Tun zu übernehmen. Verbote werden nicht logisch begründet, sondern mit Bedrohungen von außen (Geister, böse weiße Männer oder gefährliche Tiere) durchgesetzt.[107] Als Folge davon haben besonders die Frauen in Indonesien ihr ganzes Leben eine panische Angst vor Dunkelheit und dem Alleinsein. Ich kenne mehrere Frauen, die ihr Hausmädchen nachts vor ihrem Bett schlafen lassen, wenn der Mann verreist ist.

Westlern fällt auf, dass Fehlverhalten, sei es in beruflichen oder privaten Kontexten, mit oft aberwitzigen Begründungen entschuldigt oder gar geleugnet wird. Was wir bereits als Lüge bezeichnen würden, wird in Indonesien, allein schon durch die Bezeichnung *cari alasan* (eine Begründung suchen), als akzeptable Form betrachtet, mit der man versucht, sein Gesicht zu wahren.

Im Jahr 2001 war ich im Auftrag der KfW in Timor, um eine Machbarkeitsstudie für solare Energien zur Wassergewinnung zu erstellen. Im Rahmen dieser Aufgabe mussten wir für eine Woche nach Sumba fliegen. Mitglied in unserem Team war eine indonesische Beraterin, die lange in diesem Bereich gearbeitet hatte. Sie hatte jedoch panische Flugangst, da sie in früheren Jahren nur knapp dem Tod bei einem Flugzeugabsturz entkommen war. Die deutschen Mitglieder des Teams hatten trotzdem auf ihre Teilnahme an der Mission bestanden und sie hatte eingewilligt. Am Morgen unseres Abflugtages rief sie an und erzählte, ihr Sohn habe sich mit kochendem Wasser überbrüht, sie müsse mit ihm ins Krankenhaus und könne deshalb nicht mit uns fliegen. Ein klassischer Fall von *cari alasan*. Die Deutschen jedoch fühlten sich verraten. Für sie war sie mit dieser »Lüge« ein für alle mal diskreditiert.

Hier vermischt sich die kollektivistische Erziehung, die es den Menschen erlaubt, Verantwortung abzugeben, mit der weiter unten beschriebenen *high context*-Kommunikation.

Der Nachteile der Unterstützung und Geborgenheit in der Gruppe ist aber, dass man in vielen Situationen die eigenen Bedürfnisse den Gruppenanforderungen hinten anstellen muss. Von allen Veränderungen der letzten 50 Jahre, wird der Konflikt zwischen Individuum und Gruppe in Indonesien vielleicht am deutlichsten empfunden. Auf meine Bitte, sich zwischen diesen beiden Polen selber zu positionieren, bezeichnen sich auffällig viele meiner asiatischen Trainingsteilnehmer eher als Individualisten, beschreiben die gesellschaftliche Norm aber als sehr kollektivistisch. Dieser Zwiespalt wird dadurch verstärkt, dass die zunehmende Entwicklung zu Vereinsamung und gegenseitiger Rücksichtslosigkeit, die im Westen beobachtet wird, den eigenen individualistischen Wünschen als bedrohliches Schreckensbild entgegensteht. Der Konflikt, den eine Frau aus Sumbawa in einem meiner interkulturellen Trainingskurse berichtete, kann als exemplarisch für viele Menschen gesehen werden, die sich im Transit von einer kollektivistischen, gemeinschaftsorientierten Gesellschaft zur individualistischen Gesellschaft befinden, in denen den individuellen Zielen mehr Raum gelassen wird.

»Ich lebe in einer Großstadt und empfinde mich eher als individualistisch orientiert. Aufgewachsen bin ich allerdings in einem kleinen Dorf auf der Insel Sumbawa. Heute habe ich eine gut bezahlte Stelle im Ministerium und eine Familie mit drei Kindern. Mein Ältester hat gerade sein Abitur gemacht und ich habe drei Jahre lang jeden Cent gespart, um ihn auf die Universität schicken zu können. Diese Nachricht verbreitete sich schnell bis in mein Heimatdorf und vor ein paar Wochen kamen drei Kinder meiner Cousine aus dem Dorf angereist mit einem Brief ihrer Eltern, ich möchte ihnen bitte eine anständige Schulbildung ermöglichen. Ich muss mich nun entscheiden, ob ich dieser Bitte nachkomme, denn dann kann ich die Universität für meinen Sohn nicht mehr bezahlen. Für beides reichen meine Ersparnisse einfach nicht. Die Kinder wieder zurückzuschicken, mag ich aber auch nicht, denn meine Familie hat immer für mich gesorgt, als ich noch im Heimatdorf lebte. Was soll ich also machen. Ich bin verzweifelt und weiß keinen Ausweg mehr.«

Bei einer eigenständigen Entscheidung für einen bestimmten Berufsweg oder eine Ausbildung wird die Einmischung der Familie unter Berücksichtigung der Gruppeninteressen oft als hinderlich empfunden. Kollektives Denken widerspricht den Anforderungen der globalen Weltwirtschaft, in der es um Konkurrenz und Wettbewerb geht. Beide Werte haben ihren Reiz und ihre Gefahren. Wie sich Indonesierinnen in diesen widersprüchlichen Werten bewegen, ist auch Inhalt unseres Kapitels über Liebe und Ehe.

Dort wird an vielen Beispielen aufgezeigt, dass sich junge Frauen zunehmend der Bevormundung ihrer Familie bei der Partnerwahl widersetzen.

Ein interessantes Phänomen der Gruppenzugehörigkeit in Konfrontation mit der modernen Welt beschrieb Magnis von Suseno.[108] Kollektive Verantwortung ist historisch aus dem dörflichen Miteinander gewachsen. Die Verantwortung für und Rücksicht auf die Gruppe richtet sich daher meistens nur auf einen überschaubaren sozialen Raum: die Familie, das Dorf, der Betrieb, das Büro. In anonymen gesellschaftlichen Bezügen, beispielsweise im sozialen Miteinander der Großstadt, dem Verkehr oder wenn es allgemein um die Wahrnehmung gesellschaftlicher Verantwortung geht, greifen diese Regeln nicht mehr. Da aber gleichzeitig wenig Übung darin besteht, individuelle Verantwortung für sein Tun zu übernehmen, kommt es in diesen Zusammenhängen oft zu extrem egoistischem Verhalten. Im anonymisierten Straßenverkehr bekommt man, was die gegenseitige Rücksichtnahme angeht, schnell das Gefühl, in den Wilden Westen zurückversetzt worden zu sein. Betrachtet man das extreme Ausmaß an Korruption - Indonesien ist das Land mit der dritthöchsten Korruptionsrate der Welt[109] - wird schnell deutlich, dass auch hier das gesellschaftliche Verantwortungsgefühl nicht sehr ausgeprägt ist. Ein höherer Staatsbeamter im Innenministerium erklärte mir einmal, dass er es zwar prinzipiell ablehne, sich auf Kosten des Staates zu bereichern, im Zweifelsfalle aber immer eine größere Verantwortung seiner Familie gegenüber empfände, für die er gezwungen sei, so viel Geld wie möglich zu beschaffen. Auch was das Umweltbewusstsein angeht, kann man die Trennung von »*Ingroup*« und »*Outgroup*« sehr schön beobachten. So akribisch sauber wie das Haus, manchmal sogar das Dorf oder auch nur die eigene Picknickdecke gehalten werden, so achtlos wirft man den Müll außerhalb dieser engen Grenzen in die Landschaft.

In der veränderten Ausrichtung der Dimension Kollektivismus und Individualismus wird deutlich, dass die aktuellen Lebensumstände an vielen Stellen heute nicht mehr richtig zu den alten Werten zu passen scheinen. In diesem Zusammenhang ist auch die indonesische Diskussion um Menschenrechte interessant. Der bekannte Professor Sri Edi Swasono stellte neulich eine indonesische Lesart der Menschenrechte vor, nach der nicht die Rechte des Individuums geschützt werden müssten, sondern die Rechte der Gruppe.[110]

Es wird eine Aufgabe für die Zukunft sein, hier einen guten Mittelweg zu finden, in dem man sich den Anforderungen nach der Übernahme größerer individueller Verantwortung stellt, ohne die Fürsorge und Geborgenheit in der Gruppe zu verlieren.

Gefühlskontrolle oder Konfliktfähigkeit

Für westliche Besuche ist das auffälligste Erscheinungsbild des »typisch indonesischen« Verhaltens die Freundlichkeit und die weitgehende Abwesenheit von Aggressionen. Hier treffen zwei Dimensionen von Trompenaars und Hall zusammen.

Trompenaars unterscheidet **neutrale und emotionale Kulturen**. Diese Dimension gibt Auskunft darüber, in welchem Maße die Äußerung starker Gefühle für angemessen gehalten wird. In Südeuropa und in vielen anderen Kulturen wird der Ausdruck von Gefühlen als ein Zeichen für Engagement und Interesse am Anderen gewertet. Selbst Geschäfte sind hier eine menschliche Angelegenheit und der ganzen Skala menschlicher Gefühle würdig. Lautes Lachen, mit der Faust auf den Tisch schlagen oder ein Konferenzzimmer während einer Besprechung im Zorn verlassen - all das gehört dort zum Geschäft. In neutralen Kulturen dagegen gehört es zum guten Ton, den starken Ausdruck von Gefühlen zu beherrschen. Es gilt als unerzogen und unkultiviert, sich nicht beherrschen zu können. Das Ideal ist ein harmonischer Umgang miteinander, in dem zu starke Gefühlsausbrüche, die das Gleichgewicht stören könnten, unterdrückt werden.

Eine weitere Dimension, die eng mit dem Umgang von Gefühlen zusammenhängt und den zwischenmenschlichen Umgang bestimmt, ist der Kontext der Kommunikation. Der Kontext sind nach Hall die Informationen, die ein Ereignis umgeben. Die Dimension differenziert eine *high context-* *und eine low context-Kommunikation*. Sie beschreibt, in welchem Maße Kommunikation Bedeutung gewinnt durch das Umfeld, die Beziehungen und die Art und Weise, in der sie stattfindet. In der *high context communication* ist Kommunikation stark implizit ausgerichtet, das heißt, es wird zwischen den Zeilen gelesen und der verbale Teil umfasst nur einen kleinen Teil der übermittelten Nachricht. Kommunikation ist außerdem oft kodiert und indirekt. Kritik oder Ablehnung werden nicht offen ausgesprochen. In der *low context communication* überwiegt die explizite verbale Information. Inhalte werden stärker dekodiert und auf lineare Weise übertragen. (ein »Nein« ist ein Nein und ein »Ja« ein Ja). In *low-context-* Kulturen wird auch stärker zwischen beruflichen und privaten, persönlichen und sachlichen Aspekten getrennt, während diese Bereiche in einer *high-context-*Gesellschaft nicht getrennt werden. Eine gute Arbeitsbeziehung kann nur entstehen, wenn auch die persönliche Ebene stimmt. Direkte Kritik an einem Sachverhalt wird schnell persönlich genommen und als Gesichtsverlust gewertet.

In Indonesien pflegen die Menschen in ausgeprägtem Maße eine *high context*- Kommunikation, verbunden mit einem neutralen, selbstbeherrschten Umgang mit anderen. Dies ist besonders ausgeprägt auf Java anzutreffen. Javaner selbst beschreiben einige Ethnien, wie z.B. die Bataker, die Acehnesen oder die Maduresen als wesentlich direkter, aggressiver und temperamentvoller als sie es selbst sind. In ihren Augen zeugt dieses Verhalten von Unkultiviertheit. Ohne diese real existierenden Unterschiede leugnen zu wollen, möchten wir dennoch mit einem Blick von außen hier eine gewisse Verallgemeinerung wagen, sind doch Kontextkommunikation und Gefühlskontrolle in ganz Asien in unterschiedlichem Maße ausgeprägt vorhandene Werte. Auch wenn sie nicht mehr überall gelebt werden und das tatsächliche Verhalten oft einen anderen Anschein erweckt, glauben wir, dass diese Werte doch noch in den Köpfen der meisten Indonesier, zumindest in der Bildungselite, als anzustrebendes Ideal, vorhanden sind.

Ein klares Nein oder gar offene Kritik wird man in Indonesien selten hören. Es gilt als unhöflich. Dies ist natürlich verwirrend für viele Westler, die besonders in Geschäftskontakten wissen wollen, woran sie sind. Doch die Verquickung von Respektverhalten und Gefühlskontrolle und die große Bedeutung des Kontextes der Kommunikation macht es sehr schwer, klare Antworten zu bekommen. Besonders Deutschen ist dieses Verhalten eher unheimlich. Sie empfinden eine Ausrede, mit der man sein Gesicht zu wahren trachtet, schnell als Lüge und eine aus Höflichkeit gegebene falsche Auskunft als Unehrlichkeit. Im Gegenzug werden die Deutschen als grob und unsensibel betrachtet, da sie die Indonesier mit ihren direkten Aussagen oft verletzen.

In dem Buch »Beruflich in Indonesien« schildert eine unserer deutschen Bekannten hierzu eine typische Situation ihres beruflichen Alltags. In der Anfangszeit ihres eigenen Buch-Verlages hatte sie wieder einmal die leidige Pflicht, die Fehlerquote der indonesischen Übersetzung anzumahnen. Obwohl sie wusste, dass so etwas in Indonesien nicht angebracht war, konnte sie sich in ihrer Enttäuschung dieses Mal nicht zurückhalten und ließ ihrem Ärger einem Mitarbeiter gegenüber während der Redaktionssitzung freien Lauf. Sie beschreibt die Situation so: »Es war plötzlich eine Atmosphäre wie zum schneiden. Die Kollegen wurden ganz nervös, verließen die Bildfläche und versuchten, bloß nichts mitzubekommen. Er selber schien verloren und unter starkem Stress zu stehen und verschwand plötzlich ebenfalls und ist einfach die nächsten vier Tage nicht erschienen. Als er wiederkam, tat er so, als sei nichts geschehen und gab, von mir nach dem Grund seiner Abwesenheit gefragt, nur an er sei »malu«, das heißt verschämt, gewesen. Es war sehr unangenehm und keiner konnte mit der Situation fertig werden.«[111]

Magnis von Suseno beschreibt diese Werte sehr anschaulich. Demnach ist der Leitgedanke der traditionellen javanischen Weltsicht die Annahme, dass der höchste Wert, den der Mensch in all seinen Beziehungen respektieren sollte, die Harmonie ist. Javaner glauben, dass Natur, Gesellschaft und das Übernatürliche eine kosmische Einheit bilden und in einem harmonischen Gleichgewicht zueinander stehen. Aufgabe des Menschen ist es, sich mit Pflichterfüllung und Selbstbescheidung in dieses geordnete Ganze so einzufügen, dass Ruhe und Gleichgewicht nicht gestört werden. Jeder Mensch hat die Pflicht, seinen ihm bestimmten Platz im Leben einzunehmen und danach zu handeln. Dieser Platz wird einem durch die Gesellschaft zugewiesen und es erfordert höchstes Feingefühl, immer zu wissen, wie man sich in einer bestimmten Situation verhalten soll. Javaner legen auf die Entwicklung eines solchen Feingefühls, *rasa*, allergrößten Wert, während sie eine systematische Analyse und rationale Zusammenhänge weniger wichtig finden. Für die einfachen Leute heißt das, sich so gut wie möglich an die traditionellen Verhaltensregeln zu halten, nicht aus der Reihe zu tanzen und durch bestimmte Rituale und Zeremonien auch die übernatürlichen Kräfte im Gleichgewicht zu halten. Auch dies kann zum Teil erklären, warum die äußerlichen Rituale des Islams wie Verschleierung, Beten und Fasten in der indonesischen Bevölkerung einen solchen Gruppendruck erzeugen können. Sozial höher stehende Indonesier streben dagegen eher innere Demut und Feingefühl an. So dient das einmonatige Fasten vor dem moslemischen Feiertag Idul Fitri nicht nur dem islamischen Glauben, sondern ist auch für Nicht-Moslems ein Ritual, um sich in Selbstbeherrschung zu üben und die inneren Leidenschaften zu kontrollieren.

Die Konfliktvermeidung kann am besten mit der Abwesenheit von Negativgefühlen übersetzt werden und soll einen Zustand von Frieden und Geborgenheit garantieren.

Für ein solches Verhalten ist natürlich äußerste Selbstkontrolle und Beherrschung notwendig. Ein idealtypischer Javaner spricht mit emotionsfreier, ruhiger Stimme, lacht und scherzt gerade dann, wenn sich negative Spannungen aufzubauen drohen und vermeidet es, den anderen in eine Situation hineinzumanövrieren, in der er nur mit ja oder nein antworten kann. Negative Gefühle, wie Zorn oder Trauer darf man überhaupt nicht zeigen, aber auch allzu freudige Impulsivität und Spontaneität gelten als Zeichen von Unreife.

Auch in den Geschlechterbeziehungen wird äußerst sparsam mit Gefühlsäußerungen in der Öffentlichkeit umgegangen. Gerade hier ist es wichtig, das Gesicht zu wahren und nicht durch emotionsgeladene Zärtlichkeitsbekundungen und Anhänglichkeit Schwäche zu zeigen. Kommt es zu Konflikten, so spricht man so gut wie nie offen darüber, sondern tut so, als wäre nichts passiert.

So wohltuend, wie diese äußerlich harmonische Umgangsweise auch für Westler ist, so sehr leiden selbst Indonesier darunter, kaum eine Handhabe zu haben, Konflikte lösen zu können. Nicht von ungefähr kommt das Wort *amok* aus dem indonesisch/malayischen Wortschatz als letzte Möglichkeit, einen Frustrationsstau loszuwerden. Allerdings wird eine für indonesische Verhältnisse offen ausgesprochene Kritik in den Ohren eines typischen Deutschen oft auch überhaupt nicht als solche bemerkt. Als mir eine indonesische Freundin einmal stolz berichtete, dass sie ihrem deutschen Mann nach westlicher Methode nun einmal richtig gezeigt habe, wie wütend sie auf ihn sei und ich ihn auf diesen Streit ansprach, hatte der noch nicht einmal bemerkt, dass seine Frau böse auf ihn war.

Eine beliebte Form, sich unliebsamen Anordnungen zu widersetzen, ist der stille Boykott. Im privaten Bereich ist es eine gängige Form, sich aus dem Weg zu gehen, bis sich das Problem von alleine gelöst hat oder einfach nicht mehr miteinander zu sprechen. Hiervon machen Ehepaare manchmal sogar über Jahre hinweg Gebrauch. Dieser äußerst beherrschte Umgang miteinander ändert sich langsam, nicht zuletzt durch importierte Filme aus dem Westen. Jugendliche fordern ihr Recht auf romantische Liebesbeziehungen ein. In den Städten sieht man immer häufiger Paare Arm in Arm durch die Straßen schlendern. Wenn man weiß, dass Zärtlichkeitsbekundungen und Küsse selbst zwischen Eltern und ihren Kindern ab einem Alter von vielleicht sechs oder sieben unüblich ist, kann man vielleicht eher beurteilen, welche Veränderung ein solcher Umgang bedeutet.

Nach dem javanischen Ideal bedeutet die geforderte innere Selbstbeherrschung allerdings nicht, dass eigenes Interesse als moralisch verwerflich angesehen wird. Es gilt als natürlich, dass jeder Mensch gute und schlechte Anteile in sich trägt. Obwohl das Gemeinschaftsleben in Java so wichtig ist, verstehen sich die Javaner nicht als Teil eines Kollektivs, sondern als Individuen mit ihren spezifischen Interessen. Daher gilt es als selbstverständlich, dass der Mensch seinem Egoismus zielstrebig nachgeht, solange dieses Verhalten nicht offen mit den Interessen der Gemeinschaft kollidiert. Hier muss die Gesellschaft für eine gewisse Ordnung sorgen. Nicht die Absicht gilt als verwerflich, sondern lediglich ihre Wirkung wird beurteilt. Dies ist ein fundamentaler Unterschied zur westlichen und auch zur moslemischen Moral, nach der auch eine schlechte Absicht unterdrückt werden sollte. Die javanische Moral betrachtet den Geschlechtstrieb zum Beispiel als ein ganz normales Bedürfnis, dem selbstverständlich jede und jeder nachzugeben versucht. Wird ein junges Mädchen dabei erwischt oder bekommt sie gar ein uneheliches Kind, hat sie die Anerkennung als Frau im Dorf verloren. Heiratet sie aber den Vater des Kindes noch vor der Geburt, ist die Ordnung wieder hergestellt. Zur dörflichen Solidarität und zum Gemeinschaftsleben gehört, dass jeder im Licht der Öffentlichkeit lebt, dass jeder über jeden alles weiß und die Gemeinde als Kontrollorgan gegen nonkonformistisches Verhalten dient. Diese, im Grunde sehr lebensfrohe Einstellung nach dem Motto: man darf alles tun, solange man sich nicht erwischen lässt, wird heute zunehmend von der besonders sittenstrengen islamischen Sichtweise verdrängt, die die Legitimation der geschlechtlichen Liebe auf die Ehe reduziert. Im täglichen Leben führt diese Mischung heute, wie so oft in zu strengen moralischen Grenzen, zu einer fröhlichen Doppelmoral, in der man das eine tut, aber das andere predigt. Während die Männer ungestraft zu Prostituierten gehen dürfen und sich ihre Pornofilme an jedem Kiosk kaufen können, sollen sich die Frauen sittsam verschleiern und dürfen in einigen Distrikten sogar ohne männliche Begleitung nicht mehr auf die Straße gehen.[112]

Trennung von fein (geistig) und grob (weltlich)

Clifford Geertz unterteilte in den 50er Jahren die javanische Gesellschaft in die hinduistisch-synchretistisch beeinflussten einfachen *abangan* und die vornehme Adelsschicht der *priyayi* und eine mehr vom Islam beeinflusste Gruppe, den *santris*.[113] Nach den Moralvorstellungen der ersteren beiden Gruppen ist der Mensch in Körper und Seele geteilt, in grobe und feine Elemente des Daseins. Ziel ist es, die tierischen, unbeherrschten Bedürfnisse, Emotionen, Leidenschaften und egoistischen Interessen des Körpers zu überwinden und in den Zustand geistiger und spiritueller Vervollkommnung zu gelangen. Dies können natürlich nur die vornehmen Menschen, die *priyayis* erreichen. Eigenschaften der Seele, wie Selbstbeherrschung und Askese werden Frauen prinzipiell weniger zugetraut als Männern. Frauen gelten von Natur aus als emotionaler und ungeduldiger. Die innere Erleuchtung bleibt den Frauen schon allein deshalb verwehrt, weil sie durch ihre Rolle als Mutter und Gattin in viel stärkerem Maß in soziale und materielle Zwänge eingebunden sind. Die Abqualifizierung materieller

Ziele ist auch einer der Gründe dafür, dass Frauen mit den niederen Tätigkeiten wie Handeln oder der Verwaltung der Familienfinanzen betraut wurden. Obwohl diese Einstellung nicht für die moslemische Gruppe der *santris* galt, ist noch heute der Kleinhandel von Frauen dominiert, und Frauen als Geschäftsfrauen und im mittleren Management größerer Firmen sind keine ungewöhnliche Erscheinung. Die Festlegung der Frauen auf die praktische, materielle Bewältigung des Alltagslebens, verschafft ihnen eine zwar informelle, doch reale Machtposition, die früher durch die ideologische Abwertung eben dieser Tätigkeiten wieder entkräftet wurde.[114] Heutzutage ist diese Unterteilung nicht mehr sinnvoll. Die moslemisch orientierten Werte, nach denen Handel und Geldgeschäfte eine viel positivere Bewertung haben, überlagern die oben beschriebenen Einstellungen. Die globalisierte kapitalistische Gesellschaft fordert das Interesse an materiellen Werten. Dennoch lässt sich der hohe Prozentsatz von Frauen im Geschäftsleben zum Teil aus dieser geschichtlichen Entwicklung heraus erklären.

Das mit der Kategorie *priyayi* beschriebene Ideal der feinen javanischen Lebensart, kontrolliert, selbstbeherrscht und die wirklichen Beweggründe nicht ausdrückend, führt weder in einer kapitalistischen Ellenbogengesellschaft zum Erfolg, noch will es so richtig zu einer demokratischen Gesellschaftsordnung passen, aus der die Entwicklung einer Streitkultur als ein wesentliches, positives Element hervorgeht. Viele Indonesier sind heutzutage selber unglücklich über ihre Unfähigkeit, Konflikte konstruktiv anzusprechen und bearbeiten zu können. Beziehungen gehen auseinander, Geschäftskontakte scheitern, nur weil man es nicht gelernt hat, Kritik zu äußern und über Probleme zu sprechen. Die rüden deutschen Umgangsformen sind hier sicher auch nicht die Alternative. Deutsche fühlen sich ja oft gerade von dem harmonischen freundlichen Umgangston der Indonesier angezogen, der es ihnen ermöglicht, sich wohl zu fühlen und von ihrer eigenen distanziert ruppigen Art, mit der sie viele vor den Kopf stoßen, Abstand zu nehmen.

Ausblick

Bislang wurde den Javanern immer nachgesagt, dass sie sehr offen waren für neue Einflüsse. Sie besäßen die Gabe, neue Werte nicht durch alte zu ersetzen, sondern sie aufzunehmen, ohne die alten Werte zu verlieren. So wurden beispielsweise in der Geschichte Indonesiens neue Religionen wie Hinduismus und Islam nicht bekämpft, sondern mit den alten Naturreligionen verschmolzen. Auf dieselbe Art wird auch heute die Forderung nach Geschlechtergleichberechtigung aufgenommen. Die Emanzipation der Frau wird unterstützt und auch in Regierungsprogramme mitaufgenommen. Gleichzeitig muss die mütterliche, sorgende Rolle der Frau für die Familie wie für die Gesellschaft unangetastet bleiben. Berufliche Gleichberechtigung, Partnerschaft und Entscheidungsbefugnisse sind erwünscht, solange die Privilegien der Männer dabei nicht angetastet werden. Um die hohe Wertschätzung der Frau zu demonstrieren, werden Medien und Regierungsstellen nicht müde, die Doppel- und Dreifachbelastung der Frau als Beweis ihrer Stärke lobend hervorzuheben. Wir sehen in Indonesien, dass alte und neue Werte nicht notwendig als Gegensatz zueinander gesehen oder die alten Werte kritiklos durch neue ersetzt werden. Die widersprüchlichen Werte und Rollenanforderungen lösen sich nicht gegenseitig ab, sondern bestehen nebeneinander fort. Nicht die konfrontative, für Deutschland typische Haltung »Entweder – Oder« ist hier Motto, sondern eher das versöhnlich asiatische »Sowohl als auch« ist in Indonesien anzutreffen.

Dieses Kunststück, auch einander widersprechende Werte miteinander verbinden zu können, wird in der Folge der terroristischen Anschläge auf das World-Trade-Center am 11. September 2001 auf eine harte Zerreißprobe gestellt. Weltweit stellt sich ein vom arabischen Raum geprägter Islam offensiv gegen die amerikanisierte westliche Lebensweise. Diesem globalisierten weltweiten Konflikt kann sich auch Indonesien nicht verschließen. Der in den letzten Jahren erstarkende radikale Islam zeigt sich in jüngster Zeit immer weniger kompromissbereit. Die typisch javanische Fähigkeit, neue Kultureinflüsse in die eigene Kultur zu assimilieren, wird von orthodoxen Muslims durch die Propagierung eines rigideren Wertekodex' herausgefordert. Auch wenn das Nebeneinander konkurrierender Islamauslegungen dazu führt, dass der durch die Islamisierung induzierte Wertewandel nicht frontal und ungebrochen verläuft, verstärkt sich doch sichtbar der moralische Druck auf die gläubigen Moslems, sich in diesem Konflikt eindeutig zu positionieren. Selbst der Jesuitenpater Franz von Magnis-Suseno ist über diese Entwicklung sehr besorgt. Seiner Meinung nach könnte heute das passieren was weder der Kolonialismus noch andere Aggressionen in den letzten Jahrhunderten geschafft haben, den kulturellen und religiösen Pluralismus in Indonesien zu unterdrücken.[115]

Es bleibt nur zu hoffen, dass sich Indonesien in diesem Kräftemessen zwischen globalisiertem Westen und globalisiertem Islam nicht zerreiben lässt und auch in Zukunft seine eigene kulturelle Identität in seiner einzigartigen kulturellen und spirituellen Vielfalt erhalten kann.

II. Frauenleben auf dem indonesischen Archipel – Splitter eines Kaleidoskops

Die Macht hinter den Kulissen – Mütter und Töchter im ländlichen Mitteljava

»Können Sie uns sagen, wo hier genau die Einfahrt nach Gentuk ist?« Verschlossene Gesichter schauen uns an. »Gentuk? Nein, keine Ahnung. Zu wem wollen Sie denn dort?« »Wir wollen Ibu Broto treffen.« »Ach, Ibu Broto in Gentuk! Seid Ihr die beiden Deutschen, die vor langer Zeit mal hier gelebt haben? Ich bin nämlich aus dem Nachbarort.« Plötzlich schlägt die misstrauische Stimmung um und man zeigt uns den Weg. Wir fahren

durch saftige Reisfelder und Zuckerrohrplantagen. Unser Ziel ist »unser« Dorf, in dem wir vor genau 20 Jahren für über ein Jahr mit unseren Kindern gelebt und geforscht haben. Heute sind Birgit und ich, zusammen mit unseren jüngeren Kindern, auf dem Weg zurück in unsere Vergangenheit. Wir sind sehr gespannt darauf, was sich im Laufe der Zeit verändert hat.
Gentuk, ein Dorf, mitten in Java, in der Nähe der Stadt Klaten. Meine älteste Tochter Charlotte, im Dorf *Lolo* genannt, war gerade zwei Jahre alt

als wir damals kamen und Birgits Sohn Max Bromo *Makromo*, wurde während unseres Forschungsaufenthaltes geboren. Die Kinder waren die heiß geliebten Maskottchen des Dorfes.

70 Familien lebten hier damals, in erster Linie von der Landwirtschaft.

Das Häuschen, das wir von unseren Nachbarn gemietet hatten, besaß zwei Räume mit Zementfußboden, eine Kochstelle hinter dem Haus und ein Wasserbecken zum Duschen. Strom konnten wir bis auf 20 Watt hochdrehen, das galt schon als Luxus.[116] Es gab auf dem Dorfplatz eine Toilette, die mit Regierungsgeldern errichtet worden war. Dies war praktisch unser Privatklo, da alle anderen Dorfbewohner in alter Gewohnheit den Fluss als Toilette, Wasch- und Badeplatz benutzten. Für *Lolo* war das Dorfleben ein Paradies. Schon morgens lief sie barfuß aus dem Haus, wo schon viele Kinder auf sie warteten und konnte erst in der Abenddämmerung unter Protest wieder von uns eingefangen werden. Manchmal hatte sie es sich dann schon in dem Familienbett ihrer Freundin Sisri bequem gemacht. Sorgen um sie brauchten wir uns nie zu machen. Das soziale Netz war hier so dicht gewickelt, dass wir sie immer in guter Obhut wussten. Auch den Verkehr gab es nicht zu fürchten. Das einzige Auto im Dorf, ein Kleintransporter, gehörte einer Familie, die eine kleine Eisenwerkstadt betrieb. Es fuhr alle paar Tage einmal in die Stadt und kam dann abends wieder. *Makromo* wurde im Tragetuch von den Nachbarinnen durchs Dorf getragen und in den Schlaf gewiegt. Durch unsere Kinder hatten wir ganz selbstverständlich Kontakt zu allen Frauen im Dorf bekommen und wurden bald in all die großen und kleinen Dramen des Dorfalltags eingeweiht.

Unsere Forschungsfrage war, in welchem Verhältnis die ökonomische Stärke der Frauen, also ihre *bargaining power*, zu dem ihnen zugestandenen Handlungsspielraum in der Familie steht. Um es gleich vorweg zu nehmen, unsere ursprüngliche These, dass der Handlungsspielraum einer Frau mit der Stärkung ihrer ökonomischen Position wächst, konnte sich nicht bestätigen. Zwar erwirtschafteten etwa ein Drittel aller Frauen gleich viel oder mehr Einkommen als ihre Männer, doch waren dies nicht immer auch die Frauen, die in der Familie das Sagen hatten.[117] Es gab Fälle, in denen die Frau das von ihr erwirtschaftete Geld in ein Motorrad ihres Mannes investierte, um selber weiter mit schwerem Gepäck zu Fuß zum Markt zu gehen. Wir stellten fest, dass nicht die ökonomische Position allein den Handlungsspielraum der Frauen bestimmt. Unsere Schlussfolgerung ist für Indonesier schon lange eine Binsenweisheit, nämlich, dass der Status einer Person weit wichtiger ist als ihr tatsächlicher finanzieller Reichtum. Und

Status wird eben nur zum Teil durch ökonomische Stärke bestimmt. Ebenso wichtig sind die normativ festgelegten Geschlechterrollen, Bildung und die Ausübung sozialer Funktionen.[118] Deutlich wurde die Bedeutung von Status auch bei unserer Abschiedsfeier im Dorf. Das ganze Dorf war tagelang damit beschäftigt, für uns einen großen Abschied zu organisieren, für das sie keine Unkosten scheuten. Es mündete in eine Feier, von der man sich im Umkreis noch lange erzählte. Die Frauen hatten tagelang gekocht, die Mädchen geprobt und die Männer für den Abend eine Bühne aufgebaut. Unser Beitrag war das Engagement einer sozialkritischen Theatergruppe gewesen, die mit den Jugendlichen ein Theaterstück einstudierte. Schon am Nachmittag wurden Spiele und Wettbewerbe für die Kinder organisiert, abends gab es dann Essen, Gesangs- und Tanzvorführungen und selbst die beiden weißen Forscherinnen wurden zu ihrem eigenen Entsetzen sanft gezwungen, auf der Bühne die deutsche Nationalhymne zum Besten zu geben. Zu späterer Stunde tanzten die jungen Männer des Dorfes zu *Dangdut*[119]*-*Musik und die Mädchen standen am Rand der Tanzfläche und warfen ihnen feurige Blicke zu. Wir waren total gerührt, dass unseretwegen so viel Aufhebens gemacht wurde, merkten im Laufe des Festes aber auch, dass der Nutzen dieses Festes durchaus auf Gegenseitigkeit beruhte. Allein die Anwesenheit von zwei Weißen im Dorf machte es möglich, dass zum ersten Mal in der Geschichte des Dorfes sowohl der *Lurah,* der Bezirksbürgermeister, mit seiner Frau zu dem Fest erschien, als auch der *Bupati,* der Distriktchef, der auch in Zeiten der gelenkten Demokratie Suhartos wie ein mächtiger Herrscher verehrt wurde. Diese Ehre, die unserem Dorf durch diesen Besuch zuteil wurde, bedeutete für das ganze Dorf einen Statusgewinn, für den sie sich gerne in Unkosten gestürzt hatten. Wir stellten fest, dass nicht nur wir viel dadurch gewonnen hatten, dass die Dörfler uns so freundlich aufgenommen hatten, auch für sie war unser Aufenthalt ein Gewinn gewesen, und zwar nicht nur durch die Kuh, die wir der Frauengruppe als Abschiedsgeschenk hinterlassen hatten und deren Kinder und Kindeskinder uns jetzt immer noch stolz präsentiert wurden und auf die Namen *Lolo* und *Bromo* hören. Durch uns hatten die Dorfbewohner einen Zugang zu Bürgermeister und Distriktfürst bekommen und auch der Frauengruppe war durch unsere Anwesenheit noch einmal erheblich mehr Aufmerksamkeit von ihren Geldgebern zuteil geworden. Insofern war der auf das Fest folgende allerseits tränenreiche Abschied, der einem Klagegesang gleichkam, nicht nur Ausdruck der Trauer über unseren Abschied, sondern auch eine Demonstration von der großen Nähe, die man zu den weißen Statusträgerinnen über die Zeit aufgebaut hatte.

Wir waren über die Nichtregierungsorganisation *LP3ES*[120] in das Dorf gekommen. Diese NGO unterstützte in mehreren Dörfern der Gegend kleine Spar- und Kreditgruppen von Frauen. Auch in Gentuk hatten sich eine Frauen- und eine Mädchengruppe gebildet, die außerdem gemeinsam einen kleinen Fischteich und einen Gemüsegarten betrieben.

Aus dem Gruppenkapital, das langsam aus den von den Frauen wöchentlich eingezahlten Sparbeträgen anwuchs, konnten die Mitgliedsfrauen Kleinkredite aufnehmen, die sie für tägliche Ausgaben oder für Anschaffungen in ihrem kleinen Gewerbe brauchten. Es gibt viele solcher Spar- und Kreditgruppen in Indonesien. Sie haben ihren Ursprung in einer in ganz Asien verwurzelten Sparidee, in Indonesien *Arisan* genannt. Es ist ein Lotteriesystem, bei dem sich mehrere Personen zusammentun und regelmäßig einen festgesetzten Betrag in eine gemeinsame Kasse zahlen. Bei jedem Treffen wird der Topf unter den Teilnehmerinnen ausgelost, so dass immer eine Frau in den Besitz des gesamten Geldbetrages kommt. So verfügt jede innerhalb eines Turnus einmal über eine größere Geldsumme, die eine Landfrau im Alltag sonst nur schwer aufbringen kann. Diese Spargruppen hatte *LP3ES*, wie viele andere NGOs damals, als Ausgangspunkt genommen, um sie mit einem rotierenden Startkapital (*revolving fund*) und Schulungen für Leiterinnen und Motivatorinnen, zu befähigen, auch Kleinkredite an ihre Mitglieder zu vergeben. Kredite, die meist so marginal sind, dass sie unterhalb der Summe liegen, die bei den Banken als Minimalsumme aufgenommen werden können.

Die erste positive Nachricht, die wir schon vor unserem Besuch im Dorf gehört hatten, war, dass die kleinen Spar- und Kreditgruppen der Frauen in der Umgebung von Klaten sich inzwischen zusammengeschlossen hatten und zu einer finanzkräftigen autonomen Frauengenossenschaft zusammengewachsen sind. Deshalb waren wir auf unserem Weg ins Dorf gleich im Büro der Genossenschaft vorbeigefahren.

Frauengenossenschaften sind in Indonesien keine Seltenheit. Sie entwickelten sich bereits seit Beginn der Republik aus den oben beschriebenen Basiszusammenschlüssen und funktionieren oft besser als die von Männern geführten Kreditgenossenschaften.[121] Dies liegt auch daran, dass es in Java traditionellerweise die Frauen sind, die das Geld verwalten. »Männer können nicht mit Geld umgehen.« Dies ist eine Aussage, die einem überall auf Java, Frauen wie Männer, eifrig bestätigen. Gemäß der traditionellen javanischen Ethik, die in die feinen (*halus*) und groben (*kasar*) Tätigkeiten unterscheidet, gehört Geld und die Absicherung der materiellen Bedürfnisse zu den niedrigen weltlichen Dingen, die gerne den Frauen überlassen werden, damit sich die Herren der Schöpfung ungestört den spirituellen und politischen Problemen der Welt widmen können. Oder, wie es Nils Mulder formuliert, Prestige ist wesentlich wichtiger als die Kontrolle über den Geldbeutel zu haben.[122] Bis heute händigen viele Männer daher ihr gesamtes Einkommen ihrer Frau aus, die ihnen dann ein Taschengeld zuteilt.[123] Dass dieses Taschengeld dann oft sehr viel größer ausfällt als der Teil, den die Frau für sich behält, liegt daran, dass die sozialen Normen ihr Verhalten meist stärker beeinflussen als ihre ökonomische Stellung.[124] In dem kleinen Genossenschaftsbüro in Klaten berichteten die Vorsitzende und eine ihrer fünf Angestellten stolz über die Erfolge ihrer Institution. Die Frauenkooperative *Setara*, »Gleichberechtigung«, hat sich zum Ziel gesetzt, die Stellung der Frau zu stärken, damit Frauen neben Männern einen gleichberechtigten Platz in allen gesellschaftlichen Belangen einnehmen können. Seit 1998 ist sie eine Kooperative mit anerkannter Rechtsform, in der 11.370 Frauen Mitglied sind. Die Mitglieder sind in 66 kleinen Gruppen zusammengefasst, die gemeinsam dafür verantwortlich sind, das geliehene Geld an die Kooperative zurückzuzahlen. Durch dieses System *tanggung renteng* (gegenseitige Verantwortung) genannt, ist die Rückzahlungsmoral der Mitglieder extrem hoch. Jedes Mitglied kann Kredite bis zu einer Höhe von 800 Euro aufnehmen, die Zinsen betragen durchschnittlich 2 % pro Monat, sind also höher als die 17 % jährlich, die ein Bankkredit kostet, aber wegen des einfachen Zugangs trotzdem attraktiv. Für Landfrauen, die oft nur sehr kleine Kredite aufnehmen wollen, um das Schulgeld für ihre Kinder bezahlen zu können oder eine unternehmerische Investition zu tätigen, ist dies eine wirkliche Alternative zu den großen Banken, die auch für Mikrokredite ein Landzertifikat oder einen Fahrzeugbrief als Sicherheit verlangen. Nebenher organisiert die Kooperative auch ab und zu mit Fördergeldern finanzierte Trainingskurse in unterschiedlichen unternehmerischen Bereichen. Kurz vor unserem Besuch, im Frühjahr 2006, hatte ein verheerendes Erdbeben viele Häuser und Dörfer in und um Yogyakarta und Klaten zerstört. Viele Menschen kamen dabei ums Leben. Auch *Setara* hatte durch dieses Erdbeben 40 Mitglieder verloren und damit eine Gesamtsumme von 200 Millionen Rupiah, umgerechnet 20.000 Euro nicht zurückgezahlter Kredite.[125]

Als wir schließlich ins Dorf einfahren, staunen wir nicht schlecht. Es ist, als ob die Zeit stehen geblieben wäre. Alle Häuser stehen noch so, wie wir sie verlassen hatten, kein Haus ist hinzugekommen, kein Haus abgerissen worden. Lediglich das Haus der Eisenwerkstatt ist ausgebaut – und zu einer kleinen Möbelmanufaktur umfunktioniert worden. Am Dorfeingang hat eine der Frauen mit ihrem Mann ein kleines Unternehmen mit *Kapuk*[126]-Verarbeitung gestartet. Wenn man der schönen Fassade des Hauses trauen kann, anscheinend erfolgreich. Rundherum nichts als saftige Reisfelder, auf denen die Bauern und Bäuerinnen ihre Arbeit verrichten. Selbst der kahle Geisterbaum winkt noch drohend am Horizont und mahnt die Dorfbewohner an ihre Greueltaten von 1965, als der Dorfchef sich durch die Ermordung mehrerer Kommunisten seinen zweifelhaften Ruhm verdiente. Dort hatte man die Leichen verscharrt und seitdem war nie mehr ein Dorfbewohner an diese Stelle gegangen. Bis heute, so versichert man uns auch jetzt wieder, sei dieser Ort von bösen Kinder fressenden Geistern bevölkert.

Kaum steigen wir aus dem Auto, werden wir auch schon begeistert von unseren alten Vertrauten empfangen. Ibu Upik, Ibu Mati, Ibu Broto, auch an ihnen scheint die Zeit vorbeigegangen zu sein, oder liegt es daran, dass wir selber älter geworden sind? Ihre Kinder sind inzwischen erwachsen, doch sie selbst sehen noch genauso gesund und erdverbunden aus wie vor 20 Jahren. Nun kommen auch die anderen Dorfbewohner und wollen uns die Hand drücken. Alle lachen und rufen durcheinander. Manche Töchter halten wir für ihre Mütter, so ähnlich sehen sie sich. Die meisten Frauen über 50 sprechen nur javanisch.[127] Keine von ihnen trägt ein Kopftuch. Wir wollen wissen, ob sie unsere Beobachtung bestätigen können, dass heute mehr Frauen ein Kopftuch tragen als noch vor 20 Jahren. Nein, hier sei noch alles beim Alten geblieben. Verschleiern täten sie sich nur, wenn sie in die Moschee gingen. Von der Einführung der *shariah* (Islamrecht) in einigen Distrikten Indonesiens oder dem damals geplanten aber mittlerweile verabschiedeten Antipornografiegesetz hatten sie noch nie etwas gehört. Wir gehen von Haus zu Haus und bekommen überall etwas angeboten. Unsere Kinder stöhnen über das lange Stillsitzenmüssen, sind aber auch fasziniert von der Welt, in der ihre Mütter vor ihrer Geburt gelebt haben. Sie würgen höflich den ersten Kaffee ihres Lebens herunter, nur um zu ihrem Entsetzen sofort wieder neuen nachgeschenkt zu bekommen. Dabei trinkt man in Gentuk kaum Kaffee, den gibt es nur heute zu Ehren des auswärtigen Besuchs. Zum großen Bedauern unserer Freunde sind unsere Ältesten *Makromo* und *Lolo* nicht mitgekommen, da sie bereits studieren. Als die Frauen erfahren, dass *Lolo* Ärztin werden will, lassen sie ihr ausrichten, sie solle unbedingt ins Dorf zurückkommen und allen eine Spritze geben. Eine Spritze zu bekommen ist also nach wie vor das magische Heilmittel, mit dem Ärzte ihre Zauberkraft beweisen können. In Gentuk kennt man nämlich nur drei Arten der Medizin: *obat* (Tabletten), *suntik* (Spritze) und *op-*

name (Krankenhaus). Das Letztere ist die allerletzte Möglichkeit, die nur die Wohlhabenderen ihren Angehörigen zukommen lassen können und die der Patient für gewöhnlich nicht überlebt. Es gibt aber bislang erst wenige Bewohner, die jemals eine Spritze bekommen haben. Diese Behandlungsoptionen passen zu den drei bekannten Krankheiten im Dorf: *pusing* (»Schwindel«, gleich leichtes Unwohlsein aller Art), *masuk angin* (»Wind eingedrungen«, Erkältung, Grippe und alle anderen mittelschweren Beschwerden) und *angin duduk* (»Festgesetzter Wind«, was von Grippe bis zum Tod alles bedeuten kann).

Unsere alten Freundinnen versorgen uns gleich mit dem neusten Tratsch und informieren uns über die letzten Hochzeiten, Sterbefälle und Trennungen. Ibu Warni hat ihren Mann verlassen, Jeki und Bambang leben getrennt, aber dafür sind ihre Eltern im Alter wieder zusammengezogen. Wir erfahren, dass Sisri, das aufgeweckte kleine Mädchen, mit dem *Lolo* damals spielte, »verrückt« geworden sei. Sie läuft heute mit wirren Haaren und zerrissenen Kleidern durch die nahe Kleinstadt. Nach der Schule war sie nach Jakarta gegangen, wo sie einen Arbeitsplatz in der Textilindustrie bekommen hatte. Angeblich hatte sie dort ein Verhältnis mit einem Vorarbeiter, der sie bald wieder »fallengelassen« hat. Davon sei sie verrückt geworden. Was für ein schreckliches Schicksal wohl hinter dieser Lebensgeschichte steckt. Wir haben schon viel von der katastrophalen Ausbeutung junger Frauen in der Textilbranche gehört. Lange Arbeitszeiten, befristete Arbeitsverträge und minimales Gehalt sind die Regel. Oft sind die jungen Frauen der Willkür und den sexuellen Übergriffen ihrer Vorgesetzten ausgeliefert.

Wir fragen Ibu Broto, ob sich ihrer Meinung nach die allgemeine Situation der Dorfbewohner eher verbessert oder verschlechtert habe. Das Leben habe sich schon verbessert, meint sie. Fast alle Häuser hätten heute ein eigenes WC, die meisten Familien besäßen ein Motorrad, drei sogar ein Auto. Zwei kleine Transporter gehörten der Möbel- bzw. der *Kapuk*-Manufaktur und ein Auto zur Personenbeförderung dem ehemaligen Pferdekutschenfahrer, der inzwischen auf motorisierten Personentransport umgestiegen sei. Viele der Jugendlichen hätten ein Handy und in der Möbelfabrik stände, so glaubte sie, sogar ein Computer. Anstatt die Erde mit einem vom Wasserbüffel gezogenen Pflug umzupflügen, würden viele Bauern heute einen Motorpflug ausleihen. Das sei zwar billiger, doch nicht so gut und tief wie die von Hand bearbeitete Erde. Aber ansonsten sei alles beim Alten geblieben. Nach wie vor seien die meisten Bauern auf ihren Reisfeldern beschäftigt und die Frauen verkauften ihre Waren auf dem nahe gelegenen Markt.

Dies führen wir darauf zurück, dass die Einwohner Gentuks damals wie heute ein Einkommen aus der Landwirtschaft oberhalb der Subsistenzschwelle erwirtschaften können, so dass sie sich nicht auf andere Arbeitsfelder verlegen müssen. In anderen Sub-Distrikten Klatens, wo ein großer Teil der Einkommen schon 1986 aus dem Handwerk bezogen wurde, hat eine rasante Entwicklung stattgefunden. Hier produzieren viele Familienbetriebe heute Möbel für den Weltmarkt. Auch die traditionelle Schmiedekunst hat sich zu einem profitablen Exportgeschäft entwickelt, da

bei vielen Tische und Stühle gusseiserne Elemente mit Rotan und Holz kombiniert werden. Von diesem Sprung in die Weltökonomie ist in Gentuk nichts zu spüren. Hier ist die kleinbäuerliche Landwirtschaft nach wie vor der dominierende Sektor geblieben. Auch der Handel – zumindest der Kleinhandel – ist in Mitteljava immer noch Frauensache. Hier sind die Märkte zu 80 % ausschließlich von Frauen bevölkert, als Käuferinnen wie als Verkäuferinnen. Barfuß läuft uns Ibu Broto bei unserem Dorfrundgang voraus. Sie möchte uns ihr prächtig in Schuss stehendes Reisfeld zeigen. Bei keinem anderen wachsen die Pflanzen so gut wie bei ihr, findet sie. Die meisten Bauern in Mitteljava besitzen um die 0,2 ha Land und können damit gerade genug Reis für den eigenen Konsum erwirtschaften. Zu den traditionellen Aufgaben einer javanischen Bäuerin gehört das Pflanzen, Jäten, Ernten und Reisstampfen. Die Männer sind für die Bewässerung und das Pflügen zuständig, seit der Einführung von Sicheln für die neuen, kurzhalmigen Hybridreissorten aber auch an der Ernte beteiligt. Da nun auch Männer bei der Ernte eingesetzt werden, haben viele Landarbeiterinnen ihre wichtigste Einkommensmöglichkeit beim Ernten auf den Feldern von Nachbarn verloren. An den Feldrändern bauen die Frauen meist noch Gemüse für den eigenen Bedarf an. Viele Frauen versuchen, daneben ein zusätzliches Bargeldeinkommen zu erzielen, indem sie sich z.B. als Landarbeiterinnen verdingen, auf dem nahe gelegenen Markt Gemüse oder selbst hergestellte Snacks verkaufen.

Vor 20 Jahren verdienten sich einige Frauen Gentuks, die nicht genug Land besaßen, um davon leben zu können, ein karges Einkommen mit dem Besticken von Hochzeitskleidern. Bei unserem Rundgang treffen wir auch sie wieder. Die Hochzeitsstickerinnen sitzen noch immer vor ihrer Tür und zeigen uns stolz ihre kunstvoll bestickten Schals, die ihnen regelmäßig ein Händler auf dem Markt abkauft.

Ibu Broto berichtet, dass die Kapuk-Manufaktur vier junge Frauen beschäftige, acht junge Männer aus dem Dorf seien in der Möbelfabrik für einen Tageslohn zwischen 1 und 2 Euro angestellt. Andere Männer arbeiteten in der nahe gelegenen Tabakfabrik als Tischler oder Motorradtaxifahrer in der nächsten Kleinstadt.

Wir besuchen Ibu Mati in ihrem Haus. Sie und Ibu Broto waren die beiden einflussreichsten Frauen im Dorf, Ibu Mati auch deshalb, weil ihr Mann den prestigeträchtigen Posten als Vorarbeiter in einer staatlichen Zuckerrohrfabrik innehatte. In ihrem Haus wohnt jetzt ihr ältester Sohn mit seiner Familie. Ibu Mati und ihr Mann sind zu ihrer Tochter Ira in den Nachbarort gezogen. Ihr weißgepudertes Gesicht, hastig für die Besucher aufgetragen, soll wohl städtische Eleganz demonstrieren. Ibu Mati hatte sich vor zehn Jahren wieder einmal von ihrem Mann getrennt und war nach Jakarta gegangen. Dort hatte sie sich mühsam durchgeschlagen, bis sie ins Dorf zurückkehrte und sich wieder mit ihrem Mann versöhnte. Als erste Frau im Dorf mit Großstadterfahrung hat ihr das einen großen Prestigegewinn gebracht. Beide, sowohl Ibu Mati als auch Ibu Broto, haben uns viel über ihr Leben erzählt. Sie hatten damals jugendliche Töchter, die heute um die 40 sind. Uns interessiert, wie sich das Leben ihrer Töchter von dem ihrer Mütter unterscheidet. Haben sie es geschafft, das aus ihrem Leben zu machen, was ihre Mütter für sie vorgesehen hatten? Als wir 1986 nach Gentuk kamen, war die Hochzeit von Ibu Matis Tochter Ira das erste große Fest, zu dem wir eingeladen wurden und ein Ereignis, das die Gemüter im Dorf über Monate beschäftigte.

Eine Hochzeit ist in Java nicht unbedingt ein ausgelassenes Fest. Besonders für die Brautleute selbst wird es vor allem bestimmt durch einen genau festgeschriebenen Ablauf ritueller und zeremonieller Handlungen, die die Hochzeitsgäste wie Zuschauer im Theater auf vor dem Hochzeitsthron aufgereihten Stühlen verfolgen. Stundenlang müssen die Brautleute in würdevoller Haltung unter dicker Schminke und in ihrer schweren mit Gold bestickten Hochzeitstracht auf diesem Thron sitzen.

Iras Hochzeit sorgte für einen Skandal im Dorf. Nicht nur, weil sie bereits seit Monaten in »wilder Ehe« im Haus ihres Bräutigams lebte, sondern hauptsächlich, weil sie sich den Mann gegen den Willen ihrer Eltern ausgesucht hatte. Darüber waren ihre Eltern so aufgebracht, dass sie ihre Tochter verstießen. In einem kleinen Dorf mit nur 60 Familien traf solch ein Schritt besonders hart. Jedes Mal wenn Ira vor die Haustür trat, blickte sie unmittelbar auf das Haus ihrer Eltern, das nur zehn Meter von ihrem neuen Heim entfernt war. Obwohl sie ihre Eltern und Geschwister ständig traf, sprach doch keiner ein Wort mehr mit ihr. An Festen und Zeremonien im Dorf durfte sie nicht mehr teilhaben, denn die meisten Familien standen auf der Seite ihrer Eltern.

Ira fiel es schwer, die geforderte stoische Miene während all dieser, ihr zu Ehren veranstalteten Feierlichkeiten beizubehalten. Wir können uns noch gut daran erinnern, wie sie schniefend, den Kopf gebeugt, auf ihrem Thron saß und immer wieder zum Taschentuch griff, damit die herunterlaufenden Tränen nicht ihr Make-up verwischten. Dieser Tag, der das schönste Erlebnis im Leben einer jeder Frau sein sollte, bedeutete für sie einen folgenschweren Schritt, dessen Konsequenzen sie damals noch nicht absehen konnte. Jedes Mal wenn neue Gäste zur Tür hereinkamen, überzeugte sie sich von Neuem, dass ihre Eltern immer noch nicht zum Einlenken bereit waren und ein neuer Tränenstrom brach aus ihr hervor.

Ihre Freundinnen aus der Gruppe trafen sich zwar weiterhin mit ihr und betrachteten ihren selbständigen Schritt mit einer Mischung aus heimlicher Bewunderung und Mitleid, jedoch öffentlich ergriff keine für sie Partei. Ira war die erste im Dorf, die es gewagt hatte, ihre Wünsche gegen den Willen ihrer Eltern durchzusetzen, obwohl alle jungen Mädchen im Dorf der bisher üblichen arrangierten Ehe eher skeptisch gegenüberstanden und sich ihren Mann lieber selber aussuchen wollten. Bis Ira ihren Schritt amtlich machen konnte, vergingen weitere lange Monate für sie. Obwohl sie mit 18 Jahren offiziell nicht mehr die Einwilligung ihrer Eltern für eine Eheschließung brauchte, sieht es das indonesisch islamische Gesetz vor, dass eine Frau, egal welchen Alters, immer von einem *wali*, einem gesetzlichen Vormund aus ihrer Familie, vor dem islamischen Ehegericht vertreten werden muss. Da sich für diese Aufgabe lange Zeit keiner aus ihrer Familie fand, schien die Heirat lange in Frage gestellt. Schließlich erklärte sich ein entfernter Onkel bereit, *wali* zu sein, und Iras Großmutter stellte ihr Haus für die Hochzeit zur Verfügung.

Was veranlasste Ibu Mati dazu, so hart gegen ihre Tochter vorzugehen? Hatte sie, gerade 18 Jahre älter als ihre Tochter, in ihrem Leben so unterschiedliche Erfahrungen gemacht, dass sie Iras Wünsche nicht mehr nachvollziehen konnte?

Mit ihren 36 Jahren gehörte Ibu Mati damals schon der älteren Generation des Dorfes an. Drei von ihren fünf Kindern waren zu diesem Zeitpunkt bereits erwachsen, der älteste Sohn studierte Betriebswirtschaft in Solo. Ibu Matis kräftiger Händedruck ist genauso eindrucksvoll wie sie selbst. Sie entsprach und entspricht in keiner Weise dem Bild der zartgliedrigen hübschen Javanerin, das man so oft auf Postkarten zu sehen bekommt. In ihrem breiten Gesicht zeichnen sich die Spuren harter Arbeit ab. Klein, kräftig, die Haare in einem straffen Knoten hinten zusammengehalten und immer mit einem Lachen im Gesicht, strahlt sie dennoch so viel Energie und Lebenskraft aus, dass man an ihrer Erscheinung nicht so ohne weiteres vorbeikommt. Ibu Mati hat ihr Leben lang viel gearbeitet, aber sie kann stolz auf das sein, was sie erreicht hat. Obwohl sie nur drei Jahre zur Schule gegangen ist und kaum indonesisch spricht, sondern nur ihre Muttersprache Javanisch, gehörte sie schon 1986 als Ehefrau eines Dorfaufsehers und Vorsitzende der Frauengruppe mit zu den einflussreichsten Personen im Dorf. Ihr Mann und sie besaßen das größte Haus im Dorf, und ihr Einkommen lag, als sie noch arbeitete, allein durch die Einnahmen aus ihrem eigenen Eierhandel mit umgerechnet 60 Euro monatlich über dem Durchschnitt der meisten Dorfbewohner. Zusammen mit den verpachteten

Landstücken hätte es im Notfall gereicht, sich und ihre Kinder auch ohne das etwas höhere Gehalt ihres Mannes zu ernähren. Als sie mit 15 Jahren von ihren Eltern verheiratet wurde und, wie für javanische Frauen üblich, in das Dorf ihres Mannes zog, in dem sie sich fremd fühlte, besaß sie nichts außer einem kleinem Kokosnussgarten, den ihre Eltern ihr als Mitgift in die Ehe mitgegeben hatten. Das Haus, in dem sie wohnte, gehörte ihren Schwiegereltern und sie wurde darin zwar akzeptiert, stand in der Familienhierarchie jedoch an unterster Stelle. Im Gegensatz zu vielen anderen Frauen ihrer Generation wusste sie schon vor der Hochzeit, welchen Mann ihre Eltern für sie ausgewählt hatten, und er war sogar noch recht attraktiv, fand sie. Viele ihrer Freundinnen sahen ihren Mann das erste Mal auf dem Hochzeitsfest. Immer wenn sie mit ihrem Mann Streit hatte, was in den ersten Jahren ihrer Ehe recht häufig vorkam, packte sie ihre Habseligkeiten zusammen und ging mitsamt ihren Kindern wieder in ihr Heimatdorf zurück, bis ihr Mann sie anflehte, doch wieder zu ihm zurückzukommen. Ibu Mati war schon immer eine temperamentvolle Frau, die nicht gewillt war, sich unterkriegen zu lassen und das auch glaubhaft zeigen konnte. Ihr Mann war nicht treu. Das war fast keiner der Männer, die sie kannte, und wie sie uns sagte, störte es sie nicht sonderlich, solange der Mann die Geliebte »nach Gebrauch liegen ließ wie ein Bananenblatt, auf dem er seinen Reis gegessen hat«. Ihr Mann jedoch verstieß häufiger gegen diese Regel und verliebte sich sogar einmal so sehr in eine andere Frau, dass er monatelang nicht mehr nach Hause kam. Ibu Mati hatte schon alles getan, um ihn zur Besserung zu bekehren. Sie hatte sogar eine ganze Nacht auf dem Grab ihrer Ahnen im Friedhof verbracht, ein Platz, an dem es bekanntlich vor Geistern nur so wimmelt, nur um Kraft zu sammeln und ihrem Mann zu beweisen, dass sie vor nichts zurückschreckte. Als er dann auch noch die Frechheit besaß und mit seiner Geliebten ein Fest in ihrem Heimatdorf besuchte, drehte sie durch und wartete nachts an einer Straßenkreuzung mit einem Messer auf ihn. Eine lange Narbe auf der Backe ihres Mannes ist die bleibende Erinnerung an diese nächtliche Begegnung. Das Religionsgericht wies ihr Gesuch auf Scheidung damals zurück, da sie zu dem Zeitpunkt bereits zum vierten Mal schwanger war.

Die emotionale Beziehung zwischen Eheleuten wird von allen Forschern als eher locker beschrieben, was mit der eindeutigen Rollentrennung erklärt wird. Wo Arbeit und Freizeitbeschäftigungen überwiegend nach Geschlechtern getrennt verrichtet werden, reduzieren sich die Begegnungen eines Ehepaares auf wenige Momente des Tages. Gleichgeschlechtliche Kontakte sind folglich oft intensiver und vertrauter als zu dem eigenen Ehepartner. Diese Fremdheit wird durch die strikte Rollentrennung in der Ehe eher noch verstärkt.[128] Auch wenn sich heutzutage in der Mittel- und Oberschicht langsam ein stärker partnerschaftlich orientiertes Ideal durchsetzt, hat diese Aussage unserer Beobachtung nach bis heute immer noch in vielen Ehen Gültigkeit.

Aber Eifersucht war nicht die einzige Sorge von Ibu Mati. Wie sollte sie sich und ihre Kinder ernähren, wenn der Mann nicht mehr für sie sorgte? Wie fast alle Frauen aus dem Dorf konnte sich auch Ibu Mati nie vorstellen, ein Leben lang nur im Haus zu sitzen, zu waschen, zu kochen und die Kinder zu hüten. Das fände sie außerdem ausgesprochen langweilig. Das Problem war eher, welche Tätigkeit sie ausüben könnte, denn sie konnte nicht lange von zu Hause wegbleiben, solange ihre Kinder noch klein waren.

Schließlich beschloss sie, auf dem Markt Eier zu verkaufen. »Ich erinnere mich noch gut an den ersten Tag, an dem ich zum Markt ging«, erzählte sie. »Ich hatte eine ganze Kiepe voller Eier auf Kredit gekauft, und gleich am Markteingang stolperte ich und fiel mitsamt dem Korb hin. Alle Eier waren kaputt, und ich wusste nicht, wie ich den Kredit zurückzahlen sollte.« Doch sie gab nicht auf. Ibu Mati ist heute noch stolz darauf, dass man mit ihr beim Handeln nicht spaßen kann. Das Feilschen um Preise ist ein festes Ritual, zu dem es genauso gehört, die Ware zuerst abfällig zu mustern, wie später das geforderte Geld (oder etwas weniger) mit geringschätziger Geste auf den Tisch zu werfen. Auch in der Frauengruppe im Dorf achtete Ibu Mati darauf, dass die Kasse stimmt, und sie machte das mit einer Inbrunst, der man die Lust am Handel anmerkte. Ibu Mati war die erste Vorsitzende der Gruppe. Wenn sie den Kugelschreiber nicht gerade brauchte, um in der Handfläche etwas kurz nachzurechnen, steckte sie ihn sich in den Haarknoten. Die Gruppenkasse, eine alte Plastiktüte, verwahrte sie in ihrem BH. Das Einsammeln des Geldes war jedes Mal eine einstündige Zeremonie, bei der das Gelächter, die Streitereien und die dreckigen Witze der Frauen bis in die letzte Hütte drangen. Nie stimmte die Kasse, denn so wichtig das Geld auch für Frauen war, so achtlos wurde es gleichzeitig herum geschoben, in die Mitte geworfen oder als Wechselgeld nachlässig zerknüllt in den Bauchgurt gesteckt. Meist fand sich der fehlende Betrag dann zu guter Letzt doch noch, unter eine Matte gerutscht oder in einer Sarongfalte versteckt.

Auch in der Familie war sie es als Frau, die überwiegend die Entscheidungen in finanziellen Angelegenheiten traf. Trotzdem hatte ihr Mann einen größeren Handlungsspielraum als sie, nicht zuletzt auch dadurch, weil er lesen und schreiben konnte und indonesisch sprach. Er war derjenige, der sich im Umgang mit Behörden, Höhergestellten oder Fremden sicherer fühlte und den aktiveren Part übernahm, so, wie es die gesellschaftliche Norm von ihm forderte. Wenn sich Ibu Mati in dem vertrauten Rahmen von Dorf, Markt oder auch in den umliegenden Orten bewegte, wo sie ihre festen Aufgaben zu erledigen hatte und jeder sie kannte, war ihrer Bewegungsfreiheit praktisch keine Grenzen gesetzt.

Frauen im Straßenbild sind in Indonesien keine Seltenheit wie in vielen arabischen Ländern, und im Gegensatz zu den sexuell »freizügigeren« Industrieländern werden Frauen auch nicht als Freiwild der Männer betrachtet, sondern in ihrer Rolle als Ehefrau und Mutter respektiert. Das extremste Ungleichgewicht in der geschlechtlichen Rollenaufteilung besteht in der Freizeitgestaltung. Die Bewegungsfreiheit der Frauen ist, insbesondere in ländlichen Gebieten, eng an die Erfordernisse ihrer Arbeit geknüpft und hört in der Regel dort auf, wo sie allein zu ihrem Vergnügen etwas unternehmen will. Während Männer vielfältige Möglichkeiten und Zeit für Freizeitaktivitäten haben, dürfen Frauen nach Einbruch der Dunkelheit nur noch in Begleitung eines männlichen Familienangehörigen und mit einem akzeptierten Ziel das Haus verlassen. Das heißt, sobald sich Ibu Mati abends alleine an einen *warung* (einen Essstand) in der nächst größeren Stadt gesetzt hätte, und dort wie die Männer, gegessen, ge-trunken, womöglich sogar noch eine Unterhaltung mit den neben ihr sitzenden Gästen angefangen oder gar ihr Glück im Kartenspiel versucht hätte, wäre sie vom Ansehen der respektierten, verheirateten Mutter sofort in den Stand einer Hure degradiert worden. Natürlich hatten auch die Frauen im Dorf viel Spaß miteinander. Doch ihre Vergnügungen spielten sich überwiegend während der gemeinsamen Arbeit ab, beim Waschen im Fluss, bei den gemeinsamen Festvorbereitungen oder bei der Feldarbeit.

Trotz dieser Einschränkungen war auch Ibu Mati keine treue Ehefrau gewesen. Jeder im Dorf wusste, dass sie bereits mit ein oder zwei Männern des Dorfes ein Verhältnis gehabt hatte, doch zu einem offenen Skandal war es nie gekommen. Keiner, außer ihrem Mann, hätte es gewagt, sie auf ihren »Fehltritt« hin anzusprechen. Es wurde sogar gemunkelt, dass ihr jüngster Sohn einem anderen Dorfbewohner viel ähnlicher sähe als ihrem Ehemann. Nach dieser letzten Geburt hatte Ibu Mati sich nach Absprache mit ihrem Mann sterilisieren lassen. Eine Operation, nachlässig durchgeführt, an der sie beinahe verblutet wäre. Aber ihre letzte Schwangerschaft zeigte auch die Grenzen der sexuellen Gleichberechtigung zwischen Mann und Frau im Dorf. Zwar sind Männer wie Frauen gleichermaßen untreu, im Streitfall ist jedoch die Frau immer die Schuldige. Sie ist diejenige, bei der so etwas eigentlich nicht vorkommen dürfte und demzufolge muss sie die Konsequenzen, sprich die Schwangerschaft, aus ihren Liebschaften, auch alleine tragen. Eine Frau, die im Falle einer Trennung mitsamt ihren Kindern das Haus des Mannes verlassen muss, hat es immer schwerer als ein Mann, der, wie Ibu Matis Mann, einfach zwei Monate nicht mehr zu Hause erscheint, wenn er sich verliebt hat. Doch alles in allem hat Ibu Mati gut daran getan, sich mit ihrem Mann letztendlich wieder zusammenzuraufen. Ihr jetziges Haus, aus gemeinsamen Ersparnissen gebaut, gehört ihr heute soviel wie ihm und verschafft ihr Sicherheit und eine relativ starke materielle Position.

Früher fing Ibu Matis Tag um 4 Uhr früh an. Vor dem Frühstück kochte sie den Reis für ihre Familie und ihre Töchter halfen ihr, das Haus zu fegen und die Wäsche zu waschen. Um 6 Uhr brach sie dann mit ihrem Korb voller Eier auf zum Markt. Im Vergleich zu vielen anderen Frauen hatte sie das Glück, ein Fahrrad zu besitzen, so dass der Weg dorthin nur 20 Minuten dauerte. Manchmal brachte ihr Mann sie sogar mit dem Motorrad bis dorthin, bevor er zur Arbeit weiterfuhr. Nachdem das Marktgeschäft mittags zu Ende war, fuhr Ibu Mati weiter in zwei andere Dörfer, in denen sie die Eier für den nächsten Tag einkaufte. Einen Sonntag kannte sie nicht.

Oft saß sie nachmittags mit ausgestreckten Beinen auf der Stufe ihrer Haustür, außer dem BH nur einen *Sarong* nachlässig um die dicke Taille gewickelt und massierte sich ihre müden Schenkel. Manchmal ließ sie sich auch von einer ihrer Töchter lausen und frisieren. Wenn sie dann laut lachend erzählte, wie müde sie mal wieder sei, strahlte sie immer noch so viel gebündelte Energie aus, dass man sich wunderte, woher sie diese Kraft nahm. »Ich arbeite so hart, damit es meine Kinder einmal besser haben als ich«, sagte sie. Sie war stolz darauf, dass ihr Sohn die Universität besuchen konnte, und auch für Ira hatte sie hochfliegende Pläne gehabt. Sie sollte Lehrerin werden. Eine Ehe mit einem Mann in gehobener Position hatte sie auch schon für sie arrangiert. Doch Ira hatte ihr einen Strich durch die Rechnung gemacht. Ibu Mati war der festen Überzeugung, dass die Kinder mehr davon haben, wenn die Eltern die Ehepartner für sie auswählen, da diese den klareren Kopf und die größere Weitsicht haben. »Wenn ein Mädchen verliebt ist, achtet sie nicht mehr darauf, ob der Mann auch dazu in der Lage ist, ihr eine Zukunft zu bieten«, meinte sie. »Und die Liebe ist so schnell vorbei. Zum Beispiel Ibu Broto: Ibu Broto war anfangs so verliebt in ihren Mann, dass sie sich von ihrem ersten Mann hat scheiden lassen, nur um mit ihm zusammenleben zu können, zuerst unter ärmlichsten Bedingungen. Und wie sieht es heute aus? Pak Broto hat sich im Puff die Syphilis geholt, und für wen sie sich alle drei Tage so herausputzt, wenn sie angeblich nur aufs Reisfeld gehen will, möchte ich auch gerne mal wissen.«[129] Iras selbstständiger Schritt, gegen den Willen ihrer Eltern aus Liebe zu heiraten, war zwar mutig. Aber hat sie damit wirklich die bessere Wahl getroffen? Als sie heirateten, mussten beide aus der Schule austreten. Die erträumte Karriere als Lehrerin war für Ira damit gestorben. Danach hatte sie zunächst versucht, einen Kleiderhandel anzufangen, aber mangels Kapital musste sie diese Tätigkeit bald wieder aufgeben. Der Anspruch, dass ihr Mann, zumindest wenn sie arbeitete, auch im Haushalt mithelfen sollte, blieb ein frommer Wunsch. Zwar hatte Mas Bambang früher oft seine Wäsche selber gewaschen und auch mal den Reistopf geschwenkt, doch seit er verheiratet war, waren ihm diese Fähigkeiten urplötzlich abhanden gekommen. Als wir noch im Dorf lebten, ging er ganz auf in seiner Rolle als Ehemann, der sich von seiner Frau versorgen ließ. Für die Arbeitsmöglichkeiten, die im Rahmen seiner Möglichkeiten standen, wie die Reisfelder seiner Eltern zu bestellen, oder wie sein Vater als ambulanter Händler Suppe zu verkaufen, aber dafür war er sich zu schade. Immerhin war er einige Jahre auf der Mittelschule gewesen. Aber die Berufe, die ihm vorschwebten, als Beamter in einem Regierungsbüro oder als Bankangestellter, waren ihm verschlossen. Er hatte weder den Schulabschluss noch die Beziehungen und das nötige Schmiergeld, das ihm den Zugang zu solchen Positionen verschafft hätte. Wir hatten damals die arge Befürchtung, dass Ira mit der Wahl dieses Mannes, der sie ökonomisch nicht unterstützen konnte und sich zu Hause zur Hälfte als Pascha und Ehemann und zur anderen Hälfte als nicht groß gewordenes Kind seiner Eltern aufführte, keine glückliche Wahl getroffen hatte. Hätte sie sich, nach dem Rat ihrer Mutter, von ihrem Verstand und nicht von ihrem Gefühl leiten lassen, wäre sie heute vielleicht eine respektierte Lehrerin.

Nach dieser dramatischen Vorgeschichte sind wir heute natürlich besonders gespannt, was aus Ira und Mas Bambang geworden ist. Rein äußerlich unterscheidet Ira sich mit ihrer schicken Kleidung, dem Nagellack, Lippenstift und ihrem städtischen Auftreten Meilen von dem grobschlächtigen Auftreten ihrer Mutter. Doch hat sie es leichter gehabt als diese? Wir hören von den anderen Dorfbewohnern, dass Iras Ehe nicht glücklich geworden ist. Zwar hatten beide schließlich doch noch über die Beziehung von Iras Vater einen Job in einer Fabrik bekommen. Obwohl Fabrikarbeit mit langen Arbeitstagen verbunden ist und schlecht bezahlt wird, genießt sie doch im Dorf ein höheres Ansehen als die Landwirtschaft, da ihr schon etwas

Stadtflair anhaftet. Beide zogen in das Haus von Iras Großmutter in den nächst größeren Ort, einige Kilometer entfernt. Da ihre Ehe kinderlos blieb, hatten Verwandte quasi als Ersatzkind einen heranwachsenden Neffen in ihre Obhut gegeben. Dies ist in Java durchaus üblich, denn eine Familie ohne Kinder kann man sich nicht gut vorstellen. Auf Java erhofft man sich, dass ein angenommenes Kind dem Paar doch noch eigene Kinder beschert. Der Junge wuchs heran und Ira und er verliebten sich ineinander. Heute lebt Ira mit diesem 15 Jahre jüngeren Adoptivsohn zusammen bei ihren Eltern im Haus der Großmutter und Mas Bambang ist wieder in das Haus seiner Eltern gezogen. Beide arbeiten aber immer noch zusammen in der Fabrik.[130] In diesem Punkt hat Ira es eindeutig besser getroffen als ihre Mutter. Da das Ehepaar im Haus ihrer Familie wohnt, war es auch Mas Bambang, der das Haus bei der Trennung verlassen musste. In diesem Fall hatte die stärkere ökonomische Position ihrer Herkunftsfamilie doch einen entscheidenden Einfluss auf Iras Position gegenüber ihrem Mann.

Sowohl Ibu Mati als auch ihre Tochter Ira haben durch ihre autarke ökonomische Position immer gewusst, ihre Interessen gegenüber ihren Männern durchzusetzen. Ob sie dies auch als abhängige Hausfrau gekonnt hätten, ist zu bezweifeln. Ibu Mati hat ihr Leben lang hart dafür gearbeitet. Nach traditionellem Brauch sichern Mann und Frau gemeinsam den Lebensunterhalt für die Familie, obwohl der Islam dem Mann die Rolle des Hauptverdieners zuschreibt.[131] Da Frauen jedoch zusätzlich für die Verrichtung der häuslichen Tätigkeiten zuständig sind, müssen sie, wie in den meisten Ländern dieser Erde, in der Regel mehr Stunden täglich arbeiten als ihre Männer. Lediglich in der neu aufstrebenden Mittelschicht gilt das reine Hausfrauendasein als selten erreichtes Ideal.[132] Dennoch trägt die Arbeit ganz wesentlich zum Selbst- und Fremdwert der javanischen Frauen bei. Ihr Einfluss bemisst sich nach ihrem ökonomischen Engagement oder ihrem Einsatz im Beruf, in der Familie und im Gemeinwesen. In allen Bereichen, die nichts mit Arbeit zu tun haben sondern ausschließlich einer spirituellen Betätigung oder dem Vergnügen dienen, sowie auch der Gestaltung ihres Sexuallebens, ihrer Freizeitbeschäftigung und ihrer nächtlichen Bewegungsfreiheit, ist der Handlungsspielraum von Frauen, besonders auf dem Lande, deutlich eingeschränkt. Dies hat sich seit Mitte der 80er Jahre nicht wesentlich verändert. Das Erstarken des Islam hat in den letzten Jahren sogar eine Verengung des Bewegungsspielraums der Frau mit sich gebracht.[133] Nach javanischem Gewohnheitsrecht (*adat*) wird Frauen nur wenig Autonomie in den Entscheidungen über ihren Lebensweg und ihrem Lebensstil zugebilligt. Von ihnen wird, deutlich stärker als von Männern, erwartet, dass sie das Familien- und Gemeinschaftsinteresse über ihre privaten Bedürfnisse stellen. Zunächst sollen sie ihren Eltern gehorchen, später dann dem Ehemann.[134] Sexualität ist für eine Frau normativ ausschließlich an die Ehe gebunden, während einem Mann nach der herrschenden Doppelmoral durchaus Seitensprünge zugestanden werden.

Gleichzeitig stärkt die verhältnismäßig starke ökonomische Position der javanischen Landfrau ihre *bargaining power* gegenüber dem Mann und versetzt sie in die Lage, eigene Bedürfnisse, falls nötig, auch hinter den Kulissen zu verfolgen.

Die starke Entscheidungsgewalt der javanischen Frauen in den Dingen des alltäglichen Lebens ist als »Macht hinter den Kulissen« schon sprichwörtlich zu nehmen. In den meisten Familienfragen diskutieren Mann und Frau gemeinsam, was gemacht werden soll. Eine gemeinsame Entscheidungsfindung über innerfamiliäre und soziale Angelegenheiten ist in Mittel-Java üblich.[135] Trotzdem wird der Mann als das Familienoberhaupt angesehen. Er vertritt die Familie in allen außerhäuslichen, öffentlichen Angelegenheiten, und ihm wird auch der höchste Respekt gezollt. Das drückt sich durch Anrede und höflichere Umgangsformen ihm gegenüber aus. Zudem wird ihm in vielen Familien vor allen anderen sein Essen serviert wird, womit ihm zugestanden wird automatisch die besten Bissen zu erhalten. Doch diese Hierarchie ist innerhalb der Familie eher als ein formales Ritual, denn als tatsächliche Machtposition zu verstehen. Zwar bekleiden Männer fast alle politischen Positionen und vertreten die Familie in der Öffentlichkeit, zu Hause sind ihre Einflussmöglichkeiten jedoch eher mit denen europäischer Königshäuser zu vergleichen: Sie genießen distanzierte Ehrerbietung und formalen Respekt ohne tatsächlich viel Entscheidungsgewalt.

Meistens sind es die Frauen, die, da sie nicht so stark in der Rolle eines öffentlichen Prestigeträgers gefangen sind, mit mehr praktischer Handlungskompetenz und Ausdrucksmöglichkeit die Geschicke und Entscheidungen der Familie in die Hand nehmen. Obwohl sie, sowohl im Gemeinschaftsleben des Dorfes als auch innerhalb der Familie, faktisch große Entscheidungsbefugnisse besitzen, nutzen sie diesen Handlungsspielraum jedoch selten für eigene Interessen, da sie durch das patriarchalische Normensystem zu einem aufopfernden Verhalten als Ehefrau und Mutter verpflichtet sind.[136]

Ein typisches Beispiel für eine solch starke Frau ist Ibu Broto. Obwohl die Brotos zu den weniger wohlhabenden Familien im Dorf gehören – sie besitzen kaum Land und das Familieneinkommen lag bei unserer Erhebung 1986 im unteren Dorfdurchschnitt – war Ibu Broto außerhalb der eigenen Landwirtschaft nicht berufstätig. Ihre täglichen Einnahmen durch den morgendlichen Verkauf von Brei für die Schulkinder waren nur unbedeutend. Ibu Broto war eins der wenigen Mitglieder der von der Regierung geförderten Frauengruppe *PKK*[137]. Sie war über diese Zugehörigkeit zum Familienplanungs- und Gesundheitskader ernannt worden, was bedeutete, dass in ihrem Haus die kostenlos erhältlichen Verhütungsmittel aufbewahrt wurden und das Babywiegeprogramm der Gesundheitsbehörde in ihrem Haus stattfand.[138]

Ibu Broto war zwar nur stellvertretende Gruppenleiterin der dörflichen Spar- und Kreditgruppe und trat als solche offiziell nicht in Erscheinung, die Gruppentreffen fanden jedoch in ihrem Haus statt. Ein wichtiger Faktor dafür war, dass ihre Tochter von der anleitenden NGO *LP3ES* zur Gruppenmotivatorin ausgebildet worden war. Ibu Brotos wichtigstes persönliches Kapital waren neben ihrer verbindlichen Art ihre fließenden Indonesischkenntnisse, die sie sich, wie sie sagte, im Laufe der Jahre durch Gespräche mit Städtern selbst angeeignet hatte. Da es Mitte der 80er Jahre nur wenige Dorfbewohner gab, die die Nationalsprache flüssig beherrschten und niemand, nicht einmal ihr eigener Mann die Sprache so gut sprach wie sie, hatte sie mit diesem Vorzug, vor allem seitdem sich *LP3ES* für Gentuk interessierte, schnell eine Vormachtstellung im Dorf erlangt. Alle ausländischen und nichtjavanischen Besucher, die über *LP3ES* ins Dorf kamen, wurden zuerst in ihr Haus geschickt. Ihre Gastfreundschaft, ihre guten Kochkünste und ihre selbstbewusste Herzlichkeit trugen bald dazu bei, dass auswärtige Besucher von *LP3ES* vorzugsweise in das Dorf Gentuk zu Ibu Broto geschickt wurden. Auch der *Lurah*, der Dorfbürgermeister und sogar Pak *Camat*, der Bezirksbürgermeister, kamen als erstes in ihr Haus, wenn sie dem Dorf einen Besuch abstatteten. Ihre intelligente, selbstbewusste und charmante Ausstrahlung hatte bei allen Wirkung und eröffnete ihr auf einer persönlichen, herzlichen Ebene Kontakte zu örtlichen Autoritäten und anderen Respektspersonen, an die die Kontakte der Familie des Dorfoberhauptes nicht im Entferntesten heranreichten. Dass die Anziehung des Hauses Broto auf die Ausstrahlung der Hausfrau zurückging, war unübersehbar. Pak Broto war ein freundlicher, aber äußerst schüchterner und zurückhaltender Mensch, der nach Aussage der Nachbarn auch etwas jünger als seine Frau war. Er hatte zwar die Funktion einer der beiden Blockwarte im Dorf übernommen, wurde aber auch in dieser Aufgabe weitgehend von seiner Frau dirigiert. Nach außen jedoch präsentierte sie ihn als das formale Familienoberhaupt. Er wurde den Besuchern als erstes vorgesetzt und mit ihnen alleingelassen, bis sie, sehnsüchtig erwartet, mit Snacks und Getränken aus der Küche zurückkam und begann, die Unterhaltung zu gestalten.

Dabei hatte Ibu Broto bei Weitem kein konfliktfreies Leben geführt. Ihre Lebensgeschichte ist voller Brüche und Härten. Damals erzählte sie uns:

»Bevor ich verheiratet wurde, hatte ich schon einen Freund. Er war als Aufseher in einer Fabrik angestellt. Er kam aus einem Nachbardorf und hat mich immer nach Hause gebracht. So haben wir uns langsam ineinander verliebt. Ich hatte immer davon geträumt ihn zu heiraten, aber ich durfte nicht, denn er hatte nicht offiziell um meine Hand angehalten. So wurde mir befohlen, den Vater von Nina zu heiraten, denn es gibt ein Sprichwort: »Warte nicht vor der Reisschüssel, bis sie verdorben ist.« Aber in Wahrheit war es einzig und allein der Vater von Nina, der schon verdorben war. Als ich verheiratet wurde, war ich 19 und er war 30 Jahre alt. Er war also schon alt und auch schon einmal verheiratet gewesen. Die Frau, die er zuerst heiraten sollte, bekam ihn das erste Mal zu Gesicht, als sie gerade als Braut geschmückt wurde. Als sie ihn sah, wollte sie ihn nicht mehr und lief weg. So war er ein Jahr lang wieder alleine gewesen, bevor er mich bekam. Ich wollte meine Eltern damals nicht verärgern, ich durfte mich nicht widersetzen und musste gehorchen, sonst wäre ich von ihnen verstoßen worden. Ich war überhaupt nicht glücklich darüber. Mein Bräutigam hatte noch fünf jüngere Brüder, die mochte ich alle lieber leiden als ihn. Wenn wir weggingen, war ich immer nur mit seinen Brüdern zusammen. Ich mochte mich auch nie bei ihm hinten aufs Fahrrad setzen, nur bei seinen Brüdern.

Ich hatte ihn vor der Heirat nie zu Gesicht bekommen, und als ich ihn während der Hochzeitszeremonie das erste Mal sah, wusste ich sofort, dass ich ihn nicht wollte. Aber was sollte ich machen? Meine Mutter hatte schon alles eingekauft, die Festvorbereitungen waren schon im Gange. Als er dann zu uns nach Hause zog, war ich sehr unglücklich. Auch meine Schwiegereltern wussten, dass ich ihn nicht mochte. Normalerweise kommt der Mann in der Hochzeitsnacht ja erst um 21 Uhr zu seiner Frau. Aber er wollte schon um 4 Uhr nachmittags. Da war ich sehr wütend und gab ihm überhaupt nichts. In der Nacht kann er ja kommen, aber wenn uns die Leute dabei sehen würden, wäre mir das zu peinlich gewesen. Er war sooo hässlich! In der ersten Nacht mit ihm hatte ich große Angst. Ich hatte die Augen fest geschlossen. Erst 30 Tage nach der Hochzeit haben wir das erste Mal miteinander geschlafen. Wenn wir miteinander ins Bett gingen, wollte ich ihn nicht sehen und drehte mich immer zur Wand, so dass ich nur die Mauer angucken musste.

Nach einem Monat sind wir dann in ein eigenes Haus gezogen. Zuerst wollte ich nicht nur mit ihm alleine in einem Haus leben, aber schließlich habe ich eingewilligt.

Obwohl ich meinen ersten Mann von Anfang an nicht mochte, lebte ich fast sechs Jahre mit ihm zusammen. Ich habe immer gesagt: Gott hat uns vermählt, und ich werde es akzeptieren. Aber mit der Zeit lernte ich Pak Broto, meinen jetzigen Mann kennen, der eine Fahrradwerkstatt nebenan aufmachte, obwohl ich mir auf ihn überhaupt keine Hoffnung machte. Doch mein erster Mann war auch wirklich zu blöd. Immer wenn ich irgendwo hinwollte, forderte er Pak Broto auf, mich zu begleiten, z.B. zu Festen, oder wenn es ein *Ketoprak*[139]-Spiel gab, oder wenn ich in die Stadt gehen wollte. Mein Mann hatte nie Zeit mitzugehen, da er sehr hart arbeiten musste. Er bestellte sein ganzes Land alleine und pflügte und hackte den Boden. Ich habe nur die Felder überwacht und die Erntearbeiten organisiert. Wir haben fast alles nach Hause gebracht, nur einen kleinen Teil verkauften wir an den Reishändler. Wenn Ernte war, verstand ich mich immer gut mit meinem Mann, wenn nicht geerntet wurde, mochte ich ihn nicht. Wir hatten ein Kind zusammen, das starb als es zwei Jahre alt war an einer Erkältung. Als ich Nina bekam, hatte ich schon das Verhältnis zu Pak Broto.

Mit der Zeit nahm Pak Broto mein Herz in Besitz und ich verliebte mich in ihn. Mein Mann war selber schuld. Er vertraute Pak Broto, weil er so ein stiller Mensch war. Immer musste er mit mir weggehen, da ist es eben passiert. Irgendwann kam es heraus, wir wurden erwischt und die Verwandten meines Mannes zwangen mich zur Scheidung. Ihm selber hätte es gar nicht so viel ausgemacht, wenn ich nur bei ihm geblieben wäre, aber letztendlich wollte ich auch selber die Scheidung. Danach ging ich mit Pak Broto. Bevor ich geschieden war, hatte Pak Broto mir noch einen Brief geschrieben, ich sollte mir lieber nicht ihn aussuchen, er sei zu schlecht für mich, aber ich selber wollte ihn ja. Nachdem ich geschieden war, hatten wir acht Monate lang eine Liebschaft und ich war sehr, sehr glücklich, denn er sah viel besser aus als mein erster Mann. Das war die glücklichste Zeit in meinem Leben.«[140] Größte Bedeutung für Ibu Broto hatte die Planung der Zukunft ihrer einzigen Tochter Nina gehabt. Sie hatte ihr eine gute Schulbildung zukommen lassen und durch die Empfehlung des Bürgermeisters war sie von *LP3ES*, der Trägerorganisation der dörflichen Frauengruppe, zur Dorfmotivatorin erkoren worden. Nina hatte den Ehrgeiz und die Ausstrahlung ihrer Mutter mitbekommen. Anstatt vergeblich auf einen gut bezahlten Job zu warten, hatte sie sich nach der Schule ein Praktikum in einer Steuerbehörde verschafft. Hier trug sie Steuern in Listen ein und bekam dafür umgerechnet 50 Cent am Tag. Dieses Praktikum war zumindest schon mal ein Einstieg in die von allen Mädchen damals erträumte Arbeitswelt der staatlichen Behörden. Ihr damaliger Freund, ein Student am Lehrerseminar, fand die hundertprozentige Zustimmung ihrer Eltern.

Heute erfahren wir, dass Nina diesen jungen Mann tatsächlich geheiratet und drei Kinder mit ihm hat, die inzwischen Teenager sind. Auf dem Rückweg besuchen wir Nina in ihrem Haus am Rande der Stadt Klaten. Es ist ein großes, schönes, traditionelles javanisches Haus, das Elternhaus ihres Mannes, der unverkennbar aus einer der besser gestellten javanischen Bauernfamilien kommt. In dem Haus wohnen außer Nina und ihrer Familie auch ihre Schwiegermutter und eine Schwester ihres Mannes, die in den hinteren Arbeitsräumen in einem riesigen Kochtopf Snacks zum Verkauf zubereitet. Nina empfängt uns mit der Herzlichkeit ihrer Mutter. Auch sie ist nach wie vor unverschleiert. Stolz präsentiert sie uns ihre drei Kinder. Nina möchte, dass sie später einmal studieren. Sie selbst hat gerade in einem berufsbegleitenden Kurs ihren Bachelor in Ökonomie bestanden und damit die Chance, auf der Karriereleiter ihrer Behörde weiter aufzusteigen. Aus ihrem damaligen Praktikantenjob hatte sich mit der Zeit also tatsächlich eine Festanstellung als Beamtin in der Steuerbehörde ergeben. Auch ihr Engagement als Motivatorin der NGO *LP3ES* für die Frauengruppen hat sich ausgezahlt. Heute ist sie eine der Vorstandsvorsitzenden der Genossenschaft *Setara*. Ihr Mann ist Grundschullehrer geblieben. Als Sportlehrer ist sein Arbeitstag bereits um 10 Uhr vormittags zu Ende, erzählt er uns, da es dann für die Kinder zu heiß für körperliche Betätigungen würde.

Danach hat er ausgiebig Zeit, Tennis zu spielen. Trotzdem verrichtet Nina die Hausarbeit allein, ohne seine Hilfe. Eine Haushaltshilfe hat sie nie gehabt. Selbst als die Kinder klein waren, hat sie gearbeitet. Ihre Schwägerin passte tagsüber auf die Kinder auf. Nina kocht und macht die Hausarbeit, sobald sie von der Arbeit zurückkommt. Ihr Arbeitstag ist damit wesentlich länger als der ihres Mannes. Aber sie ist zufrieden mit ihrem Leben. Nina hat die Erwartungen ihrer Mutter mehr als erfüllt. Ihr ist der Sprung aus Dorfgemeinschaft in die städtische Mittelschicht gelungen. Ihre Kinder besuchen alle die höhere Schule. Ihre Eltern sind stolz auf sie.

Ira und Nina haben beide viel von der inneren Antriebskraft ihrer Mütter übernommen. Ira ist zwar nicht der Sprung aus der Unterschicht gelungen, doch hat sie sich, zumindest ihren Eltern wie auch ihrem Mann gegenüber, ein ökonomisch wie sexuell gleichberechtigtes Leben gegen alle Normen und Widerstände erkämpft. Genauso hat sich ihre Mutter, Ibu Mati, ihr Leben lang ihre wirtschaftliche Unabhängigkeit erhalten und hat mit vielen Auseinandersetzungen und Trennungen für eine gleichberechtigte Beziehung zu ihrem Mann gekämpft. Auch Ibu Broto hat sich erfolgreich für ein selbstbestimmtes Leben eingesetzt. Sie hat ihre Intelligenz und Ausstrahlung jedoch eher für statusfördernde soziale Tätigkeiten eingesetzt als für eine bessere ökonomische Position. Ihre Tochter hat die mittelschichtorientierten Werte ihrer Mutter konsequent umgesetzt und in ein Leben integriert, das sich zum Vorzeigebild der idealen javanischen Frau eignen würde: karriereorientiert im Beruf, engagiert für die Gemeinschaft und gleichzeitig eine aufopferungsvolle Mutter und Ehefrau, die ihrem Mann den Rücken für seine Hobbys freihält. Ob sie damit glücklicher ist als ihre damalige Freundin Ira, oder ob auch ihr Leben Risse und Brüche hat, können wir nicht beurteilen. Denn wer solch ein ideales Leben im Sinne der gesellschaftlichen Normen führt, legt auch viel Wert darauf, dieses Vorzeigeleben zu erhalten, auch auf Kosten von Mehrarbeit und einer äußerst ungerechten Rollenteilung.

Als wir uns am Abend wieder auf den Weg zurück nach Yogya machen, sind wir immer noch erfüllt von der dörflichen Idylle und der Fröhlichkeit und Herzlichkeit unserer Gastgeberinnen. Gentuk kam uns vor wie eine Reise zurück in die Vergangenheit. Wieder einmal waren wir eingetaucht in den Mikrokosmos eines javanischen Dorfes, auf den sich die Weltpolitik kaum auswirkt. Wirtschaftlicher Fortschritt ließ sich vorwiegend an der Ausstattung der Häuser mit Toiletten und dem Besitz von Motorrädern und Mobiltelefonen festmachen. Ansonsten schien die ökonomische Struktur weitgehend unverändert.

Uns beschäftigt jedoch immer noch die Frage, warum die Frauen, die wir treffen, so oft ungerechte Arbeitsteilungen akzeptieren und sich mit weniger Macht und Einfluss in der öffentlichen Sphäre begnügen. Selbst dort, wo es die Frauen sind, die das meiste Geld verdienen, gönnen sie ihren Ehemännern noch die teureren Hobbys. Objektive Gründe kann es für diese freiwillige Zurücknahme nicht geben. Doch gesellschaftlicher Status und Macht sind starke Triebfedern, für die viele Frauen auch in besser gestellten Positionen eine unglückliche Ehe aushalten, sagt Julia Suryakusuma.[141] Dies trifft in unterschiedlichem Ausmaß sicherlich auch für deutsche Frauen zu. Ökonomische und politische Macht und individuelle Freiheit ist das eine, doch die gesellschaftliche Anerkennung, die mit der Erfüllung der Norm einhergeht, verschafft anscheinend fast ebenso viel Befriedigung. Um diese Norm zu erfüllen, reicht es nicht, wenn eine Frau selber schön, fleißig und wohlhabend ist, sie muss auch einen Mann aufweisen können, der nach außen den gesellschaftlichen Anforderungen genügt, auch wenn sie dafür selber zurückstecken muss.

Licht und Schatten auf der Götterinsel – Frauen auf Bali

Zehntausende von Touristen reisen jedes Jahr nach Bali und bewundern die Ästhetik auf der »Insel der Götter«: die kleinen und großen Opfergaben, die an allen wichtigen Plätzen um das Haus herum und auf Straßen dargebracht werden, die prachtvollen Tempel, die schön gekleideten Menschen, die in Prozessionen durch Straßen und Felder ziehen, mit Skulpturen und Schnitzereien verzierte Häuser, Musik, Tänze, Malerei, Schattenspiel und Theater. Auch die Kulturlandschaft Balis zieht den Betrachter mit konturierten Reisterrassen und dem in Grün- und Gelbtönen changierenden Reis in ihren Bann. Viele sind beeindruckt vom Lächeln der Menschen und der Freundlichkeit, mit der sie Fremden entgegentreten. Die Organisation der Dörfer in *banjars*, die alle Frauen des sozialen Zusammenlebens regeln, die Wassergenossenschaften, die eine ausgeglichene Bewässerung der Reisterrassen sicherstellen – alles scheint schön und harmonisch zu sein auf dieser Insel, die sich durch den hinduistischen Glauben und die einzigartige Kultur von den anderen Inseln des indonesischen Archipels abhebt.

Was steht hinter dieser Kulisse? Wovon lebt diese Harmonie? Wer trägt die Last des Alltags? Manche Besucher wundern sich, in wie vielen Rollen ihnen Frauen in Bali begegnen: als Markthändlerin, als Mutter, als Tempeltänzerin, als Reisbäuerin, als Arbeiterin im Haus- und Straßenbau und als

Lastenträgerin. Balinesische Frauen können alles, so scheint es. Vieles aber – und das erschließt sich dem Betrachter von außen nicht unmittelbar – ist ihnen verwehrt.

Die dunkle Seite des Gewohnheitsrechts

»Warum rackerst du dich allein für den Lebensunterhalt deiner Kinder ab? Gib sie doch zur Familie ihres Vaters, wo sie sowieso hingehören!« Das sagen Sitis Geschwister, die in einem Dorf am Nordhang des Gunung Batur wohnen. Siti, eine kleine Frau mit einem offenen Blick und einem freundlichen Lachen, ist Mutter von vier Kindern. Sie war bereits dreimal verheiratet. Seit zwei Jahren lebt sie mit ihren drei Kindern allein. Sie arbeitet Tag und Nacht, um das Nötigste für den Lebensunterhalt zu verdienen, aber sie klagt nicht. Sie lebt am Stadtrand von Denpasar und ist eine der vielen aus dem armen Norden Balis, die ihr Glück im geschäftigen Süden der Insel suchen. Ihre Geschichte steht für das Leben vieler Frauen aus Nord-Bali, und die von ihr erfahrenen Auswirkungen des patriarchalischen Gewohnheitsrechts enthüllen das nicht so schöne zweite Gesicht der Insel der Götter.

Siti wurde als sechstes Kind ihrer Eltern in einem kleinen Dorf 25 km südlich von Singaraja geboren, der größten Stadt an Balis Nordküste. Ihre Mutter und ihr Vater arbeiteten als Landarbeiter, da sie kein eigenes Land besaßen. Siti schloss die Grundschule nach sechs Jahren ab und fing die Mittelschule an, da ein Lehrer das Schulgeld für sie übernommen hatte. Aber dann hatte ihr Vater einen Unfall und Siti musste sich um ihn kümmern. Ihre Brüder und Schwestern konnten nicht einmal die Grundschule beenden, weil der Familie das Geld für die Schulgebühren fehlte. Als sie zur Mittelschule ging, wohnte Siti bei einer Tante, aber mit 14 Jahren kehrte sie ins Haus ihrer Eltern zurück und begann, auf den Feldern rund ums Dorf zu arbeiten, wo Zwiebeln und Knoblauch angebaut wurden. Für ihre Arbeit erhielt sie die Hälfte eines Erwachsenenlohns, das waren zu der Zeit ungefähr 20 Cents am Tag. Als sie 16 war, machte ihr ein verheirateter Mann aus dem Dorf, der bereits Mitte 30 war und zwei Kinder hatte, den Hof und fing eine Beziehung mit ihr an. Eine einfache Hochzeitszeremonie wurde von einem lokalen Priester bei ihr zu Hause durchgeführt und schon war sie verheiratet. »Ich war dann gleich schwanger«, sagt Siti.

»Nach einigen Monaten ihrer Schwangerschaft«, erzählt sie, »erinnerte der Mann sich plötzlich wieder an seine erste Frau und kehrte in deren Haus zurück.« Als Sitis Niederkunft bevorstand, war der Mann mit seiner ersten Frau und seinen beiden Kindern im Rahmen eines staatlichen Transmigrationsprogramms für arme Familien bereits nach Sulawesi umgesiedelt und wollte von seiner zweiten Frau und dem Baby nichts wissen.
Polygamie ist nach balinesischem Gewohnheitsrecht erlaubt und besonders in Nord-Bali noch heute weit verbreitet. Oft schaut sich ein junger Mann bereits nach einer neuen Frau um, während seine erste Frau schwanger ist oder sich von der Geburt des ersten Kindes erholt. Es kostet nicht viel, den lokalen Priester zur Veranstaltung einer einfachen Zeremonie ins Haus zu rufen, und in den meisten Fällen, wenn ein Mädchen vor der Eheschließung schwanger wird, wird diese einfache Prozedur durchgeführt, um die Beziehung nach traditionellem Recht zu legitimieren.
Als Sitis Ehemann sich entschied, das Dorf zu verlassen, wurde sie formal »ihren Eltern zurückgegeben«, die damit wieder für ihren Lebensunterhalt verantwortlich wurden. Dies ist eine übliche Praxis, wenn ein Paar nur nach dem Gewohnheitsrecht geheiratet hat. Die meisten Paare aus armen Familien lassen ihre Hochzeit nicht beim Standesamt registrieren, da ihnen die Gebühren zu hoch sind und sie es für ausreichend erachten, wenn sie in ihrer Dorfgemeinde als verheiratet anerkannt werden. Wenn ein Mann dann erklärt, dass er mit seiner Frau nicht mehr zusammenleben will und sie ihrer Familie formal zurückgibt, ist er frei von allen Verpflichtungen. Auch eine Frau kann die Scheidung fordern, wenn ihr Mann sie verlassen hat und nicht mehr zum Lebensunterhalt seiner Frau und seiner Kinder bei-

trägt, doch wenn sie dies tut, verliert sie automatisch ihre Kinder, da diese immer der männlichen Linie zugesprochen werden. Dieses Kernelement des balinesischen Gewohnheitsrechts liegt darin begründet, dass die Fortsetzung der Ahnenlinie über die männliche Seite läuft. Den männlichen Nachkommen obliegt deshalb die Pflicht, die Familientempel zu erhalten und auszubauen. Eine Frau wird nach der Heirat Teil der Familie des Mannes und hat ihren Eltern gegenüber formal keine Pflichten mehr. Faktisch allerdings verschoben sich diese Verhältnisse in den letzten Jahren. Es kommt besonders in der Mittelschicht immer häufiger vor, dass Frauen mehr verdienen als ihre Männer, und entsprechend drängen sie im Falle einer Scheidung darauf, das Sorgerecht für die Kinder zu bekommen.[142] Vertreter der Rechtshilfe-Organisation *LBH* berichteten uns, dass die Zahl der von Frauen eingereichten Scheidungen in der Stadt Denpasar in den letzten Jahren sprunghaft zugenommen habe, da die meisten Paare in städtischen Gebieten ihre Ehe inzwischen durch das Standesamt registrieren lassen und damit die Möglichkeit haben, sich nach dem nationalen Eherecht scheiden zu lassen.[143] Danach kann auch der Frau das Sorgerecht für die Kinder zugesprochen werden und ihr steht ein Teil der in der Ehe erworbenen Güter zu. Seit Verabschiedung des Ehegesetzes 1974 bestehen das lokale Gewohnheitsrecht (*adat*) und das nationale Recht im indonesischen Archipel meist als parallele Rechtssysteme nebeneinander fort. In Bali streben die Scheidungsrichter in aller Regel einen Kompromiss zwischen dem traditionellen und dem nationalen Recht an.[144] Wenn dies nicht zu einer befriedigenden Lösung führt, haben die Frauen wenige Handlungsmöglichkeiten. Manche finden dann unkonventionelle Lösungen. Die Rechtsanwälte von *LBH* schildern uns den Fall einer hohen Beamtin, der das Gericht nicht das Sorgerecht für ihren Sohn zusprechen wollte. Da sie im Rahmen des Gewohnheitsrechts ihrer eigenen Religion keine Lösung für sich finden konnte, entschied sie sich, vom Hinduismus zum Islam zu konvertieren. Dieser erlaubt bei Scheidungen ein Sorgerecht der Mutter. Heute entscheiden die Richter in Bali immer häufiger, dass die Kinder bis zum Beginn der Pubertät bei der Mutter bleiben können und erst dann in die Familie des Vaters wechseln.

Die Realität zeigt, dass die Kinder bei der Trennung der Eltern nach dem Gewohnheitsrecht meist zu Familienangehörigen der männlichen Seite gegeben werden, da der Vater häufig bereits mit seiner nächsten Frau und neuen Kindern beschäftigt ist und sich nicht mit den Nachkommen aus der ersten Verbindung belasten will. In armen Familien, die ohnehin schon Schwierigkeiten haben, die Ernährung aller Familienmitglieder sicherzustellen, werden diese Kinder zu einer zusätzlichen Last, und nicht selten werden sie physisch vernachlässigt oder sogar misshandelt, besonders wenn Alkoholismus und Spielsucht hinzukommen. Unter dem emotionalen Schock der Trennung leiden sowohl die Kinder als auch die Mutter, die ihre Kinder dann in aller Regel nicht mehr sehen darf. Als einzige Form mütterlicher Zuwendung bleibt ihr die Gelegenheit, ihre Kinder auf der Straße abzupassen, um ihnen etwas Geld oder Süßigkeiten zuzustecken.[145]

Siti brachte ihr erstes Kind in einem dörflichen Gesundheitszentrum zu Welt und stillte das Baby, solange sie konnte, da sie sich keine Babynahrung erlauben konnte. Als die kleine Putu eine starke Mittelohrentzündung bekam, fehlte ihr das Geld für Medizin, deshalb erlitt Putu einen dauerhaften Hörschaden. Siti blieb im Dorf und zog ihr Kind im Haus ihrer Eltern auf. Als die Kleine zwei Jahre alt war, warf ein anderer verheirateter Mann mit zwei Kindern ein Auge auf sie. Sie sehnte sich nach ein wenig emotionaler Zuwendung und zog zu ihm ins Haus. Eine kleine traditionelle Zeremonie wurde vollzogen und schon waren sie Mann und Frau. Es dauerte nicht lange, bis ihr gemeinsames Kind zur Welt kam, ein kleiner Junge. Aber die Söhne aus der ersten Ehe des Mannes, die im gleichen Alter waren wie Siti, behandelten sie respektlos und waren nicht nett zu ihrer kleinen Tochter. Nach drei Jahren begann der Mann, wieder mehr Zeit mit seiner ersten Frau zu verbringen, und da sich seine Söhne Siti gegenüber immer rüpelhafter benahmen, entschied sie sich, sein Haus zu verlassen. Den kleinen Jungen gab sie einer Nachbarin, die das Kind haben wollte, aber da sie nicht viel Geld hatte, schlief der Junge nur auf einem Sack auf dem Boden und lief die meiste Zeit allein im Dorf herum. Als er fünf wurde, versprach die Nachbarin das Kind einer anderen Familie aus dem Dorf, deren erwachsene Kinder nach Jakarta gezogen waren, da diese jemanden brauchten, »der sich um ihren Hund kümmerte«. Eine Tante brachte den Jungen mit dem Bus nach Jakarta und seitdem hat Siti ihr Kind nicht mehr gesehen. Wenn sie in ihr Dorf fährt, hört sie von Angehörigen der Familie in Jakarta, der Junge sei »wohlgenährt, geht aber nicht zur Schule«. Sie erzählen, dass er den Hund füttert und das Haus ausfegt, während die anderen Familienmitglieder zur Arbeit gehen. Er ist inzwischen zwölf Jahre alt. Siti ist erleichtert zu hören, dass er genug zu essen hat und versucht damit fertig zu werden, dass sie ihr Kind weggeben musste, weil sie zu arm war, es selbst groß zu ziehen.[146]

Als ihr zweites Kind drei Jahre alt war, traf Siti in ihrem Dorf Manik, einen jungen Mann, der sieben Jahre jünger war als sie, aber nur vier Jahre die Schule besucht hatte. Maniks Eltern waren gegen seine Beziehung zu der älteren Frau, aber das Paar überzeugte einen von Maniks Brüdern, als Zeuge bei ihrer Eheschließung anwesend zu sein, und nicht lange danach kam ihr gemeinsamer Sohn Gede zur Welt. Als das Baby einen Monat alt war, zog der Mann wieder ins Haus seiner Eltern zurück, die ihn bedrängten, sich von Siti zu trennen. Doch nach einiger Zeit kehrte er zu Siti zurück, und sie entschieden sich, ihr Dorf zu verlassen und auf einer Kaffeeplantage im Hochland von Zentral-Bali zu arbeiten. Nach einem Jahr erschienen Maniks Eltern in ihrem neuen Zuhause und zwangen die junge Familie, in ihr Dorf zurückzukehren. Nachdem sie dort eine Zeit lang in einer kleinen Hütte gelebt hatten, forderten sie erneut, dass Manik seine Frau verlasse. Er beugte sich dem Druck und nahm seinen kleinen Sohn mit sich in das Haus seiner Eltern. Zu diesem Zeitpunkt erhielt er von einem Dorfbewohner, der als Dozent an einer privaten Universität in Denpasar arbeitete, das Angebot, als Gärtner und Gebäudereiniger auf dem Unigelände zu arbeiten und seine Frau und seinen Sohn mitzunehmen. Siti half ihrem Mann, jeden Morgen vor Sonnenaufgang das weitflächige Campusgelände zu fegen und bemühte sich, zusätzlich Arbeit in der Nachbarschaft zu finden. Sie fand eine Beschäftigung als Haushaltshilfe bei einer ausländischen Familie und angesichts der Aussicht auf ein regelmäßiges Einkommen nahm Manik bei der Angestelltengenossenschaft der Universität einen Kredit auf, um sich ein Motorrad zu kaufen. Zwei Jahre lang lebten sie recht glücklich in ihrer neuen Umgebung.

Es war während dieser Zeit erstmaliger relativer Sicherheit, dass Siti in Erwägung zog, ihre Tochter Putu zu sich nach Denpasar zu holen. Seit sie die Beziehung mit Manik begonnen hatte, hatte sie ihre Tochter bei ihrer Schwester im Dorf gelassen. Nach einigen Jahren auf der Dorfschule, wo sie mit 40 anderen Kindern in einen Raum gezwängt auf einer hinteren Bank saß, wurde das Mädchen zunehmend unglücklicher, da sie dem Unterricht wegen ihres Hörschadens nur schwer folgen konnte. Da Sitis neue Arbeitgeber finanzielle Unterstützung für die Schulbildung ihrer Tochter anboten, entschied Siti sich, Putu nach Denpasar zu holen. Allerdings war ihr nicht wohl bei dem Gedanken, ihre 14-jährige Tochter mit ihrem jungen Ehemann allein in der nur aus einem Raum bestehenden Hütte auf dem Campusgelände zu lassen, wenn sie abends arbeiten ging. Als die ausländische Familie anbot, das Mädchen in ihrem Haus unterzubringen, setzte Siti ihren Plan um. Putu ist ein hübsches Mädchen mit demselben einnehmenden Lächeln wie ihre Mutter. Wenn sie über ihren Vater spricht, der inzwischen aus Sulawesi zurückgekehrt ist und wieder in ihrem Dorf lebt, wird sie traurig. »Wenn er auf der Dorfstraße an mir vorbeigeht, schaut er mich noch nicht einmal an. Er hat mich nie als seine Tochter anerkannt.«

Seit das Mädchen die Mittelschule in Denpasar besucht, wird sie bald eine der besten Schülerinnen. Der Lehrer lässt sie vorne sitzen, wo sie ihn besser versteht. Sie sitzt jeden Tag fleißig an ihren Hausaufgaben, nachdem sie ihrer Mutter mit der Hausarbeit geholfen hat.

Aber das Leben meinte es mit Siti nicht für lange Zeit gut. Ihr junger Ehemann, dessen Gehalt von knapp 40 Euro im Monat kaum für das Essen der Familie reichte, verlangte mehr und mehr Geld von ihr, nur um mit seinem Motorrad durch die Stadt fahren zu können und kam immer häufiger nachts nicht nach Hause. Siti übernahm in solchen Nächten seine Arbeit und stand um 2 Uhr morgens auf, um bis morgens um 5 Uhr den Campushof zu fegen. Wenn Manik zurückkam, war er oft betrunken und verlangte mehr Geld von ihr, weil er alles im Glücksspiel verloren hatte.

Glücksspiele sind in Bali weitverbreitet und werden für viele Familien zum Problem. Die traditionelle Form des Glücksspiels ist der Hahnenkampf, wobei scharfe kleine Messer am Bein des Hahns befestigt werden. Inzwischen sind Hahnenkämpfe verboten, aber man sieht immer noch Männer mit ihren Kampfhähnen im Arm vor den Häusern sitzen und diese liebkosen. In städtischen Gebieten ist der Hahnenkampf durch andere Formen des Glücksspiels abgelöst worden, am populärsten sind Kartenspiele.

Manik wurde immer tiefer in die Glücksspiele hineingezogen und kam häufig mitten in der Nacht schwer betrunken nach Hause. Wenn Siti nicht so viel Geld hatte, wie er verlangte, oder ihm nicht ihre letzten Rupiah aushändigen wollte, die sie für das Essen der Kinder aufgespart hatte, wurde er aggressiv und schlug sie. Auch seinen Sohn schlug er häufig mit einem Stock oder einem Gürtel, wenn dieser nicht sofort seinem Kommando folgte. Er hatte in seinem eigenen Elternhaus nichts anderes als die Sprache der Schläge gelernt.

Es dauerte nicht lange bis Manik eine Freundin hatte, eine Frau aus Banyuwangi in Ost-Java, wo viele der in Bali tätigen Prostituierten herkommen. Er verließ seine Familie, um mit ihr in einem kleinen gemieteten Zimmer zusammenzuleben. Etwa zur gleichen Zeit als er die Familie verließ, entdeckte Siti, dass sie wieder schwanger war. Als sie ihren Mann über die Schwangerschaft informierte, stritt dieser ab, dass das Kind von ihm sei und sagte, dass er sich von ihr trennen wolle. Als ersten Akt der Bestätigung, dass es ihm damit ernst sei, nahm er ihr den gemeinsamen Sohn Gede weg. Er brachte den sechsjährigen Jungen zu seinen Eltern ins Dorf. Diese behielten ihn bei sich zu Hause, da sie kein Geld für die Schule hatten.

Siti war verzweifelt. Seit Manik sie verlassen hatte, hatte sie seine Arbeit auf dem Campus übernehmen müssen, um nicht das Recht zu verlieren, in der kleinen Hütte hinter den Universitätsgebäuden zu wohnen. Sie gab ihre Beschäftigung bei der ausländischen Familie auf, weil sie es nicht mehr schaffte, als Haushaltshilfe zu arbeiten, nachdem sie ab 2 Uhr morgens bereits das riesige Campusgelände gekehrt und die Hörsäule gesäubert hatte. Die schwere Arbeit auf dem Unigelände allein fiel ihr mit fortschreitender Schwangerschaft schwer genug. Und sie wusste nicht, wie sie ganz allein noch ein Kind durchbringen sollte. Sie versuchte, die Schwangerschaft zu unterbrechen, indem sie alle möglichen Kräutermittel trank, die eine Abtreibung herbeiführen sollen. Sie trank sogar Kerosin, aber der Fötus blieb am Leben. Als sie im vierten Monat war, bat sie einige Hilfskräfte auf dem Campusgelände, sich auf ihren Rücken zu stellen und fest auf ihren Körper zu treten, während sie auf dem Bauch lag, aber die Schwangerschaft blieb bestehen. »Ich war nahe daran, mir einen Strick zu nehmen und mich an dem Baum vor unserer Hütte aufzuhängen, aber dann dachte ich, wie wird es wohl meinen Kindern ergehen, wenn ich nicht mehr da bin«, sagt sie in Erinnerung an diese schwersten Monate ihres Lebens. Die ausländische Familie hatte ihr eine Abfindungssumme gezahlt, von der sie eine Entbindung in einer kleinen Geburtsstation bezahlen konnte. Siti fand eine Hebamme in der Nachbarschaft, die versprach, ein kinderloses Paar zu suchen, das ihr Baby nach der Geburt aufnehmen würde. Aber die Hebamme fand niemanden, der das Kind haben wollte und als der Tag der Niederkunft kam, brachte Siti einen gesunden Jungen zur Welt. Und als sie ihn ansah, entschied sie, ihn trotz aller widrigen Umstände bei sich zu behalten.

Nachdem sie die Entbindung hinter sich hatte und mit Hilfe ihrer älteren Schwester und ihrer Tochter langsam ihre tägliche Routine zurückfand, hörte sie von Verwandten im Dorf, dass ihr Sohn von seinen Großeltern weggelaufen war, weil sie ihn häufig schlugen. Sie fuhr nach Hause, suchte den Jungen und brachte ihn mit nach Denpasar. Ihr früherer Arbeitsgeber gab ihr eine Beihilfe, damit sie den Jungen einschulen konnte, denn der Achtjährige war bisher nicht zur Schule gegangen.

Siti fand eine Teilzeitbeschäftigung in einem indonesischen Haushalt, wo sie wusch und bügelte. Einen Tages, als sie bei der Arbeit war, kam Putu zu ihr gelaufen und rief sie nach Hause, weil Manik mit einem kleinen Lastauto erschienen war und alle Haushaltsgegenstände auflud, die sie während ihrer Ehe erworben hatten: ein Regal, eine Matratze, ein Radio und einen Fernseher. Er nahm auch die Töpfe und die einzigen Laken und Handtücher mit, die sie besaß. Als sie zu Hause ankam, war ihr Mann bereits abgefahren. Siti stand entgeistert vor ihrem leeren Haus und wusste nicht, was sie tun sollte.

Wieder einmal musste sie Nachbarn und ihren früheren Arbeitgeber um Hilfe bitten, die ihr mit Töpfen, Laken und Handtüchern aushalfen. Die Universitätsverwaltung entschied, dass sie auf dem Campusgelände wohnen bleiben dürfte, solange sie den Hof und die Gebäude fegte, aber sie wollten ihr keinen Arbeitsvertrag geben. Siti fürchtet, dass sie eines Tages gebeten wird, das Gelände zu verlassen.

Rizky, ihr kleiner Sohn, ist inzwischen zwei Jahre alt, ein lebendiger kleiner Junge, der mit den Hühnern um Sitis Hütte herum spielt und den sie dem Wachmann am Eingang des Campus in Obhut gibt, wenn sie zur Arbeit muss und Putu und Gede noch in der Schule sind. Ihre Arbeitslast auf dem Campus hat zugenommen, da sie für eine geringfügige Zulage zusätzliche Reinigungsaufgaben in der Cafeteria und bei Veranstaltungen übernehmen muss. Ab und zu taucht unvermutet Manik auf und verlangt Geld von ihr. Wenn sie keins hat oder nicht genug herausgibt, droht er ihr damit, ihr den kleinen Rizky wegzunehmen – der einzige Ausdruck der Anerkennung seiner Vaterrechte. Siti versucht, ihn mit einem Euro oder zwei zufrieden zu stellen, wenn sie soviel hat. Und sie sagt, dass sie nie wieder mit einem Mann zusammenleben möchte, denn alle Männer, die sie bisher getroffen hat, haben ihr Leben nur schwieriger gemacht.

Putu hat sich inzwischen zu einem strahlenden jungen Mädchen entwickelt, das in der Schule zu den besten Schülern zählt. Sitis früherer Arbeitgeber übernimmt das Schulgeld bis zum Abschluss der Oberschule und Putu ist überzeugt, dass ihr dies ermöglichen wird, später einen bessere Arbeit zu finden als ihre Mutter.

Obwohl Sitis Geschichte nicht der Regelfall ist, gibt es doch viele Frauen auf Bali, die derselben Problematik ausgesetzt sind. Patriarchalisches Recht wird noch härter für die Frauen, wenn die Männer nur noch ihre Rechte wahrnehmen ohne ihren Pflichten nachzukommen. Dies zeigt sich auch in anderen Gesellschaften, in denen traditionelle soziale Strukturen und materielle Lebensgrundlagen nicht mehr in einem ausgewogenen Verhältnis stehen. In den städtischen Slums Indonesiens finden sich viele Frauen, die mehrfach von ihren Männern verlassen wurden und ihre Kinder allein durchbringen. Im trockenen Nordosten Balis, wo Landverlust während der Kolonialzeit und fortgesetzte Erbteilung vielen Familien die Lebensgrundlage entzogen haben und wohin auch der Tourismus keine neuen Einkommensmöglichkeiten gebracht hat, ist die Lebenssituation prekär geworden. Viele junge Leute wandern in den Süden der Insel ab, und die,

die bleiben, leben in einer Situation, wo Normen und materielle Grundlagen zunehmend auseinanderfallen. In auseinanderbrechenden Sozialsystemen werden in erster Linie die Frauen und Kinder Lastenträger des Umbruchs. Die meisten Frauen stellen die Bedürfnisse ihrer Kinder auch in Notlagen über ihre eigenen und tun alles, um ihren Kindern ein besseres Leben zu ermöglichen, während die Männer sich häufig der Verantwortung für Frau und Kinder entledigen und sich in sozial destruktives Verhalten wie Sucht und Glücksspiel flüchten. Kinder werden in solchen Verhältnissen häufig schon sehr früh gezwungen, zum Lebensunterhalt beizutragen und sind dann in den Städten als Zeitungsverkäufer an Straßenkreuzungen, als Regenschirmträger vor Einkaufszentren oder als Schuhputzer in Straßenrestaurants anzutreffen. Auf dem Lande versuchen sie meist in der Landwirtschaft ein paar Rupiah zu verdienen oder verdingen sich als Hilfskräfte für die Schmutzarbeit in kleinen Werkstätten und Läden.

Geschlechterrollen im Wettstreit

Auf der von 3,2 Mio. vorwiegend hinduistischen Einwohnern bevölkerten Tropeninsel, wo inzwischen mehr Menschen von Handel und Dienstleistungen leben als von der Landwirtschaft,[147] üben die meisten Frauen eine Vierfachrolle aus: als Ehefrau und Mutter in der Familie, als Einkommen Schaffende im formellen oder informellen Sektor, als Hauptzuständige für die tägliche Verrichtung der religiösen Rituale und als aktives Gemeindemitglied. Die Bewertung der Situation der Frauen in der balinesischen Presse und Literatur zum Thema fällt ganz unterschiedlich aus, je nachdem, ob und wie stark sich die AutorInnen mit der balinesischen Kultur identifizieren. Während die feministischen Autorinnen ihr Urteil am Leitbild der Geschlechtergleichberechtigung und der Verwirklichung individueller Potentiale im Kontext einen humanistischen Menschenbildes ausrichten, vertreten die traditionalistischen Autorinnen ein Konzept komplementärer Geschlechterrollen, die in eine harmonische Gesamtkultur eingebettet sind. Eine dritte Linie wird vom staatlichen »Bureau for Women's Empowerment« vertreten, das mit dem auf internationaler und nationaler Ebene entwickelten Ansatz des *gender mainstreaming* in die Regierungsorganisationen und -programme hineinwirkt: Sita van Bemmelen kennzeichnet die Rollenkonzepte der verschiedenen Strömungen als »*competing gender identities*«, mit denen sich balinesische Frauen konfrontiert sehen.[148]

Die in NRO und Foren aktiven Feministinnen prangern das strikt patriarchalische Gewohnheitsrecht (*adat*) der balinesischen Kultur an. Danach haben Frauen keinen Anspruch auf ein Erbe, in den Entscheidungsforen von Familie und Gemeinde wird ihnen keine Stimme eingeräumt. Kinder werden bei Ehescheidungen grundsätzlich der männlichen Seite zugesprochen. Die Verteidigerinnen der balinesischen Kultur halten dagegen, dass die Rolle der Frauen als Hüterin der sozialen und religiösen Werte und der spezifisch balinesischen Lebenspraxis ihnen in Familie und Gemeinschaftsleben bereits eine so bedeutende Stellung verleiht, dass sie keiner westlichen Emanzipation bedürfen. Angesichts des Vormarsches westlicher Lebensformen und -normen, die über Tourismus und Handel seit Dekaden nach Bali hineinschwappen und das traditionelle Leben mit den Koordinaten des Kommerzes überziehen, wird diese Position als Teil der balinesischen Kulturbewegung mit besonderem Impetus vertreten. Eine bekannte Fürsprecherin dieser Richtung ist die Psychiaterin und Hochschullehrerin Prof. Dr. Luh Ketut Suryani, die sich häufig in der größten Tageszeitung »Bali Post« sowie im Regionalfernsehen Bali TV zur Bedeutung der Kultur und der Rolle der Frau in Bali äußert und damit einen wichtigen Einfluss auf die öffentliche Meinungsbildung hat. Sie ist auch eine Promotorin der *Ajeg-Bali*-Bewegung, die nach dem von radikalen Moslems verübten Bombenanschlag in Bali 2002 von einigen Persönlichkeiten zur Stärkung der balinesischen Identität und Kultur gegründet wurde.[149]

In ihren Veröffentlichungen zur Kultur Balis betont sie die Bedeutung des Karmas, das sich aus den Taten der Vorfahren ableitet und durch das eigene Verhalten das Leben der Nachkommen bestimmt. Die Reinkarnation im gegenwärtigen Leben erlaubt es, die früher begangenen Sünden durch eine gute Lebensführung auszugleichen und durch die nächste Wiedergeburt eine bessere Existenz zu erlangen.[150]

Luh Ketut Suryani, die selbst aus einer nicht-adeligen Familie stammt und deren Vater, der als Arzt in Regierungsdiensten stand, sich aktiv gegen das Kastenwesen engagierte, heiratete 1970 in das Königshaus Klungkung in Ost-Bali ein, das als traditionellster Königshof Balis gilt. Das Kastenwesen hat heute lange nicht mehr die Bedeutung, die ihm bis vor 60 Jahren zukam, als Bali auch unter holländischer Kolonialisierung sein Feudalsystem beibehielt und von neun Königshäusern regiert wurde. Noch heute ist an den Namen der Balinesen zu erkennen, ob sie zur Kaste der Priester, der Könige oder der Krieger und Hofbeamten gehören.[151] Die Angehörigen der drei Adelskasten (*Triwangsa*) machen allerdings nur 10 % der Bevölkerung aus; 90 % der Balinesen sind kastenlos (*Sudra*).[152] Auch heute wird bei Eheschließungen besonders von den adeligen Familien immer noch darauf gedrängt, dass ihre Nachkommen sich nicht mit Angehörigen einer niedrigeren Kaste verbinden. Während eine Heirat adeliger Männer mit einer niedrig kastigen Frau aber seither eher toleriert wird, weil sie den adeligen Familien Zugriff auf Hilfsleistungen aus den Dörfern sichert, die sie für die Durchführung großer Zeremonien benötigen, geben die Eltern in aller Regel nicht ihre Zustimmung, wenn ein adeliges Mädchen einen *Sudra*-Mann heiraten möchte. Früher wurden Paare, die sich diesem Verbot widersetzten, auf die karge Insel Nusa Penida vor Balis Südostküste verbannt. Heute hält das Gewohnheitsrecht für diesen Fall, der im Alltagsleben relativ häufig vorkommt, einen Ausweg bereit. Die Braut wird vom Bräutigam in ein Haus seiner Familie »entführt«. Nachdem das Paar dort einige Tage miteinander verbracht hat, muss die Familie der Frau die Verbindung anerkennen. Für die Frau hat dieser Schritt allerdings immer noch gravierende Konsequenzen. Ein Mädchen aus einer adeligen Familie, das einen Kastenlosen heiratet, wird oft erst nach Monaten oder sogar Jahren als Besucherin von ihrer Familie empfangen. Sie muss mit Angehörigen ihrer Herkunftsfamilie weiterhin hochbalinesisch sprechen, während sie selbst als Kastenlose behandelt wird. Kehrt sie im Falle einer Trennung von ihrem Ehemann zu ihrer Familie zurück, darf diese keine Verbrennungszeremonie für sie ausrichten – eine für das Seelenheil der Balinesen absolut zentrale Frage.

Eine Zugehörigkeit zu einer der drei Adelskasten geht heute nicht automatisch mit ökonomischen Privilegien einher. So können heute auch Angehörige der Priesterkaste (*Brahmanen*) oder Kriegerkaste *(Satria)* in nicht besonders gut bezahlten Berufen wie Fahrer, Touristenführer oder Handwerker angetroffen werden, während es kastenlose *Sudra* gibt, die als Geschäftsleute zu Wohlstand gekommen sind.[153]

In ihrem Buch »Balinesische Frauen heute«[154] erzählt Prof. Luh Ketut Suryani, wie lange es gedauert hat, bis sie durch ihre Leistungen in Beruf und Gesellschaft in der Königsfamilie Anerkennung gefunden hat. Sie schildert auch eindrücklich, wie schwierig es war, die richtige Anrede zu finden, mit der ihre Kinder die Eltern – einen Nachkommen des Königs von Klungkung und eine Kastenlose – ansprechen konnten.[155] Bei unserem Besuch in ihrem Institut, wo sie eine von ihr entwickelte kulturspezifische Hypnosetherapie lehrt, erzählt sie eindrucksvoll, wie sie ihre Rolle als Mutter von sechs Söhnen mit ihrer beruflichen Rolle als Ärztin und Hochschullehrerin und einem Engagement in der Gesellschaft verbunden hat. »Meine Meditationstechnik erlaub es mir, mit vier Stunden Schlaf pro Tag auszukommen. So habe ich immer genug Zeit gehabt, nach der Arbeit das Essen für meine Familie selbst zuzubereiten und meinen Kindern zum Einschlafen eine Ge-

schichte zu erzählen. Nachts habe ich dann an meinen Publikationen gearbeitet.« Für sie hat die Rolle als Mutter, Ehe- und Hausfrau höchste Priorität, doch gleichzeitig ist sie mit Verweis auf ihren eigenen Lebensweg fest davon überzeugt, dass eine balinesische Frau alles erreichen kann, was sie will, wenn sie Selbstdisziplin hat und nicht gegen die Rollenerwartungen der balinesischen Gesellschaft verstößt. Dabei können Frauen auch in Bereiche vorstoßen, die ihnen traditionell vorenthalten waren. Sie nennt als Beispiel das Schlagen der Trommel im traditionellen *Gamelan*-Orchester oder die Meditationslehre. Auch im Staatsdienst sind zunehmend Frauen anzutreffen, wo sie zwar keine hoch bezahlte Stellung haben, doch aber eine gewisse materielle Sicherheit und einen relativ hohen sozialen Status genießen.

Luh Ketut Suryani ist in ihrem eigenen Leben oft gegen vorherrschende Meinungen und Normen angegangen und hat dabei auch Ablehnung und Widerstand nicht gescheut. Sie gibt sich in alle Rollen voll hinein, im privaten, im professionellen, im sozialen und auch im politischen Bereich: Dass sie wegen der Betonung der traditionellen Rolle der Frau bei den Feministinnen keine Sympathie findet und, so erzählt sie uns, an der Udayana-Universität aufgrund ihrer unorthodoxen Therapiemethoden als Hochschullehrerin nur noch wenig Akzeptanz mehr findet, hat sie dazu angespornt, ihre Botschaft über andere Kanäle in die Welt zu tragen. Sie tritt häufig in den Medien auf, publiziert viel und hat ihr eigenes Ausbildungsinstitut für kulturspezifische Hypnosetherapie gegründet. Auch zwei dezentrale Beratungsstellen für Menschen in psychischer Not hat sie eingerichtet. Damit möchte sie der steigenden Selbstmordrate in Bali entgegenwirken. »In den Jahren 2004 und 2005 hat sich die Selbstmordrate verdreifacht. Menschen aller Altersgruppen nehmen sich das Leben, besonders in den Distrikten Buleleng und Karangasem im Norden Balis, wo die Armut am größten ist«, berichtet die Jakarta Post im März 2007.[156] Luh Ketut Suryani führt diese Verzweiflungstaten neben der ökonomischen Not darauf zurück, dass die Kommunikation in Familie und Gemeinde zusammengebrochen ist und die Menschen aufgrund der sich schnell ändernden Lebensweise zu unrealistische Erwartungen haben. Die zunehmenden Selbstmorde sieht sie als Anzeichen dafür, dass die balinesische Gesellschaft krank und das alte Wertesystem erschüttert ist. In diesem Zusammenhang steht ihr Plädoyer an die Frauen, durch eine traditionsbewusste Ausfüllung ihrer Rolle als Ehefrau, Hausfrau und Mutter zum Erhalt der balinesischen Kultur beizutragen.

Als Beleg dafür, dass auch Frauen in Bali innovativ und unkonventionell sein können, erzählt sie mit Stolz, dass sie als erste Frau in Bali öffentliche Meditationssitzungen angeboten hat. Seit zehn Jahren hält sie jeden Samstag in einer offenen Veranstaltung auf dem Gelände des Provinzparlaments zu Meditation und elementare Körperübungen an. An diesen Veranstaltungen nehmen oft mehr als 100 Personen teil. Für viele Menschen mit psychischen Problemen ist diese offene Gruppe der erste Schritt in Richtung einer psychotherapeutischen Behandlung, für manche bietet es einfach die Möglichkeit zur Selbstinspektion und zur Entspannung.

Frauen können im balinesischen Hinduismus auch das Priesteramt ausüben, religiöse Zeremonien leiten und dadurch eine hohe Stellung in der Dorfgemeinschaft erlangen. Bei den weiblichen *pedanda* oder *pemangku* handelt es sich meist um die Witwen von Priestern, die das Amt ihres Mannes nach seinem Tode übernehmen. Dies ist ihnen allerdings nur nach der Menopause erlaubt.

Die Psychiaterin Suryani, deren Weltsicht und Arbeit stark durch ihre spirituelle Verankerung im Hinduismus geprägt sind, hebt als Vorbild und Symbol für die vielfältigen Rollen der Frau im balinesischen Hinduismus die Göttin Saraswati hervor, die Göttin des Wissens. Sie sitzt auf einer Lotusblüte und hat vier Arme: in der einen Hand hält sie eine Gebetskette als Zeichen der Götterehrung, in der zweiten ein Bambusblatt als Symbol des Lernens, ihre dritte Hand trägt als Sinnbild für Kunst und Schönheit ein

Musikinstrument und die vierte eine Blütenknospe, mit der sie Sanftheit und gute Düfte verströmt. Ihre stehende Position auf der Lotusblüte zeigt an, dass sie in jeder Lebenslage standfest ist. Neben Saraswati verweist Prof. Suryani zur Veranschaulichung der Bedeutung des weiblichen Elements im balinesischen Hinduismus die Fruchtbarkeitsgöttin Dewi Sri sowie die Frau Shivas, Dewi Durga, die mit ihren magischen Fähigkeiten Kraft, aber auch Zerstörung ins Leben bringen kann.[157]

Ein Negativbild der Frau stellt die Hexe Rangda dar, eine Kinder fressende Schreckensgestalt mit lang herunterhängenden Brüsten, wirren Haaren und spitzen Zähnen. Sie wird im *Barong*-Tanz mit Hilfe der Tänzer, die ihre geschwungenen Krise gegen sich selbst richten, vom *Barong*, dem Symbol des Guten besiegt. Das weibliche Element erscheint hier als ungezügelt und bedrohlich durch enge Normen und magische Kraft und wenn notwendig durch Gewalt muss es im Zaum gehalten werden. Die Zuordnung dunkler Kräfte primär zum weiblichen Element findet auch darin ihren Ausdruck, dass die meisten bösen Geister, *leaks*, weiblich sind.

Die Dramaturgin Cok Sawitri betont in ihrer Auseinandersetzung mit der Figur der *Calon Arang*[158], einer Gestalt aus der balinesischen Mythologie, deren negative Energien in den Tanzritualen durch männliche Kräfte bezwungen werden, dass in der Figur der *Calon Arang* die übermenschliche Energie symbolisiert wird, in der sich *Durga*s Fähigkeit zur Zerstörung Harmonie störender Kräfte kristalisiert. Obwohl es in der Legende auch Versionen gibt, in denen männliche Magier von guten weiblichen Kräften besiegt werden, hat sich in der Überlieferung doch die Version des exorzistischen Dramas durchgesetzt, in der *Calon Arang* als Verkörperung des Bösen bezwungen werden muss. Cok Sawitri sieht in dieser Figur die »unweiblichen« Potentiale der Frau gespiegelt, die ihre normativ gezügelten Möglichkeiten transzendieren. In diesem Kontext weist sie auf die komplementäre Vereinigung des männlichen und weiblichen Elements im balinesischen Hinduismus hin, die sie durch die Erscheinungsform des Gottes Shiwa in halb männlicher und halb weiblicher Gestalt (*ardhaneswari*) verkörpert sieht.[159]

Die Schauspielerin, die sich mit ihrer Theatergruppe für den Erhalt der balinesischen Kultur und Sprache engagiert und damit auch viel in Dörfern auftritt, sieht die balinesische Kultur als »*gender spiritual*« und verweist auf die Verschmelzung des weiblichen und männlichen Prinzips im *Shiwa Budha*.[160] Gerade Künstler, so Cok in einem auf der Website des Netzwerks für liberalen Islam veröffentlichten Interview, könne sich diese Geschlechtergegensätze auflösende kosmische Kraft zum Leitstern machen. Gefragt nach ihrer Meinung zur Bedeutung des balinesischen *adat* für Frauen, sagt sie, dass sie als Künstlerin in der balinesischen Gesellschaft alle Freiheiten habe. Ihr unkonventioneller Lebensstil als unverheiratete Frau, die sich oft bei politischen Aktionen zu Wort meldet und mit einer Gruppe von Künstlern in einem kleinen privaten Anwesen in Denpasar lebt, belegt dies. Sie lehnt das Schubladendenken vieler Sozialaktivistinnen und Feministinnen ab, und spricht sich für das Prinzip der Vielfalt und die Wertschätzung lokalen Wissens aus, das auch in den 3400 traditionellen Dörfern Balis für deutliche Unterschiede im Gewohnheitsrecht sorgt.[161] Entsprechend fordert sie im nationalen Kontext für die dezentralen Städte und Distrikte den Erhalt der kulturellen Eigenständigkeit, die sie besonders durch den Entwurf des Antipornografiegesetzes bedroht sah. Sie hat sich mit einer Gruppe von Intellektuellen und Künstlern aus Bali an vorderster Front gegen den Gesetzentwurf engagiert und sich damit Morddrohungen radikaler islamischer Gruppen eingehandelt.

Die Beispiele von Luh Ketut Suryani und Cok Sawitri veranschaulichen, dass Frauen als Intellektuelle und Künstlerinnen in der balinesischen Gesellschaft eine Sonderstellung einnehmen können, die ihnen ein Ausscheren aus dem herkömmlichen Rollenbild erlaubt. Sie können es sich erlauben, die Spielräume der balinesischen Religion und Kultur für sich im Alltag individuell zu nutzen und scheren dort, wo es für sie nicht passend ist, aus dem herkömmlichen Rollenbild aus. Siti, die aufgrund ihrer Armut unter ständigem Existenzdruck steht und sich entgegen der vom *adat* vorgegebenen Regeln für ein Leben mit ihren Kindern entscheidet, ist nicht nur ökonomischen, sondern auch erheblichen sozialen Härten ausgesetzt. Das folgende Portrait einer Prinzessin aus dem ostbalinesischen Königshaus Karangasem, die als Geschäftsfrau sowohl in der östlichen als auch in der westlichen Welt erfolgreich ist, zeigt, wie eine Frau der Oberschicht versucht, ohne Durchbrechung der Spielregeln des patriarchalischen Gewohnheitsrechts ihren Einfluss geltend zu machen.

Auf der Sonnenseite –
als Prinzessin und Geschäftsfrau für den Kulturerhalt

»Als ich klein war, wurden wir für die großen Zeremonien im Königspalast von Karangasem schön angezogen und mit traditionellem Schmuck ausgestattet. Wir saßen artig durch die Zeremonie hindurch, aber verstanden haben wir davon nicht viel. Heute ist das anders. Ich studiere die Bücher über die Geschichte unseres Königshauses, lese viel über die balinesische Kultur und insbesondere die hinduistische Religion. Und ich bemühe mich, die alten Traditionen wieder aufleben zu lassen, engagiere mich für die Restaurierung vernachlässigter Tempel, veranstalte mit den Dörfern gemeinsam Tempelfeste und Zeremonien, die lange Zeit nicht stattgefunden haben.« Prinzessin Mirah, die als erfolgreiche Textildesignerin und Geschäftsfrau viel in der Welt herumgekommen ist und ihre Produkte nach Amerika, Europa und Australien verkauft, besinnt sich zunehmend mehr auf ihre Herkunft und den kulturellen Reichtum ihrer Heimat in Ost-Bali. Die Enkelin des letzten Königs von Karangasem im Nord-Osten Balis, der in den letzten Dekaden der holländischen Kolonialzeit Anfang dieses Jahrhunderts für die Holländer als »*Stedehouder*« fungierte[162] und damit oberster der neun zu der Zeit herrschenden balinesischen Könige war, wurde 1961 in Karangasem geboren. Anak Agung Tini Mirah Sastrawati ist eine von 90 Enkelinnen des Königs, der mit zehn Frauen 35 Kinder hatte. Alle lebten innerhalb der Palastmauern in eigenen Anwesen. Mirahs Vorbild ist ihre Großmutter, eine Prinzessin aus Lombok, »die Lieblingsfrau des Königs«, so Mirah. Die Großmutter setzte sich besonders für die Erhaltung der königlichen Traditionen ein, erzog ihre Enkelinnen streng im Geiste der höfischen Rituale und führte sie in den Verhaltenskodex am Hof ein. Eine Schwester der Lombok-Prinzessin wurde ebenfalls vom König zur Frau genommen, außerdem eine Prinzessin aus Sidemen in Zentral-Bali. Aber auch Frauen, die nicht aus den Königshäusern stammten, waren unter den Frauen des Königs. Heute ist das Netz der Nachfahren des Königs weit gespannt. Einige von Ihnen haben hohe öffentliche Ämter in der Verwaltung und der Polizei inne, andere sind Geschäftsleute oder Politiker. Mirah war eine der ersten, die einen Ausländer geheiratet hat, einen jüdischen Geschäftsmann von der amerikanischen Ostküste, der Anfang der 80er Jahre in Bali im Textilgeschäft engagiert war. Ihre Eltern waren liberal und ließen sie nach der Schulzeit in Karangasem erst an der Udayana-Universität in Denpasar, dann in Holland studieren. Da die Hochzeit nach balinesischem Brauch im Haus der Familie des Mannes stattfinden muss, die die Braut damit in ihren Kreis aufnimmt, wurde sie von ihrem Mann drei Monate nachdem sie sich kennen gelernt hatten zur Eheschließung nach Amerika »entführt«. Eine »Entführung« geht der Eheschließung immer dann voraus, wenn Braut und Bräutigam nicht aus der gleichen Kaste sind oder unterschiedlichen Religionen angehören. Nach heute geltendem Gesetz ist eine Eheschließung nur möglich, wenn beide Ehepartner der gleichen Religion angehören, so dass einer der beiden vor der Heirat konvertieren muss.

Mirahs Hochzeit mit Carl fand nach jüdischem Ritual in Amerika statt. Die Eheschließung im Ausland erlaubte Mirah, ihren Glauben beizubehalten, denn für sie ist es sehr wichtig, die balinesische Tradition fortzuführen, die sich um die Ausübung der hinduistischen Religion rankt. Ihre Tochter Dihandra wurde mit 13 Jahren in einer alten Synagoge in Barcelona ebenfalls nach jüdischem Brauch getauft. Doch stärker eingebettet ist sie in die balinesisch-hinduistische Religion. Da sie in Bali aufwuchs, wurden alle Zeremonien im Kleinkind- und Kindesalter nach dem balinesisch-hinduistischem Brauch durchgeführt. Dihandra, heute 16 Jahre alt, so Prinzessin Mirah, soll die Religionen beider Elternteile kennen lernen und die Wahl haben, welcher religiösen Praxis sie sich später verschreiben möchte. »Hierin liegt ein wesentliches Prinzip, das ich sowohl in meiner Familie als auch in der Öffentlichkeit vertrete«, sagt Mirah. »Die besten Elemente aus der östlichen und der westlichen Kultur herauszufiltern und diese zu einer neuen Synthese verbinden – darin liegt eine große Chance. Beide Kulturen haben aus meiner Sicht positive und negative Seiten – und die Geschichte Balis hat gezeigt, dass die Integration unterschiedlicher kultureller Strömungen sehr fruchtbar sein kann.« In ihrer sozialen Rolle fügt sie sich in die balinesische Kultur ein, doch aufgrund ihrer mehrere Kontinente übergreifenden Geschäftsaktivitäten nimmt sie gleichzeitig einen erheblich größeren Handlungsspielraum wahr als andere Frauen der balinesischen Oberschicht.

Prinzessin Mirah hat die vielen Facetten der westlichen Kultur kennen lernen können, als sie Anfang der 80er Jahre in New York mit international bekannten Designern zusammen gearbeitet hat. Seitdem hat sie der erfolgreiche Ausbau ihres Geschäftes in viele Länder der Welt geführt. Sie unterhält ein Büro in Kalifornien und eins in Bali und eröffnet gerade ein weiteres in einer europäischen Hauptstadt. Mehr als eintausend Händler vertreiben ihre Stoffe allein in Amerika, und bekannte Designer verwenden sie in ihren Kreationen. Mirah hat neun Fabriken in Bali, in denen rund 1000 Menschen arbeiten. Allein 100 Mitarbeiter hat ihr Firmensitz in Karangasem. »Ich verkaufe mehr als eine Million Yards meiner Stoffe pro Jahr«, sagt sie, und ihre Website mit Links zu einer Vielzahl von Abnehmern und Kooperationspartnern illustriert ihre weit gespannten Geschäftsverbindungen. Sie hat auch einige der 5-Sterne-Hotels in Bali mit Textilien ausgestattet. Obwohl sie immer noch 70 % ihrer Zeit für ihr Unternehmen aufwendet, das sie gemeinsam mit ihrem Mann und ihrem Bruder betreibt, wird ihr Engagement für den Erhalt ihres kulturellen Erbes in Karangasem doch immer wichtiger für sie. »Zwar ist mein Bruder als Verwalter des königlichen Erbes bestimmt worden, doch faktisch bin ich die treibende Kraft hinter den Anstrengungen, den Palast in Stand zu halten und durch kulturelle Veranstaltungen ein Einkommen zu generieren, dass dem Erhalt der königlichen Bauten dient. In Bali kann die Frau nur in der zweiten Reihe agieren, denn die Entscheidungsfindung in der Familie und auch in der öffentlichen Sphäre ist strikt den Männern vorbehalten.« Diese Aufgabenteilung zwischen Mann und Frau beschreibt auch Luh Ketut Suryani. In ihren Büchern und Artikeln macht sie deutlich, dass die öffentliche Sphäre nach balinesischem *adat* den Männern vorbehalten ist. Frauen haben in der dörflichen Selbstverwaltung, den *banjars*, die wichtige Belange des Alltagslebens in der Gemeinde regeln, keinen Platz.

Luh Ketut Suryani beurteilt die Bestrebungen der Feministinnen, einen Platz in dieser Sphäre zu erobern, kritisch und verweist auf die Komplementarität der traditionellen Rollen.[163] Mirah sagt, dass sie diese sozialen Regeln nicht offen kritisieren oder in Frage stellen würde, da sich dies nicht mit ihrer sozialen Position vertragen würde. »Indem ich, ohne groß von mir Reden zu machen Dinge tue, die meiner Familie und der Allgemeinheit zugute kommen, wird sich mein Einfluss in der Gegenwart und auch in Zukunft positiv bemerkbar machen. Dass es mir so gut geht und ich so viele Dinge erreiche, zeigt das positive Karma, das aus den guten Taten meines Großvaters resultiert.« Der letzte König von Karangasem (1987-1968) hat als letzter Feudalherr unter dem holländischen Kolonialregime eine besondere, in unseren Augen auch zwiespältige Rolle gespielt. Er war der Neffe und Adoptivsohn des Königs, Gusti Gede Jelantik, der die seit 1740 zum Königreich von Karangasem gehörende Insel Lombok 1894 an die Holländer verlor. Gusti Bagus Jelantik wurde 1908 zum König gekrönt und von den Holländern bei der Verbrennungszeremonie für seinen Vater mit Waffengewalt gezwungen, die Mitglieder der königlichen Familie, die gegen die Besatzer opponierten, ins Exil zu schicken.[164] Die Holländer hatten in Bali erst sehr spät Fuß gefasst. 1846 eroberten sie das Königreich Buleleng und erhielten Einfluss auch über Jembrana im Südwesten der Insel. Das Herz Balis jedoch blieb ihnen bis Anfang des 20. Jahrhunderts verschlossen. Trotz der vielen internen Kämpfe zwischen den neun balinesischen Königshäusern gelang es der Kolonialmacht nicht, diese zu unterwerfen. Erst 1906 nahmen die Holländer die Aneignung des Strandgutes eines chinesischen Handelsschiffes durch die balinesische Bevölkerung in Sanur zum Vorwand, einen Angriff auf Badung, das Königshaus in Denpasar, zu lancieren. Dabei kam es zu einem Massaker an der gesamten Königsfamilie, als sich diese, um der Unterjochung zu entgehen, den Angreifern, weiß gekleidet, nur mit ihren traditionellen Krisen bewaffnet, in einem rituellen »Freitod in der Schlacht« (*Puputan*) entgegen warfen und unter den Kanonen- und Gewehrschüssen der Holländer starben. Die Königsfamilien Klungkungs und Tabanans folgten diesem Beispiel. Dieses Massaker wurde in Europa bekannt und führte in einigen europäischen Großstädten zu Protesten gegen das holländische Vorgehen.[165] Gusti Jelantik war derjenige, der sich 1908 zur Kollaboration bereit erklärte. Nachdem die Kolonialherren die oberste Herrschaft übernommen hatten, konzentrierte sich der letzte König von Karangasem auf die Revitalisierung des spirituellen Lebens und, damit verbunden, auf die Konsolidierung der Kastengesellschaft. Er führte, insbesondere nach dem starken Erdbeben von 1917 viele Zeremonien durch und baute viele der zerstörten Tempel wieder auf. Er demonstrierte aber auch seine enge Verbindung zur westlichen Welt, indem er den Höfen in seinem Palast die Namen westlicher Großstädte gab.[166] Er baute an der Küste einen Wasserpalast, aber auch Wasserleitungen für die Bevölkerung.

Die Holländer machten ihn zum Vorsitzenden des 1931 eingerichteten Königsrates, und bis zum Ende der Kolonialzeit spielte er als Sprecher der balinesischen Königshäuser eine zentrale Rolle.

Mirah sagt, dass sich die Beziehung gegenseitiger Verpflichtung zwischen den Bauern und dem Königshaus in Karangasem bis heute erhalten hat. Die einfachen Leute waren früher ganz der Gnade ihrer Herrscher ausgeliefert und konnten als Sklaven verkauft werden, wenn es ihren Herren beliebte. Diesen Sklavenhandel, der seit dem 16. Jahrhundert von allen balinesischen Königshäusern als lukratives Tauschgeschäft betrieben wurde, verboten die Holländer Mitte des 19. Jahrhunderts.[167] Danach blieb die Bindung zwischen König und Volk immer noch dergestalt erhalten, dass die Bauern sein Land bebauten und dafür Abgaben zahlten. Dieses Abgabensystem ist in den *share cropping*- Verhältnissen zwischen Landbesitzern und landlosen Bauern bis heute noch üblich. Im Zuge der Landreform in den 60er Jahren des 20. Jahrhunderts wurde das meiste Land in der Region, das bis dahin der Königsfamilie gehörte, vom ersten Präsidenten der Republik, Soekarno, den Bauern übereignet.

Mirah führt die paternalistische Rolle ihres Großvaters heute auf moderne Weise fort: sie bietet jungen Leuten einen Arbeitsplatz in ihrem Textilunternehmen und erwartet dafür Unterstützung bei ihren Bemühungen um die Revitalisierung der traditionellen Kultur. Die Abhängigkeit vom Königshof ist durch Entlohnung heute zwar objektiviert, die gegenseitige Erwartungshaltung – Dienstleistung gegen Fürsorge – bleibt jedoch bestehen. Die ökonomischen Beziehungen sind dabei in die kulturell und religiös definierte Zusammengehörigkeit eingebettet. »Wenn wir die Tempel restaurieren und große Zeremonien durchführen, lebt die alte Tradition wieder auf und die Menschen drücken ihre Dankbarkeit gegenüber der königlichen Familie als inspirierende Kraft und Bewahrer der spirituellen Kräfte aus. Hierin sehe ich meine Hauptaufgabe für die Zukunft, die für mich mehr Bedeutung hat als das Geschäft«, sagt Mirah und fügt hinzu, dass die Finanzen in ihrem Unternehmen hauptsächlich von ihrem Mann geregelt werden. Wenn es in den Entscheidungsforen der königlichen Familie um Landangelegenheiten oder andere Belange des Familienbesitzes geht, versucht sie, die Entscheidungen durch ihren Bruder in die Richtung zu steuern, dass mehr kulturelle Aktivitäten im Palast stattfinden und so ein Einkommen generiert wird, das wiederum in die Erhaltung der alten Gebäude investiert werden kann. »Von meinen fünf Brüdern und zwei Schwestern nehme ich die Verantwortung unserer Rolle als Enkel des letzten Königs am stärksten wahr und versuche, unser Erbe für die Bevölkerung in der Region und die touristischen Besucher Balis sichtbar am Leben zu erhalten. Dass ich für den Dialog mit Priestern und Entscheidungsträgern der Region meinen Bruder als Sprachrohr nutze, ist Teil meiner Rolle und schmälert die Wirksamkeit meines Handelns nicht. So werde ich meinem durch meine Geburt bestimmten Auftrag gerecht und kann einen sanften Wandel herbeiführen, ohne auf der sozialen Bühne in der ersten Reihe zu stehen.«

Mirah wünscht sich, dass ihre Tochter diese Rolle aufnimmt und weiterführt. Sie freut sich, dass diese heute schon im Fernsehen auftritt und aus dem Königspalast heraus Sendungen moderiert. »So kann sich Tradition und Moderne verbinden. Indem ich meine Tochter den Zugang zur östlichen und westlichen Welt öffne, gebe ich ihr für ihre Lebensgestaltung alle Wahlmöglichkeiten. Dabei hoffe ich, dass sie eine bleibende Bindung an ihr soziales und kulturelles Erbe in Bali entwickeln wird.«

Dihandra ist sich ihrer besonderen Rolle zwischen zwei Kulturen durchaus bewusst. Aufgewachsen im Königspalast gemeinsam mit vielen Cousins und Cousinen, fühlt sie sich hier emotional am stärksten zugehörig. Gleichzeitig entwickelt sie durch den Besuch der Internationalen Schule in

Bali ein Wertesystem, das sich an individueller Freiheit, dem Prinzip der Gleichheit und einem humanistischen Menschenbild orientiert.

Die Sorgen und Nöte der balinesischen Frauen, die nicht in die Oberschicht hineingeboren wurden, kennt sie nur aus den Erzählungen ihrer Kinderfrau und ihrer Mägde. »Frauen haben in Bali sehr viele Pflichten und sie verrichten die meisten Arbeiten«, sagt sie. »Aber sie sind glücklich – es sei denn, ihr Mann geht weg und nimmt sich eine neue Frau, so wie das gerade unserer Köchin passiert ist.«

Nach dem Unterschied zwischen westlichen und östlichen Werten und Normen gefragt, sagt sie: »In östlichen Gesellschaften haben die Menschen ein stärkeres Zusammengehörigkeitsgefühl. Menschen aus westlichen Ländern sind mehr auf ihren individuellen Weg bedacht. Und sie beschäftigen sich mehr mit der Zukunft als mit der Vergangenheit.« Sie selbst möchte in beiden Welten zu Hause sein. Nachdem sie bereits in der Grundschule Theater gespielt hat und als Teenager mit Schauspiel- und Gesangsunterricht begann, wünscht sie sich eine spätere Tätigkeit in der Filmbranche. Für die Schule hat sie als persönliches Projekt einen Videofilm über Mütter und Töchter am Königshof und in einem ost-balinesischen Dorf mit dem Titel »Half way to heaven« (Auf halbem Wege in den Himmel) gedreht. Ihre Fernsehmoderationen in Sendungen mit indonesischen Prominenten aus Film und Fernsehen, die oft den Palast als Kulisse nutzen, halten sie an den Wochenenden beschäftigt. Für Partys und Discos, die für ihre Mitschüler an den Wochenenden die Hauptattraktion darstellen, hat sie deshalb keine Zeit. Damit entspricht sie ganz den Erwartungen ihrer Eltern, die ein Eintauchen in das Nachtleben der Tourismusviertel auch nicht als passendes Umfeld für ihre Tochter sehen. Ihre Mutter definiert den Freiraum ihrer Tochter gemäß der Standards, die in indonesischen Mittelschichtfamilien üblich sind und wählt damit den Mittelweg zwischen traditionellem Palastleben und freizügigeren westlichen Normen. Während sich Dihandra an den von der Mutter vermittelten Normenkodex gebunden fühlt, möchte sie ihre Kinder, so die Sechzehnjährige, später »nach globalen Werten erziehen, die ihnen mehr persönliche »Freiheit erlauben«. Hierin spiegelt sich die graduelle Öffnung des Wertesystems von der Mutter- zur Tochtergeneration.

Der endlose Tag – zur Erfüllung der traditionellen und der modernen Rollenanforderungen

Während sich die junge Prinzessin aus den westlichen und östlichen Lebensformen das Beste heraussuchen kann, ist es für eine Frau der unteren Mittelschicht mühsamer, die Anforderungen der traditionellen und modernen Rolle miteinander zu verbinden.

Yani ist Verwaltungsleiterin bei einer ausländischen Hilfsorganisation. Sie stammt aus Lombok und war bis zu ihrer Heirat mit einem Balinesen Muslimin. Ihren Mann lernte sie während ihrer Angestelltenzeit in einem Hotel an Lomboks Westküste kennen, wo auch er tätig war. Ihre Eltern waren gegen die Verbindung und blieben der Hochzeit fern, denn in ihrem Umfeld galt es als Befleckung des guten Namens der Familie, wenn ein Familienangehöriger dem islamischen Glauben abtrünnig wird. Erst zwei Jahre später, als das erste Enkelkind da war, nahm Yani wieder Kontakt mit ihrer Familie auf.

Plötzlich Balinesin geworden und ins Haus ihrer Schwiegereltern in Nord-Bali verpflanzt, sah Yani sich mit einer Vielzahl von Herausforderungen konfrontiert. Ihr Mann war von einem Familienangehörigen adoptiert worden, als seine Mutter starb. Bereits vor der Adoption hatte sein Adoptivvater, als er mit seiner ersten Frau kinderlos blieb, eine zweite, erheblich jüngere Frau geheiratet und lebte mit beiden Frauen zusammen in einem Haushalt. Während die erste Frau die Hausarbeit verrichtete, verdiente die zweite Frau als mobile Kleinhändlerin das Geld. Als Schwiegermutter musste Yani sich in das Regiment der drei alten Leute einfügen. Sie lernte balinesisch und sie lernte beten, »denn die Priester nehmen einen nicht ernst, wenn man das nicht in der richtigen balinesischen Sprache kann«, erzählt sie uns. Sie lernte, die vielen unterschiedlichen Opfergaben herzustellen, die täglich und insbesondere zu den verschiedenen Feiertagen produziert werden müssen. »Wenn man das nicht als Kind von seiner Mutter oder Großmutter lernt, ist das gar nicht so einfach«, lacht sie. Heute kaufen viele berufstätige Frauen die aus Palmblättern geflochtenen und mit Blumen gefüllten Opfergaben, die jeden Tag im Haustempel und an allen strategischen Plätzen im Haus – im Eingang, am Brunnen, am Herd – ausgelegt werden, auf dem Markt. Diese Kommerzialisierung der traditionellen Aufgaben wird von Aktivisten der balinesischen *Ajeg*-Bewegung kritisiert, da die handwerklichen Fertigkeiten zur Herstellung der vielen verschiedenen Opfergaben dann nicht mehr unter den Frauen der Familie weitergegeben werden.[168] Die Delegation dieser Tätigkeit hat sogar zur Herausbildung eines neuen Berufstandes geführt, den *tukang banten*. Sie stellen komplizierte Opfergaben her, die für große Zeremonien und besondere Rituale gebraucht werden. Eine erfolgreiche *tukang banten* beschäftigt oft mehrere Dorffrauen als Arbeitskräfte und kann so Chefin eines florierenden Geschäfts werden, das ihr wegen ihres religiösen Spezialwissens zudem einen hohen Sozialstatus einbringt.[169]

Nachdem Yani bereits Mutter von zwei Söhnen geworden war, wurde ihr bewusst, wie sehr die Grosseltern auch in die Erziehung der Kinder hineinwirken. Als Yani eine Arbeitsstelle in Denpasar fand, blieben die Kinder zunächst bei den Großeltern und sie fuhr jeden Montag mit dem Motorrad im Morgengrauen zweieinhalb Stunden über die Berge an ihren Arbeitsplatz und am Freitag Abend zurück, auch bei Regen, Sturm und Nebel. Als diese Tortur nach einigen Monaten auf ihre Gesundheit schlug, konnte sie ihren Mann überzeugen, mit den Kindern nach Denpasar umzuziehen. In den eigenen (gemieteten) vier Wänden endlich den Rhythmus für ihr Familienleben selbst bestimmen zu können, war für sie eine großartige Erfahrung, obgleich die Arbeitslast dadurch nicht geringer wurde. Denn obwohl ihr Mann keine feste Arbeit fand und nur Gelegenheitsjobs ausübte, hing die Hausarbeit doch in der Hauptsache an ihr. Eine Haushaltshilfe, die in Indonesien in keinem Mittelschichthaushalt fehlt, konnten sie sich von ihrem Gehalt nicht leisten, deshalb stand sie um 5 Uhr morgens auf und bereitete vor dem Büro schon die Mahlzeiten für den Tag vor, holte die Kinder in ihrer Mittagspause von der Schule ab und versorgte sie für den Nachmittag. Dass sie bei ihrer anstrengenden Tätigkeit als Verwaltungsleiterin, die oft bis in die Abendstunden dauerte, jeden Tag ausgeglichen, freundlich und zu Scherzen aufgelegt zur Arbeit erschien, konnte ihre westlichen Kollegen nur verblüffen. Wie schaffte sie es, alles unter einen Hut zu bringen und dabei noch die gute Laune zu bewahren? Man hörte sie nie klagen; im Gegenteil, sie zeigte Mitgefühl für die Probleme anderer und lamentierte nicht über ihre eigene Situation.

Sie sagte, ihr Mann helfe schon recht viel im Haushalt. »Er betreut die Kinder bei den Hausarbeiten, legt die täglichen Opfergaben im Haus aus, fegt aus und nimmt auch die Wäsche ab. Die Leute in unserer Nachbarschaft staunen schon darüber, wie viel er im Hauhalt tut.« Obwohl Yani uns sagt, dass die Arbeitsteilung im bäuerlichen Haushalt ihrer Eltern ausgeglichen war und sowohl Brüder wie Schwestern zu Hause mithelfen mussten, steht es für sie doch außer Frage, dass sie für das leibliche Wohl der Familie verantwortlich ist. Auch bei der Wäsche und beim Saubermachen führt sie die Regie. An den Wochenenden backt sie sogar noch Torten für Feierlichkeiten, um ein Extra-Einkommen zu erzielen.

Mit ihrem Engagement entspricht Yani ganz dem Idealbild einer modernen balinesischen Frau, das Luh Ketut Suryani propagiert. »Statt zu klagen und zu fordern, sollten Frauen einfach zeigen, was sie alles können. Damit können sie auch einen Platz in gesellschaftlichen Bereichen erlangen, die ihnen traditionell vorenthalten waren. Mein eigenes Leben gibt dafür viele Beispiele«, sagt sie uns im Interview in ihrem Therapieinstitut.

Tatsächlich üben gerade Frauen, die eine gute Ausbildung erlangen konnten, heute zunehmend Tätigkeiten aus, die Frauen früher verschlossen blieben. Dazu hat auch der Erfolg der Familienplanungskampagne »Zwei sind genug« beigetragen, die unter Präsident Suharto bis in alle Dörfer vorgedrungen ist und besonders in Bali zum drastischen Sinken der Geburtenrate geführt hat. Frauen haben heute weniger Kinder und sind wieder schneller bereit, in den Arbeitsmarkt einzusteigen. Die unter Suharto verbreitete Ideologie, dass Frauen primär für Kinder und Haushalt zuständig sein sollten, wird heute auch in der wohlhabenden Mittelschicht nicht mehr in dieser Absolutheit aufrechterhalten. Besonders Frauen mit Hochschulbildung werden oft Ärztinnen, Rechtsanwältinnen oder Beamtinnen. Frauen, die akademisch nicht so hoch gebildet sind, engagieren sich im Business. Für die Mittelschichtfrauen ist die Kombination von Aktivitäten in Familie, Beruf und Gemeinde kein Problem, da ihnen Hausangestellte zu Hause die Arbeit und zu weiten Teilen auch die Kinderbetreuung abnehmen. Für sie lässt sich Luh Ketut Suryanis Vision der Allround-Frau gut einlösen.

Nicht thematisiert werden in Suryanis Büchern die Frauen aus ärmeren Schichten, die durch die Dreifachbelastung oft an und über ihre körperlichen und psychischen Grenzen gelangen. Denn während es den Männern auch in der unteren Schicht zusteht, sich nach der Arbeit zu erholen und ihre Freizeit mit anderen Männern im Gespräch und mit Spielen zu verbringen, muss die Frau nach der außerhäuslichen bezahlten Arbeit die unbezahlten Hausarbeiten verrichten. Ungeachtet des enormen Drucks, dem insbesondere die balinesischen Unterschichtfrauen ausgesetzt sind, preist Suryani die Stärke der balinesischen Frau, die ohne Jammern und Klagen so zahlreiche Rollen erfolgreich ausfüllen kann und stilisiert sie zum Vorbild für alle indonesischen Frauen.[170]

Mit zehn Jahren Bauarbeiterin

Eine hohe Wertschätzung ihrer Frauenrolle hat die Bauarbeiterin Ibu Luh bisher nicht erfahren. Sie steht jeden morgen um 5 Uhr auf und kocht den Reis, während ihr Mann und ihre Söhne noch schlafen. Die 19-jährige

Tochter, die ihr sonst geholfen hat, ist bereits verheiratet und lebt jetzt mit ihrer kleinen Tochter bei der Familie ihres Ehemannes. Luh ist seit 30 Jahren Bauarbeiterin. Mit zehn Jahren hat sie angefangen, auf dem Bau zu helfen, da ihre Eltern, landlose Bauern in Tabanan, ihr Schulgeld nicht mehr bezahlen konnten und sie und ihre Brüder durch ihre Arbeit kaum satt bekamen. Luh arbeitete jeden Tag zehn bis zwölf Stunden, schleppte Materialien und machte Handlangerdienste. Sie bekam dafür die Hälfte des Erwachsenenlohns. Auf dem Bau traf sie auch ihren späteren Mann Nengah. Der kam sie eines Sonntags in ihrem Dorf besuchen, als sie erst 14 Jahre alt war. An diesem Tag vergaß sie vor lauter Aufregung, ihrem Vater das Essen aufs Feld zu bringen. Dieser war darüber so erbost, dass er den jungen Mann aus dem Haus jagte. Luh ging mit ihm. Um 2 Uhr machten die beiden sich in stockdunkler Nacht zu Fuß auf nach Denpasar. Strom gab es damals auf den Dörfern noch nicht. Sie wurden im Elternhaus des jungen Mannes aufgenommen und durch den Dorfpriester verheiratet. Luh war gleich schwanger, verlor das erste Kind aber bereits nach drei Monaten. Danach hatte sie noch zwei Fehlgeburten, die letzte im 7. Schwangerschaftsmonat. »Damals hat mich der Vater von Pak Nengah zum Dreschen aufs Feld geschickt. Es war furchtbar heiß und ich wurde ohnmächtig. Das Kind kam einige Tage später tot zur Welt.« Pak Nengah sagt mir im Interview, dass er seine junge Frau nach der dritten Fehlgeburt ihren Eltern zurückgeben wollte, da sie offenbar keine Kinder bekommen konnte. Er hatte sie schon wieder in ihr Dorf zurückgeschickt. Dort stellte sich heraus, dass Luh bereits wieder schwanger war. Die Schwangerschaft blieb bestehen, sie zog wieder zurück ins Haus ihrer Schwiegereltern und brachte ein gesundes Kind zur Welt. Ihm wurde der klassische balinesische Name für Zweitgeborene, Made, gegeben, denn da das im siebten Schwangerschaftsmonat verlorene Kind bereits lebensfähig gewesen wäre, wurde es in der traditionellen balinesischen Namensfolge mitgezählt.[171]

Ibu Luh hat sich auf dem Bau inzwischen zur Spezialistin für das Verputzen und Anstreichen hochgearbeitet und bekommt einen Tagelohn von 35.000 bis 40.000 Rupiah (rund 3,50 Euro) pro Tag. Männer erhalten für dieselbe Arbeit rund 25 % mehr. »Ich bin Analphabetin, deshalb kann ich nichts anderes«, sagt sie. »Hätte ich mehr gelernt, würde ich lieber eine Arbeit machen, bei der es nicht so schmutzig ist.« Sie ist immer auf der Suche nach Jobs, aber übers Jahr verteilt bekommt sie nur rund sechs Monate Einsätze auf Baustellen. Die übrige Zeit ist sie arbeitslos und bleibt zu Hause. Nachdem ihr Mann seine Stelle als Fahrer verloren hat, ist auch er nur noch als Gelegenheitsarbeiter auf dem Bau tätig. Ihr ältester Sohn hat bereits die Oberschule abgeschlossen und einen Computerkurs besucht. Um das Schulgeld dafür zu verdienen, haben die Eltern alle Arbeiten angenommen, die sie bekommen konnten. Leider hat der höfliche und ansprechend wirkende 20-Jährige bis heute nur einen Job als Fahrer bei einer Saftfabrik gefunden, wo er 19.000 Rupiah am Tag bekommt (1,70 Euro). An den Wochenenden werden die Getränke nicht ausgefahren und er verdient nichts. Der Betrieb beschäftigt die meisten Arbeitskräfte ohne Vertrag, d.h. sie bekommen nur einen Tageslohn, wenn sie tatsächlich arbeiten, und ansonsten hat die Firma ihnen gegenüber keinerlei Verpflichtungen.»Als wir uns über den niedrigen Lohn beklagt haben, sagten die Leute aus der Personalabteilung, dass es uns frei stünde, uns einen besser bezahlten Job zu suchen. Es gäbe genügend junge Leute, die für einen Arbeitsplatz Schlange stehen. So mache ich halt dort weiter, sonst habe ich kein Geld für Essen und Zigaretten.« Zum Abstottern des Kredits für ein einfaches Motorrad reicht es auch noch.»Mein Sohn möchte eigentlich heiraten, aber ich habe kein Geld, ihm die Hochzeit auszurichten«, sagt Pak Nengah. »Eine einfache Feier entsprechend unserem Standard kostet mindestens 15–20 Millionen Rupiah (rund 1500 Euro). Wo soll ich die hernehmen?« Dabei hofft Pak Nengah sehr, dass sein Sohn bald einen eigenen Haushalt gründet und als Familienvorstand dann seine Pflichten in der Dorfgemeinschaft übernehmen kann. »Wir müssen regelmäßige Abgaben für den Dorftempel entrichten und bei jeder Zeremonie müssen teure Opfergaben hergerichtet werden«, seufzt Pak Nengah. »Das wäre dann die Aufgabe meines Sohnes.«

Während wir uns auf den Stufen des einfachen kleinen Hauses im Dorf Sidakarya, das inzwischen in die Stadt Denpasar eingemeindet wurde, unterhalten, macht sich der jüngste Sohn der Familie zum Tempelbesuch fertig. Er ist 17 und besucht noch die Oberschule. Das soziale Leben für ihn und seine Freunde dreht sich nach wie vor um die Tempelfeste und Zeremonien im Dorf. Rituelle Pflichten und Bekleidungsvorschriften werden von den Jugendlichen auch heute noch weitgehend befolgt. Da die Tempelzeremonien eine sozial akzeptierte Gelegenheit sind, wo sich die Jugendlichen abends in schöner Kleidung begegnen und sich schmachtende Blicke zuwerfen können, ist ihr Wunsch zur Teilnahme an diesen Ereignissen nicht nur aus religiösen Motiven gespeist. Bei den jungen Frauen und Mädchen sind in den letzten Jahren immer mehr die hautengen Spitzenblusen in traditioneller *Kebaya*-Form in Mode gekommen, die die weiblichen Formen reizvoller zur Geltung bringen als jedes T-Shirt. Der junge Mann windet sich die traditionelle weiße Kopfbedeckung um den Kopf und schlägt ein bunt glänzendes Tuch über seinen klassischen weißen *sarong*. Zusammen mit einem Freund besteigt er dann sein Motorrad, um in den Tempel zu fahren. Während die beiden Jungen ein Motorrad haben, das auch bei den Geringstverdienenden unverzichtbares Statussymbol ist, benutzen beide Eltern jeweils ein klappriges Fahrrad, um zur Arbeit zu fahren. Ich frage Ibu Luh nach der Arbeitsteilung im Haushalt: »Ich mache alles allein. Mein Mann schläft immer bis 8 Uhr«, sagt sie und verdreht dabei die Augen. »Mir tun nach der harten Arbeit auf dem Bau so die Knochen weh, dass ich mich nur noch ins Bett legen kann«, entschuldigt sich Pak Nengah. Meine Frage, ob er seiner Frau denn nicht wenigstens beim Einkaufen helfe, stößt bei den beiden auf Unverständnis: »Einkaufen? Meisten haben wir nichts außer Reis. Den kaufen wir einmal im Monat. Gemüse und Fleisch sind viel zu teuer. Wenn wir wirklich etwas extra brauchen, wie zum Beispiel Früchte für die Opfer bei den wichtigen Zeremonien, lassen wir anschreiben, denn Geld bekommen wir immer erst am Ende einer Arbeitswoche ausgezahlt.« Nach seinen Zukunftsvorstellungen gefragt, sagt der älteste Sohn, er mache keine großen Pläne, da die begrenzten ökonomischen Möglichkeiten seiner Familie dies nicht erlauben. Ibu Luh erzählt, dass auch sie als Kind keine Träume hatte, da sie wusste, dass sich diese sowieso nicht verwirklichen lassen würden. Nur Pak Nengah, der die Grundschule immerhin bis zur 5. Klassen besuchen konnte, wollte immer schon Fahrer werden, und das sei ihm ja auch gelungen. Jahrelang hat er ein *bemo* (Minibus im öffentlichen Nahverkehr) durch Denpasar kutschiert, aber seit fast alle Leute Motorräder haben, sind die Einkommensmöglichkeiten so gesunken, dass er diese Tätigkeit an den Nagel gehängt hat. Glücklicherweise wisse er auch, wie man Statuen schnitzt und Steine behaut, sagt er stolz, so hat er auch in Krisenzeiten unterschiedliche Verdienstmöglichkeiten.

Als es auf 21 Uhr zugeht und in den Häusern um das kleine Anwesen von Ibu Luh und Pak Nengah gähnt auch Ibu Luh immer häufiger. Sie muss morgen wieder vor Sonnenaufgang aufstehen und um halb sieben auf der Baustelle sein. »Zum Glück sind wir bis jetzt wenigstens alle gesund geblieben«, sagt sie. Da Pak Nengah darauf besteht, dass ich um diese Uhrzeit den kurzen Weg zu meinem Haus nicht zu Fuß zurücklege, wirft der Sohn sein Motorrad an und bugsiert mich im Damensitz auf dem Rücksitz durch die engen *Kampung*-Gässchen nach Hause.

Zwischen den Kulturen auf der Suche nach dem Glück

In Mittelpunkt der folgenden Geschichte steht das Leben einer jungen Frau, die mit verschiedenen kulturellen Umgebungen konfrontiert ist: dem balinesischen Hinduismus, dem Islam auf Lombok und westlich geprägten Normen in der Arbeitswelt. Ihre Suche nach ihrem persönlichen Glück führt sie durch ein Labyrinth unterschiedlicher Normen- und Wertesysteme und konfrontiert sie auf brutale Weise damit, dass sie in einer materiell noch sehr unterentwickelten Region lebt. Ihre Geschichte wirft auch ein Schlaglicht auf die Situation der jungen Generation auf dem indonesischen Archipel, wo sich alte Kultursysteme durch die beständige Mischung der Volksgruppen zunehmend überlappen und junge Leute sich nur mit viel Flexibilität und Bereitschaft zur persönlichen Veränderung einen eigenen Platz in der Gesellschaft erobern können.

Tini, die mit ihrer schlanken Gestalt und ihren großen Augen in einem runden Gesicht an eine balinesische Tempeltänzerin erinnert, wurde 1977 im Osten Balis in der alten Königsstadt Bangli geboren. Ihr Vater stammt aus der Krieger-Kaste der Satrias und gehört damit zur zweithöchsten der drei balinesischen Hochkasten. Auch Tinis Mutter ist balinesischer Abstammung, wurde in Mittel-Lombok geboren und lernte ihren Vater in der Provinzhauptstadt Mataram kennen. Nach der Eheschließung ließ sich die Familie im elterlichen Haus des Vaters in Bangli im Osten Balis nieder. Der Vater verdiente sein Geld als Obsthändler und zog mit seinen Waren über die Dörfer und Kleinstädte, die Mutter versorgte die Kinder. Tini ist die Jüngste der sieben Geschwister. »Als ich acht Jahre alt war, rief mein Vater plötzlich die Familie zusammen und teilte uns mit, dass er sich eine zweite Frau nehmen würde. Wir waren alle entsetzt und keines meiner älteren Geschwister stimmte zu. Aber mein Vater ließ sich davon nicht beeindrucken und organisierte die Hochzeitszeremonie in unserem Familienhaus in Bangli. Danach zog er mit der neuen Frau in die Berge nach Kintamani.« Dieses Ereignis war für Tini eine traumatische Erfahrung. »Wir waren überzeugt, dass die Familie der neuen Frau meinen Vater verhext hat. Sie war weder besonders jung noch besonders schön, aber seit mein Vater mit ihr zusammenkam, hat er seine Familie vergessen.« Ökonomisch bedeutete dies für Tinis Mutter und die Kinder eine Katastrophe. »Meine Mutter hat aus Kassavamehl Zutaten für Eiskrem zubereitet und wir haben ihr zu Hause dabei geholfen«, sagt sie. »Mein Vater kam nur selten nach Bangli und hat meiner Mutter nur selten Geld für uns Kinder gegeben. Deshalb konnten meine Geschwister nach Abschluss der Schule keine weiterführende Ausbildung machen.«

Obwohl der Vater sich aus seinen familiären Pflichten weitgehend zurückzog, trat er immer dann in Erscheinung, wenn es um die Einhaltung der traditionellen Normen ging. »Er duldete nicht, dass meine Geschwister jemanden aus einer niedrigeren Kaste heiraten«, sagt Tini. »Deshalb hatte ich auch große Angst, als ich um seine Zustimmung für meine Ehe bitten musste.« Tini zog 1992 mit ihrer Mutter nach Lombok, nachdem die Mutter die Beziehung mit ihrem Mann als endgültig gescheitert ansah. Die älteste Tochter kümmerte sich in Bangli um die anderen Kinder. »Mein Vater wollte nicht in die Scheidung einwilligen und kam nach Lombok, um meine Mutter abzuholen«, erinnert sich Tini. »Doch da er seine zweite Frau nicht aufgeben wollte, weigerte meine Mutter sich zurückzukehren. Sie machte einen kleinen Kiosk auf und wir schlugen uns zu zweit in Mataram durch.« Tini schloss die Oberschule ab und begann in einem Kunsthandwerksladen im Touristenort Senggigi zu arbeiten. Nebenbei besuchte sie Sekretärinnen- und Computerkurse, die sie von ihrem eigenen Einkommen finanzierte. »Ich verdiente damals nur 225.000 Rupiah (rund 20 Euro) im Monat, aber mit meiner Verkaufsprovision konnte ich auf 500.000 Rupiah kommen.« Im Jahr 2000 wurde sie im Kiosk ihrer Mutter von einem Ausländer angesprochen, der dort oft zum Essen kam. Er bot ihr einen Job als Büroassistentin in einem Entwicklungshilfeprojekt an. »Mein erstes Gehalt dort lag nur knapp über meinem Einkommen im Kunsthandwerksladen. Aber dafür bekam ich einen Zuschuss, als ich mich nach zwei Jahren für die Aufnahme eines berufsbegleitenden Studiums an der örtlichen Verwaltungsakademie entschloss.« Im August 2004 schloss sie ihr Studium ab und ist damit die einzige ihrer Geschwister, die eine akademische Ausbildung absolviert hat. »Ich bin stolz, dass ich das aus eigener Kraft geschafft habe«, sagt sie. Während des Studiums lernte sie auch ihren späteren Mann kennen. Er ist Muslim und stammt aus einer Polizistenfamilie in Zentral-Lombok. »Eigentlich wollte ich nie einen Muslim heiraten«, sagt sie, »ich habe immer die vielen Scheidungen unter Muslims vor Augen gehabt. Eher hätte ich mir noch die Heirat mit einem Christen vorstellen können. Aber schließlich habe ich mich doch für die Beziehung mit meinem jetzigen Mann entschieden, weil er sehr ernsthaft und verantwortungsbewusst ist.«

Vor der Heirat musste eine Reihe von Schritten vollzogen werden, damit die Ehe geschlossen werden konnte. Nachdem Tinis ältere Geschwister ihrem Vater beigebracht hatten, dass sie einen Muslim in Lombok heiraten wolle, bestand er darauf, dass die Familie des Bräutigams sich bei ihm vorstelle. Diese reiste daraufhin mit fünf Personen per Schiff nach Bali und suchte ihn im Haus seiner Zweitfrau in Kintamani auf. Da dieser nach balinesischem Brauch einer Heirat mit einem Angehörigen einer anderen Religion aber nicht zustimmen darf, wurde in Bali keine Zeremonie vollzogen. Stattdessen wurde der Brauch angewandt, der üblich ist, wenn es sich um keine von den Familien arrangierte Ehe, sondern eine Liebesheirat handelt und/oder es bereits einen manifesten Heiratsgrund gibt, weil ein Kind unterwegs ist. Die Braut wurde vom Bräutigam in sein Haus »entführt«. Nach einigen Tagen, als das Paar »entdeckt« wurde, erkannten beide Familien die Beziehung als vollendete Tatsache an und besiegelten sie mit einer kleinen Zeremonie im Familienkreis.

In Tinis Fall war es noch etwas komplizierter. Sie musste vor der Heirat noch vom hinduistischen zum islamischen Glauben übertreten. Zu diesem Zweck wurde sie von einem islamischen Geistlichen im Haus ihres Bräutigams in die islamische Glaubensgemeinschaft aufgenommen. Nach der vor dem islamischen Gebet üblichen Waschung sprach sie die initiierenden Worte des Geistlichen nach und wurde somit zur Muslimin. Seitdem studiert sie den Koran und versucht, sich mit der neuen Religion vertraut zu machen. Im letzten Ramadhan hat sie auch schon einmal gefastet. »Mein Mann hilft mir, die Religion langsam in mich aufzunehmen. Es ist wie mit dem Wasser. Ein Gefäß, das gefüllt wird, läuft leicht über, wenn man alles auf einen Schwung hineingießt. Dann geht die kostbare Flüssigkeit verloren. Es ist besser, es langsam und vorsichtig zu machen.«

Tini hat in den letzten Monaten viel gebetet. Als sie im Februar 2005 heiratete, war sie im 3. Monat schwanger, das Kind sollte im Oktober zur Welt kommen. Doch im Juni erlitt sie eine Frühgeburt, nachdem sie durch einen Sturz im Badezimmer Blutungen bekam. Das Baby kam in einem kleinen privaten Krankenhaus zur Welt, das keine Intensivstation hatte. Ihr Baby war 1,9 kg schwer und kam in einen Brutkasten. Da es noch keinen Saugreflex hatte, musste es über einen Schlauch ernährt werden. Als ihre Milch einschoss, war das Baby schon ganz gelb. Erst dann entschieden die Ärzte, es auf die Intensivstation des öffentlichen Krankenhauses zu verlegen. Dort starb es nach einem Tag. Für Tini war dies eine extrem traumatische Erfahrung. Sie fühlte sich so hilflos, als sie merkte, dass die Ärzte den Zustand des Frühgeborenen nicht richtig beurteilt hatten. Das Kind wurde nach islamischem Brauch beigesetzt. Die Familie des Mannes nahm an einer der Tage währenden Trauerzeremonie teil. Doch für Tini war dies nicht ausreichend, sie setzte die Zeremonie im Haus ihrer Mutter sechs weitere Tage fort.

Tini und ihr Mann haben für die Finanzierung ihrer Hochzeitsfeier all ihre Ersparnisse aufgebraucht und auch noch Schulden gemacht. Ihre Familien haben sich kaum an der Ausrichtung des Hochzeitsfestes beteiligt, da die balinesische Seite selbst kaum Geld hat und die Seite des Mannes die Feier nur in ihrem Kampung durchführen wollte. Doch das junge Paar hat sich entschieden, die Feier für Familie und Freunde nach ihren eigenen Wünschen zu gestalten und einen großen Empfang in einem öffentlichen Gebäude in Mataram gegeben. Da ihr Mann als junger Beamter nur sehr wenig Geld verdient und nach einem politischen Wechsel in der Distriktregierung derzeit auf einem Posten ist, auf dem er keinen Zugang zu einem Extraeinkommen hat, überlegt Tini, ob sie sich nach Ablauf ihres derzeitigen Arbeitsvertrages auf eine Stelle im Rahmen des Wiederaufbaus in den von dem Tsunami betroffenen Gebieten in Aceh bewerben soll. Doch weder sie noch ihr Mann sind von dieser Lösung begeistert, da sie als junges Paar lieber zusammen leben wollen. Außerdem ist der Wunsch nach einem Kind nach der traumatischen Verlusterfahrung stark.Einige Monate nach dem Interview erfahre ich, dass Tini in Mataram einen Anschlussvertrag erhalten hat und wieder schwanger ist. Sie freut sich, dass ihre Gebete erhört wurden und ihre zwei größten Wünsche in Erfüllung gegangen sind.

Als ich nach einem Dreivierteljahr wieder mit ihr spreche, kann ich kaum glauben, was ich höre. Die grausame Erfahrung des Verlusts ihres Babys hat sich noch einmal genauso wiederholt wie beim ersten Kind. Nach einer komplikationslosen Schwangerschaft brachte Tini im Krankenhaus eine Tochter zur Welt. Am zweiten Tag durfte sie mit ihrem Baby nach Hause, doch dort wurde das Kind plötzlich wieder gelb und als sein Zustand sich rapide verschlechterte, brachten Tini und ihr Mann es ins Krankenhaus. Wie beim ersten Mal, wurde das Kind dort erst nach einem Tag von einem Arzt untersucht. Doch da war es bereits zu spät und das Baby starb.

In ihrer Verzweiflung ist Tini mit ihrem Mann zu einem Gynäkologen nach Denpasar gefahren, der auf Fehlbildungen spezialisiert ist. Doch er hat nach Untersuchung der Eltern bisher keine Ursache für den Tod von Tinis Babys feststellen können und empfiehlt angesichts der schlechten medizinischen Versorgung auf der Insel Lombok, wo die Säuglingssterblichkeitsraten doppelt so hoch ist wie im indonesischen Durchschnitt,[172] dass Tini eine nächste Schwangerschaft unter seiner Obhut in Bali durchlebt und das Kind mit seiner Hilfe zur Welt bringt. Nun weiß Tini nicht, was sie machen soll, denn derzeit ist die Existenzsicherung von Tini und ihrem Mann an ihre Beschäftigungen Lombok gebunden. Außerdem haben sie niemanden, der Tini, wenn ihr Mann seine Stellung in Lombok beibehalten würde, während ihrer Schwangerschaft in Bali aufnehmen könnte. Die junge Frau wünscht sich sehnlichst ein Kind und sucht mit ihrem Mann nach einer Möglichkeit, ihre Lebenssituation so zu verändern, dass sich ihr Lebenstraum erfüllen lässt.

Schwarz + weiß = grau?
Aussichten für einen Kulturwandel ohne Identitätsverlust

Die Geschichten der in diesem Kapitel portraitierten Frauen zeigen, dass für die Balinesinnen schön und schrecklich, weich und hart, schwarz und weiß so eng nebeneinander liegen wie auf den gewürfelten *sarongs* der steinernen Tempelwächter. Hinter der schönen Kulisse verbergen sich streng patriarchalische Regeln, die gerade für Frauen und Kinder emotionale und materielle Härten mit sich bringen. Die Vielfachbelastung aus Arbeit, Familie und rituellen Pflichten bedeutet für Frauen einen Arbeitstag, der noch länger ist als bei ihren Geschlechtsgenossinnen auf anderen Inseln des Archipels. Die Mitwirkung von Frauen in politischen Gremien auf Gemeinde, Kreis- und Provinzebene ist in Bali noch geringer als in anderen Regionen des Landes. Häusliche Gewalt gegen Frauen und Kinder ist ein Phänomen, das immer mehr an die Oberfläche kommt. Dennoch gibt es wenige Balinesinnen, die ihr Schicksal beklagen. Die Verankerung der Existenz in der Religion und der Glaube daran, dass der Platz im Leben durch das Karma der Vorfahren bestimmt wurde und durch eigene gute Taten für die nachfolgenden Generationen verbessert werden, ist eine starke Triebfeder für das Einfügen in die gegebenen Strukturen. Das sprichwörtliche Lächeln der Balinesinnen suggeriert Einheit und Harmonie mit der natürlichen und sozialen Umwelt. Unter den Intellektuellen, die sich mit den Geschlechterrollen befassen, ist der Widerstand spürbar, die in der eigenen Kultur verankerte Rollenzuschreibungen zu kritisieren und sich von außen induzierten Werten zu verschreiben. Angesichts der massiven Überfremdung durch den Tourismus, den zunehmenden Aufkauf von Landflächen durch Nicht-Balinesen und den Ausbau der wirtschaftlichen Infrastruktur entsprechend der Bedürfnisse von Touristen und Zugereisten kämpfen sie für die Bewahrung der eigenen kulturellen Identität. Dabei wird allerdings mit zweierlei Maß gemessen. Während das Verbot eines traditionellen Brauchs wie z.B. des Hahnenkampfs allgemein Akzeptanz findet, bleibt das Geschlechterverhältnis und die damit verbundene Diskriminierung der balinesischen Frauen unantastbar wie eine heilige Kuh.

Von staatlicher Seite orientiert man sich auch auf Bali an einem Kulturwandel in Richtung ausgeglichenerer Geschlechterrollen an dem Ansatz des *gender mainstreaming* entsprechend der nationalen Frauenpolitik, doch befassen sich hier auffällig wenig nicht-staatliche Organisationen mit der Situation von Frauen.

Die Zeitschrift Bali Sruti (*Chants of Bali*) wurde von einer kleinen Gruppe balinesischer Aktivistinnen gegründet, der auch die mit einem Balinesen verheiratete holländische Sozialwissenschaftlerin Sita van Bemmelen angehört. Anliegen der Zeitschrift ist es, die Situation balinesischer Frauen ins Licht der Öffentlichkeit zu rücken und Frauen und Mädchen Aufklärung, Information und Hinweise auf Unterstützungsmöglichkeiten in Problemlagen zu bieten. Die Gruppe konnte die bisherigen Ausgaben der Zeitschrift mit finanzieller Unterstützung eines ausländischen Entwicklungsprojekts finanzieren. Zukünftig will sie auf ein gedrucktes Magazin verzichten und stattdessen eine Webseite mit aktuellen Artikeln zur Situation der Frau ins Netz stellen, da dies weniger Kosten verursacht und der Zugang zum Netz über Internetcafes inzwischen auch in Kleinstädten und vielen größeren Dörfern gegeben ist.

»In Bali ist die Welt in Ordnung« – dieses Bild herrscht auch bei den meisten ausländischen Hilfsorganisationen im Land vor. Die Benachteiligungen aufzudecken, die sich hinter der scheinbaren Harmonie des sozialen Lebens verstecken und durch Bewusstseinsbildung und Beratung für Männer und Frauen auf ein ausgewogeneres Miteinander in Familie und Gemeinde hinzuwirken, ohne die eigene Kultur aufzugeben, ist ein Unterfangen, das hohe Sensibilität und einen langen Atem erfordert. Es wäre zu wünschen, dass sich in Zukunft mehr balinesische Sozialaktivisten dieser Thematik annehmen und einen Kulturwandel betreiben, der – wie die Geschichte der Insel auf vielfache Weise widerspiegelt – die für die Balinesen positiven Elemente fremder Kulturen aufnimmt und mit der eigenen Kultur zu einer neuen Einheit verschmilzt, ohne die eigene Identität zu verlieren.

Von Königen und Sklaven. Frauen auf Sumba

Eigentlich wollen wir eine der berühmten Clanfrauen in Sumba besuchen, Rambu[173] Beta, die nach Abschluss ihres Studiums gegen ihren Willen mit einem einflussreichen *Umbu*[174] aus dem Dorf Rindi verheiratet wurde und zunächst dagegen protestierte, sich dann aber ihrem Schicksal fügte und inzwischen zu einer der mächtigsten Feudalherrinnen der Insel avanciert ist.

Wir suchen sie in ihrem Haus in der Clansiedlung *(praing)* auf. Ein *praing* war früher zum Schutz vor Feinden meist mit einer Mauer aus Feldsteinen oder einem Zaun aus Kakteen umgeben. In Rambu Betas Siedlung sind im Dorfkern zehn traditionelle Clanhäuser *(uma bakul)*, die durch ein hohes turmähnliches Dach erkennbar sind, rechteckig um die megalithische Grabstätte angeordnet. In diesen Häusern, die früher mit Stroh gedeckt waren, heute aber immer häufiger ein Wellblechdach haben, werden alle wichtigen Zeremonien des Clans abgehalten.

Da Rambu Beta an einem Ritual zur Einweihung ihrer neuen Viehweide in einem nahe gelegenen Dorf teilnimmt, treffen wir an ihrem Haus nur einige Frauen und einen Mann an, die auf der Bambusterrasse mit einigen Kleinkindern spielen.

Unser Begleiter, selbst Vertreter der Adelsschicht, erkennt an der Körpersprache und der Art, wie sie auf seine Anrede reagieren sofort, dass es sich um *Tau la Uma*, Angehörige der Hausdiener der Clanvorsteherin, handelt.

Wir kommen zunächst mit Kongo Anahamu ins Gespräch, die scheu nach unten blickt und sich anfänglich nicht zu sprechen traut. Nach mehrmaligen Ermunterungen schließlich beginnt sie zögernd, auf unsere Fragen zu antworten. Sie kam durch die Verheiratung mit ihrem ersten Mann, der als Leibeigener Rambu Beta dient, als 17-Jährige nach Rindi. Die Ehe ging nicht gut; mit ihrem Mann gab es fortwährend Streit. Konga Anahamu wurde auch nicht schwanger. Deshalb befürwortete ihre Herrin Rambu Beta nach drei Jahren die Trennung. Während ihr Mann in ein im Besitz von Ibu Beta befindliches Haus auf dem Land zog und dort selbständig wirtschaftete, um seinen eigenen Bedarf zu decken und die erforderlichen Abgaben an die Clanherrin liefern zu können, wurde Konga Anahamu von der Rambu mit einem anderen jungen Mann verheiratet, der ebenfalls als Leibeigener in ihrem Haus arbeitet.

Konga Anahamu ist das letzte von vier Kindern. Ihre Eltern sind Leibeigene des herrschenden Clans von Pau sind und leben in einem kleinen Haus auf deren Feldern. Sie ist bis zur 5. Klasse zur Schule gegangen. Die 3. Klasse musste sie wiederholen, da sie krank war und die meiste Zeit des Unterrichts versäumt hat. Zum Arzt wurde sie während ihrer Krankheit damals nicht gebracht, da ihre Eltern praktisch kein eigenes Geld hatten und die Clanchefs eine ärztliche Behandlung nicht für notwendig hielten. Nach ihren Träumen für ihre Kinder gefragt, wenn sie welche bekommen wird, antwortet sie, sie habe keine Träume. Sie gibt ihre Antwort mit gesenktem Blick und einem eigentümlich leeren Gesichtsausdruck.

Wie kommt es, dass ein Mensch keine Träume hat?
Eine *Tau la Uma* ist eine Leibeigene im ursprünglichen Sinn des Wortes. Sie kann nicht über sich selbst verfügen. Ihre Arbeitskraft, ihre Gebärfä-

higkeit, ihr Körper gehören dem Clanoberhaupt – Umbu Kabundu und seiner Frau Rambu Beta. Sie hat auch kein materielles Eigentum, alles was sie am Leib trägt und ihre alltäglichen Gebrauchsgüter gehören den Clanoberhäuptern. Geld bekommt sie nur, wenn sie im Auftrag von Rambu Beta nach Wainggapu fährt und die von den Mitgliedern des Hauses gewebten *Ikat*-Stoffe[175] verkauft.

Auch die Kinder, die Konga Anahamu zur Welt bringen wird, werden Eigentum des Umbus und der Rambu sein: sie entscheiden darüber, ob sie zum Arzt gebracht werden, wenn sie krank sind, wie lange diese die Schule besuchen dürfen, in welchem Haus die Familie leben wird, welche Arbeiten sie verrichten müssen und mit wem später ihre Kinder verheiratet werden, um neue Arbeitskräfte für den Clan zu produzieren.

Betke und Ritonga beschreiben eindrucksvoll, dass die Sicherung der Ressource Arbeitskraft Dreh- und Angelpunkt des sumbanesischen Sozialsystem ist,[176] denn auf den kargen Savannen Sumbas ist die Verfügbarkeit über Arbeitskräfte der Schlüssel für Wohlstand und Macht.

Die sumbanesische Gesellschaft ist durch ein patrilineares Clansystem gekennzeichnet, das in drei Klassen geteilt ist. Die Adelsschicht *Maramba* ist die herrschende Klasse und besetzt sowohl im traditionellen als auch – was nicht erstaunt – im modernen Verwaltungssystem die Positionen der Entscheidungsträger. In diesen Stand kann man nur hineingeboren werden, ein Adelstitel kann nicht durch Einheiraten erworben werden. Die freien Bauern, die eigenes Land und Vieh besitzen, sind die *Kabihu* und die *Tau la Uma* (wörtlich übersetzt »Hausleute«). Sie sind die Leibeigenen der herrschenden Klasse, die Angehörigen und Nachkommen feindlicher Clans, die bei Kriegszügen erbeutet wurden. Da die Sklaverei in Indonesien offiziell abgeschafft ist, wird dieses Thema gegenüber Außenstehenden gern totgeschwiegen oder als ein längst überholtes Kulturmerkmal tabuisiert. Doch nicht nur in der einschlägigen Literatur[177, 178, 179], sondern auch im heutigen Sumba sind Leibeigene sowohl auf dem Lande als in der Stadt soziale Realität. Obwohl es wegen der Tabuisierung des Themas keine eindeutigen Zahlen gibt, wird der Sklavenanteil in den traditionellen Dörfern im Hochland von Experten auf bis zu 40 % der Bevölkerung geschätzt.[180] Nach vorsichtigen Schätzungen von Gemeinwesenarbeitern sind im Inneren der Insel rund 50 % der Bevölkerung freie Bauern, während 10 % der Adelsschicht angehören. Diese Zahlen variieren stark je nach Abgeschiedenheit bzw. Öffnung der Dörfer nach außen. In der Distrikthauptstadt Waingapu und in den Küstengebieten Sumbas, wo viele Zuwanderer der Nachbarinsel Sabu sowie anderer ostindonesischer Inseln anzutreffen sind und sich die Ethnien durch Heirat bereits gemischt haben, ist von einem Sklavenanteil unter 10 % auszugehen.

Die Sicherung von ausreichend Nachkommen zur Bestellung der Felder und zum Weiden der Tiere auf den ausgedehnten, kargen Steppen erfolgt nicht nur über die Leibeigenschaft, sondern auch über die Herstellung eines sozialen Netzwerkes durch die Heiraten, die einem klaren Beziehungsgeflecht folgen und die Grundlage für reziproke Austauschbeziehungen schaffen. Diese manifestieren sich im Austausch von Gütern (Vieh, Textilien, Schmuck), aber auch über die gegenseitige Verschuldung in Naturalien und die Verpflichtung, sich in Notzeiten zu helfen. Da in den Küstengebieten und Hügelregionen zu unterschiedlichen Zeiten die Ernte reif ist, wandern ganze Clans in der Mangelzeit vor der Ernte zu ihren Verwandten in den Gegenden, wo bereits Reis oder Mais geerntet wird. Diese wiederum kommen, wenn bei ihnen vor der Ernte die Nahrungsmittel knapp werden. Diese reziproken Wanderbewegungen werden *mandara* genannt und sind Teil der traditionellen Überlebensstrategien[181] auf einer Insel, auf der viele Flächen durch die Abholzung der Sandelholzbäume schon vor einigen Jahrhunderten versteppt sind, wo der Anbau von Nassreis nur in den engen Flusstälern möglich ist und die Ernährung vorwiegend aus Trockenreis und Mais besteht. Die Zucht von Büffeln und Pferden erfolgt in erster Linie, um die traditionellen Riten und Austauschbeziehungen bedienen zu können. In den letzten zehn Jahren hat die arme Landbevölkerung über Regierungsprogramme und Entwicklungshilfeprojekte auch Zugang zu Rindern bekommen. Die Zucht wird meist in Bauerngruppen organisiert, die die Kälber unter den Mitgliedern verteilen. Im Alltag wird kaum Fleisch gegessen, bei kleineren Festen werden Geflügel und Schweine geschlachtet.

Konga Anahamu darf oft ihre Mutter besuchen, die in einem kleinen Haus auf den Feldern des Herkunftsdorfes von Rambu Beta, dem traditionell »Braut gebenden« Dorf für die Rindi-Clans, wohnt. Sie gehört zu den Leibeigenen von Rambu Betas Clan, erwirtschaftet in ihrem kleinen »Satellitenhaushalt« (*rumah woka*) ihren eigenen Lebensunterhalt und arbeitet auf den Feldern des Clans. Als wir unsere Frage nach den Zukunftsvorstellungen für ihre Kinder wiederholen, sagt Konga Anahamu, dass sie arm sei und es sich deshalb nicht erlauben könne, Wünsche zu entwickeln. Von uns ermuntert, trotzdem einen Wunsch zu nennen, sagt sie, dass sie sich freuen würde, wenn ihre Kinder zur Schule gehen dürften. Die Clanherrin würde manchen ihrer Sklaven sogar eine längere Schulbildung als die vorgeschriebene Mindestschulzeit von sechs Jahren finanzieren, wenn sich die

Kinder als besonders begabt erwiesen. Sie erzählt von einem im Haus der Rambu lebenden Jungen, der derzeit die Mittelschule in der nächsten Kleinstadt besuchen darf, wo er täglich mit dem Bus hinfahren muss.

Wenn ihr die Freiheit gegeben würde, würde sie dies auch annehmen, setzt sie fast tonlos hinzu. Doch das liegt nicht in ihrer Hand. Ambitionen, eine Veränderung ihres Status zu erwirken, scheinen ihr fern zu liegen.

Wenn ein Sklave wegläuft, wird er vom Clan auf der ganzen Insel gesucht. Da Leibeigene selbst nichts besitzen, müssten sie stehlen, um sich die nötigen Mittel für eine Flucht von der Insel zu besorgen. Wenn sie es schaffen würden, es bis zum Hafen und mit dem Schiff auf eine andere Insel zu gelangen, müssten sie sich dort als völlig Mittellose durchschlagen und versuchen, irgendwie Geld für ihr Überleben zu verdienen. Sie könnten sich nie wieder nach Sumba trauen, denn dort wären sie für immer geächtet und verfolgt.

So bleiben die meisten Leibeigenen bei ihren Herren und fügen sich in dieses Sozialsystem ein, da es ihnen auch Schutz bietet. Wenn ein freier Mann sich in eine Sklavin verliebt und sie heiraten möchte, muss er ebenfalls die Leibeigenschaft auf sich nehmen. Diesen Weg hat Pak Deno eingeschlagen, der seitdem ebenfalls zu Rambu Betas Haushalt gehört. Er stammt aus einer armen Familie in West-Sumba und war als Tagelöhner im Straßenbau bei Rindi tätig, als er seine spätere Frau traf. Die ersten Jahre, nachdem ihre Liebschaft begann, arbeitete er weiterhin im Straßenbau, aber als sie schwanger wurde, entschloss er sich zur Heirat. Inzwischen lebt er mit seiner Frau und sechs Kindern in einem kleinen Haus auf dem Clanland von Rambu Beta und erwirtschaftet genug Mais, um den Unterhalt seiner Familie zu bestreiten. Damit er zusätzlich etwas Bareinkommen hat, um Reis und ab und zu ein Kleidungsstück für seine Kinder kaufen zu können, darf er als Tagelöhner auf den Feldern anderer Landbesitzer etwas Geld hinzu verdienen. Ansonsten muss er als Arbeitskraft auf Ibu Betas Feldern zur Verfügung stehen. Wenn seine Kinder krank sind, bringt er sie in die kleine staatliche Gesundheitsstation im nächsten Dorf, wo die Versorgung nicht viel kostet. Wenn sein Bargeld für die Gebühren nicht ausreicht, bittet er Ibu Beta um Hilfe. Feldbesuche zeigten, das ein Großteil des Geldes, das im Rahmen des nationalen Armutsminderungsprogramms seit 2005 direkt an die Bedürftigen ausgezahlt wird, von vielen männlichen *Tau la Uma* in Alkohol und Zigaretten umgesetzt wird – eine nicht intendierte Wirkung des zentral gesteuerten Programms.

Im Moment leben nur noch drei Angehörige im Haupthaus des Herrscherclans: der Umbu, die Rambu und ihr jüngstes Kind, da die älteren Kinder in der Distrikthauptstadt zur höheren Schule gehen und der älteste Sohn in Bali die Universität besucht. Zu ihrem Haushalt gehören 50 Sklaven, die alle Arbeiten im und um das Haus herum verrichten. Dazu kommen über 100 Leibeigene, die wie Pak Deno in kleinen Häusern auf den Feldern verstreut leben und das Clanland bewirtschaften.

Auch Rambu Doka, die mit einem Cousin von Ibu Beta in Rindi verheiratet ist, hat zehn Sklaven in ihrem Haushalt im Dorf. In den umliegenden Dörfern leben fast 200 weitere Leibeigene des Clans ihres Mannes. Rambu Doka kommt aus dem Dorf Pau, das traditionell die Frauen für die Männer aus Rindis Adelsschicht stellt. Zwischen den beteiligten Clans darf der Brautpreis geringer ausfallen als zwischen Clans, die noch keine fest etablierten Heiratsbeziehungen haben. Deshalb werden die Beziehungen zum Braut gebenden Dorf seit vielen Generationen immer wieder neu hergestellt. Die Grundlage für die Wahl der Heiratspartner ist die *Silsila*, der

Stammbaum der *Kabihus*, der die Zugehörigkeit zu einem Clan ausweist. Aufwändiger war die Eheschließung zwischen Desa und Thomasius, die sich während des Studiums in Java kennen gelernt haben. Da die beiden aus hoch stehenden Clans aus dem West- und Ost-Teil der Insel stammen, zwischen denen es vorher noch nie verwandtschaftliche Beziehungen gab, mussten vier Stufen der Beziehungsherstellung eingehalten werden, die sich im Fall der beiden wegen ihrer dazwischen liegenden Auslandsstudien über mehrere Jahre erstreckten:

Der erste Schritt, *ketok pintu* (anklopfen) bestand darin, sich bei der Brautfamilie formal bekannt zu machen und sein Interesse an der Tochter kund zu tun. Dazu kam der Bräutigam mit einigen Gefolgsleuten zum Haus der Braut und brachte einen Büffel und ein Pferd mit.

Der zweite Schritt, der einer Verlobung gleichkommt, wird traditionell *masuk minta* genannt, (Hereinkommen und um die Tochter bitten). Dazu kam der Bräutigam, unterstützt von einer größeren Gruppe von Männern seines Clans, ins Dorf der Braut und übergab ihrer Familie 28 Büffel und ein Pferd. Die Brautfamilie revanchierte sich mit drei Säcken voller teurer traditioneller Webtücher.

Als nächste Stufe erfolgte das »Kennenlernen des Dorfs des Bräutigams« (*lihat kampung laki-laki*). Bei dieser Gelegenheit zog eine Abordnung der Brautfamilie ins Dorf des Bräutigams. Dieser übergab der Brautfamilie bei diesem Besuch noch mal zehn Pferde. Die Brautfamilie brachte 40 Webtücher mit.

Die vierte Stufe war schließlich das *pergi ambil*: fast drei Jahre nach Beginn der Heiratsprozedur kam der Bräutigam mit rund 100 Abgeordneten seines Clans zum Haus der Braut und holt sie in sein Dorf. Dabei wurden der Brautfamilie noch mal zehn Büffel und Pferde sowie das traditionelle *mamuli* übergeben, die Halskette mit einem Anhänger, der das weibliche Geschlechtsorgan symbolisiert. Die Brautfamilie steuerte diesmal ein Pferd und vier Schweine bei, außerdem wurden der Braut zwei paar Elfenbeinringe an Arm- und Fußgelenken mitgegeben. Die Familie des Mannes erhielt des Weiteren noch einmal 60 *Ikat*-Tücher.

Diese Prozedur ist bis heute typisch für die Angehörigen der Adelsschicht. Obwohl die Brautfamilie laut ethnologischer Literatur den größeren Teil aufbringt, wird der Beitrag des Clans des Bräutigams inzwischen oft als höher eingeschätzt, da der Preis der Zuchttiere auf dem Markt höher ist als der der traditionellen Tücher. Um einen Gütertausch im oben beschriebenen Umfang vollziehen zu können, müssen auch gut situierte Familien Beiträge aus ihrem gesamten Clan mobilisieren. An diejenigen, die einen Beitrag geleistet haben, werden dann die Gaben des einheiratenden Clans verteilt. Durch diesen Tausch wird eine so enge reziproke Verbindung geknüpft, dass die Clans sich auch für die Zukunft zur gegenseitigen Hilfeleistung verpflichtet sind. Prekär wird es dann, wenn die Seite des Bräutigams ihren vereinbarten Beitrag nicht erfüllen kann. In diesem Fall muss der Bräutigam zunächst bei der Brautfamilie einziehen (*kawin masuk*) und ihrem Clan seine Arbeitskraft so lange zur Verfügung stellen, bis seine Schulden beglichen sind. Dabei verliert er das Recht auf seine Nachkommen, die Mitglieder des Clans der Frau werden.

Wenn es bei der oben beschriebenen Prozedur des gegenseitigen Gütertauschs zum Abbruch der Beziehung kommen sollte, so muss die dafür verantwortliche Seite alle Güter zurückgeben, die sie erhalten haben. Zerbricht eine Beziehung nach mehreren Ehejahren, so wird in aller Regel eine örtliche Trennung, aber keine Scheidung vollzogen. Die Frau kehrt meist zu ihrem Clan zurück, aber die bei der Eheschließung ausgetauschten Güter werden nicht zurückgegeben, da damit die bereits eingegangene Beziehung zwischen den beiden Clans in Frage gestellt würde. Wenn Kinder aus der Beziehung hervorgegangen sind, verbleiben diese im Clan des Vaters.

Bei Rambu Doka, die bereits mit zehn Jahren wusste, dass sie einen der Söhne aus dem traditionell Braut gebenden Clan der Maramba Doka heiraten würde, verlief die Eheschließung einfacher. Bevor die Heirat vollzogen wurde, durfte sie die Universität in der Provinzhauptstadt Kupang besuchen. Sie hat sogar einen ersten Abschluss in Biologie erworben. In ihrer jetzigen Rolle als Frau des Clanvorstehers hat sie es allerdings nicht nötig, einer Berufstätigkeit nachzugehen. Sie hat drei Söhne, kümmert sich um die Einteilung der Haussklaven und beaufsichtigt die Herstellung der traditionellen *Ikat*-Tücher. Ihr

Mann, der sich zu unserem Gespräch dazu gesellt, stellt klar, dass der Mann der Chef im Clan und im Haushalt ist, auch wenn die Frau, wie in ihrem Fall, eine höhere Bildung genossen hat als ihr Mann. Auch in der öffentlichen Sphäre regieren die Männer; die Clan- und die Dorfbelange werden von den männlichen Haushaltsvorständen geregelt. Stirbt der Vater, wird die die Rolle des Haushaltvorstandes nicht von seiner Witwe, sondern von einem Sohn oder einem anderen männlichen Familienmitglied übernommen. Entscheidungen, die die häusliche Domäne betreffen, wie z.B. Entscheidungen über Ausgaben für die Haussklaven werden laut Rambu Doka von Mann und Frau gemeinsam getroffen. Der Mann erklärt, dass es jetzt nur noch wenige Umbus gibt, die mehrere Frauen haben. Früher war das viel häufiger der Fall, und je mehr Frauen sich ein Umbu in seinem Haushalt leisten konnte, desto höher sein Status, denn für jede Frau musste ein hoher Brautpreis entrichtet werden.

Es ist verblüffend, wie stabil das Dreiklassensystem Sumbas bis heute ist. Da ein Überleben auf der kargen Insel nur in einem größeren Sozialverband möglich ist und es auf dem Land praktisch neben Landwirtschaft und Viehzucht keine alternativen Beschäftigungsmöglichkeiten gibt, ist die gegenseitige Abhängigkeit von Clanherren und Leibeigenen bis heute weitgehend erhalten geblieben. Auch die Geldwirtschaft ist bisher begrenzt, da die meisten landwirtschaftlichen Produkte und Stoffe im Rahmen der reziproken Austauschbeziehungen unter den Clanmitgliedern weitergegeben werden. Geld ist nötig, um auf dem Markt moderne Konsumgüter zu erwerben. Auch der Zugang zum modernen Sektor setzt die Verfügung über Barmittel voraus. Transportkosten, Schulgeld und Gesundheitsausgaben müssen mit Geld bezahlt werden. Für die Lebensqualität der auf den Satellitengehöften des Clans arbeitenden Leibeigenen ist es deshalb von großer Bedeutung, wenn sie durch den Verkauf selbst angebauter Früchte oder Lohnarbeit auf den Feldern freier Bauern ein kleines Zusatzeinkommen erwirtschaften können, denn nur so gewinnen sie ein Stück Unabhängigkeit von ihren Clanherren.

In der Literatur wird ausgeführt, dass auch Leibeigene einen hohen Status erlangen können, wenn sie intelligent sind und die Belange ihres Herrn in ihre Hände nehmen.[182] Eine formale Gleichstellung ist aber auch dann nicht zu erreichen, da die Klassenzugehörigkeit nur über die Blutsverwandtschaft definiert wird. Bei den aufwändigen Beerdigungszeremonien für hoch stehende Adelige nehmen die Leibeigenen die Rolle der Mittler zwischen der hiesigen Welt und der Ahnenwelt ein, in die die Toten eintreten. Früher gingen sie sogar mit ihren Herren ins Grab, wurden nach einer

Trance-Zeremonie, bei der viele Büffel und Pferde geopfert wurden, gemeinsam mit ihrem verstorbenen Herrn oder ihrer Herrin in die megalithische Grabkammer eingemauert. Nachdem die Holländer in Sumba durch die Kollaboration mit einigen Stammesfürsten Einfluss gewannen und in der zweiten Hälfte des 19. Jahrhunderts immer mehr katholische und protestantische Missionare auf die Insel kamen,[183] wurde dieser Brauch abgeschafft.

Die *Merapu*-Religion ist eine animistische Religion, die durch Ahnenkult und die Verehrung von Geistern (*merapu*) gekennzeichnet ist, die sich in Pflanzen und Tieren und anderen Elementen der materiellen Welt aufhalten. Nach der von H. Kapita wiedergegebenen Schöpfungsgeschichte wurde die Welt von »der Mutter alle Mütter und dem Vater aller Väter«[184] erschaffen, einem göttlichen Wesen, für das es in den verschiedenen Regionen Sumbas unterschiedlichste Namen gibt, die immer eine Dualität des männlichen und weiblichen Elements ausdrücken: Mutter und Vater des Universums, Mutter und Vater des Ganzen, erhabene Mutter und großer Vater, heilige Mutter und heiliger Vater.[185] Dieses duale göttliche Wesen hat Himmel und Erde und alle Kreaturen geschaffen. Es ist für die Menschen unsichtbar und kann doch alles auf der Erde hören und sehen. Seit sich die Vorfahren der heutigen Clanvorsteher aus dem Himmel auf der Erde niedergelassen haben, sind sie nicht mehr in der Lage, direkt mit dem göttlichen Wesen zu kommunizieren und müssen dies durch die *Merapus* tun, die Ahnen und Geister, die die materielle Welt beseelen. Jeder Clan hat seinen eigenen *Merapu*. Die Existenz dieser *Merapus*, die von allen Nachfahren als Clanbegründer verehrt werden, ist aus der Geschichte der Schöpfung und Besiedlung Sumbas

abgeleitet.[186] Obwohl das weibliche und männliche Element in der Schöpfungsmythologie gleichgewichtet sind, wird die Kommunikation mit den *Merapus* heute nur von männlichen Priestern ausgeführt, die zur Adelsklasse gehören und dieses Amt erst im fortgeschrittenen Alter ausüben können, wenn sie alle Rituale von einem älteren Priester gelernt haben.

Die Rituale finden zu besonderen Anlässen, wie z.B. am Ende der Ernte außerhalb der Siedlung, statt.[187] Neben den großen Zeremonien, die bei Heiraten und Beerdigungen im Clanhaus stattfinden, werden kleinere Zeremonien auch in den Wohnhäusern der Familien ausgeführt sowie an Opferstäben, die an allen für das Wohlergehen des Stammes wichtigen Plätzen errichtet werden: vor dem Clanhaus des Siedlungsgründers, am Dorfeingang, am Feldrand, am Rand der Weide, am Waldrand, am Flussufer, am Strand. Ein Opferstab wird an seinem Fuße mit zwei Stöcken versehen, die das weibliche und das männliche Element darstellen, auf denen die Opfer abgelegt werden.

Entwicklung der Sozialstruktur heute

Der Landrat (*Bupati*) von Ost-Sumba, Umbu H. Kapita, der die Geschichte und Kultur Sumbas Anfang der 60er Jahre detailliert dokumentiert hat, schreibt, dass mehr und mehr Abhängige zu Freien werden, entweder weil sie sich selbst eine Existenz als Arbeiter, Bauer und Beamter aufbauen können oder weil sie aufgrund von unlösbaren Meinungsverschiedenheiten von ihren Herren in die Freiheit entlassen werden.[188] Bei allen zwischen 2002 und 2005 im Rahmen einer Kooperation zwischen dem nationalen Statistikbüro und der Deutschen Gesellschaft für Technische Zusammenarbeit (GTZ)[189] durchgeführten qualitativen Studien und den von den Autorinnen geführten Interviews zeigte sich jedoch, dass auch heute noch jede Adeligenfamilie nach wie vor ihre Leibeigenen hat, die sowohl in der häuslichen Sphäre als auch auf den Feldern der Adeligen die Arbeit verrichten.

Rambu Ina, die in Waingapu als Sekretärin arbeitet, wurde von ihrer Familie zwei *Tau la Uma* in die Ehe mitgegeben. Während sie sich für ihre kürzliche geschlossene Ehe eine gleichberechtigte Beziehung zwischen Mann und Frau wünscht und alle Belange mit ihrem Mann gemeinsam regeln möchte, steht es für sie außer Frage, dass sie die Verfügungsgewalt über ihre Leibeigenen behalten will. Auch über die Partnerwahl ihrer Haussklaven entscheidet sie. »Wenn ein freier Kabihu meine *Tau la Uma* heiraten will, muss er die Leibeigenschaft in meinem Clan annehmen«, sagt sie. Gleichzeitig betont sie, dass die mit ihr in einem Haushalt lebenden Leibeigenen für sie wie eine kleine Schwester und ein kleiner Bruder sind, für deren Wohlergehen sie verantwortlich ist. Als Gegenleistung verrichten diese für sie alle Arbeiten im städtischen Haushalt. Die Eltern der beiden Leibeigenen, die ihr bei der Eheschließung mitgegeben wurden, bearbeiten in ihrem Heimatdorf die Clanfelder von Rambu Inas Familie.

Obwohl Rambu Ina als Protestantin sehr religiös ist, betont sie, dass ihre Eltern die Frage der Clanzugehörigkeit wichtiger finden als die der Religion. Deswegen hatte sie sich letztendlich gegen die Weiterführung der Beziehung mit ihrer großen Liebe, einem Katholiken aus Jakarta, entschieden. Sie hätte diese Beziehung nur außerhalb Sumbas leben können. Das Risiko, wegen der von ihrem Clan nicht akzeptierten Partnerwahl alle familiären Bindungen aufgeben zu müssen, war ihr zu groß. Sie sagt, dass Töchter heute in Bezug auf Bildung und Erbe von den meisten Familien schon ihren Brüdern gleichgestellt werden, auch wenn das *Adat*-Recht eine Orientierung auf die männliche Linie vorsieht.

Die hierarchische soziale Schichtung hat sich in den letzten Jahrzehnten kaum verändert, da es nur der wohlhabenden Adelsschicht möglich war, sich auf dem über Sumba hinausgehenden Markt wirtschaftlich zu engagieren. Viele der mächtigen Clanherren, die heute auch eine einflussreiche Position in der öffentlichen Verwaltung innehaben und sich damit leicht Zugang zu staatlichen Kredit- und anderen Förderprogrammen verschaffen können, haben im großen Stil in Viehzucht investiert. Ihre Leibeigenen sind für das Weiden und die Pflege der Tiere auf ihren Ländereien zuständig.

Während die adelige Oberschicht ihre Söhne und Töchter zum Studium auf die christlichen Universitäten in Timor und Java schickt, ist der Zugang der unteren Schichten zur Bildung immer noch sehr begrenzt.
Die Zahl der Analphabeten ist mit 20 % aller Einwohner über 15 Jahre[190] auch im Vergleich zu anderen Distrikten Ost-Indonesiens noch sehr hoch, und auch der Zugang zu Gesundheitsdienstleistungen ist wesentlich schlechter, was durch die hohen Sterblichkeitsraten von Müttern und Kleinkindern traurig demonstriert wird.[191] Da die bisherigen an nationalen Standards ausgerichteten Statistiken nicht zwischen den verschiedenen Klasse der sumbanesischen Gesellschaft unterscheiden, lassen die Zahlen bisher nicht erkennen, wie Armut mit der Zugehörigkeit zu einer sozialen Klassen verbunden ist. Besonders die extrem unterprivilegierte Position der Leibeigenen bleibt bei diesen Statistiken im Dunkeln, da diese Menschen als Mitglieder der großen Clanhaushalte erscheinen und damit als

eigene soziale Gruppe statistisch unsichtbar sind. Um Licht in dieses Dunkel zu bringen und eine Grundlage für wirksame Veränderungsimpulse zu schaffen, wurde 2002 eine Initiative des nationalen Statistikbüros, der Distriktregierung von Ost-Sumba, der Deutschen Gesellschaft für Technische Zusammenarbeit und UNICEF, ins Leben gerufen, eine lokal spezifische Armutsstatistik zu entwickeln. Sie soll die spezifischen Bedingungsfaktoren der Armut sichtbar machen und auf dieser Grundlage die Gestaltung von wirksamen Entwicklungsprogrammen auf lokaler Ebene ermöglichen. Die wichtigsten Ergebnisse dieser Initiative sind auf der Website www.familiy-empowerment.net nachzulesen.

In der sumbanesischen Gesellschaft leben Männer und Frauen in einem System feudaler Machstrukturen mit komplementären Rollenverteilungen zwischen den verschiedenen sozialen Schichten und zwischen Mann und Frau. Die vollständige Unterwerfung der untersten Schicht unter das Kommando der Adelsschicht ist mit Demokratie und Menschenrechten grundsätzlich unvereinbar. Auch wenn Rambu Beta gut für ihre Leibeigenen sorgt und manche von ihnen in Bezug auf Ernährung und Kleidung besser dastehen als Angehörige der freien Bauernschaft, wird ihnen doch das Grundrecht auf Selbstbestimmung über ihr eigenes Leben abgesprochen. Eine leibeigene Frau steht am untersten Ende der Hierarchie, da sie nicht unter der Verfügungsgewalt der Clanherren steht, sondern auch ihrem von den Clanvorstehern zugewiesenen Mann zu dienen hat. Am anderen Ende der Skala weiblicher Existenzmöglichkeiten steht die ältere, mächtige Clanfürstin, die zwar formell weniger Macht besitzt als ihr Mann, im Haushalt aber den Ton angibt und als hohe Statusträgerin in der Clangesellschaft respektiert und verehrt wird. Wie in anderen patriarchalischen Gesellschaften besteht innerhalb der Klassengesellschaft eine Differenzierung nach Geschlecht. Allerdings werden Handlungsspielraum und Status in Sumba noch einschneidender durch die Klassenzugehörigkeit bestimmt als durch das Geschlecht.

Für Rambu Ina stellt die für uns unvereinbar scheinende Dualität, einerseits die traditionellen Strukturen aufrecht zu erhalten und gleichzeitig das eigene Leben bereits nach modernen Werten auszurichten, kein Problem dar. Damit befindet sie sich in Sumba in guter Gesellschaft. Die alten Clanhierarchien finden sich spiegelbildlich im modernen Verwaltungsapparat wider, und die Angehörigen der wohlhabenden Clans nehmen für sich nicht nur Bildung und mehr Wahlmöglichkeiten hinsichtlich ihres Lebensstils in Anspruch, sondern auch den Auftrag, die Geschicke der Insel zu lenken. Seit in Indonesien Ende der 90er Jahre die Demokratisierung ausgerufen wurde und sich die Distrikte im Rahmen der Dezentralisierung selbst verwalten können, vertreten die Clanfürsten nun zumindest auf dem Papier ein demokratisches Miteinander. Doch dass Freiheit und Gleichheit in der sumbanesischen Gesellschaft noch Fremdwörter sind, wurde auch den Projektmitarbeitern deutlich, die sich im Auftrag der deutschen Entwicklungshilfe für Selbsthilfeförderung und dörfliche Selbstverwaltung einsetzten. Wenn mit dem Ziel der Armutsminderung Gruppen gebildet werden, die selbst organisiert kleine Spar- und Kreditkassen betreiben und Baumkulturen auf den erodierten Hängen anlegen, zeigt sich, dass Leibeigene, die auf »Satellitenanwesen« des Clans relativ selbständig wirtschaften, zwar in den Gruppen vertreten sein können, doch die Früchte ihres Engagements fallen meist in den Schoß der Land besitzenden Stammesfürsten. Nach einer internen Studie eines von der GTZ implementierten Entwicklungshilfeprojektes waren 4 % der Mitglieder der vom Projekt unterstützten Selbsthilfegruppen Adelige, 80 % freie Bauern und 15 % Leibeigene.[192] Neue Spielregeln für Mitsprache und Ressourcennutzung wurden im Rahmen des Projektes über Dorfmotivatoren zwar zur Auflage für den Empfang von Zuwendungen gemacht, doch oft erfolgte die Kommunikation hinter den Kulissen weiterhin nach den alten Regeln. Lilian Gunawan stellte 2003 im Rahmen einer internen Evaluierung des besagten Projektes fest, das sich die lokalen Eliten oft die Leistungen solcher Projekte aneignen und sich nicht an die von den Gruppen vereinbarten Spielregeln halten. So waren seit Ende der 90er Jahre unproportional viele größere Kredite aus den Gruppensparkassen an Adelige oder Angehörige mächtiger Clans vergeben worden, die diese dann nicht zurückzahlten.[193]

Da auch viele der freien Bauern an oder unter der Armutsgrenze leben und die Frage der Schichtzugehörigkeit Außenstehenden gegenüber tabuisiert wird, erscheinen die am stärksten Deklassierten nicht im Bild, wenn die Auswahl der Zielgruppen von Entwicklungsprojekten entlang der gängigen Armutskriterien erfolgt. So bleibt die Problematik der Leibeigenschaft auch im Rahmen von Armutsminderungsprogrammen unthematisiert.

Das gleiche Phänomen zeigt sich bei der Förderung der Selbstverwaltungsstrukturen in den Dörfern. Sklaven können nicht auf gleicher Ebene mit Freien und Adeligen kommunizieren. Davon abgesehen verfügen die Leibeigenen nach wenigen Jahren Elementarschulbesuch gar nicht über die erforderliche Sprachfähigkeit und das Vokabular, um in Versammlungen das Wort ergreifen zu können. Entsprechend sind in den Gemeindeversammlungen auch Leibeigene anzutreffen, die Satellitengehöfte bewirtschaften, aber in der Entscheidungsfindung folgen sie in aller Regel dem Votum ihrer Herren. Frauen sitzen meist in den hintersten Reihen und folgen stumm dem Geschehen. Nur in Ausnahmefällen, wenn es explizit um Frauenbelange geht, werden sie direkt angesprochen.

Eine ähnliche Situation findet sich in den Gemeinderäten, die nach der Novellierung des Dezentralisierungsgesetzes 2004 zukünftig nicht mehr durch geheime Wahl, sondern Nominierung von Persönlichkeiten des Dorflebens gebildet werden sollen. Hier wird sich die das öffentliche Leben bestimmende Elite nicht nur nach Clan- und Statuszugehörigkeit, sondern auch nach Geschlecht perpetuieren. Frauen kommen als Führungsfiguren im öffentlichen Leben Sumbas bisher praktisch nicht vor. Lediglich in einigen Dörfern in Küstennähe, wo bereits eine Durchmischung mit von anderen Inseln zugewanderten ethnischen Gruppen stattgefunden hat, sind auch Frauen in den Gemeinderäten vertreten. In den vorwiegend aus Zuwanderern der östlich Sumbas gelegenen Insel Sabu bestehenden Fischerdörfern sind Frauen auch als erfolgreiche Kleinunternehmerinnen und Vorsitzende lokaler Spar- und Kreditgruppen anzutreffen. Auch in der Distriktverwaltung sind einige gut ausgebildete Frauen vorzufinden, deren kompetente Beiträge sich die Amtsinhaber gern zu Nutze machen, und auch die Frau des Landrats, eine Ost-Javanische Geschäftsfrau chinesischer Abstammung, die auch als Universitätsdozentin arbeitet, verkörpert in der öffentliche Sphäre der Insel ein neues Rollenbild. Doch bis Freiheit und Gleichheit ins Leben der abgeschiedenen Insel einziehen und sich alle Menschen Träume leisten können, werden die Dichotomien der Werte und Lebensformen wahrscheinlich noch einige Generationen fortbestehen.

Identitätssuche im Druckkessel. Frauen auf Lombok

Die Insel Lombok gehört zur Gruppe der kleinen Sunda-Inseln im unterentwickelten Osten Indonesiens. Zwischen Bali und Lombok verläuft die Lombok-Straße, eine Meerenge, die zwar nicht sehr breit, aber dafür sehr tief und von vielen starken Strömungen durchzogen ist, denn hier fließen der Indische Ozean und die Java-See ineinander. Die Gegend ist tektonisch unruhig, da hier die indo-australische und die eurasische Kontinentalplatte aneinander stoßen. Lombok und Bali unterscheiden sich auch in Fauna und Flora, da zwischen ihnen die Wallace-Linie verläuft, die die indomalayische und die austro-asiatische Ökozonen trennt. Auch kulturell gibt es zwischen beiden Inseln deutliche Unterschiede. Lombok ist wie auch die weiter östlich liegende Insel Sumbawa, die zusammen mit Lombok die

Provinz West-Nusa Tenggara ausmacht, seit Gründung der ersten Sultanate im 16. Jahrhundert vorwiegend moslemisch geprägt. An der Westküste Lomboks sind auch Balinesen ansässig, da das ostbalinesische Königreich im 19. Jahrhundert auch Lombok einschloss, und nach Ende der Kolonialzeit sind besonders die Balinesen auf die Nachbarinsel gezogen, die sich im sozialen und ökonomischen Gefüge Balis nicht am richtigen Platz fühlten und hier ein besseres Leben suchten. Heute sind 10–15 % der Einwohner Lomboks Balinesen, 85 % gehören der Volksgruppe der Sasak an sind moslemisch. Kultur und Alltagsleben in Lombok sind stark durch den Islam geprägt.

Im ländlichen Distrikt Ost-Lombok, wo ein Drittel der drei Millionen Inselbewohner lebt und das Bevölkerungswachstum hoch ist, besitzen rund 60 % kein eigenes Land und versuchen, als Lohnarbeiter oder Tagelöhner ihren Lebensunterhalt zu verdienen. Doch Jobs sind knapp und entsprechend hoch ist die Arbeitslosigkeit. Laut Provinzstatistik sind 49 % der Bevölkerung über zehn Jahre nicht wirtschaftlich aktiv. Bei den Frauen sind es sogar 63 %, davon besuchen 16 % allerdings noch die Schule.[194] Als einzigen Ausweg sehen viele die Migration. Die Distriktstatistik von Ost-Lombok weist aus, dass bis 2004 bereits 87.465 Männer und Frauen als Arbeitsmigranten im Ausland waren, vorwiegend in Malaysia und Saudi Arabien. Über zwei Drittel von ihnen hatte lediglich Grundschulbildung.[195] Im August 2006 gab der indonesische Arbeitsminister bekannt, dass derzeit 2,7 Millionen Arbeitskräfte im Ausland arbeiten. Sie senden jedes Jahr 2,4 Milliarden US Dollar nach Hause.[196] Der Minister erwartet, dass die Zahl der Arbeitsmigranten jedes Jahr um 3 % zunimmt.

Die verkaufte Freiheit

Die 20-jährige Sri Martini lebt im Distrikt Ost-Lombok. Sie hat gerade eine Anzahlung von 80 Euro bei einem Agenten gemacht, der sie zur Arbeit nach Malaysia vermitteln soll. Fünf Mio. Rupiah (500 Euro) muss sie aufbringen, damit sie dort als Haushaltshilfe oder Arbeiterin untergebracht wird. Sie leiht sich das Geld von verschiedenen Familienangehörigen, denn fünf Mio. sind in einer ländlichen Region, wo Tagelöhner 2 Euro pro Tag verdienen, ein Jahresverdienst. Sie war schon einmal für zwei Jahre in Malaysia, von diesem Aufenthalt hat sie 13,5 Mio. Rupiah nach Hause gebracht und ihrer Mutter davon ein kleines Steinhaus gebaut. Die Mutter verdingt sich als Landarbeiterin, sie hat ihre fünf Kinder allein groß gezogen, nachdem der Mann als Arbeitsemigrant in Malaysia gestorben ist. Das

Haus, das Sri Martini finanziert hat, hat noch keine Fenster und Türen, deshalb will sie noch einmal zwei bis drei Jahre nach Malaysia. Sie hat bei dem Agenten, an den sie der angesehene *Bapak*[197] Haji[198] aus ihrem Dorf vermittelt hat, bereits einen Vertrag unterschrieben. Allerdings hat sie keine Kopie dieses Papiers erhalten, und sie weiß nicht, welche Art von Arbeit ihr zugewiesen und was sie verdienen wird. »Das ist hier bei allen Agenten so. Die Frauen, die ins Ausland gehen wollen, unterschreiben etwas, bekommen aber nie einen Durchschlag. Deshalb können sie auch keine Forderungen stellen, wenn das Gehalt nicht so hoch ist wie erhofft oder wenn der Arbeitgeber ihnen einfach weniger Monate vergütet als sie gearbeitet haben«, sagt Ibu Nanuk, die mit einem wohlhabenden Mann im Dorf verheiratet ist und viele junge Frauen im Dorf kennt. Sri muss morgen zu einer medizinischen Untersuchung, damit ihr das Gesundheitszeugnis ausgestellt werden kann, das die malaysischen Behörden verlangen. Zum Blutabnehmen in einem Labor, das vorwiegend für die Vermittlungsagenturen tätig ist, war sie vor einigen Tagen schon. Was bei der Blutuntersuchung herauskam, erfährt sie nicht. Sie wird in den nächsten Tagen einen Pass mit einem Visum für Malaysia erhalten, das ist für sie das Zeichen, dass diese Vermittlung legal arbeitet und die Arbeiterinnen nicht – wie viele andere Agenturen – ohne gültige Papiere illegal ins Land schleust.

Obwohl die indonesische Regierung der Problematik illegaler Arbeiter in den letzten Jahren mehr Aufmerksamkeit schenkt und im August 2006 einen Präsidentenerlass zur Verbesserung des Schutzes und der Betreuung von Arbeitsmigranten erlassen hat,[199] ist die Dunkelziffer immer noch hoch. Fast täglich gibt es Berichte in den indonesischen Zeitungen, die von der Abschiebung illegaler Immigranten, staatenlos gewordenen Arbeitern, die ohne Papiere in Malaysia hängen geblieben sind, und den Gewalttaten an indonesischen Frauen berichten, die ohne jede Kontrolle oder Arbeitsschutz der Gnade ihrer Arbeitsgeber in Malaysia, Saudi Arabien oder Singapur ausgesetzt sind.[200] Immer wieder werden Frauen vergewaltigt und abgeschoben, wenn sie schwanger werden. In der Nähe des internationalen Flughafens in Jakarta steht in einem Krankenhaus eine Entbindungsstation zur Verfügung, wo die heimkehrenden Frauen entbinden und ihr Baby zur Adoption abgeben können, damit die Familie in Indonesien nichts von ihrer Schande merkt. Die internationale Menschenrechtsorganisation »Human Rights Watch« erklärte im Juli 2006, dass die indonesischen Frauen und Mädchen, die im Ausland arbeiten, unter den verwundbarsten Gruppen weltweit seien. Eine Sprecherin dieser Organisation bewertete es als besonders schockierend, dass die indonesische und die malaysische Regierung, die 2006 ein Memorandum zur Frage der Arbeitsmigration unterzeichnet haben, auf die Festsetzung eines Mindestlohns für die arbeitsrechtlich ungeschützten Arbeiterinnen und Arbeiter verzichtet haben.[201]

»Von Malaysia habe ich nicht viel gesehen«, sagt Sri Martini auf meine Frage, wie ihr das Leben in einem anderen Land gefallen habe. »Ich habe zusammen mit zwei anderen jungen Mädchen aus Indonesien jeden Tag von 6.30 bis 22.30 Uhr in einem Großhandelslager gearbeitet. Zum Essen hatten wir zweimal 15 Minuten Pause, das hat nicht gereicht, um unsere Gebete ausführen zu können. Zum Beten kamen wir nur vorm Schlafengehen und nach dem Aufstehen. Wir waren oben im Haus zu dritt in einer kleinen Schlafkammer untergebracht. Das Haus durften wir nicht verlassen. Wir sind nur alle 14 Tage herausgekommen, wenn uns der Ladenbesitzer zu einem Essen in ein nahe gelegenes Restaurant mitgenommen hat.«

Sri hat das Gefühl, dass sie in Malaysia sehr viel Geld verdient hat. Beim Nachrechnen stellt sich allerdings heraus, dass sie nach Abzug der Gebühren, die sie vorab und während ihrer Zeit in Malaysia zahlen musste, auf einen Monatslohn von lediglich 50 Euro gekommen ist. Das ist im Vergleich zum Lohnniveau in Lombok hoch, denn obwohl der offizielle Mindestlohn hier bei 550.000 Rupiah (rund 50 Euro) im Monat liegt,[202] bekommt eine Hausangestellte in der Stadt nur zwölf bis 17 Euro im Monat, und in der ländlich geprägten Kreisstadt Selong acht bis zehn Euro monatlich.

Die prekäre wirtschaftliche Situation im trockenen Ost-Lombok, wo die Felder vor 30 Jahren noch genügend Reis, Mais und Sojabohnen für die Bevölkerung abwarfen, um den eigenen Bedarf zu decken und wo der Tabak als Exportware für die Zigarettenfirmen in Java ein zusätzliches Bareinkommen möglich machte, enthält sozialen Sprengstoff. In den Dörfern lungern vorwiegend männliche Jugendliche vor den Häusern herum, Glücksspiel und Alkoholkonsum sind trotz der Betonung islamischer Sittenvorschriften an der Tagesordnung. Viele Mädchen werden mit 15 oder 16 Jahren das erste Mal schwanger. Die dann eilig vor dem Religionsgericht geschlossene Ehe hält meist nicht lang. Die Scheidungsquote in Lombok wird auf 40 % geschätzt, kann aber noch deutlich höher liegen, da viele Ehen von den islamischen Geistlichen im Dorf geschlossen und oft auf Betreiben der Frauen gelöst werden, wenn der Mann sich eine neue Frau genommen hat und seine Unterhaltspflichten gegenüber Frau und Kindern nicht mehr erfüllt, ohne dass es zu einer offiziellen Registrierung bei der Religionsbehörde kommt.

In dieser Situation bringt auch der sich radikalisierende Islam in Ost-Lombok keinen sozialen Frieden. Obwohl Frauen kaum unverschleiert auf der Straße zu sehen sind und der neue Distriktchef sogar einige Elemente aus der *shariah* gesetzlich verankert hat, kommt es häufig zu Gewalttaten. Auch zwischen den Gefolgsleuten unterschiedlicher religiöser Führer ist es in den letzten Jahren mehrfach zu blutigen Auseinandersetzungen gekommen, und es wird vermutet, dass aus der Menge der frustrierten Jugendlichen leicht Demonstranten und Krawallmacher geworben werden können, die für unterschiedliche Interessengruppen in der Stadt gegen ein Handgeld von 2 Euro tätig werden und – wie Anfang 2000 geschehen – wenn gewünscht auch Kirchen und die Häuser der meist christlichen chinesischen Geschäftsleute anstecken.

Doch die Frauen wissen keinen anderen Rat als eine stärkere Orientierung an der Religion, um die destruktiven soziokulturellen Phänomene einzudämmen. Sie machen sich über den schlechten Einfluss der Sexfilme und Pornos Sorgen, die auf billigen DVD-Raubkopien in jedem Dorf massenweise feilgeboten werden und sehen für ihre Töchter nur die Möglichkeit, sie zu verschleiern und sich möglichst nicht allein außer Haus zu bewegen. In den meisten Häusern läuft von morgens um sechs bis abends zum Schlafengehen der Fernseher. Hier werden Gewaltfilme westlicher oder östlicher Prägung zu jeder Tageszeit ausgestrahlt, und im Alltag von Dreijährigen sind die Todesschreie sterbender Krieger ein übliches Hintergrundgeräusch, an dem niemand Anstoß nimmt. Während brutale Tötungsszenen in Indonesien kaum jemanden zu beunruhigen scheinen, werden romantische Szenen in Filmen durchgehend zensiert. Ein Kuss gilt als pornografische Handlung, und das Zeigen leicht bekleideter Frauen wird in Fernsehen, Kinos und Presse durch entsprechende Gesetze verhindert. Damit findet eine Zensur auch statt, nachdem das in den 70er Jahren von Präsident Suharto primär als Zensur- (und Propaganda-)behörde eingerichtete Informationsministerium unter der Präsidentschaft von Gus Dur 2001 abgeschafft wurde.

Islamische Ehen von kurzer Dauer

Die 37-jährige Ibu Nazriati, die als Tagelöhnerin in der Landwirtschaft arbeitet und damit in der Pflanz- und Erntesaison 1 Euro pro Tag verdient, bringt ihre zwei Töchter alleine durch. Sie wurde von ihrer Familie mit 16 Jahren mit einem 20 Jahre älteren Witwer verheiratet. Dieser ging später nach Malaysia, um dort als Arbeiter einer Ölpalmenplantage zu arbeiten. Er kam nur alle zwei bis drei Jahre nach Hause und schickte alle sechs

Monate rund 50 Euro an seine Frau. Vor einigen Jahren heiratete er dann eine jüngere Frau in Ost-Lombok. Um die Scheidung zu vollziehen, sprach den *talak* aus (ich verstoße dich), was nach islamischem Recht ausreicht, um die Ehe zu beenden. Ibu Nazriati ließ die Trennung nachträglich bei der Dorfverwaltung registrieren, obwohl ihr daraus keine materiellen Vorteile erwachsen. Eine offizielle Anerkennung der Scheidung würde ihr lediglich erlauben, noch einmal zu heiraten. Der Vater ihrer inzwischen 15 und zehn Jahre alten Töchter gibt in unregelmäßigen Abständen etwas Geld für die Schule, doch darauf kann sie sich nicht verlassen. Sie selbst bekommt für ihren Unterhalt kein Geld von ihrem geschiedenen Mann.

Ibu Nazriati ist nicht allein in dieser Situation – die meisten geschiedenen Frauen erhalten von ihren Männern nach der Trennung keinerlei finanzielle Unterstützung und können diese auch nicht gerichtlich einklagen, wenn die Ehe nicht offiziell bei der lokalen Religionsbehörde registriert wurde. In den meisten Fällen heiraten die Männer schnell wieder und haben weitere Kinder. Für die Kinder aus der ersten Ehe, die für sie eine »Altlast« darstellen, ist allein die Mutter zuständig. Die Frauen suchen in dieser Situation meist die Unterstützung ihrer Herkunftsfamilie, und es kommt häufig vor, dass die berufstätigen Geschwister einspringen, wenn die Eltern selbst kein ausreichendes Einkommen haben.

Nach den Veränderungen gefragt, die sie in Ost-Lombok in den letzten 20 Jahren beobachtet hat, sagt sie, dass ihre Kinder jetzt die Mittel- und Oberschule besuchen können. Das war ihr damals als Kind noch verwehrt, weil es eine Mittelschule nur in der nächsten Stadt gab und ihre Eltern das tägliche Fahrgeld dahin nicht aufbringen konnten. So musste sie nach sechs Pflichtschuljahren mit zwölf Jahren die Schule verlassen und ihren Eltern helfen, die selbst nur landlose Tagelöhner waren. Ob Ibu Nazarias Kinder ihre bessere Schulbildung aber auch für einen besser positionierten Job nutzen können, ist angesichts des hohen Drucks auf dem Arbeitsmarkt fraglich.

Als ich mich erkundige, ob sie im Rahmen des nationalen Armutsminderungsprogramms Zuschüsse erhält, verneint sie. Die Regierung hat nach Streichung der Benzinsubventionen Ende 2005 ein Programm aufgelegt, das als bedürftig eingestufte Haushalte durch Barzahlungen von rund 8 Euro monatlich für die starken Preiserhöhungen entschädigen soll. Der Kriterienkatalog zur Erfassung der armen Haushalte wurde von der nationalen Statistikbehörde erstellt. Eigentlich stand Ibu Nazriati auf der Liste der Zuwendungsempfänger, doch von der Gemeindebehörde hat sie keine Karte erhalten, die sie zum Empfang des Geldes berechtigt. In Lombok kam es im November 2005 in mehreren Distrikten zu gewalttätigen Auseinandersetzungen, weil die Mitglieder der Gemeindeverwaltung den Zuwendungsempfängern bis zu 50 % der Zahlung abspenstig machten. Dies spiegelt das Fortbestehen der alten Haltung der Beamten in der öffentlichen Verwaltung wider, deren Mitglieder sich nach wie vor als Machthaber sehen und ihre Position nutzen, um sich durch korrupte Praktiken Zugang zu Einkommen zu verschaffen und so ihre im Vergleich zur Privatwirtschaft niedrigen Gehälter aufzubessern. Das mit der Demokratisierung und den Dezentralisierungsgesetzen von 2001 proklamierte neue Paradigma, das der öffentlichen Verwaltung in erster Linie die Rolle eines Dienstleistungserbringers für die Bevölkerung zuschreibt, ist in vielen Distrikten trotz der zahlreichen auch von internationalen Gebern unterstützten Qualifizierungsprogramme für Beamte noch Zukunftsmusik. Der Zugang zu Positionen in der öffentlichen Verwaltung ist in vielen Distrikten immer noch käuflich und wird trotz aufwändiger Testverfahren für Neubewerber häufig nicht nach Eignung und Qualifikation entschieden. Diese Praxis ist trotz vieler Demonstrationen und Presseartikel, die das korrupte Handeln lokaler Entscheidungsträger und die Duldung durch häufig ebenfalls käufliche Lokalpolitiker angeprangert haben, nicht abgeschafft worden. Die Bürgermeister können zwar schon seit Suharto-Zeiten von der Bevölkerung direkt gewählt werden, doch auch hier geht es immer noch stark nach Macht und Einfluss. Ibu Nazriati berichtet, dass in ihrem Dorf nur ein männlicher Angehöriger der *Sasak*[203]-Adelsschicht, ein *Lalu*, für ein solches Amt in Frage komme. »Einflussreiche Frauen, die sich in der Öffentlichkeit für die Belange von Frauen einsetzen, gibt es in dieser Gegend praktisch nicht«, sagt Ibu Nazriati.

»Deshalb steht ihnen auch niemand zur Seite, wenn sie von den Arbeitsvermittlungsagenturen übers Ohr gehauen und wie rechtlose Arbeitssklaven behandelt werden. Neulich wurden sogar zwei zwölfjährige Mädchen nach Malaysia vermittelt, obwohl jeder wusste, dass sie noch minderjährig sind. Ihre Geburtsurkunde wurde gegen eine kleine Gebühr von den zuständigen Beamten einfach entsprechend geändert. Da die Vermittlungsbüros sich meist mit den männlichen Religionsvorstehern in den Dörfern auf guten Fuß stellen und diesen für ihre Hilfe gute Provisionen zahlen, stellen sich diese gern in deren Dienst und geben einen guten Leumund für die Agenturen ab.«

Tatsächlich gibt es auf den Dörfern in Ost-Lombok kaum Sozialaktivistinnen, die sich der besonderen Situation von Frauen und Mädchen annehmen. Keine der in Mataram und auch in der Distrikthauptstadt von Ost-Lombok, Selong, zahlreich vertretenen nicht-staatlichen Organisationen (NRO), die auch Aufklärung und rechtlichen Beistand für Arbeitsmigrantinnen anbieten, ist bisher hier tätig geworden. Um die Hilfsangebote bis in die entlegenen Dörfer zu bringen, besteht noch Unterstützungsbedarf von Seiten der größeren NRO, die die Missstände im Bereich der Arbeitsmigration häufig öffentlich anprangern und eine stärkere Kontrolle durch die staatlichen Stellen fordern. Doch für die Distriktregierungen zählt in erster Linie der Zufluss von Devisen, und solange der Rubel rollt, drücken die Beamten bezüglich der oft skrupellosen Praktiken der Agenten gern ein Auge zu.

Der Druck sozialer Anpassung

Ibu Ade ist in dem Entwicklungshilfeprojekt, in dem sie seit 1997 tätig ist, als starke, prinzipientreue Frau bekannt, die sich nicht scheut, ihr Meinung zu vertreten und sich mit anderen über strittige Fragen offen auseinanderzusetzen. Mit dieser Haltung tritt sie sowohl ihren unterstellten Mitarbeitern als auch Vorgesetzten gegenüber. Eine solche Offenheit und Aufrichtigkeit in der Kommunikation ist in Indonesien etwas Besonderes. »Ich habe gelernt, meinen Mann zu stehen, als ich schon über Dreißig und noch unverheiratet war. In der Zeit war ich als alte Jungfer verschrien, gleichzeitig wurde ich von verheirateten Männern wie Freiwild behandelt«, sagt sie und blickt mir dabei mit einem Lächeln in die Augen. Ibu Ades Weg in Ehe und Mutterschaft führte über einige Stolpersteine. Sie wurde 1967 als erstes von sechs Kindern einer Mittelschichtfamilie geboren. Ihr Vater, der aus Bali stammte und erst vor der Eheschließung mit Ades Mutter zum Islam übertrat, war beim Militär und ihre Mutter verlieh Geld an Kleinhändler. Obwohl sie eigentlich Mathematiklehrerin werden wollte, studierte sie auf den Rat von Vater und Onkel Viehzucht an der landwirtschaftlichen Universität in Mataram. Nach dem Studienabschluss arbeitete sie zunächst in einer kleinen nicht-staatlichen Organisation in ihrer Heimatstadt Selong in Ost-Lombok und unterrichtete dann Viehzucht in einer islamischen Oberschule. 1992 bewarb sie sich um einen Posten als Beamtin, aber während das Bewerbungsverfahren noch lief, lernte sie einen jungen Mann aus ihrer Siedlung kennen. Unsicher, ob sich ihre Vorstellungen für ihre berufliche Zukunft verwirklichen lassen würden, stürzte sie sich in die Beziehung und ließ sich von ihrem Freund in eine andere Stadt entführen (*dibawa lari*). Eine Woche war sie mit ihrem Freund in Mittel-Lombok unterwegs, als ihr Vater sie gemeinsam mit einem Onkel abends auf der Straße erwischte. Sie war es müde, sich nur im Zimmer zu verstecken und hatte vor, mit ihrem Freund ins Kino zu gehen. Als der Vater sie erkannte, rannte er auf sie zu, griff ihren Arm und zog sie von dem Jungen weg. Sie wehrte sich, wurde dann aber von Vater und Onkel überwältigt. Auf dem Motorrad brachten sie sie noch in derselben Nacht zu einem islamischen Geistlichen in einem Bergdorf am Hang des Rinjani-Vulkans, der sie mit Gebeten, Räucherstäbchen und Blütenbädern von ihrem bösen Fluch zu befreien suchte. Nach dieser Reinigungszeremonie, die Ade als einen tranceartigen Zustand erinnert, in dem sie, von Rauchschwaden umnebelt, die wie Mantras vom Imam rezitierten Koransprüche in sich aufnahm, wurde Ade nach Hause gebracht und durfte zwei Monate lang das Haus nicht verlassen.

Ade sagt, dass sie ihren Eltern dankbar ist, dass sie sie aus der Beziehung gerettet haben. Der Junge stammte aus einer Familie, die in der Kleinstadt nicht gut angesehen war, und ihre Eltern erhofften sich eine bessere Zukunft für sie.

Ade widmete sich nun ganz der Berufstätigkeit. Nach einiger Zeit hatte sie auch wieder Freundschaften mit Männern, doch diese Beziehungen gingen alle auseinander, bevor es ernst wurde. »Du bist von der Familie deines ersten Freundes verhext worden, sagten die Nachbarn«, erzählt Ibu Ade. »Weil du deine Handtasche im Haus des Jungen vergessen hast, besitzen sie persönliche Gegenstände von dir und können dich so verzaubern, dass du für immer an deine erste Liebe gebunden bleibst.« Für dieses Phänomen wird in der Lokalsprache der Begriff *getang* gebraucht, was auf Indonesisch so viel heißt wie »mit einer Haut oder Membran umwickelt sein«.

Um dem Gerede der Nachbarschaft zu entgehen, verlegte sich Ade auf die Frauenfreundschaften und verbrachte ihre Freizeit mit einer Gruppe anderer unverheirateter Frauen um die dreißig. Der Fünferclub, der in der Gemeinde als Alter Jungfern-Club verschrien war, trieb zusammen Sport, machte Ausflüge in die Umgebung und ging gemeinsam Essen.

Eine Wendung wurde schließlich durch eine Arbeitskollegin in Ades Leben gebracht. Sie war der Ansicht, dass Ibu Ade zum Eheglück verholfen werden könnte, wenn sie mit dem richtigen Mann zusammengebracht würde. Sie schlug einen etwas älteren allein stehenden Mann aus der Verwandtschaft ihres Ehemannes vor und arrangierte das erste Treffen zu Dritt. Nach dem ersten Zusammentreffen, bei dem sich das Gespräch zunächst um Belanglosigkeiten drehte und das dazu diente, sich gegenseitig in Augenschein zu nehmen, ergriff Ade die Initiative und verabredete mit ihm telefonisch das nächste Treffen zu zweit.

»Mein Mann ist viel ruhiger und weicher als ich«, sagt sie. »Er ist sehr religiös und gibt anderen Menschen ständig etwas. Ich passe vielmehr aufs Geld auf.« Es dauerte nur drei Monate, bis das Paar verheiratet war. Inzwischen hat sie zwei Töchter und ist glückliche Ehefrau und Mutter. Die neue Rolle hat auch ihre äußere Erscheinung verändert. Ibu Ade, die immer gern modische Kostüme im westlichen Stil trug und in eng anliegenden Röcken und Kleidern auch Knie zeigte, nahm vor drei Jahren den Schleier.

»Das war eigentlich schon länger mein Wunsch, ich war nur nicht sicher, ob ich das durchhalte«, lacht sie. »Aber nachdem ich verheiratet war und Mutter wurde, war die Entscheidung für einen islamischen Kleidungsstil und Schleier für mich ein Beweis meiner vollständigen Bindung und Zeichen des Respekts für meinen Mann.«

Ibu Ade legt immer noch viel Wert auf ihre äußere Erscheinung. Ihre Kleidung lässt ihre schlanke Figur erkennen, das Kopftuch ist immer perfekt farblich abgestimmt und wird durch eine Schmucknadel gehalten.

»Früher kleidete ich mich gern sexy. Jetzt mache ich einen Kompromiss«, sagt sie. »Auch mein Mann mag modische Kleidung, und das ist auch im islamischen Stil möglich.« Tatsächlich ist die islamische Tracht in Indonesien in Stoffen und Farben sehr vielfältig. In den Frauenzeitschriften werden besonders vor *Idul Fitri*, dem großen Fest am Ende der Fastenzeit, viele Kombinationen islamischer Mode vorgestellt, die die Frau in festlichem Glanz erstrahlen lassen. Auch für den Alltag gibt es Modelinien im muslimischen Stil, mit denen Frauen durchaus auffallen.

Ibu Ade sagt, dass sie ihre Kinder islamisch erziehen möchte, um ihnen eine feste moralische Grundlage zu geben. »Die wird immer wichtiger, je mehr der Einfluss westlicher Medien mit der Darstellung von Liebes- und Sexszenen wächst«, sagt sie. In der Erfahrung mit ausländischen Kollegen im Projekt hat sie eigentlich nur deren hohe Arbeitsdisziplin beeindruckt.

Dass die Frauen in einer solchen Situation spirituelles Heil und Regeln für die Meisterung des Alltags in der Religion suchen, ist im islamischen Osten Lomboks nahe liegend. Ins Auge sticht dabei, dass primär Frauen und Mädchen dem strikt islamischen Verhaltenskodex unterworfen werden, während die Männer und Jungen häufig gegen die Regeln der *shariah* verstoßen, trinken, Glückspiele betreiben, außereheliche Sexualbeziehungen eingehen und gleichzeitig verbal die äußeren Verhaltensnormen des Islam hochhalten. Hier zeigt sich zum einen, dass die Religion von vielen primär als ein Handlungskorsett angelegt wird, dessen Wirkung nach außen orientiert ist: es geht um den äußeren Schein und darum, von anderen in der Verhaltensnorm gesehen zu werden. Gleichzeitig wird hier der für patriarchalische Gesellschaften typische Doppelstandard sichtbar: Regelverstöße von Männern werden augenzwinkernd toleriert oder vertuscht, während die persönliche Freiheit von Frauen drastisch eingeschränkt und ihr Körper sowie ihr Handlungsspielraum unter die Verfügungsgewalt der Männer gestellt wird. Wenn, wie bei Ade, Ausbrüche in eine individuelle Freiheit misslungen sind, bleibt den Frauen in einer strikten sozialen Umgebung meist nichts anderes übrig, als sich in die Nischen zu fügen, die ihnen zugewiesen werden. Hier verkehrt sich ihre persönliche Leidenserfahrung dann oft ins Gegenteil. Unbefriedigte Energien werden kanalisiert, indem sie sich zu unnachgiebigen Moralwächterinnen aufschwingen, denn nur so können sie sich einen positiv sanktionierten Status sichern.

Dass die Religion auch eine positive Triebfeder für gesellschaftliches Engagement sein kann, zeigt sich an den Geschichten der Gemeindearbeiterin Kamaria und der Sozialaktivistin Gita.

Der Glaube an den Fortschritt – die Gemeindearbeiterin

Ibu Kamaria ist fest davon überzeugt, dass alle, die einen starken Willen haben und bereit sind, hart zu arbeiten, ihre persönlichen Ziele erreichen können. Auch sie ist mit Disziplin und harter Arbeit ein gutes Stück auf der sozialen Leiter vorangekommen. Die 35-Jährige glaubt fest daran, dass es ihre Kinder weiter bringen werden als sie selbst, wenn auch sie diese Einstellung beherzigen. Sie erzieht ihre drei und acht Jahre alten Kinder ganz in diesem Geist, eingebettet in die aktive Ausübung der islamischen Religion. Sie sorgt dafür, dass die Kinder einen regelmäßigen Tagesablauf einhalten, in dem der Besuch der Koranschule einen wichtigen Platz einnimmt. Ibu Kamaria, aus deren von einem weißen Schleier eingerahmtem Gesicht ein offenes Lächeln strahlt, schaut mich mit hellen Augen und blitzweißen Zähnen an, während sie die Prinzipien ihrer Lebensführung erklärt: »Ein Mensch ist nur dann glaubwürdig, wenn Worte und Taten im Einklang stehen, wenn er sich tatkräftig für seine Ideale und Ziele engagiert.«

Sie ist diesem Leitsatz gefolgt und nimmt in dem kleinen Dorf in Ost-Lombok eine wichtige Rolle in der sozialen Gemeinschaft ein. Sie arbeitet auf Honorarbasis in der Gemeindeverwaltung und ist hier in erster Linie für Sozialprogramme zuständig. Dabei fällt ihr auch die Aufgabe zu, Zuwendungen der Regierung an die Bedürftigen zu verteilen; in der Vergangenheit war es in erster Linie subventionierter Reis, der im Rahmen des »RASKIN« (*BeRAS untuk orang misKIN*)-Programms an die Armen abgegeben wurde. Im Moment sind es die Kompensationszahlungen als Ausgleich für die Streichung der Treibstoffsubventionen, die wegen der langen Transportwege für Konsumgüter im ganzen Land die Preise hochgetrieben haben. Neben dieser beruflichen Tätigkeit ist Ibu Kamaria die Vorsitzende der örtlichen Spar- und Kreditgruppe. Diese besteht in erster Linie aus ambulanten Kleinhändlerinnen, die Fisch, Gemüse, Haushaltsgegenstände und Stoffe verkaufen. Sie nehmen meist Anleihen von bis zu 100 Euro auf, um ihr Kapital für den Erwerb von Konsumgütern zu erweitern, und zahlen mit einem Monatszinssatz von 2 % in kurzen Zyklen zurück. Jeder Kreditantrag wird schriftlich gestellt und die Wirtschaftlichkeit wird im Hinblick auf den bisherigen und zu erwartenden Geschäftserfolg der Antragstellerin von drei Vorstandsfrauen geprüft.

Die Kreditgruppe funktioniert seit fünf Jahren gut und hat bereits weiteres Kapital über ein Förderprogramm der Distriktregierung erhalten. Die Frauen wenden das *Tanggung Renteng*-System an, d.h. eine Kleingruppe bekommt den Kredit und haftet gemeinsam dafür. Der nächste Kredit wird erst ausgezahlt, wenn die Schulden beglichen sind. Durch diese hohe soziale Kontrolle liegt die Rückzahlungsquote bei fast 100 %. Angesichts des erfolgreichen Wachsens der Gruppe hat eine kleine lokale Bank der Gruppe bereits angeboten, sie in ihr Netzwerk aufzunehmen und ihr Kapital durch Gruppenanleihen aufzustocken.

Ibu Kamaria, die zwar die Oberschule abgeschlossen hat, aber ihren Wunschberuf Lehrerin nicht verwirklichen konnte, da das Geld für die weiterführende Ausbildung fehlte, ist fest überzeugt, dass ihre Kinder es weiter bringen werden als sie. »Meine Tochter soll Ärztin werden und mein Sohn Lehrer«, sagt sie. Sie findet, dass sich die Lebenssituation der Bevölkerung in Ost-Lombok verglichen mit ihrer Jugendzeit stark verbessert hat. »Heute können fast alle Kinder, die gut lernen, zur Mittel- und Oberschule gehen. Die wirklich Mittellosen werden durch einen Brief von der Gemeindeverwaltung von den Schulgebühren befreit. Kinder werden heutzutage mit Hilfe einer ausgebildeten Hebamme zur Welt gebracht, und die meisten Paare entscheiden sich für die Pille als Verhütungsmittel, weil sie nicht mehr als zwei Kinder haben wollen. Früher hatten die meisten Leute mindestens sechs Kinder. Außerdem kommt jetzt viel Geld in die Region, das von den im Ausland Arbeitenden überwiesen wird.«

Ibu Kamarias positive Bewertung deckt sich nicht ganz mit den Armutsstatistiken, nach denen die Provinz West-Nusa Tenggara, zu der die Insel Lombok gehört, insbesondere mit Blick auf die Gesundheitssituation auf einem der letzten Plätze rangiert.[204] Dennoch spiegelt die positive Sichtweise ihrer Lebenssituation wider, dass die Armut in Ost-Lombok zwar relativ hoch ist im Vergleich zu anderen Regionen Indonesiens, der Lebensstandard in den letzten Jahrzehnten absolut jedoch gestiegen ist. Ob dies auch die Lebensqualität einschließt, wird sicher von vielen Bewohnern

Ost-Lomboks sehr unterschiedlich eingeschätzt. Dass der trotz Familienplanung nach wie vor hohe Bevölkerungsdruck im trockenen Osten der Insel zu sozialen Spannungen führt, zeigen die immer wieder aufflammenden Kämpfe zwischen Dörfern, die von konkurrierenden religiösen Führern gesteuert werden. Dabei geht es in aller Regel um Macht und Ressourcen, und leider werden die in allen Weltreligionen und auch im Islam enthaltenen Grundprinzipien, seine Mitmenschen zu achten, keine Gewalt anzuwenden und den Armen zu helfen, nur zu häufig in ihr Gegenteil verkehrt.

Ringen um Freiheit und Gleichheit – die Sozialaktivistin

Ibu Gita, 38 Jahre alt, verheiratet und Mutter einer Tochter, kann als Beispiel für die zahlreichen Frauen stehen, die sich in selbst verwalteten Nicht-Regierungsorganisationen (NRO)[205] für die Verbesserung der Lebensbedingungen in ihrer Region einsetzen. Sie arbeitet in einer solchen Organisation in Ost-Lomboks Distrikthauptstadt Selong, wo sie geboren und aufgewachsen ist. Kurz nachdem sie ihr Studium an der Landwirtschaftsfakultät der Universität Mataram im Schwerpunkt Tierzucht abgeschlossen hatte, bekam sie 1992 ihre erste Anstellung im Bereich Entwicklungszusammenarbeit. Seitdem ist sie in verschiedenen von internationalen Organisationen unterstützten Projekten tätig gewesen. In dem von der australischen Regierung geförderten Entwicklungshilfeprojekt, in dem sie ihre berufliche Laufbahn begann, lernte sie auch ihren späteren Mann Pak Rano kennen, der derzeit für ein Projekt der Weltbank in Indonesiens Ostprovinzen tätig ist. Er kommt seine Familie einmal im Monat in Lombok besuchen.

Wegen ihrer guten Leistungen hatte Gita schon als Schülerin eine Auszeichnung und mehrere Stipendien erhalten. Ein Engagement im sozialen Bereich lag ihr näher als eine eher technische Tätigkeit gemäß ihrer Ausbildung als Tierzüchterin. So wurde sie in den Organisationen, in denen sie tätig war, zur Expertin für Erwachsenenbildung. Sie hat diverse Trainingshandbücher geschrieben und gestaltet die Kurse mit ihrer direkten, manchmal provokanten Art sehr lebendig. Dank ihres hohen Selbstbewusstseins hat sie keine Angst, Menschen direkt anzusprechen und mit Fragen oder Sachverhalten zu konfrontieren, um zu neuen Antworten zu kommen. Dieses Verhalten ist für eine Frau in Lombok eher untypisch.

Während sie sich in NRO-Kreisen mit ihrer provokativen Art leicht Gehör verschaffen kann, findet sie bei den Angehörigen der Distriktregierung nicht automatisch die Aufmerksamkeit, die sie zur Vertretung ihrer Anliegen sucht. »In der Lokalpolitik liegt noch viel im Argen«, sagt sie. »Zwischen der Distriktregierung und dem Parlament gibt es viele Konflikte. Obwohl es zur Umsetzung der Demokratisierung viel zu tun gäbe, werden im Moment kaum Beschlüsse gefasst, die den Handlungsspielraum der Menschen in den Dörfern erhöhen. Vielen Lokalpolitikern sind die Spielregeln der Demokratie noch fremd und es geht ihnen in erster Linie darum, den eigenen Machtradius zu erweitern.« Ibu Gita und ihr Mann lehnen es ab, sich mit hohen Bestechungsgeldern eine Position als Beamte zu erkaufen und haben sich beide bewusst für ein Engagement in zivilgesellschaftlichen Organisationen entschieden.

Dabei wird Gita von dem Ziel geleitet, eine bessere Zukunft für ihre Region zu erreichen. Diese Motivation sieht sie nicht bei allen Mitarbeitern lokaler NRO. »Viele arbeiten in nicht-staatlichen Organisationen, weil sie keinen anderen Job bekommen haben und hier eine Möglichkeit sehen, Geld zu verdienen.«

Sie möchte mit ihrer Arbeit in erster Linie zur Verbesserung der Situation der armen Bevölkerung beitragen. Dabei liegen ihr die Belange von Frauen und Kindern besonders am Herzen, denn sie sieht tagtäglich, wie diese unter den sozialen Problemen am stärksten leiden und am wenigsten Möglichkeiten haben, sich aus den hemmenden Strukturen zu befreien und ihre Potenziale zu verwirklichen.

Neben den wirtschaftlichen und sozial-politischen Problemen, die sie in der Region sieht, ist sich Ibu Gita durchaus auch der positiven Aspekte der Lombok-Gesellschaft bewusst. Nach den Werten gefragt, die sie an der lokalen Kultur besonders schätzt, sagt sie, dass sie »gegenseitige Anerkennung, Wertschätzung und Respekt für Führungspersönlichkeiten, Mitgefühl, das gemeinsame Beratschlagen zur Konsensfindung (*musyawarah*) und Gemeinschaftsarbeit (*gotong royong*)« besonders schätzt. Als Muslimin ist sie der Ansicht, dass nicht die äußere Erscheinung wichtig ist, sondern die innere Einstellung und das Verhalten. »Viele Frauen, die den Schleier tragen, achten sehr auf modische Kleidung und tragen Make-up. Sie konzentrieren sich darauf, um die Sympathie ihrer Mitmenschen zu erwerben anstatt sich an Gott und seiner Botschaft zu orientieren«, sagt Ibu Gita. Sie selbst ist unverschleiert und trägt meist locker sitzende Jeans.

Die Suche nach einem besseren Leben

Die Aussagen der portraitierten Frauen aus Lombok spiegeln wider, wie sie in einer Situation großen sozialen Drucks nach Wegen suchen, um ihre Existenz zu meistern – materiell und spirituell. Dass sie die Suche nach dem materiellen Glück oft in fremde Länder führt, wo sie aus ihrem sozialen Kontext herausgerissen sind und Extremsituationen allein meistern müssen, verlangt nicht nur eine gehörige Portion Mut, sondern auch eine große emotionale Stärke. Die Kraft dafür beziehen viele Frauen aus der Religion, mit der sie von klein auf verbunden sind und die ihre Verankerung in der sozialen Gemeinschaft entscheidend mitgeprägt hat.

Psychische und emotionale Härten werden aber nicht nur während der Migration erfahren, sondern auch nach der Rückkehr in die Heimat. Die Frauen werden oft nach ihrer Heimkehr damit konfrontiert, dass ihre Familien auseinander gebrochen sind und dass der Finanzstrom, mit dem sie ihre Angehörigen versorgt haben, nicht die emotionale Beziehung ersetzen konnte. Häufig nehmen sich Männer eine andere Frau und investieren die Auslandsüberweisungen ihrer Erstfrau in die neue Beziehung. Kinder, die während der Abwesenheit der Mutter jahrelang als siebtes Rad am Wagen von anderen Familienmitgliedern durchgezogen werden, wenden sich innerlich von ihren Eltern ab und verfallen auf ihrer Suche nach Bezugspersonen leicht den Versprechungen und Scheinsicherheiten von Extremisten religiöser oder politischer Couleur. Mädchen treibt das Alleingelassensein in frühe Liebesbeziehungen, die wegen des fehlenden Zugangs zu Verhütungsmitteln nur zu oft in ungewollten Schwangerschaften enden. Bei Jungen, die ohne Mutter und mit einem ständig auf Brautschau befindlichen Vater aufwachsen, drückt sich die erlittene Frustration häufig in einer hohen Gewaltbereitschaft aus, die nur zu leicht religiös und politisch auszubeuten ist.

Bei Frauen wie Kamaria und Gita, die sich im Kontext patriarchalisch-islamischen Wertesystems stark für Gemeinde und Gesellschaft engagieren, beeindrucken die Zielstrebigkeit, der Elan und die Selbstdisziplin, mit der sie Arbeit, Familie und Engagement im öffentlichen Bereich verbinden.

Während Kamaria, eingebunden in die enge soziale Kontrolle ihrer dörflichen Gemeinschaft, ihr Leben strikt nach den islamischen Verhaltensvorschriften ausrichtet, kann es sich die in der Provinzhauptstadt ansässige Akademikerin Gita derzeit noch leisten, den spirituellen Wert der Religion durch ihre ethische Haltung und ihr soziales Handeln in der Gesellschaft auszudrücken und äußere Symbole wie Kleidung sowie das Ausführen religiöser Rituale in den Hintergrund zu stellen. Doch wenn der soziale Druck steigt und der islamische Sittenkodex der *shariah* – wie in vielen Distrikten seit dem Jahr 2000 geschehen – per Distriktverordnung vorgeschrieben wird,[206] wird es auch für Frauen wie Gita schwieriger, gegen repressive Normen und Verhaltensregeln ihren eigenen Weg zu behaupten.

Die Kraft des Standhaltens. Frauen in Aceh

Die Provinz Aceh ist reich an Bodenschätzen, doch die Bevölkerung hat wenig von diesem Reichtum. Im Gegenteil. Mehr als ein Jahrzehnt wurde die Provinz im Kampf um die politische Unabhängigkeit vom Bürgerkrieg geschüttelt. Viele unbeteiligte Menschen sind zwischen die Kriegsfronten geraten. Während des Krieges waren viele Frauen auf sich alleine gestellt, da ihre Männer im Untergrund kämpften. Bei den ersten Wahlen, die nach dem historischen Friedensschluss zwischen der Zentralregierung in Jakarta und den Rebellen stattfanden, konnte sich 2006 der ehemalige Rebellenführer der Untergrundbewegung *GAM* (*Gerakan Aceh Merdeka* – Bewegung Freies Aceh) durchsetzen und ist nun Gouverneur von Aceh mit einer autonomen Gesetzgebung. Doch den Frauen hat die Autonomie nicht mehr Freiheit gebracht – sondern weniger. Die *shariah*, das islamische Recht, ist seitdem in die öffentliche Rechtssprechung übernommen worden und bestraft Frauen, die sich nach Einbruch der Dunkelheit ohne männliche Begleitung auf die Straße wagen, sich nicht züchtig verschleiern oder eine außereheliche Beziehungen mit einem Mann eingehen.

Nachdem der politische Konflikt endlich beigelegt worden war, folgte schon die nächste Katastrophe – der Tsunami, eine riesige Flutwelle, die an Weihnachten 2005 hunderttausende Menschenleben kostete. Bis heute leidet die acehnesische Bevölkerung unter dieser Naturkatastrophe. 15.000 Menschen leben immer noch in Notunterkünften.

Die Frauen in Aceh sind sehr gläubig und sehr hartnäckig. Dieses Kapitel soll das facettenreiche Spektrum der Lebensläufe acehnesischer Frauen aufzeigen. Darunter sind mit Sicherheit einige, die jene gesellschaftlichen Normen erfüllen, auf die die acehnesische Gesellschaft so stolz ist. Aber es gibt auch acehnesische Frauen, die ihren eigenen Weg gehen.[207]

Syarifah Mastura Al Iderus, eine Nachfahrin des Propheten

Syarifah Mastura Al Iderus wohnt noch immer dort, wo ich sie im vergangenen Jahr nach dem verheerenden Tsunami besucht hatte. Von der Stadt Banda Aceh aus in Richtung Ulee Lheue führt der Weg zu ihr über eine lange Straße, die von der Flutwelle weggespült worden war. Heute säumen verschiedene neue Häuser und Gebäude die neu gebaute Straße. An der Ulee Lheue-Moschee biegen wir bei den Häusern, die von der Nicht-Regierungsorganisation (NRO) *Uplink* mit Spenden von Misereor aus Deutschland gebaut wurden, nach rechts in eine enge Straße ab. Zwischen den Häusern von *Uplink* und dem Lager der Regierung findet man das Holzhaus, das sich Syarifah mit Brettern und anderen einfachen Baumaterialien selbst gezimmert hat.

Wir verspäten uns um eine Stunde, so dass sie nicht mehr auf der Terrasse an der Vorderseite ihres Hauses auf uns wartet. Die Terrasse sieht diesmal anders aus als damals, als ich Syarifah zum ersten Mal besuchte. Ein Jahr nach dem Tsunami hatte sie bereits dieses schlichte Holzhaus gebaut, das gerade mal zum Kochen und Schlafen ausreichte, und hatte sogar eine Terrasse mit Bänken vorzuweisen, auf denen ihre Gäste Platz nehmen konnten. Das Haus befindet sich hinter den Baracken anderer Flüchtlinge, deren Häuser so aussehen, als wären sie mit Hilfe einer NRO oder der staatlichen Aceh-Wiederaufbaubehörde (*BRR*)[208] errichtet worden. Syarifah besitzt kein Land in Ulee Lheue und deshalb wurde ihr kein Haus zugewiesen. Das einfache Haus, in dem sie nun wohnt, hat sie mit etwas Hilfe von der lokalen Hilfsorganisation FBA[209] allein gebaut. Es hat seinen ganz individuellen Stil, und obwohl einfach, erscheint es im Vergleich zu den durch NROs finanzierten Häusern durchaus einladend und wohnlich. Auf der Terrasse vor ihrem Haus finden sich nun vielmehr Kochutensilien und weitere Möbelstücke. Neben Sitzgelegenheiten ist hier auch eine Kochstelle. Eine kleine Treppe führt zum Innenraum, der als Schlafzimmer dient. Syarifah begrüßt uns mit geröteten Augen. Anscheinend hatte sie kurz geschlafen, während sie auf unseren Besuch wartete.

Ich erinnere mich an das vergangene Jahr, als ich sie nach dem Tsunami in einem Flüchtlingslager aufsuchte. Sie trug damals ein hübsches Kleid und ein lilafarbenes Kopftuch. Sie hatte sich ein wenig zurechtgemacht mit Puder und Lippenstift, um mir gewissermaßen eine Ehre zu erweisen. Wir stellten uns einander vor und sprachen zunächst über allgemeine Dinge, bevor sie mir ihre Lebens- und Leidensgeschichte erzählte, die seit ihrer Kindheit bis heute andauert.

Am Tag, an dem sich das Seebeben und der Tsunami ereigneten, ruhte sich Syarifah gerade mit ihren drei Töchtern und dem Baby aus. Nach dem Kochen aßen sie gemeinsam ihr Frühstück, und die Kleinen guckten Fernsehen. Plötzlich kam das Beben. Sie liefen aus dem Haus. So schnell sie konnten, rannten sie zusammen mit anderen Nachbarn in die Moschee, um dort Schutz zu suchen. Noch etwas verstört von dem Beben setzten sie sich vor die Moschee. Es gab niemanden, der sich nach dem Beben in ein Gebäude traute. Nachdem sie glaubten, die Gefahr sei vorüber, verabschiedete sich ihre älteste Tochter, 22 Jahre alt, um mit dem Motorrad zum Campus zu fahren. Sie studierte Wirtschaft im vierten Semester an der Syah Kuala-Universität. Obwohl es eigentlich Sonntag war, gab es doch eine Veranstaltung dort. Als urplötzlich das Meerwasser zurückging, waren alle erstaunt über dieses seltsame Naturphänomen, ohne wirklich zu verstehen, dass es sich hierbei um das Vorzeichen eines Tsunami handelte.

Sie hatte bereits den Stadtrand von Ulee Lheue erreicht, als sich Syarifahs Tochter eines Besseren besann und zu der Moschee zurückkehrte, weil sie ihre Mutter mit den kleinen Geschwistern nur ungern alleine lassen wollte. Als sie umkehrte, sah sie in der Ferne die riesige Flutwelle, die auf den Strand zurollte. Syarifah sah ihre Tochter gerade vom Motorrad absteigen, inmitten der Menschen, die wieder auf die Moschee zurannten und dort nach Schutz suchten. Zusammen mit ihren Kindern und den Menschenmassen rannte sie auf die Moschee zu. Es kam ihnen nicht in den Sinn, mit dem Motorrad zu fliehen.

Syarifah und ihre Kinder hatten die Moschee bereits erreicht, als das Wasser sie einholte. Syarifah tat alles Menschenmögliche, um ihre Kinder zu retten, doch das Wasser war stärker und schneller als sie und zerstörte alles, was ihm in den Weg kam. In Panik und voller Angst rannten und schrien die Menschen. Syarifah hörte, wie ihre Kinder »Mutter, hilf uns, Mutter!« riefen, aber es gelang ihr nicht, zu ihnen zu gelangen, weil sie selbst um ihr Leben kämpfen musste. Die Welle wirbelte sie hin und her, dreimal ging sie unter, ihr Kopf stieß an einen großen Holzbalken, bevor sie schließlich von der Strömung hochgehoben wurde. Sie sah noch, wie ihr Baby und ihre drei Töchter von der Strömung fortgerissen wurden. Dann wurde sie selbst von einigen Menschen aus dem Wasser gezogen. Erschöpft sank sie auf den zweiten Stock der Moschee und konnte nur noch hilflos mitansehen, wie ihre Kinder in den dunklen Fluten des Tsunami untertauchten.

Obwohl sie sich bereits auf dem obersten Stockwerk der Moschee befanden, wurden die Menschen auch hier von den steigenden Wassermassen bedroht. Das Wasser reichte schon nach kurzer Zeit bis zum Dach, und wenig später war die gesamte Moschee überflutet. Mit den Männern, die sie nach oben gezogen hatten, gelang es Syarifah, zunächst auf die Terrasse des zweiten Stocks zu klettern, das Dach zu durchbrechen und so schließlich auf das Dach der Moschee zu steigen. Dort waren sie erst einmal in Sicherheit.

Das Schicksal Syarifahs ist kein Einzelfall. Hunderttausende weitere Opfer erlebten ähnliche Tragödien. Ibu Suri, Nuraida, Aisyah und viele andere Männer und Frauen in Aceh wurden vom Tsunami überrascht. Hunderttausende überlebten mit letzter Kraft und wurden schließlich in Flüchtlingslagern untergebracht, die weit von ihren Heimatdörfern entfernt lagen. Erst fünf bis sechs Monate später wurden ihnen ein Platz und Baracken in ihren Heimatdörfern bereitgestellt.

Syarifah war überwältigt vom Schmerz und der Trauer über den Verlust ihrer geliebten Kinder. Eine Woche lang weinte und betete sie und sehnte sich ihre Kinder herbei. Die anderen Opfer versuchten, sie zu trösten – aber vergebens. Jeden Tag bat sie in unzähligen Gebeten darum, man möge ihr ihre Kinder zurückgeben, dass sie sie sehen oder zumindest noch einmal mit ihnen sprechen könnte. Einen Monat nach der Katastrophe war sie noch immer in Trauer und schien allen Lebensmut verloren zu haben. Oft hörte sie im Gebet die Stimmen ihrer Kinder. Das Gebet war es, das ihr in ihrem Kummer half und sie stärkte. Schließlich ergab sie sich Allah voll und ganz.

Meine Augen werden feucht, als ich ihre Geschichte höre. Ich mag mir nicht vorstellen, wie es wäre, solch ein Leid und solch einen Schmerz erleiden zu müssen.

Die Lebensgeschichte von Syarifah Mastura aus Ulee Lheue, 38 Jahre alt, ist sehr bitter und traurig, nicht nur wegen des Tsunami, sondern bereits von Kindheit an. Ihre Mutter war eine gewöhnliche Hausfrau und ihr Vater ein Kleinunternehmer, der Seile und Kunsthandwerk aus Palmfasern herstellte. Der Vater starb früh, so dass ihre Mutter sie alleine großziehen musste. Syarifah selbst hatte es auch nicht leicht. Vielleicht war es zu schwierig für ihre Mutter, sie zu versorgen. Jedenfalls wurde Syarifah bereits nach der Grundschule einem Vetter versprochen, der eigentlich wie ein Bruder für sie war, weil er mit ihnen im selben Haus wohnte.

Wie viele andere acehnesische Frauen und Mädchen wurde sie dazu erzogen zu gehorchen: zuerst der Religion, dann den Eltern und nach der Hochzeit schließlich dem Ehemann. Diese drei Prinzipien sollten im Grunde alle Frauen in Aceh befolgen. Syarifah blieb nichts anderes übrig, als schon in jungen Jahren eine Ehe einzugehen. Im Alter von nur 16 Jahren wurde sie bereits Mutter. Schnell folgten das zweite, dritte und vierte Kind. Mit dem Anwachsen ihrer Familie lernte sie, ihren Mann zu lieben.

Doch nach einigen Jahren des glücklichen Familienlebens begann ihr Mann ein Verhältnis mit der Hausangestellten. Er bat sie um Erlaubnis, eine Nebenfrau zu nehmen. Anders als es sonst bei acehnesischen Frauen üblich ist, widersetzte sie sich ihrem Ehemann und teilte ihm mit, dass sie sich lieber scheiden als zur Zweitfrau machen lassen wolle. So geschah es dann auch. Sie ließ sich scheiden und verließ das Haus, mit dem sie nun so bittere Erinnerungen verband. Ihre drei Töchter und den kleinen Sohn, gerade mal 28 Tage alt, nahm sie mit sich und mietete sich ein kleines Haus in Ulee Lheue. Doch ging sie weiterhin ihrem bescheidenen Gewerbe nach und fertigte aus Zinn kleine Gewichte für Fischernetze an.

Die Polygamie ist ein weit verbreiteter Brauch in Aceh. Syarifah erzählt mir von einer Freundin, die mit einem Aktivisten der *GAM* verheiratet ist. Wenn ihr Mann sich in den Bergen versteckte, nahm er sich eine Zweitfrau, während seine Erstfrau ihm weiterhin treu ergeben war, ja sogar hart arbeitete, um Reis für ihren Mann und die andere Frau kaufen zu können. Die Zweitfrau holte sich alle paar Wochen diesen Reis und brachte ihn in die Berge. Auf diese Weise gelang es den *GAM*-Soldaten, sich über einen längeren Zeitraum hinweg versteckt zu halten und doch ausreichend Nahrungsmittel zu haben.

Die Polygamie wird damit begründet, dass auch der Prophet Mohammad zehn Frauen hatte. So wird dieser frauenfeindliche Brauch vielerorts als Nachahmung einer Gewohnheit des Propheten hochgehalten. Frauen sollten sich dem fügen und standhaft sein. Wer heiratet, sollte stets darauf gefasst sein, dass sich der Mann mehrere Frauen nimmt. Immerhin sei es doch besser, wenn sich der Mann eine Zweit-, Dritt- oder gar Viertfrau nimmt, als wenn er sich außerehelich vergnügt. Denn jemanden dazu zu bringen, eine Sünde zu begehen, sei selbst eine Sünde. So lautet zumindest die Argumentation von Seiten der Männer. Die acehnesische Gesellschaft ist es gewohnt, Proteste von Frauen zu hören, deren Männer ein weiteres Mal heiraten wollen. Aber in den meisten Fällen versiegt der Ärger dieser Frauen nach einiger Zeit und sie kehren reumütig zu ihren Männern zurück. Die erste, zweite, dritte und vierte Frau fügen sich schließlich ihrem Schicksal, so wie es ihnen beigebracht wurde und wie es in Aceh seit Generationen Tradition ist.

Früher half Syarifah anderen bei der Anfertigung von Zinngewichten für Angeln und Fischernetze. Dann ging sie dazu über, ihre eigene Produktion aufzubauen und beschäftigte sogar noch weitere Frauen in der Produktion, während sie selbst ihre Produkte auf dem Markt verkaufte. Dort erwarb sie auch die Materialien für die Herstellung der Gewichte.

Nach dem Tsunami kam Syarifah in ein Flüchtlingslager, das in erster Linie für die Bewohner von Ulee Lheue errichtet worden war. Dort traf sie die Gründer und Mitglieder der NRO FBA, die als Tsunamihilfe von einem Journalisten aus Jakarta ins Leben gerufen worden war. Er hatte nach dem Tsunami einige junge Menschen unter den Opfern um sich versammelt und mit ihnen zusammen anderen Opfern geholfen. Dies war nicht nur eine humanitäre Aktion, sondern ermöglichte den Opfern auch, durch die sozialen Tätigkeiten ihre eigenen Traumata zu überwinden. Das Forum finanzierte sich zu Anfang durch Spenden aus Jakarta, von den persönlichen Freunden des Gründers, Azwar Hassan. Später kamen noch Mittel von der Katastrophenhilfe der Diakonie in Deutschland hinzu, sowie von Dublin Port und anderen Gebern.

Wie viele andere ehemalige Kleinstunternehmer in Ulee Lheue wurde auch Syarifah von der NRO ermutigt, ihre Arbeit wieder aufzunehmen. Diejenigen, die vor dem Tsunami ein kleines Unternehmen besaßen, konnten eine Art Startguthaben in Form von Werkzeug oder der Miete für eine Werkstatt erhalten. Vier Monate nach dem Tsunami brachte ein FBA-Mitglied aus Ulee Lheue eine Ladung von Werkzeugen, aus denen Syarifah und die anderen nur zu wählen brauchten. Sie nahm sich etwas Holz und Baumaterial, um ein 4 x 6 m großes Holzhaus zu errichten, des Weiteren Zinn, Eisen, ein Messer und einen Topf, um darin Zinn erhitzen zu können, sowie einige andere Werkzeuge mehr.

Bevor sie wieder anfing zu arbeiten, musste Syarifah jedoch erst die Hilfe ihrer Verwandtschaft in Anspruch nehmen. Ihre Cousine in Jakarta lud sie sogar ein, zu ihr nach Jakarta zu ziehen. Aber nachdem sie drei Monate lang in Jakarta verwöhnt worden war, sehnte sich Syarifah nach Aceh und dem Ort zurück, an dem sie zuletzt ihre vier Kinder gesehen hatte. Zudem war sie ja auch schon recht selbständig.

Heute ist Syarifah wieder ganz die erfolgreiche Kleinunternehmerin. Sie hat es mittlerweile geschafft, 16 bis 20 Arbeiterinnen zu beschäftigen. Ihre Arbeiterinnen werden zunächst angelernt, doch sobald sie selbständig Zinngewichte für die Fischernetze herstellen können, ist es ihnen erlaubt, von zu Hause aus zu arbeiten. Syarifah selbst ist für die Vermarktung zuständig.

Tatsächlich ist Syarifah nur ein Titel, der denjenigen zusteht, die Nachfahren der Enkel Mohammads und somit der arabischen Könige sind. Die Familie Al Iderus ist die Großfamilie des Propheten. Die weiblichen Nachfahren des Propheten dürfen sich Syarifah nennen und sind keine gewöhnlichen Frauen. In der Regel wachsen sie in einer Großfamilie auf, die seit jeher mit arabischen Händlern in engem Kontakt steht. Die meisten Syarifahs sind es gewohnt, unternehmerisch tätig zu sein oder im Familienbetrieb mitzuhelfen und zeichnen sich durch besondere Stärke und Würde aus. Afwan und Rajali, die beiden acehnesischen Männer, die mich zu Syarifahs Haus begleiten, stammen nicht aus einer Familie von Nachfahren des Propheten. Für sie ist es nahezu unmöglich, eine Frau wie Syarifah zu bekommen. Diese Frauen sind bekannt für ihre Schönheit, aber auch für ihre Arroganz und dafür, dass sie sich selten und ungern mit gewöhnlichen Männern umgeben. Wer als Mann also eine Syarifah heiratet, darf sich glücklich schätzen und stolz sein.

Die Nachfahren der Enkel Mohammads, Saidinah Hussein genannt, kamen als Großhändler an die Küste von Aceh. Viele von ihnen ließen sich dort dauerhaft nieder, gründeten Familien und Siedlungen. Meistens besaßen und bewirtschafteten sie selbst nicht ihr eigenes Land, sondern mieteten es an. In erster Linie waren sie aber im Handel oder in der Produktion tätig. Sie sind bekannt dafür, ertragreich zu arbeiten und sich von der restlichen Bevölkerung Acehs abzuheben. Weil sie ihren Stammbaum auf den Propheten zurückführen können, werden sie verehrt. Sie verwenden eine gehobene Sprache, können gut beten und besitzen einen sehr starken Glauben. Man kennt sie auch als großzügige Spender für religiöse Festivitäten. Das Motto von Syarifah, welches ihr von ihrer Mutter beigebracht wurde, lautet: »Besser ist es, die Hand darüber als darunter zu halten.«

Syarifah möchte sich nur ungern jemandem verpflichtet fühlen und in der Schuld anderer stehen. Dabei hatte ein Vetter aus Jakarta ihr wiederholt seine Hilfe angeboten.

Sie ist zudem davon überzeugt, dass sie es auch ohne die Unterstützung ihres Mannes geschafft hätte, ihre vier Kinder großzuziehen. Ihr Ziel war, den Kindern eine gute Schulbildung zu ermöglichen. Neben ihrem Studium arbeitete ihre älteste Tochter ehrenamtlich bei der Dienststelle für Öffentliche Infrastruktur in Simpang Tiga. Die zweite Tochter ging noch in die Oberschule und war nebenbei ebenfalls als Aushilfe in einem Tourismusbüro tätig.

Als sie noch verheiratet war, hatte Syarifah stets ihr eigenes Geld. Sie hatte zuweilen sogar mehr Geld erwirtschaftet, als sie von ihrem Mann erhielt. Trotzdem stellte sie es nach außen hin immer so dar, als ob ihr Mann das meiste Geld nach Hause brachte. Sie wurde dazu erzogen, ihren Mann in den Augen der Öffentlichkeit gut aussehen zu lassen.

Ihre Mutter, ihre vier Kinder, ihren Ex-Mann sowie ihre Tante und ihren Onkel verlor sie durch die Flutkatastrophe. Obwohl die Organisation *Uplink* ihr bereits ein neues Haus in ihrem Heimatort Lamtih gebaut hat, zieht sie weiterhin ihr kleines Haus in Ulee Lheue vor.

Jedes Mal, wenn sie betet, erinnert sich Syarifah an ihre Kinder und weint. Sie lebt lieber allein, um nicht andere mit ihrer Trauer und ihren Tränen in Verlegenheit zu bringen. Wenn sie mehr erwirtschaftet, als sie zum Leben braucht, spendet sie den Überschuss ärmeren Menschen in ihrer Umgebung. Irgendwann einmal, so hofft sie, wird ihr Geld für eine Pilgerreise nach Mekka ausreichen. Derzeit kann sie sich es noch nicht vorstellen, zu heiraten und eine neue Familie zu gründen, weil sie den Männern nicht ganz traut. Zwar gibt es schon einen Mann, der sich für sie interessiert, aber Syarifah fühlt sich noch nicht bereit, zumal der besagte Mann auch kein Nachfahre des Propheten ist.

Halimah, die ihrem Mann nicht widersprechen darf

Halimah aus dem Dorf Lamklat, Darussalam, zum Beispiel, sieht sich in erster Linie als Hausfrau, obwohl auch sie zusammen mit ihrem Mann auf den Feldern Reis pflanzt und erntet.

Als eine acehnesische Frau wurde Halimah dazu erzogen, ihrem Mann zu gehorchen. Seinem Mann sollte man nicht widersprechen, sagt sie. Wie andere Frauen, deren Männer in der Landwirtschaft tätig sind, besitzt sie kein eigenes Geld. Ihr Mann verwaltet alles Geld und gibt ihr nur soviel, wie sie nachweislich für den Haushalt benötigt. Ihr Mann darf hingegen ganz über sein Geld verfügen, wie er will, und ist ihr in dieser Hinsicht keinerlei Rechenschaft schuldig.[210]

In der acehnesischen Gesellschaft ist es üblich, dass die Männer zum Markt gehen. Sie begründen dies unter anderem damit, dass es zu anstrengend für die Frauen sei, sich auf dem Markt und in all den Menschenmassen zu behaupten. Wenn wir also in Aceh gegen 10 oder 11 Uhr morgens zum Markt gehen, können wir viele Beamte beobachten, die dort Gemüse und Fisch einkaufen. Ein Beispiel hierfür sind die Eltern von Nurul Akhmal, der Mitbegründerin der Frauenpartei.[211] Ihr Vater war Vorsitzender des Lokalparlaments. Bevor er anfing zu arbeiten, ging er erst einmal einkaufen und brachte dann seine Einkäufe nach Hause. Als die Kinder protestierten, warum denn nicht die Mutter einkaufen gehen könne, meinte er, er könne seiner Frau den Trubel und das Gedränge auf dem Markt nicht zumuten. Auf diese Tradition ist zurückzuführen, dass viele Frauen in Aceh kein Geld verwalten und nur bedingt das Haus verlassen dürfen.

Auch Halimahs Mann geht dreimal in der Woche zum Markt, um die Erträge seines Anbaus zu verkaufen und auch einige Dinge einzukaufen, die er im täglichen Leben braucht. Halimah geht nur ungern zum Markt, weil er weit entfernt ist und sie nicht gerne zu Fuß dahin geht. Die Männer steigen für den Weg zum Markt in der Regel auf das Motorrad. Aber als Frau eines Bauern lehnt es Halimah ab, selbst das Motorradfahren zu erlernen.

Darin unterscheidet sie sich von ihrer Nachbarin, die eine höhere Schulbildung als sie besitzt und deshalb nicht in der Landwirtschaft arbeiten muss. Diese arbeitet im Büro und fährt selbst mit dem Motorrad, was ihr ermöglicht, sich unabhängiger zu bewegen. Viele Frauen träumen davon, in einem Büro zu arbeiten, wo die Arbeit sauber ist und man nicht ständig Sonne und Hitze ausgesetzt ist. Büroangestellte haben meistens eine hellere Haut und sehen sauber aus. Männer, die landwirtschaftlich tätig sind, scheuen sich vor Frauen, die einen Bürojob haben, da sie meistens von ihnen abgewiesen werden.

Acehnesische Frauen legen ihr Schicksal in die Hand Gottes, ihrer Eltern und ihrer Männer

So manche unschöne Erfahrung wird von der acehnesischen Gesellschaft als Wille oder Prüfung Gottes interpretiert. Diese Gottesergebenheit macht sie stark und hart. Einige Sozialarbeiter nehmen Bezug auf diese religiöse Standfestigkeit, wenn sie mit Tsunami-Opfern in der Traumabewältigung arbeiten. Wenn sie sich nämlich ganz auf Gott verlassen, verlieren sie nicht ihren Lebenswillen und Arbeitseifer. Gottergebenheit ist nicht mit Fatalismus gleichzusetzen. Im acehnesischen Kontext bedeutet dies vielmehr, dass man sich nach einem Schicksalsschlag ein Stück weit zusammenreißt und aufrappelt, um besser und erhabener vor Gott zu werden. Es ist daher wichtig, seinen Lebensweg nach dem Willen Gottes und religiösen Prinzipien auszurichten. Viele der von mir befragten Frauen haben sich diesem Grundsatz verschrieben. Es ist ein Grundsatz, den sie auch ihren Töchtern mitgeben.

Ibu Salami ist ein gutes Beispiel für eine acehnesische Frau, die konform mit den traditionellen Normen und Werten lebt. Sie ist 41 Jahre alt, verheiratet und hat vier Kinder. Mit einem Magisterabschluss im Bereich Fremdsprachen hat sie bereits als Dozentin für Arabisch an einer Hochschule in Banda Aceh gearbeitet. Ihrer Ansicht nach muss eine Frau sich sowohl den religiösen als auch den traditionellen Vorstellungen und Maßstäben anpassen und überdies für ihre Mitmenschen von Nutzen sein. Stark im Glauben zu sein ist dabei unbedingte Voraussetzung; wohin auch immer man geht, Gott wacht über jeden Schritt. Ein Kopftuch zu tragen ist eine islamische Vorschrift, der alle Frauen Folge zu leisten haben. Vor ihrer Pubertät brauchen junge Frauen noch kein Kopftuch tragen. Der *jilbab* wird erst nach Eintreten der ersten Menstruation zur Pflicht. Dies sind die Ansichten von Ibu Salami.

Auch wenn der Dialog mit dem Mann wichtig ist, sollte eine Frau nie den Wünschen ihres Mannes zuwiderhandeln. Auch während ihres Magisterstudiums in London, für das sie ein Stipendium erhielt, wich Ibu Salami nie von ihren Prinzipien ab. Bis heute hat sie ihrem Mann kein einziges Mal widersprochen. Dieser Umstand ist unabhängig von ihrer Bildung und ihrer Position an der Universität zu sehen. Wenn sie das Gefühl hat, dass ihr Mann ihr Geld aus einer »unangemessenen« Quelle zukommen lassen will, erachtet sie es für besser, das Geld abzulehnen und mit den ihr beschränkt vorhandenen Mitteln auszukommen.

Ähnliche Ansichten vertritt auch Rosmiyanti, 47 Jahre. Sie wurde von ihren Eltern zwangsverheiratet. Zwei ihrer fünf Kinder sind bereits verstorben, da sie nicht genug Geld für eine medizinische Versorgung aufbringen konnte. Sie selbst ist die Tochter eines Fischhändlers, die nie die Möglichkeit hatte, eine weiterführende Bildung zu genießen. Nach der 5. Grundschulklasse war sie bereits gezwungen, die Schule zu verlassen. Ihre Ambitionen, eines Tages in einem Büro zu arbeiten, konnte sie somit nicht umsetzen. Leider konnte sie das auch nicht für ihre Tochter erreichen. Die größten Hürden in ihrem Leben waren stets der Mangel an Geld und Bildung.

Für Frauen mit höherer Bildung, wie Ibu Salami, aber auch für Frauen mit einer niedrigen Bildung, wie Ibu Rosmiyanti, besteht die Rolle einer acehnesischen Frau darin, fleißig zu beten, einer Arbeit nachzugehen, die ihr nach islamischem Recht erlaubt ist, ihren Mitmenschen ehrlich und sozial gegenüberzutreten und keinerlei Konflikte entstehen zu lassen. Auch wenn sich die Frau im Haushalt mit ihrem Mann austauscht, so hat sie sich ihm doch in jeder Hinsicht unterzuordnen. Der Mann bestimmt und die Frau hat zu gehorchen. Ein Kopftuch zu tragen ist ein äußeres Symbol für die Gottesfürchtigkeit einer Frau.

Ibu Roshati, 50 Jahre, bekräftigt diese Aussage. Sie ist eine Witwe, die schon lange allein für den Lebensunterhalt ihrer Kinder aufkommen muss. Schon seit ihrer Kindheit trägt sie ein Kopftuch. Sie tut dies frohen Mutes und nicht, weil sie dazu gezwungen wird. Ibu Roshati hat einen kleinen Cateringdienst und stellt Kuchen her. Von ihrem Gehalt bezahlt sie das Schulgeld ihrer Kinder.

Die Beziehung zu ihrem Mann war früher recht harmonisch. Sie machten Kompromisse und gingen miteinander offen und freundschaftlich um. Das Grundprinzip ihres gemeinsamen Lebens war der Friede. Dennoch ist Ibu Roshati der Auffassung, dass eine Frau ihrem Mann gehorchen muss. Selbst wenn er sich unpassend verhält, muss die Frau ihm folgen. Wenn der Mann im Unrecht sein sollte, liegt es an der Frau, ihm höflich und indirekt die Augen zu öffnen. Am besten ist es laut Ibu Roshati, wenn Mann und Frau diskutieren anstatt zu streiten.

In Aceh fehlt heute eine weibliche Führungsspitze

In der Geschichte Acehs gibt es eine Reihe von weiblichen Führungspersönlichkeiten. Allein in den Jahren 1641 bis 1699 saßen hier vier Frauen auf dem Sultansthron. Davor hatten die Sultane den Krieg gegen Johor und Malakka gewonnen. Aceh wurde infolgedessen zu einem wichtigen militärischen Stützpunkt im Archipel. Während der Amtszeit einer der Königinnen gelang es, einen Waffenstillstand mit Johor auszuhandeln.[212] Die Macht dieser Königin wurde daraufhin allerdings von einigen Neuankömmlingen herausgefordert, die die Dörfer einnehmen und die Stellung der dortigen Islamgelehrten stärken wollten. Später, im 18. Jahrhundert, gab es aber noch weibliche Anführerinnen des Guerillakrieges gegen die Niederländer, Cut Meutia und Cut Nyak Dien.

Aber das ist alles Geschichte. Die Belange der Frauen sind nun in den Hintergrund getreten. Die weiblichen Führungspersönlichkeiten finden in den Geschichtsbüchern kaum mehr Erwähnung. Die Religionsgelehrten, die Bewegung »Freies Aceh« und das Militär üben seit einigen Jahrzehnten den größten Einfluss auf die acehnesische Gesellschaft aus. Die zunehmende Marginalisierung der Frauen und deren Ausschluss von Führungspositionen gehen vor allem von diesen drei Gruppen aus, die in manchen Fällen sogar die Unterdrückung der Frau als deutliches Symbol ihres Sieges feiern.

Edriana Nurdin schreibt in ihrem Buch: »Heutzutage ›rekonstruieren‹ die *Ulama* einen acehnesischen Nationalismus, der sich auf die islamische *shariah* beruft. Wie die Politiker von damals sehen sie den Islam als das effektivste Mittel an, um im Volk ein Einheitsgefühl zu erwecken und so den Kampf um die Unabhängigkeit von der indonesischen Zentralregierung voranzutreiben. Die *GAM* vertritt eine ähnliche Position wie die Religionsgelehrten, indem sie in der Mobilisierung der Unterstützung durch das Volk die zentrale Rolle des Islam herausstreicht.«[213]

Nurdin schreibt weiterhin, dass die *Ulama* und die *GAM* die Frauen in Aceh als Symbol der Einheit und der Erhabenheit der acehnesischen Gesellschaft betrachten. Dieses Symbol ist nötig, um das Gemeinschaftsgefühl unter denen zu stärken, die sich dem Islam verschrieben haben. Islamische Vorschriften werden als gültige Rechtsnormen aufgefasst, die den Frauen eine klare Richtung für ihr Verhalten und ihre Kleidung vorgeben. »Von acehnesischen Frauen wird erwartet, dass sie der muslimischen Kleiderordnung gemäß lange Röcke sowie langärmelige Blusen tragen, die ihre Beine und Arme bedecken, und dass sie ihr Haar unter einem Kopftuch verstecken. Außerdem ist es ihnen verboten, lange Hosen zu tragen, die aussehen, als seien sie Männerhosen. Frauen, die sich diesen Vorgaben widersetzen, werden diszipliniert, wenn nötig auch mit Gewalt.«[214]

Von Seiten des indonesischen Militärs war die Anwendung von Gewalt gegenüber acehnesischen Frauen ein Mittel, um die Acehnesen zu erniedrigen und zu terrorisieren und so jede Opposition des Volkes niederzudrücken. Nurdin erklärt, dass die *GAM* und die Religionsgelehrten in Aceh sich schon lange selbst als Symbol dieses islamischen Nationalismus betrachten und neu definiert haben. Zur selben Zeit wurden Frauen allerdings diskriminiert und aus wichtigen Bereichen der Entscheidungsfindung verdrängt. »Je mehr Frauen sich ihrem Schicksal fügten und die von den *Ulama* vorgeschriebene Rolle annahmen, desto stärker konnten die islamische Agenda und ein Nationalismus auf der Grundlage des Islam Fuß fassen.«[215]

Ibu Illiza, Mitglied einer islamischen Partei

Ibu Illiza wurde in den Wahlen 2007 von einer großen islamischen Partei als Kandidatin für den Posten des Vize-Bürgermeisters von Banda Aceh vorgeschlagen und hat die Wahl gewonnen. Es interessant zu erfahren, wie es eine Frau schafft, die Unterstützung vor allem der streng islamischen Lager in der acehnesischen Gesellschaft für sich zu gewinnen. Schließlich sind es ja eben diese Lager, die üblicherweise Frauen keine Führungsposition zutrauen.

Ibu Illiza scheint die Erwartungen der Gesellschaft an eine weibliche Führungsfigur zu erfüllen. Sie stammt aus einer geachteten Familie, ist gebildet und eine gute Muslimin, in wirtschaftlicher Hinsicht ist sie recht unabhängig, ist verheiratet, hat Kinder und wird von ihrem Ehemann in all ihren politischen Aktivitäten unterstützt. Außerdem ist sie hübsch und anmutig; die Art, wie sie spricht, zieht den Zuhörer in ihren Bann und bewirkt, dass man sich wohl fühlt. Sie strahlt Intelligenz aus und hat in ihrem Vortrag in dem internationalen Dialog über Migration and Urban Development in Berlin im August 2008 auch das internationale Publikum von ihrem Entwicklungskonzept überzeugt. Außerdem wurde ihr für ihre Aktivitäten in der Frauenförderung in ihrer Stadt Banda Aceh 2007 von der Bundesministerin für wirtschaftliche Zusammenarbeit und Entwicklung eine Auszeichnung verliehen.

Natürlich trägt sie ein Kopftuch. Als Kandidatin für eine islamische Partei unterstützt sie zweifelsohne die Ansichten der Mehrheit und befürwortet auch die Polygamie. Ibu Illiza meint, dass Frauen, deren Glaube stark ist, sich damit abfinden müssen, dass die Polygamie islamischen Grundsätzen zufolge erlaubt ist. Frauen müssen lernen, sich mit der Zeit ihrem Schicksal zu fügen, wenn der Mann wieder heiratet.[216] Mit solchen Ansichten gewann Ibu Illiza unter anderem die Unterstützung männlicher Wähler. Es bleibt die Frage, ob sie die Unterstützung von Frauenaktivistinnen und der 2006 in Aceh gegründeten Frauenpartei, erhalten wird. Eines der Themen dieser Frauenpartei ist die Anfechtung von Regelungen und Gebräuchen, die den Frauen schaden oder sie einschränken, und sicherlich gehört die Praxis der Polygamie dazu.

Der Ehemann muss Beamter sein

Viele Eltern, die nicht in der Landwirtschaft tätig sind, erlauben ihren Töchtern nur die Heirat mit einem Beamten. Ein Mann, der nicht Beamter von Beruf ist, braucht gar nicht erst um die Hand dieser Frauen anzuhalten. Viele meiner Freunde, die im Wiederaufbau nach dem Tsunami aktiv waren und bereits einen ersten Studienabschluss hatten, können noch nicht um eine Frau werben, solange sie keine Anstellung als Beamte haben. Viele unter ihnen bewerben sich um einen solchen Posten, und sind, während sie auf das Ergebnis ihrer Bewerbung warten, bei einer NRO tätig, um die Zeit zu nutzen und etwas Geld zu verdienen. Manchmal verdienen sie bei einer NRO sogar mehr noch als im Beamtendienst. Dennoch sind Beamtenposten heiß begehrt, weil ein Beamter in Aceh wesentlich höher angesehen ist.

Ein Opfer dieser Ansichten ist Rajali, ein Freund, den ich kennen lernte, als wir beide als Freiwillige den Opfern des Tsunami halfen. Er selbst ist eigentlich auch ein Tsunami-Opfer, war aber entschlossen, denen Hilfe zu leisten, denen es noch schlechter ging als ihm. Sein Heimatdorf befindet sich in den Hügeln von Ceut Keueung nahe einer Route, die üblicherweise von *GAM*-Soldaten auf dem Weg zu ihren Verstecken in den Bergen genutzt wurde und die auch das indonesische Militär auf der Suche nach den Rebellen frequentiert hat. Keine NRO oder andere Hilfsorganisation traut sich in diese gefährliche Gegend. Dabei gab es etliche Opfer des Tsunami, die sich dorthin flüchteten und sich schließlich dort niederließen. Diese Menschen wurden von keinem Hilfslager erfasst und erhielten daher keine Reisrationen.

Mit der Unterstützung Rajalis und eines ortsansässigen Jugendlichen, der genau wusste, wann die *GAM* und das Militär die Route passierten, gelang es uns, in diese Gegend vorzudringen. Manchmal hatten wir auf dem Heimweg von der beschwerlichen Reise dorthin nicht mehr als eine Bananenstaude für uns selbst übrig, aber dafür wurden wir von den Menschen in diesen entlegenen Dörfern mit Tränen empfangen.

Rajali half uns außerdem zweimal, Reis aus Banda Aceh in ein entlegenes Flüchtlingslager zu bringen. Damals hörten wir von einem deutschen Journalisten, dass es ein Lager in Simpang Ulim gäbe, welches noch gar keine Reisrationen erhalten habe. Da Rajali zufälligerweise auch in die Richtung dieses Dorfes unterwegs war, um seine damalige Freundin zu besuchen, gaben wir ihm etwas Geld mit, damit er Reis für die Flüchtlinge im dortigen Lager kaufen konnte.

Leider fand diese Möglichkeit, den Tsunami-Flüchtlingen in Simpang Ulim Hilfe zukommen zu lassen, ein jähes Ende, weil Rajali von den Eltern seiner Freundin abgewiesen wurde. Der Grund hierfür war, dass er keine Position als Beamter hatte. Die Beziehung zu seiner Freundin lief bereits ein Jahr, und die Ablehnung ihrer Eltern ihm gegenüber war wie ein Schlag ins Gesicht. Er sah sich gezwungen, der *Shariah*-Polizei beizutreten. »Wenn ich schon kein Beamter werden kann, so muss ich wenigsten *Shariah*-Polizist werden, um meinen Status zu erhöhen«, meinte er.

Im vergangenen Jahr wurde er endlich als Beamter angenommen und erhielt eine Arbeitstelle als Dozent an einer Hochschule. Wie der Zufall es wollte, hatte er nur wenige Wochen zuvor eine Beziehung zu einer angehenden Lehrerin angefangen. Als frischgebackener Beamter traute er sich nun, um die Hand dieser Frau anzuhalten und die beiden heirateten. Das Glück der beiden hält an, denn inzwischen sind sie beide im Staatsdienst tätig.

Eine ähnliche Geschichte kann ich auch über einen weiteren Arbeitskollegen erzählen. Während er darauf wartete, dass seine Bewerbung für einen Beamtenposten angenommen wurde, vermittelte er Autos an internationale NROs, unter anderem auch an die Katastrophenhilfe der deutschen Diakonie, bei der ich zu jener Zeit tätig war. Er suchte sich ständig Frauen aus, um deren Hand er werben wollte, sobald er Beamter geworden war.

Hanum, die sich traut, ihrem Vater zu widersprechen

Hanum ist die älteste Tochter des ehemaligen Dorfvorstehers von Kuala Unga in Lhmano. Schon lange war ihr Vater nach Banda Aceh gezogen, wo er als Bauunternehmer und Holzhändler arbeitete. Das Haus der Familie in Ketapang bei Banda Aceh wurde für zahlreiche Opfer des Tsunami aus Lhamno zur ersten Anlaufstelle, weil der ehemalige Dorfvorsteher noch immer stadtbekannt war und von vielen in Banda Aceh hoch angesehen wurde.

Als ich als Freiwillige den Opfern und Flüchtlingen des Tsunami half, wohnte ich für einige Tage bei Hanums Familie. Zu diesem Zeitpunkt teilten sich 35 Menschen das Haus. Hanums Vater bot diesen Menschen sogar an, zeitweilig in einem seiner neuen Häuser zu wohnen, die noch nicht verkauft worden waren.

Eines Tages nahm mich Hanum in das Haus nebenan mit. Dort stellte sie mir Faizin, oder »Bang Faizin« vor, ihrem heimlichen Freund, mit dem sie schon seit ungefähr fünf Jahren zusammen war. Diese Beziehung fand allerdings nicht die Zustimmung von Hanums Vater, weil Faizin kein Beamter war.

Seither war es für mich nichts Außergewöhnliches mehr, die beiden bei ihren heimlichen Treffen zu sehen. Als meine Zeit als freiwillige Helferin in Aceh zu Ende ging, bot mir die Diakonie Katastrophenhilfe eine Stelle als Programmkoordinatorin an. Immer dann, wenn ich Hanum um ihre Hilfe bat, zum Beispiel bei der Suche nach Einrichtungsgegenständen oder nach einem geeigneten Büro für die Diakonie Katastrophenhilfe, nutzten die beiden nicht selten die Gelegenheit für ein Treffen, von dem Hanums Vater nichts wusste. In den fast zwei Jahren, in denen ich Hanum kannte, war diese geheime Beziehung zu Faizin zu einem Teil ihrer Identität geworden. Sie trafen sich im Haus von Freunden, im Auto, im Cafe, in Medan oder in Lokhseumawe, als Faizin dort arbeitete oder auch in Lhmano, als Hanum dort arbeitete.

Hanums Mut beeindruckte mich sehr. Nicht nur, dass sie sich dem Willen ihres Vaters widersetzte, die Beziehung zu Faizin abzubrechen. Sie wagte es auch, in der Öffentlichkeit kein Kopftuch zu tragen und ihr langes Haar offen zu zeigen, was sie noch hübscher und ihr Gesicht noch frischer wirken ließ. Wenn sie sich auch von Hals bis Fuß bedeckte, trug sie stets recht eng anliegende Kleidung, so dass sie im Grunde nicht weniger sexy als die jungen Frauen in den Malls von Jakarta aussah.

In Banda Aceh sind Frauen angehalten, den *jilbab* zu tragen, aber Hanum zeigte mir des Öfteren Plätze, wo junge Menschen, Schüler wie Studenten, zum »Chillen« zusammen kamen und sich ein wenig freier bewegen konnten. Sie hat viele Freunde, und es scheint, als ob sie alle Studenten kennt. Hanum ist sich bewusst, dass sie ein hübsches Gesicht hat. Nicht selten sah ich sie mit jungen Männern flirten, nur um deren Bewunderung zu genießen.

In den Cafes, in denen sich die jungen Menschen treffen, tragen die weiblichen Gäste alle den *jilbab*. Aber ihre Kleidung ist vergleichsweise sexy, enge Jeans und T-Shirts. Dies ist inzwischen allerdings verboten. In der Jakarta Post erschien im November 2007 ein großes Foto eines Islampolizisten mit einem Bambusstock vor einer Gruppe acehnesischer junger

Mädchen in Jeans, die von der Islampolizei wegen ihrer »unzüchtigen Bekleidung« aufgegriffen worden waren. Sie sollten in der Öffentlichkeit für ihr ungehöriges Benehmen gemaßregelt werden.

Ein *jilbab* verstärkt für manche noch die Anziehungskraft der Frau, weil er eine Schönheit verdeckt, die sich nicht sofort offenbart. Viele Männer aus dem Westen geben zu, dass sie sich durch den *jilbab* erst recht von den Frauen angezogen fühlen. Von den Gesichtern acehnesischer Frauen lassen sich oft Gehorsam und Ergebenheit ablesen, aber es gibt auch einige, die sehr temperamentvoll scheinen mit leuchtenden Augen und scharfem Blick, was sie umso attraktiver macht. Vielen meiner indonesischen Arbeitskollegen, die aus Gegenden außerhalb Acehs stammen, wird von der Schönheit acehnesischer Frauen nahezu schwindelig.

Ihr Stammbaum und ethnischer Hintergrund tragen zusätzlich zu der Schönheit der Frauen in Aceh bei. Nicht wenige sind Mischlinge mit arabischen, indischen und malaysischen Vorfahren. Aus manchen Gesichtern lässt sich auch ablesen, dass die Portugiesen einmal nach Aceh gekommen waren, um es zu besetzen, und dass sich einige von ihnen in der Küstenregion von Lhamno niederließen. Die Gesichter dieser Frauen sehen asiatisch aus, aber ihre Augen sind blau oder grün.

Wenn sie auf dem Motorrad sitzen, mit ihren engen Jeans und einem T-Shirt oder Oberteil, welches farblich und vom Stil her genau zum Kopftuch passt, geben uns viele acehnesische Frauen das Rätsel auf, wie sie es wohl meistern, stets adrett und hübsch inmitten von Wind und Luftverschmutzung auszusehen. Weil sie einen *jilbab* tragen, müssen sie keinen Helm aufsetzen. Es scheint so, als ob der strenge Islam es nicht geschafft hat, den jungen Menschen in Aceh das Feuer und die Leidenschaft zu nehmen.

Hanum selbst hatte bereits ein Jura-Studium abgeschlossen und hoffte wie viele andere auf eine Anstellung als Beamtin. Auch sie arbeitete für einige NROs, während sie auf das Ergebnis ihrer Bewerbung wartete. Vor nicht allzu langer Zeit wurde sie von ihrem Vater bedroht. Sollte sie die Beziehung mit Faizin fortführen, werde sich ihr Vater von ihrer Mutter scheiden lassen. Anders als ihr Mann hatte Hanums Mutter den Freund ihrer Tochter kennengelernt und konnte ihn sogar gut leiden, zumal sie beobachten konnte, wie sehr sich die beiden lieben und wie standhaft sie ihre Beziehung verteidigten.

Schließlich zog Hanum aus dem Haus ihrer Eltern aus. Sie und Faizin hatten etwas Geld gespart, um ein kleines Haus mit zwei Zimmern zu mieten. Wie viele andere junge Männer in Aceh arbeitete Faizin für verschiedene internationale NROs, indem er Autos bereitstellte und fuhr. Er hatte mittlerweile aufgehört, Alkohol zu trinken und bemühte sich, den islamischen Geboten zu folgen. Trotzdem verbat Hanums Vater die Beziehung. Hanum erklärte mir, dass sich nichts mehr gegen das Verbot und den Starrsinn ihres Vaters ausrichten ließe.

Ich hörte einmal, dass Hanums Bruder geheiratet hatte. Das Interessante daran war, dass er wie Faizin kein Beamter war, dieser Umstand aber für ihren Vater keineswegs ein Problem darstellte. Mit dem Status als verheirateter Mann erfüllte der Bruder die islamischen Vorgaben, um Brautführer sein zu können. Hanum bat ihn, an ihrer Eheschließung teilzunehmen, und er stimmte zu.

Hanums Arbeitgeber, eine internationale NRO, erklärte sich bereit, für die Hochzeit einen Raum zur Verfügung zu stellen. Sie wollten sogar kleine Snacks beisteuern. Der Termin für die Hochzeit sollte geheim gehalten werden, ohne Feier, Einladungen und die Anwesenheit der Eltern des Brautpaares. Hanums Mutter plante sogar, nach Medan zu fahren, damit ihr Mann ihr später keine Vorwürfe machen könnte, dass sie von der Hochzeit gewusst hatte. An der Hochzeit selbst sollten nur rund 30 Personen teilnehmen, ganz anders als bei der Hochzeit von Hanums Bruder, zu der die Eltern 3000 Gäste geladen hatten.

Wie der Zufall es so wollte, wurde Hanums Bewerbung für eine Beamtenstelle am Tag vor der geplanten Hochzeit angenommen. So war sie nicht mehr darauf angewiesen, einen Beamten zu heiraten. Nachdem Hanum und Faizin ohne die Zustimmung ihrer Eltern geheiratet hatten, mobilisierte ihr Bruder einige wichtige Persönlichkeiten aus dem Heimatdorf seines Vaters. Gemeinsam überredeten sie Hanums Vater, der Eheschließung seinen Segen zu geben, zumal Hanum und Faizin in islamischer wie juristischer Hinsicht bereits rechtmäßig Mann und Frau waren. Einer Beziehung entgegen zu stehen, die nach islamischem Recht Gültigkeit besitzt, ist eine Sünde. Nach einigem Hin und Her willigte ihr Vater daher schließlich ein und stimmte der Ehe zu – unter der Bedingung, dass Faizin offiziell bei ihm um die Hand Hanums anhielt und eine Feier für 2000 Gäste veranstalt wurde, ganz so wie es sich für eine bekannte Persönlichkeit im Dorf Kuala Unga gehörte.

Die Bordelle von Aceh

Viele Imame in Banda Aceh predigen, dass die Tsunami-Katastrophe die Strafe Gottes für das zu lockere moralische Benehmen der Frauen sei. Mit den strengen Gesetzen der *shariah* versuchen sie, die Moral im Lande wieder herzustellen. Da besonders viele Frauen unter den Opfern der Flutkatastrophe waren, herrscht Frauenmangel und durch die provisorischen Verhältnisse in den Flüchtlingslagern haben Frauen oft keinen geschützten Raum, um sich vor den Blicken der Männer zu schützen. Doch nicht genug, dass Frauen unter diesen Umständen zu leiden haben, ihnen wird auch noch die Schuld am moralischen Verfall gegeben. Die Prostitution blüht gerade jetzt und wieder einmal werden nicht die Männer dafür angeprangert, dass sie sich nicht an die moralischen Gesetze halten. Stattdessen werden die Frauen kriminalisiert, die aus Armut und Not ihre Körper verkaufen.

Zwar führt die *Shariah*-Polizei regelmäßig Razzien durch, doch es gibt viele Plätze, an denen man Prostituierte antreffen kann. Diese Plätze gab es in Aceh schon lange vor dem Tsunami, sogar schon seit der niederländischen Kolonialzeit,[217] doch nach dem Tsunami schossen sie angeblich wie Pilze aus dem Boden. Der Großteil der Sex-Arbeiterinnen stammt aus Gegenden außerhalb Acehs; unter anderem werden sie über eine Organisation von Medan nach Aceh geschleust. Nach zwei oder drei Monaten wechseln sie in eine andere Gegend. Doch auch viele acehnesische Frauen aus den Dörfern oder aus Banda Aceh selbst sehen sich vor allem aus wirtschaftlichen Gründen zur Prostitution gezwungen. Darunter sind Frauen, die als Schande für ihre Familien gelten, weil sie außerehelich schwanger wurden, daraufhin der Schule verwiesen und verstoßen worden sind. Ihre Kinder werden oft verspottet und als »unrein« verhöhnt. Daher entscheiden sich viele dieser Frauen dazu, ihre Dörfer und Familien zu verlassen und ihr Glück in der Anonymität der Großstadt Banda Aceh zu suchen. Um sich ihren Lebensunterhalt in Banda Aceh zu verdienen, nehmen sie Kredite von Zuhälterinnen auf, und da sie diesen Kredit meist nicht zurückzahlen können, ist dies dann der Einstieg in den Teufelskreis der Prostitution.

Die Bordelle befinden sich üblicherweise hinter einem Schönheitssalon mit der Aufschrift »Nur für Frauen« oder in dem Stockwerk darüber. Hier wohnen auch die Prostituierten. Ihre Dienstleistungen reichen von Schönheitspflege über Massage bis hin zu einer »Ganzkörper-Massage«. Jetzt erst begreife ich, warum einige Männer in Aceh so gerne in solche Salons gehen, um ein *Facial* (Gesichtspflege und -massage) oder eine Haarkur machen zu lassen. Für jeden ihrer Dienste müssen die Angestellten dieses Salons eine gewisse Summe an ihre Zuhälterinnen abgeben, den Rest dürfen sie behalten. Je besser die Arbeiterinnen verhandeln können, desto höher ist ihr Nettogehalt. Natürlich ist es auch so, dass der Preis einer Frau höher ist, je jünger sie ist.

Oft höre ich Mitarbeiter von NROs und internationalen Organisationen von einem Massagesalon sprechen, in dem man von Blinden massiert wird (*tuna netra*). Unweit von diesem Salon gibt es auch einen »Massagesalon ohne Farbe« (*tuna warna)*, ein Bordell für alle Rassen. Wenn man im Wartezimmer des ersten Salons sitzt, wird man nicht selten aufgefordert, auch dem Etablissement nebenan einen Besuch abzustatten.

Den billigsten Tarif erhält man bei denjenigen, die nicht in den »Schönheitssalons« arbeiten, sondern sich das »offene Feld« mit Transvestiten teilen. Am bekanntesten ist »*Taman 1000 Janji*«, der »Garten der Tausend Versprechungen«. Hier wechseln die Tarife je nach Saison; in Zeiten großer Nachfrage steigt der Preis, ansonsten kann es auch mal nur 5.000 Rupiah (40 Cents) kosten.

Die Prostituierten können meist nur schwer wieder aus diesem Arbeitsmilieu herauskommen. Einer der Faktoren ist, dass es niemanden gibt, der sie anstellen möchte. Außerdem werden sie nur ungern von ihren Zuhälterinnen freigegeben, solange sie noch eine gewisse Anziehungskraft besitzen.

Wer nicht mehr als Prostituierte arbeiten möchte, muss ein Auslösegeld an die »*Mami Mucikari*«, die Zuhälterin, entrichten. Einer hübschen 20-Jährigen geschah es einmal, dass einer ihrer Kunden sich in sie verliebte. Dieser ehemalige Kunde versuchte, das Mädchen auszulösen, aber obwohl er der Zuhälterin Geld anbot, hetzte diese eine Schlägertruppe auf den Mann, damit er ja nicht ihre »Verkaufsware« wegnahm. Standfest in seinem Vorhaben gelang es diesem Mann aber letztlich, seine Freundin für rund zwei Millionen Rupiah (umgerechnet ca. 160 Euro) von dem »Salon« freizukaufen und sie zu seiner Ehefrau zu machen.

Auch den religiösen Führern müsste doch klar sein, dass es nur dort ein Angebot gibt, wo es auch eine Nachfrage gibt. Erschreckend ist an dieser Stelle die offensichtliche Doppelmoral der strenggläubigen muslimischen Männer. Wie kann man einen Brauch verdammen, den man selber lebt und durch die steigende Nachfrage auch noch unterstützt. Hier müssen Frauen für die begangenen Sünden der Männer büßen.

Die Frauen in Aceh kämpfen um ihre Rechte

Viele bekannte Frauen in der Geschichte Acehs waren Kämpferinnen und führten als Generäle den Widerstand gegen die Kolonialregierung an. Die Acehnesen nennen sich selbst gerne Rebellen und eine starke Volksgruppe vor allem im Hinblick auf ihr Selbstbewusstsein, ihre Kultur und ihre Religion.

Die Frauen in Aceh haben sich in den vergangenen Jahrzehnten verschiedenen Feinden widersetzt. Der 30 Jahre andauernde Konflikt und später der Tsunami brachten Chaos in ihr Leben. So manche Geschichte gibt es darüber, wie sie trotz aller Widrigkeiten nicht aufgaben und selbständig ihre Kinder großzogen, nachdem ihre Männer Opfer der *GAM* oder des indonesischen Militärs geworden waren oder sich in den Bergen versteckt halten mussten. Zahlreiche Frauen mussten sich ebenfalls verstecken oder wurden Opfer von Gewalt. Ein Beispiel ist Rosmijati, deren Bruder ein führendes Mitglied der *GAM* war. Sie wurde gesucht, damit sie den Aufenthaltsort ihres Bruders verraten sollte, und so versteckte sie sich in einem Erdloch unter einem Kaffeebaum. Einen Tag blieb sie dort, ohne sich zu bewegen. Oder Roshati, der es im Gegensatz zu Rosmijati nicht gelang, sich rechtzeitig zu verstecken, und die drei Tage lang gefoltert wurde. Einen ihrer Folterer erkannte sie sogar als einen Nachbarn aus demselben Dorf, aus dem sie stammte.[218] Andere Frauen aus ihrem Dorf halfen ihr später. Die Solidarität unter den acehnesischen Frauen in den Zeiten des Konflikts und nach dem Tsunami ist beeindruckend.

Das Leiden und die Anspannung des politischen Konflikts waren kaum vorüber, als der Tsunami kam. Die Aussage einer acehnesischen Frau ist im Folgenden wiedergegeben:

»Wir sind es schon gewohnt, zu flüchten und zu leiden. Als die Brandschatzungen in Zeiten des Konflikts an der Tagesordnung waren und 1998 die großen Unruhen stattfanden, wurden wir vom Feuer verfolgt und mussten mit ansehen, wie unser ganzes Hab und Gut den Flammen zum Opfer fiel. Wir flohen in den Urwald und konnten kaum etwas mitnehmen. Danach wurden wir von Gewehrkugeln verfolgt, weil wir uns in einer Gegend befanden, in der es öfter zu bewaffneten Auseinandersetzungen kam. Und heute werden wir vom Wasser verfolgt, welches alles bis hin zur Quelle unseres Lebensunterhalts wegspülte. Was können wir anderes tun, als jedes Mal von Vorne anfangen, uns ein Leben aufzubauen. Für alles gibt es bestimmt einen Sinn.«[219]

In zahlreichen entlegenen Flüchtlingslagern hat die logistische Unterstützung Frauen und Kinder nicht erreicht. Viele Frauen haben ihre Kinder unter völlig unzureichenden Bedingungen in Zelten zur Welt gebracht. Einige Frauenorganisationen kamen nur wenige Tage nach dem Tsunami anderen zur Hilfe, obwohl ihre eigenen Büros von der Flutwelle zerstört worden waren. Unter anderem kamen lokale NROs, wie Flower oder Solidaritas Perempuan.

Anders als infolge des Tsunamis verloren durch den Konflikt in Aceh zumeist Männer ihr Leben. Damals lebten viele Frauen in den Dörfern, während sich ihre Männer im Urwald oder in den Bergen versteckt halten mussten oder bereits umgebracht worden waren. Durch den Tsunami verloren auch unzählige Frauen ihr Leben, weil sie nicht schnell genug flüchten konnten oder sich gerade um Haushalt und Kinder gekümmert hatten. Die meisten acehnesischen Frauen hatten nie gelernt zu schwimmen.

Weil sie schon gewohnt sind, in einer Umgebung zu leben, in der Gewalt und eine allgemeine Anspannung zum Alltag gehören, herrscht unter den Frauen in Aceh ein starkes Gefühl der Solidarität. Dies äußert sich in unterschiedlicher Weise. In den Dörfern, in denen der *GAM*-Konflikt besonders schwelte, saßen die Frauen oft zusammen, erzählten einander Geschichten und schöpften daraus Kraft. Diejenigen, die gefoltert worden waren, wurden von den anderen Frauen gepflegt und mit Medizin versorgt, man gab ihnen zu essen und half, ihren Lebenswillen wieder zu erwecken. Einige Frauenaktivisten und -organisationen halfen bei der Traumabewältigung, indem sie beispielsweise gemeinsame Gebete abhielten, sich Geschichten erzählten oder auch Trost spendeten.

Frauen spielen in Aceh eine bedeutende Rolle für den Zusammenhalt von Familien. Als der Großteil der Männer ins Exil flüchtete und sich vor der *GAM* oder dem indonesischen Militär verstecken musste, waren es die Frauen, die ihnen Proviant brachten, auch wenn dies bedeutete, dass sie sich selbst in große Gefahr begaben. Der Anteil der Männer in den Dörfern war wesentlich geringer als der der Frauen. Daher waren es die meisten Frauen gewohnt, Arbeiten zu verrichten, die üblicherweise von Männern ausgeführt werden. Der Alltag wurde schließlich weitestgehend von den Frauen organisiert und geregelt. Witwen wurden zwangsläufig zu Familienoberhäuptern und mussten ihre Kinder alleine großziehen. Vielerorts nahmen Frauen die Rolle der Männer ein und hielten beispielsweise Versammlungsorte und andere öffentliche Plätze sauber.

Seit jeher, lange vor der Neuen Ordnung der 70er Jahre und der damit einhergehenden Gleichschaltung der Dorfstrukturen, waren die acehnesischen Frauen als Mitglieder im Rat der Dorfältesten vertreten, der die Geschicke der Gemeinde bestimmte. In jedem Dorf gab es weibliche Religionsgelehrte, die sich *teungku* nennen durften. Sie brachten den Kindern bei, den Koran zu lesen.

Anders als unter dem früheren Präsidenten Suharto wurde die Rolle der Frau nicht nur auf den häuslichen Bereich beschränkt. Die Rolle der *Teungku* war verbunden mit einem tatsächlichen Prestige, das aus ihrer täglichen Arbeit resultierte.Die meisten Frauenaktivisten beklagen, dass die Frauen zu Friedenszeiten gewissermaßen wieder zurückgestuft wurden. Einige NROs, die in der Frauenbewegung aktiv sind, setzen sich deshalb hauptsächlich dafür ein, dass Frauen im öffentlichen und politischen Leben wieder stärker vertreten sind. Die traditionelle Rolle der Frauen in den Versammlungshäusern der Dörfer sollte wiederbelebt werden. Bei einem

Kongress acehnesischer Frauen im Juni 2005 wurde unter anderem die Wiederaufnahme des sogenannten *Bale Ureung Inong* gefordert.[220] Das war ein Dorfforum für Frauen, in dem über Belange des Dorfes diskutiert und Lösungsvorschläge für lokale Probleme entwickelt wurden.

Der erste Kongress acehnesischer Frauen, der im Februar 2000 abgehalten wurde, stellte einen der größten Erfolge der Frauenbewegung dar. Das Hauptanliegen dieses Kongresses war der Frieden in Aceh. Die anwesenden Frauen lehnten das Referendum über die Unabhängigkeit der Region ab, das damals von der Mehrheit der Männer gefordert wurde. Der Widerstand der Frauen führte bei den Männern zu starken Gegenreaktionen. Das Organisationskomitee wurde unter Druck gesetzt, das Referendum zum Hauptthema des Kongresses zu machen. Aber die Frauen blieben standhaft und behielten den Frieden als Hauptthema bei.

Von den 500 Eingeladenen erschienen verschiedene Gruppen, unter anderem Anwältinnen, Vertreterinnen der Dorfregierungen, Opfer des Konfliktes, Fischerinnen, Muschelsammlerinnen, Fischverarbeiterinnen, Unternehmerinnen und sogar kommerzielle Sexarbeiterinnen. Voraussetzung für eine Teilnahme an dem Kongress war, dass sie eine Frauenorganisation oder eine ähnliche Vereinigung repräsentierten. Es musste aber keine eingetragene Organisation sein. Aus jedem Distrikt kam eine Vertretung. Leider gab es auch viele, die sich aus Angst vor den Männern nicht trauten, am Kongress teilzunehmen. Von den insgesamt 80 Teilnehmern, die eigentlich aus Pidie kommen wollten, erschienen zum Beispiel nur 20.

Beim zweiten Frauenkongress im Juni 2005 drehte sich alles um das Thema Wiederaufbau nach dem Konflikt und dem Tsunami. Unter anderem wurde bei dem Kongress verabschiedet, dass das *Bale Ureung Inong* wieder eingeführt und damit einhergehend die Rolle der Frauen in den Dörfern gestärkt werden sollte. Verschiedene Vertreter der Minderheiten, wie der Christen und Chinesen, waren ebenfalls anwesend. Die Frauenbewegung in Aceh verwies auf historische Persönlichkeiten, wie Cut Meutia, Cut Nya Dien und Malahayati, allesamt Frauen, die in früheren Zeiten eine bedeutende Rolle in der acehnesischen Gesellschaft gespielt hatten. Heute werden traditionelle Bräuche durch die Stärkung der Islams und Vorgaben der Regierung zu Ungunsten der Frauen ausgelegt und die Rolle der Frauen wird damit in vielen Bereichen deutlich geschwächt.[221]

Frauen sind heute nicht mehr als Mitglieder des Rates der Islamgelehrten zugelassen. Dies liegt in einem Islamverständnis begründet, das Frauen keine Führungsrollen zugesteht. Bedingung für eine Teilnahme an der Versammlung ist zudem, eine Koranschule (*pesantren*) zu leiten. Nicht zufällig gab es keine einzige Frau, die eine solche Schule leitete. Allerdings Inzwischen hat Suraiya Kamaruzzaman inzwischen einen *pesantren* gegründet, dem sie auch vorsteht.

Vor der Neuen Ordnung unter Suharto gab es in den meisten Dörfern in Aceh sogenannte *tuhapen*, traditionelle Versammlungen, an denen stets auch einige Frauen teilnahmen. Tatsächlich wurde der Begriff *teungku* ursprünglich sowohl für einen männlichen als auch weiblichen Religionsgelehrten gebraucht. Unter Suharto wurde diese Struktur allerdings abgeschafft und durch die *PKK*-Organisation ersetzt, in der die Rolle der Frauen auf die Familie und soziale Aufgaben beschränkt wurde. Die Hierarchie in dieser Organisation orientierte sich streng nach der Position des Mannes in der Dorfregierung. Im Gegensatz dazu hingen Position und Prestige der *teungku* in der Gesellschaft von deren tatsächlichen Aktivitäten ab. Eine Voraussetzung, um in Aceh Gouverneur werden zu können, ist die Fähigkeit, das Freitagsgebet leiten zu können. Dies schließt Frauen als Kandidaten für den Posten automatisch aus. Auf die fortwährenden Proteste der Frauenbewegung hin wurde diese Voraussetzung im Jahre 2005 schließlich abgeschafft.

Als das Gesetz über die Selbstverwaltung Acehs verfasst wurde, war keine einzige Frau involviert. Beteiligt waren nur die Lokalregierungen, die islamischen Hochschulen, die Universität und die Versammlung der Religionsgelehrten. Dank der Bemühungen und Aktionsnetzwerke von Frauen in Aceh und Jakarta konnten schließlich auch Frauen an den Beratungen des Gesetzes teilnehmen. Gefordert wurde auch eine 30 %-Quote für Frauen in lokalen Parteien und den Regionalparlamenten. Den Parteien sollte mit Sanktionen gedroht werden, wenn sie dieser Quote nicht entsprechen. Forderungen zur Einführung eines Gesetzes zum Schutz von Frauen wurden ebenfalls laut, und auch, dass Frauen künftig stärker in Gesundheit, Wirtschaft, Bildung und anderen gesellschaftlichen Bereichen berücksichtigt werden sollten.

Mawardi Ismail, der Dekan der Rechtsfakultät an der Syah Kuala-Universität, hebt positiv hervor, dass heute viele Frauen eine höhere Bildung, bessere Kenntnisse und Fähigkeiten besitzen. Im letzten Jahr zählten beispielsweise unter den Absolventen seiner Fakultät sechs Frauen und nur ein Mann zu den Besten. In dem Auswahlverfahren für Dozenten waren es vornehmlich Frauen, die aufgrund ihrer herausragenden Qualifikationen in Betracht gezogen wurden. Selbst wenn dies lediglich Mikro-Indikatoren sind, zeigen sie doch, dass Frauen sich nun langsam die prestigeträchtigen Posten im öffentlichen Leben zurückerobern und vermehrt ihren Einfluss geltend machen.

Marwadi befürwortet die Quote für die Einbeziehung von Frauen in den Lokalparlamenten. Er weist aber auch darauf hin, dass es besser wäre, wenn Frauen nicht nur von den Parteien aufgestellt werden würden, um eine Quote zu erfüllen, sondern aufgrund ihrer Qualifikationen.

Derzeit gibt es nicht nur diverse Frauenorganisationen in Aceh, sondern erstmalig auch eine Frauenpartei. Es handelt sich hierbei sogar um die erste Frauenpartei in ganz Indonesien. Die Frauenpartei setzt sich unter anderem dafür ein, dass Frauen auf allen Regierungsebenen vertreten sind. Sie bereitet Frauen nicht nur für Posten in den traditionellen Versammlungen auf Dorfebene vor, sondern auch auf Provinz- und Nationalebene sollen die Interessen von Frauen in den Parlamenten vertreten werden. Leider gelang es der Frauenpartei im Sommer 2008 nicht, sich für die nationalen Wahlen 2009 zu qualifizieren. Doch das Engagement für eine Verbesserung der Situation der Frau geht weiter. Ende 2008 wird die Unterzeichnung einer Frauenrechts-Charta erwartet, die eine Leitlinie für die zukünftige Gesetzgebung und Politik in Aceh darstellen soll.[222]

Einige Verbesserungen für das Schicksal der Frauen in Aceh sind bereits erreicht worden. Unter anderem wurde das traditionelle *Adat*-Recht so reformiert, dass der Besitz zwischen Mann und Frau aufgeteilt werden muss. Außerdem wurden die Bestimmungen bezüglich der Tätigkeiten gelockert, die Frauen ausüben dürfen. Früher war es so, dass sich Frauen in den Küstenregionen Acehs schämten zu arbeiten. Als Folge des politischen und militärischen Konflikts und später wegen des Tsunami sind sie nun auch außerhalb des Hauses aktiv und suchen entschlossen nach Möglichkeiten, ein Einkommen zu erwirtschaften. Dekan Marwani meint dazu, dass die Frauen in Aceh nicht zaudern, sondern handeln. Ich erinnere mich an Syarifah und an das, was ihre Mutter sie gelehrt hatte: »Besser ist es, die Hand darüber als darunter zu halten«.

Interview mit Nurul Akhmal:
Die erste Frauenpartei Indonesiens – gegründet in Aceh

Das »Komite Perempuan Aceh Bangkit«, das sich insbesondere für die Verbesserung der gesellschaftlichen Stellung und die Rechte der Frau einsetzt, wurde im Jahre 2006 in Aceh gegründet. Eine der Gründerinnen ist Ibu Nurul Akhmal. Birgit interviewte sie im Juni 2007 bei einem ihrer Besuche in Jakarta.

»Ich heiße Nurul Akhmal und stamme aus einer Familie von Politikern und Religionsgelehrten. Vielleicht ist das der Grund, weshalb ich mich der Politik verpflichtet fühle. Meine Vision ist die Verbesserung der Lebensbedingungen der Frauen in Aceh. Der Großvater aus der Familie meiner Mutter war Vorbeter der Mesjid Raya-Moschee und konnte als solcher in Aceh fatwas, islamische Instruktionen, erlassen. Mein Vater stammt aus der Familie des Nationalhelden Tengku Cik Di Tiro und ist ehemaliger Angehöriger der Luftwaffe. Nach seiner Pensionierung wurde er Parteivorsitzender der GOLKAR-Partei und Parlamentsmitglied. Später übernahm er den Vorsitz der islamischen Partei PPP.

Mein Mann musste oft aus beruflichen Gründen in andere Regionen reisen. So kam es, dass wir bereits in Calang, Meulaboh, West-Aceh und sogar in Singkil, ganz im Südwesten Acehs gearbeitet haben. Als der militärische Notstand ausgerufen wurde, befanden wir uns gerade in der Region Aceh Singkil.

Hier wurde mir deutlich, dass die größten Leidtragenden des politischen Konfliktes die Frauen sind. Oft kamen Soldaten in die Dörfer und befragten oder schlugen die Männer. Wenn die Männer weggingen, mussten viele Frauen sich zusätzlich zur Hausarbeit ein Einkommen dazu verdienen und die Kinder alleine großziehen. Die Frauen wurden oftmals ebenfalls geschlagen oder sexuell belästigt. Das ging viele Jahre so.

Das sind nur meine Erfahrungen aus Singkil und noch nicht einmal die aus anderen Regionen. Sie brachten mich dazu, einige Frauen anzuregen, eine Frauenpartei in Aceh zu gründen. Schon neunmal wurde in Indonesien gewählt, und doch haben sich die Lebensumstände der Frauen hier immer noch nicht verbessert.

Wenn wir uns die Geschichte Acehs anschauen, so wurde eigentlich kein Unterschied zwischen Männern und Frauen gemacht. Mit anderen Worten, Männer und Frauen befanden sich auf einer Stufe, waren auf gleicher Augenhöhe. Nehmen wir das Beispiel von Teuku Umar, der während seines

Guerillakrieges gezwungen war, in den Urwald zu flüchten. Er nahm seine Frau, Cut Nyak Dien, mit sich und bildete sie in der taktischen und strategischen Kriegsführung aus. Nach dem Tod von Teuku Umar war es Cut Nyak Dien, die die Heeresleitung übernahm. Da sieht man einmal, dass Frauen in Aceh durchaus dazu fähig sind.

Ein weiteres Beispiel ist die Tatsache, dass vier von 30 Sultanen in Aceh Frauen waren. Obwohl wir sehr moslemisch waren und noch immer sind, konnten also Frauen durchaus Sultan, Heerführer und Admiral werden. Da wäre auch das Beispiel von Malahayati. Sie war der erste weibliche Admiral der Welt, die den Widerstand gegen die Portugiesen anführte. Sie konnte mit dem Schwert einen Feind nach dem anderen auf dem Schiffsdeck niederstrecken. Im Jahre 1500 führte sie 5000 Schiffe in den Krieg. Damals versammelte sie die Truppen sogenannter Inong Bale (Kriegswitwen) in einer Festung. Von dort aus beobachtete sie die Feinde, die vom Meer aus kamen. Ich kann mir gut vorstellen, wie heldenhaft und kühn sie war. Andere Heldinnen waren zum Beispiel Cut Meutiah oder Tengku Fakinah. Letztere war Kriegsexpertin und überdies Ärztin.

Doch warum sitzen wir Frauen heute nur noch zu Hause herum? Dürfen dies nicht, dürfen das nicht. Seit jeher richten sich Acehenesen nach der shariah.

Das islamische Gesetz enthält keine Vorschriften darüber, in welchen Bereichen Frauen tätig sein dürfen oder nicht. Warum ist es ausgerechnet seit der Unabhängigkeit Indonesiens so, dass acehnesische Frauen sich aus der Politik zurückziehen? Früher konnten Frauen alles werden: Heeresführer, Händler, Arzt. Eine der Sultanah in Aceh beherrschte gar sieben Sprachen. Das heißt doch, dass die Eltern damals ihren Kindern erlaubten, ins Ausland zu gehen, dass sie zuließen, dass sie sich sieben Sprachen aneigneten u.a. Spanisch, Englisch, Arabisch.

Es gibt also keinen triftigen Grund, weshalb heutzutage Frauen keine höhere Bildung haben sollten. Wenn auch 60 % der Einwohner Acehs weiblich sind, so sind unter allen Behördenleitern nur zwei Frauen, von 65 Parlamentsmitgliedern sind nur drei Frauen unter ihnen. Es gibt sogar einige Distrikte, die überhaupt keine weiblichen Parlamentarier haben. Dies ist unter anderem deshalb der Fall, weil die Bildung der Frauen unzureichend ist. Ein Großteil der Frauen schließt gerade mal die Grundschule und allenfalls die Mittelschule ab. Dies sind alles Gründe für die Gründung einer Frauenpartei in Aceh, die das Komite Perempuan Aceh Bangkit[223] ins Leben rief. Dieses Komitee setzt sich für die zivilen Rechte und die Bildung von Frauen ein.

Die Bildung des Komitees erfolgte im Jahr 2006. Damals nahmen wir auch an einem großen Seminar mit 400 Vertretern aus 21 Distrikten und Städten teil, das von der Deutschen Gesellschaft für Technische Zusammenarbeit (GTZ) veranstaltet wurde. Jeder Distrikt und jede Stadt schickte jeweils fünf Vertreter, darunter auch einige einflussreiche und berühmte Persönlichkeiten, einschließlich Frauen.

Zuvor gab es ein Vorbereitungsseminar, in dem wir gemeinsam die Themen auswählten, die später unser Arbeitsprogramm bilden sollten. Wir identifizierten rund 20 solcher Themen auf der Grundlage von Vorschlägen aus den einzelnen Distrikten. Unsere Priorität legten wir auf die Stärkung ziviler Rechte und die Bildung von Frauen in Aceh. Frauen sollten auch auf jeder Regierungsebene vertreten sein. Auf der untersten Ebene und in jedem Dorfrat, Tuhapen oder Badan Permusyawarahan Desa (BPD) genannt, und somit in jedem gampong (Dorf) sollten Frauen miteinbezogen werden.

Seit der Gründung des Frauenkomitees im November 2006 haben wir schon zahlreiche Maßnahmen durchgeführt. Zuallererst boten wir Hilfestellung bei der Vervollständigung von Eigentumsurkunden und anderen wichtigen Dokumenten, wie Geburts- oder Heiratsurkunden, an. Diese Dokumente werden in vielen Fällen von Männern verwaltet, so dass Frauen oft gar nicht ihre Besitz- und Landansprüche nachweisen können. Die Geburtsurkunde des Kindes wird für dessen Einschulung benötigt. Wir verteilten bereits 200 kostenlose Urkunden an die Ärmsten.

Außerdem engagierten wir uns für die Verbreitung der Idee, dass Frauen auch bei regionalen Wahlen erfolgreich sein können. Schließlich wurde eine Frau zur stellvertretenden Bürgermeisterin in Aceh gewählt. Schade nur, dass die Gouverneurskandidatin abgewiesen wurde, weil sie als Frau keine Gebetsstunden leiten darf (mengaji).

Danach machten wir das Gesetz gegen häusliche Gewalt bekannt. Dieses Gesetz existiert bereits seit 2004, war aber im Jahre 2007 kaum jemandem ein Begriff. Dem Gesetz zufolge sind Fälle häuslicher Gewalt keine Privatangelegenheit mehr. Wir klärten die Gesellschaft darüber auf, dass solche Fälle von nun vor Gericht gebracht werden können. Hier arbeiteten wir eng mit der Provinzregierung zusammen.

Wir organisierten auch einen interaktiven Dialog im Radio. Drei Stunden in der Woche besprachen wir hier Themen, die Schlagzeilen in der Zeitung machten. Zum Beispiel gab es einen Mann, der seine Frau grün und blau geschlagen hatte. Oder auch Fälle sexueller Belästigung. Wir arbeiteten hier mit einem Privatsender zusammen. Obwohl das Programm nicht in ganz Aceh gehört werden konnte, konnten doch viele Bewohner erreicht werden. Das Programm lief sehr gut. Die Zuhörer konnten uns per Sms oder Telefon kontaktieren.

Ein Fall, den wir erfolgreich vorbrachten, war der der sexuellen Belästigung an einer Oberschule. Nachdem sich 17 Schülerinnen bei uns über den 60-jährigen Schuldirektor beschwert hatten, brachten wir den Fall bei der Polizei zur Anzeige. Als Folge wurde dem Schuldirektor gekündigt.

Eine weitere Aktivität des Komitees war die Mitarbeit bei der Formulierung regionaler Verordnungen.

Die Entwürfe hatten bereits Regierung und Parlament durchlaufen und wurden dann an verschiedene Nichtregierungsorganisationen, uns eingeschlossen, zur Analyse gegeben. Das wurde in allen Distrikten so gehandhabt.

Derzeit ist ein Entwurf für eine regionale Verordnung zum Thema Gesundheit in Arbeit. Außerdem eine regionale Verordnung über eine Mindestquote von 30 % für die Teilnahme von Frauen an den Wahlen von 2009. Früher wurden die Wahlen ausschließlich von den politischen Parteien bestimmt, ohne dass viele Frauen daran beteiligt waren. Weiterhin arbeiten wir an einer regionalen Verordnung über die Regelung der Rechtsvertretung und Vormundschaft (kewalian), die in der islamischen Gesellschaft besonders für Frauen eine große Rolle spielt. Bei all diesen Aktivitäten stellen wir sicher, dass Frauen einbezogen und ihre Bedürfnisse berücksichtigt werden.

Wir haben auch schon zweimal Kurse zur politischen Bildung durchgeführt. Hierfür brachten wir Politikerinnen und die neu gebildete Frauenpartei zusammen. Wir luden Vertreterinnen aus 21 Distrikten und Städten ein und versuchten ihnen zu vermitteln, weshalb es so wichtig ist, dass sie sich in der Politik engagieren.

Eines unser Ziele ist es, Frauen in Ämtern auf allen Regierungsebenen zu positionieren. Üblicherweise sind Frauen nur in der PKK[224] involviert. Wir führen deshalb Kurse mit Dorffrauen durch, damit sie sich aktiv in der Dorfregierung, teuhapet, und im Gemeinderat, teuhalapan, engagieren. Nach Abschluss der Trainings beobachten wir dann die Mitwirkung von Frauen in den teuhapet und teuhalapan.

In unserer Arbeit konzentrieren wir uns zunächst auf sechs Pilotregionen. In diesen Regionen ist der traditionelle Adat-Rat aufgefordert, all die Verordnungen zu untersuchen, die Frauen in der einen oder anderen Weise unterdrücken. Ich bat auch bereits den Leiter des Rates, Prof. Dr. Badrussaman, darum, alle Adat-Räte in den Distrikten und Städten von Aceh anzuschreiben, damit sie alle Gebräuche und Regelungen zusammentragen, durch die Frauen benachteiligt werden.

Zuletzt wurden wir von der GTZ unterstützt, mit der wir gemeinsam ein Seminar zum Thema häusliche Gewalt abhielten. Rund 1.300 Frauen wurden in diesem Seminar über die bestehenden Gesetze zum Schutz gegen häusliche Gewalt aufgeklärt.

Was wir so schnell wie möglich brauchen, ist ein Traumazentrum für die Opfer häuslicher Gewalt. Bisher arbeiten wir noch nicht mit der Nationalen Kommission gegen Gewalt an Frauen zusammen. Die Zweigstelle der Kommission in Aceh ist noch immer sehr beschäftigt mit großen Fällen, auch solchen aus anderen Regionen. Wir haben zahlreiche Fälle häuslicher Gewalt hier in Aceh und bemühen uns zwar um Unterstützung durch die Nationale Kommission bei der Bearbeitung dieser Fälle, doch bisher leider ohne Erfolg.

Ich selbst bin auch Mitglied des Wahlkomitees bis 2008. Zwei von fünf Mitgliedern dieses Komitees sind Frauen. Wir wollen dafür sorgen, dass die Frauenpartei an den kommenden Wahlen teilnehmen kann. Da ich als Komiteemitglied aber neutral sein muss, darf ich nicht den Parteivorsitz führen.

Wenn wir uns die vergangenen Wahlen anschauen, fallen uns sehr viele Mängel auf. Die Durchführung der Wahlen lag damals allein in der Hand politischer Parteien und der Regierung. Jetzt setze ich mich dafür ein, dass Frauen ebenfalls beteiligt werden. Frauen lassen sich in der Regel nicht so einfach bestechen. Aus diesem Grund wollte ich ja auch Mitglied des Wahlkomitees werden. Deshalb reichte ich mein Bewerbungsschreiben ein und nahm an einer Prüfung und einem Gesundheitscheck teil.

Als ich noch Dozentin an der Uni war, engagierte ich mich in meiner Freizeit für den Aufbau einer Frauengruppe, Anissa Usaleha. Fast 3.000 Hausfrauen engagierten sich in dieser Gruppe. Ein Fall, der 2003 und 2004 erfolgreich an die Öffentlichkeit gebracht wurde, stand im Zusammenhang mit dem illegalen Holzeinschlag. Viele Frauen wurden in die Camps der Holzfäller entführt, um deren sexuelle Bedürfnisse zu stillen. Wir suchten damals diese Camps in den Bergen auf. Wie unmoralisch diese Camps doch sind! Es gelang uns schließlich in Zusammenarbeit mit der Polizei, den in diesen Camps herrschenden Praktiken ein Ende zu bereiten.

Inzwischen wurde die Frauenpartei PARA (Partai Aliansi Perempuan Aceh) ins Leben gerufen, denn wir machten die Erfahrung, dass Nichtre-

gierungsorganisation allzu oft überhört werden. Wir wollen in den staatlichen Institutionen, wie dem Parlament, vertreten sein und damit Einfluss auf die die Politik des Landes nehmen.

Für die Gründung einer Partei werden entsprechende finanzielle Mittel benötigt. Ich sammelte damals bei einem Treffen von allen teilnehmenden Frauen Geld ein, und so kamen beim ersten Mal rund 15 Mio. Rupiah (ca. 1250 Euro) zusammen. Das genügte, um die notarielle Bestätigung und andere wichtige Dokumente, die für die Parteigründung notwendig sind, zu bezahlen. Heute, nur ein Jahr nach ihrer Gründung, hat unsere Partei bereits Zweigstellen in 16 Distrikten und Städten.

Anfangs hatten wir gegen zahlreiche Widerstände zu kämpfen. Vor allem weil es viele gab, die sich gegen eine Frau als Parteivorsitzende aussprachen. Die derzeitige Vorsitzende ist Frau H. Dra. Zulhafa Luthfi, genannt Ibu Eva. Wie ich vorhin schon erklärte, darf ich als Mitglied des öffentlichen Wahlkomitees nicht zugleich einer Partei vorstehen.

Mein Engagement im Wahlkomitee ist von großer Bedeutung, weil ich die Möglichkeit habe, so manche Einschränkung für die Teilnahme der Frauenpartei in den nationalen Wahlen auszuräumen. Zumal es nicht wenige gibt, die nach Gründen suchen, um die Frauenpartei von den Wahlen auszuschließen.

Andererseits ist die Unterstützung von Männern für die Frauenpartei recht zufrieden stellend. Unsere Kandidaten sind zu 70 % Frauen, wir haben aber auch 30 % Männer. In West-Aceh gibt es einen Kandidaten, Drs. T. Rizal Asmara, und in Nagan Raya steht Aan Mujibur Rachman zur Wahl. Aus Pidie kommt Pak Muklis, aus Lhok Seumawe Pak Ade und aus Zentral-Aceh Drs. Haji Imam Nawawi, ein ehemaliger Beamter im Regionalsekretariat. Mit anderen Worten, in vier von 21 Distrikten und Städten gibt es männliche Kandidaten der Frauenpartei. Und ungewöhnlicherweise setzen sich diese Männer für die Belange der Frauen ein.

Auch die Frau des Gouverneurs von Aceh unterstützte uns sehr. Mir wurde sogar angeboten, ihre Beraterin zu werden. Doch ich lehnte dieses Angebot ab, weil ich der Ansicht bin, dass mein Wissen und meine Erfahrungen in der Politik dafür noch nicht ausreichen.

Des Weiteren werden wir auch von einem ehemaligen Gouverneur Acehs und natürlich von meinen Eltern und Brüdern, die sich gerade als Distriktvorsteher (Bupati) zur Wahl stellen, ihren Dozenten, vielen Familienangehörigen, Freunden sowie einer großen Zahl von Frauenaktivistinnen unterstützt.«

III. Kulturmuster im Umbruch
Die weibliche Art des Führens.
Frauen im öffentlichen und politischen Leben

»Wenn Frauen sich politisch engagieren würden, dann wäre die Politik viel stärker auf die Bedürfnisse von Frauen ausgerichtet, denn Frauen hören viel eher auf ihre innere Stimme und kennen auch besser die Belange des Alltags der Menschen. Doch selbst wenn eine Frau die gleiche Schulbildung wie ein Mann hat, wird sie als Mensch zweiter Klasse angesehen. Aus diesem Grund ist es am besten, wenn Frauen politisch aktiv werden, damit sie nicht immer die Opfer sind.« So äußert sich Bu Yus, eine Witwe mit drei Kindern in der Siedlung Sosrowijayan, gleich hinter Yogyakartas Hauptgeschäftsstraße, der Jalan Malioboro.

Die Siedlung, in der sie wohnt, besteht aus zahlreichen engen Gassen, durch die gerade einmal Fußgänger und Motorräder passen. Die Häuser sind sehr einfach. Damals, vor der Wirtschaftskrise, war diese Siedlung bekannt für die vielen einfachen Unterkünfte für Rucksacktouristen.

Bu Yus stammt aus einer einfachen Familie. Ihr Mann arbeitete in einer Motoradwerkstatt. Beide hatten ein bescheidenes Einkommen und teilten sich die Verantwortung für Familie und Haushalt. Damals verdiente sich Bu Yus ihr Geld mit dem Waschen der Kleider eben dieser Rucksacktouristen. Es war ein ausreichendes Einkommen, bis ein Nachbar sich eine Waschmaschine leisten und einen weitaus günstigeren Preis für das Kleiderwaschen anbieten konnte. Heute hat Bu Yus einen kleinen Stand mit Zigaretten in der Pasar Kembang-Straße. Neben Zigaretten und Feuerzeugen verkauft sie nun auch Obst. Ihre Arbeitszeiten sind von 5.30 Uhr nachmittags bis 3 Uhr nachts. Von 20 bis 23 Uhr springt ihr Vater für sie ein, damit Bu Yus zusammen mit ihren Kindern zu Abend essen und mit ihnen bis sie zum Schlafengehen zusammen sein kann.

Ihr Mann starb vor einem Jahr an Lungenkrebs. Früher brachte er rund 800.000 Rupiah[225] nach Hause, die er sich durch die Arbeit in seiner eigenen Werkstatt verdiente. Hinzu kamen rund 600.000–700.000 Rupiah im Monat von Bu Yus selbst – der Erlös aus dem Verkauf von Zigaretten und dem einfachen Imbiss in ihrem Haus, über den sie ein kleines Hotel in der Nähe sowie Nachbarn, die eine Feier ausrichten wollten, mit Mahlzeiten versorgte. Nach dem Tod ihres Mannes war sie auf sich gestellt und musste fortan alleine für ihre Kinder sorgen. Von Zeit zu Zeit wurde sie von ihrem

Nachbarn gebeten, ihn auf ihrem Motorrad mitzunehmen, um seine Rente abzuholen. Dadurch konnte sie sich ein zusätzliches Einkommen verschaffen. Über kleine Hilfsdienste hier und dort erwarb sie schließlich genug, um jedem ihrer Kinder täglich bis zu 5.000 Rupiah für Transport und Naschzeug zu geben. Davon abgesehen benötigt sie nicht viel – nur etwas Geld für den Kauf von Reis und ein wenig *Supermie*-Nudeln oder Gemüse als Beilage. Für ihr kleines und bescheidenes Haus aus Holz muss sie keine Miete bezahlen. Es ist ein so genanntes *Rumah Ngindung*, was bedeutet, dass ihre Schwiegereltern gratis auf einem Stück Land wohnen, welches fremden Leuten gehört. Dieses Recht wurde ihren Schwiegereltern gegeben, und ihre Aufgabe ist es, auf dieses Land aufzupassen. Zufällig gehört dieses Stück Land der Ziehmutter meines Vaters. Inzwischen ist die Schwiegermutter von Bu Yus schon recht alt, und die Ziehmutter meines Vaters wie auch mein Vater selbst sind längst verstorben. Doch noch immer wird dieses Recht traditionsgemäß in der Region Yogyakarta von Generation zu Generation vererbt.

Auch wenn Bus Yus aus einer armen Familie stammt, konnte sie doch die Schule bis zur Oberstufe besuchen. Daher legt sie auch großen Wert darauf, dass auch ihre eigenen Kinder die Oberschule abschließen. Was die Ausbildung angeht, so haben weder sie selbst noch ihre Eltern je einen Unterschied zwischen den Mädchen und den Jungen gemacht. Für sie sollen alle die gleiche Ausbildung erhalten. Nicht von ungefähr ist sie der Auffassung, dass eine gute Schulbildung für Mädchen besonders wichtig sei, damit sie später ein besseres Leben führen können.

Ich bin sehr beeindruckt von diesen recht fortschrittlichen Ansichten. Bu Yus beklagt, dass in der indonesischen Gesellschaft Frauen stets als Menschen zweiter Klasse angesehen werden, während Männer die Führung übernehmen. Von einer Frau werde erwartet, dass sie ihrem Ehemann gehorcht und ihn stets um Erlaubnis bittet. Dies ist für Bu Yus keineswegs selbstverständlich. Erst recht nicht, wenn man bedenkt, dass Frauen genauso hart für den Lebensunterhalt ihrer Familien arbeiten müssen wie Männer.

Ihre Augen sind gerötet, als wir uns zum Essen an den Straßenstand nahe des Campus der Gajah Mada-Universität hocken. Wir essen unseren gedämpften Reis mit Tofu direkt bei der Fakultät für Frauenstudien. Ich überlege, ob ihre Augen vielleicht deshalb gerötet sind, weil sie ihren Zigarettenstand bis 3 Uhr nachts bewachen musste und deshalb nicht genug schlafen konnte. Sie erzählt mir, dass das Hotel in der Nähe ihres Zigarettenstandes sie oft bittet, Frühstück für die Hotelgäste zuzubereiten. So muss sie nun um

5 Uhr morgens bereits zum Markt gehen, um Gemüse für das Frühstück zu kaufen. Das Menü dafür kann sie selbst bestimmen. Manchmal kocht sie Nasi Goreng, manchmal Reis mit Gemüse, wie es sich eben ergibt. Für jede Schachtel und Portion Nasi Goreng erhält sie netto 500 Rupiah und insgesamt verkauft sie ungefähr fünf Schachteln am Tag. Für Bu Yus bedeutet dies also ein zusätzliches Einkommen in Höhe von bis zu 2.500 Rupiah – Geld, das sie sofort an eines ihrer Kinder für Fahrkosten weiter gibt. Darüber hinaus muss sie auch Taschengeld für ihre Kinder bereithalten, damit diese sich in ihrer Freizeit ein bisschen Naschzeug kaufen können.

Heute verdient sich Bu Yus etwas dazu, indem sie mich auf ihrem Motorrad durch Yogyakarta fährt. Ich habe mir insgeheim vorgenommen, ihr ein großzügiges Trinkgeld zu geben. Sie hat mir angeboten, mich auch am Nachmittag zum Flughafen zu bringen. Sicher wäre ihr eher geholfen, wenn ich ihr das Geld gebe, anstatt die 35.000 Rupiah für das Taxi zu zahlen. Auch wenn die Fahrt auf dem Motorrad durch das dreckige und stickige Yogyakarta etwas anstrengend ist.

Mein Besuch in Yogya dient unter anderem dazu, Referenzen und Daten für eine Feldstudie zur Rolle der Frau im politischen wie öffentlichen Leben seit 1998, dem Beginn der *Reformasi*-Ära, zu sammeln. Inwiefern hat sich ihre Position zum Guten verändert, inwieweit hat sie sich in den vergangenen Jahren verschlechtert? Wie leben und lenken Frauen in Politik und Öffentlichkeit ihre Führungsposition? Und wie können Frauen, die bereits eine gewisse Position in der Politik oder im öffentlichen Leben erreicht haben, ihre Bedürfnisse und Belange durchsetzen?

Tatsächlich wird die Ansicht von Bu Yus, dass Frauen sich politisch engagieren sollen, keineswegs von der Allgemeinheit geteilt. Die Meinungen zur Rolle von Frauen im politischen wie öffentlichen Leben gehen weit auseinander und sind zum Teil kontrovers. Laut einer Studie unter Klein- und Kleinstunternehmerinnen in einigen Gegenden Zentral-Javas, die im Jahr 2003 von der Zeitschrift *Permas* herausgegeben wurde, erachtet die Mehrheit der Frauen selbst die Politik als »schmutzig« und »grausam«. Politik sei etwas, womit man seine Ziele erreicht und sich seine eigenen Wünsche erfüllt. Aus diesem Grund sei Politik Männersache.

Eine Frau in Wonogiri meinte dazu auf javanisch: »Politik, das bedeutet, ständige Wortgefechte und Anfeindungen. Frauen sind dafür einfach nicht geschaffen. Außerdem können Frauen weder kämpfen noch überlegt handeln, ganz anders als Männer.«[226] Derartige Auffassungen sind in der indonesischen Gesellschaft noch immer weit verbreitet.

Doch sobald sich Frauen untereinander treffen und mit ihren Gesprächspartnerinnen wohl fühlen, sagen viele, dass Frauen in der Politik nicht nur dringend benötigt werden, sondern vor allem auch fähig sind, in die Politik zu gehen. Bei einem Treffen von Kleinstunternehmerinnen in Malino, Süd-Sulawesi, bei dem ich eine Evaluierung der Aktivitäten zur Gemeindeentwicklung durch die Organisation *Matepe* durchführte, wünschte sich mehr als ein Drittel der rund zwanzig Frauen ganz klar, dass Frauen im öffentlichen und politischen Leben stärker vertreten sind. Ein Drittel der Frauen hielt sich zurück, so dass ich ihre Ansicht zu diesem Thema leider nicht kenne. Als wir über den Entwurf des Pornografiegesetzes diskutierten, das unter anderem eine strenge Kleiderordnung für muslimische Frauen vorschreibt, blieb ein Großteil der Frauen still, und eine Frau setzte sich klar für das Gesetz ein. Die muslimischen Kleidervorschriften zu kritisieren ist in Indonesien schwierig, weil viele befürchten, dass ihre Äußerungen dann als anti-islamisch im Allgemeinen aufgefasst werden.

Im Jahr 1984 wurde die Konvention zur Abschaffung jeglicher Form der Diskriminierung ratifiziert. Mit diesem Gesetz im Rücken konnte die Regierung der Suharto-Ära auf nationaler wie regionaler Ebene eine Politik verfolgen, welche die Menschenrechte respektierte und eine grundlegende Freiheit auf der Basis von Gleichheit und Gerechtigkeit für Männer und Frauen im sozialen, politischen, wirtschaftlichen und kulturellen Leben zusicherte. Mit diesem Gesetz erhoffte man sich, dass sich die Anzahl weiblicher Entscheidungsträger erhöhen würde und dass die Belange der Frauen vertreten und durchgesetzt werden würden. Das Frauenministerium hat über die Frauenförderungsbüros auf Provinz- und Distriktebene seit Anfang der 90er Jahre auch »Leadership«-Kurse für Mitglieder von Frauenorganisationen durchgeführt. Dennoch haben diese Bemühungen und guten Absichten zur Verbesserung der Situation der Frau in Indonesien laut Bu Yus bisher noch nicht wirklich gefruchtet.

Hürden für Frauen im öffentlichen und politischen Leben

Obwohl es durchaus Frauen gibt, die seit der Unabhängigkeit einen Sitz im Parlament gewinnen konnten, ist ihr Handlungsspielraum im öffentlichen und politischen Leben doch relativ beschränkt. Nur sehr wenige Frauen haben eine Position in den oberen Gehaltsgruppen inne und weniger als 15 % sind in einer Partei oder im Parlament aktiv. Mit der Dezentralisierung nahm die Marginalisierung der Frauen sogar noch zu, da in vielen Provinzen das islamische Recht, die *shariah,* zumindest in Teilen eingeführt wurde.

Es gibt einige politische Ämter, die mit Frauen besetzt sind. In Tasikmalaya z.B. gibt es fünf weibliche Sub-Distriktvorsteherinnen. In dem Dorf Ketandan bei Klaten ist das Dorfoberhaupt eine Frau. Die weibliche *Bupati* (Landrätin) in Kebumen ist sehr bekannt. In Karanganyar steht ebenfalls eine Frau an der Spitze der Distriktregierung, ebenso in Banyuwangi.

Hier zeigt sich, dass Frauen durchaus Führungspositionen einnehmen und politische Aufgaben erfüllen können. Diese Frauen sind sehr kompetent, auch wenn es unter ihnen einige gibt, die sich nur bedingt für die Belange der Frauen einsetzen. Aber auch unter Männern gibt es mehr oder weniger fähige Führungsfiguren. Das Problem ist, dass es nur wenige Frauen gibt, die ein politisches Amt ausüben und ihre Führungsqualität daher umso strenger beurteilt wird.

Im Hinblick auf die Gleichstellung von Mann und Frau herrscht in der dörflichen wie städtischen Gesellschaft nach wie vor die Ansicht, dass die Einbeziehung von Frauen in die politische Entscheidungsfindung nicht unbedingt vonnöten ist. Frauen sind für das Wohlergehen der Familie und die Wahrnehmung von Aufgaben im Sozialen sowie Gesundheits- und Bildungssektor zuständig.

Heute gibt es bereits viele Frauen im mittleren Management von Unternehmen, berichtet Shanti L. Poesposoetjipto, *Senior Advisor* bei der Ngrumat Bondo Utomo Aktiengesellschaft im Samudera Indonesia Building. »Diese Frauen zeigen eine gute Leistung. Ein wichtiger Unterschied zu Männern sei, dass Frauen es gewohnt sind, ihr gutes Ansehen unter Beweis zu stellen. Frauen seien es auch eher gewohnt, uneigennützig und im Sinne der Vision ihrer Gruppe, ihrer Institution oder auch des Staates zu arbeiten. Männer verfolgten hingegen oft eine eigene Agenda und seien bestrebt, sich bessere Aussichten für ihre eigene Zukunft zu sichern«, so Shanti. Ich erinnere mich an die Worte von Bu Yus, die sagte, dass Frauen sich politisch engagieren sollten, weil sie reine Absichten hätten.

Die größte Hürde für Frauen auf dem Weg zu politischem Aktivismus ist ihre Doppelbelastung. Das Verständnis, dass die Politik eine Männerdomäne ist, dass Frauen in erster Linie den Haushalt zu führen haben und erst dann einen zusätzlichen Lebensunterhalt suchen sollten, spiegelt die vorherrschenden Wertvorstellungen wider, die Frauen den Einstieg in die Politik erschweren.[227] Dies ist natürlich nichts Neues. Eine Studie von Sri Budi Eko Wardani mit dem Titel »Bestrebungen von Parlamentarierinnen für eine starke Frauenpolitik« stützt sich auf die Aussagen weiblicher Mitglieder des nationalen Parlaments zu den kulturellen Hürden für Frauen im politischen Leben. »Natürlich ist es für Frauen, die bereits eine Familie haben, schwer, das Haus zu verlassen. Viele Frauen schlagen erst einen Karriereweg ein, wenn die Kinder bereits älter und unabhängiger sind. Wenn meine Familie und mein Mann das Gefühl hätten, dass ich sie wegen meiner Aktivitäten im Parlament vernachlässige, dann würde ich mich auf jeden Fall gegen meine Karriere entscheiden.« Ähnliches widerfährt Frauen in aller Welt, wenn auch in unterschiedlichem Ausmaß. Es ist auch das Hauptthema der Bildungs- und Trainingsmaßnahmen für Kleinstunternehmerinnen in Zentral-Java, die von den nicht-staatlichen Organisationen *YKP*-Solo, *Persepsi* Klaten und *LPPSLH* Purwokerto in Zusammenarbeit mit der *Ford Foundation* lanciert wurden. Eine Teilnehmerin dieses Trainings, Bu Siti aus Wonogiri, die Mitglied im Gemeinderat ihres Dorfes ist, erzählt: »Wenn eine Frau sich im öffentlichen Leben, wie zum Beispiel im Dorfrat, engagiert, verpasst man ihr nicht selten einen Spitznamen, wie ›Provokateurin‹, und ihre Stimme wird bewusst überhört, selbst wenn sie fast schon schreit.« Eine weitere Teilnehmerin des Trainings, Bu Miyem, ist eine Händlerin auf dem Markt von Wonogiri und zählt die wichtigsten Bedürfnisse von Frauen auf: genug Reis, ein Dach über dem Kopf, durch das es nicht hineinregnet und ein zusätzliches Einkommen zu dem des Mannes. »Meetings und Sitzungen sind nicht so wichtig. Hier gibt es viele wichtige Persönlichkeiten, aber das Schicksal von Kleinstunternehmerinnen wie mir ändert sich trotzdem nicht«, seufzt sie.[228] Bu Miyem sieht nicht ein, dass die Einbeziehung von Frauen in die Politik helfen könnte, die Lebensumstände von Frauen wie ihr zu verbessern.

Ergebnissen einer Studie des *Women Research Instituts* (WRI) zufolge bedeutet die Führung durch eine Frau noch lange nicht, dass auch die Belange der Frauen vertreten und durchgesetzt werden.[229] In der westjavanischen Stadt Sukabumi, in der die erste Bürgermeisterin im Amt ist und in der Frauen auch in vielen anderen einflussreichen Ämtern zu finden sind, schreibt die regionale Verordnung Nr. 14/2000 den Frauen eine häusliche Rolle vor. Einige Fälle verdeutlichen das vorherrschende Rollenverständnis von Männern als Familienoberhäupter und Frauen als Mütter und Begleiterinnen. Selbst das Ehegesetz von 1974 besagt, dass Männer Familienoberhäupter und Frauen Hausfrauen sein sollten. Weitere regionale Verordnungen[230] für die Wahl von Dorfvorstehern sehen sogar explizit nur Männer für die jeweiligen Posten vor.

Die geringe Anzahl weiblicher Entscheidungsträger hat zur Folge, dass Frauen in vielen politischen Strategien kaum berücksichtigt werden. Die wenigen Frauen, die in politischen Institutionen derartige Strategien beeinflussen könnten, schaffen oft selbst Regularien mit »männlicher Ausrichtung«, die sehr von ihrem männlichen Umfeld geprägt sind. Einige Aktivisten setzen daher auf die magische 30 %-Quote. Sie sind der Überzeugung, dass sich das Gesicht der Politik mit einem Frauenanteil von 30 % unter politischen Entscheidungsträgern erheblich zugunsten einer mehr femininen und genderfreundlichen Politik verändern würde. Eine derartige 30%-Quote für Institutionen wollen sie durch Quoten, auch *affirmative action* genannt, erreichen.

Die Rolle der Frauen bei den matrilinearen Minangkabau

Die *Minangkabau* in West-Sumatra haben aufgrund ihrer matrilinearen Tradition weltweit ethnologisches Interesse hervorgerufen. Nach dem traditionellen Erbrecht in dieser Region um Padang wird der Familienbesitz nur an die Frauen einer Familie vererbt. Diese geben auch den Familiennamen weiter. Dies gilt allerdings nur für den unmittelbar zum Hof gehörenden Besitz. Weiter entfernt liegende Ländereien können auch Männern gehören. Familienvorstand ist jeweils die älteste Frau. Dennoch kann sie nicht über die Politik entscheiden, sondern wird in öffentlichen Angelegenheiten durch ihren ältesten Bruder, den *mamak*, vertreten. Die angeheirateten Männer gehören Zeit ihres Lebens zur Familie ihrer Mutter und nicht zu der ihrer Frau.

Diese komplizierte Erbregelung ist heute bereits stark aufgeweicht. Nur wenige Familien besitzen noch vererbbares Land und in den Städten hält man sich kaum noch an die alten Regeln. Auch der Islam war in West-Sumatra traditionell sehr stark, vielleicht auch, weil die Männer mit den islamischen Geboten ein Gegengewicht zu ihren dominanten Frauen schaffen konnten.

Die Widersprüche zwischen der matrilinearen Kultur in West-Sumatra und der politischen Realität sind offensichtlich. Die traditionelle Rolle der Frauen als *bundo kanduang* (Stammesmutter) bedeutet, dass sie über Verwandtschaftsbeziehungen und Dorfgrenzen hinaus die Richtung angeben können. In einer WRI-Studie steht dazu: »Doch tatsächlich garantiert die hoch geschätzte Position der *Minang*-Frauen, wie sie von Generation zu Generation weiter vererbt wird, noch lange nicht, dass Männer und Frauen in allen Lebensbereichen gleichwertig sind und auf einer Stufe stehen. Das kann man beispielsweise daran erkennen, dass in den nationalen Wahlen von 1999 nur vier Frauen unter den Kandidaten aus West-Sumatra waren. Das sind weniger als 10 %, obwohl doch mehr als die Hälfte der Einwohner der Region Frauen sind.«[231]

Im Distrikt Solok, West-Sumatra, wo das Frauenerbrecht gilt, besagt die regionale Verordnung Nr. 1/2001, dass Frauen (*bundo kanduang*) sich mit *ninik mamak*, also den ältesten Männern in dem Clan, und *candiak* (die Gelehrten) sowie *alim ulama* (dem Klerus) besprechen sollen und dass das Ergebnis dieser Besprechung die Grundlage für die regionale Entwicklungspolitik bilden soll. Die Umsetzung jedoch obliegt einer Unterabteilung der Sozialbehörde, deren Aufgabenkatalog Frauenförderung nicht umfasst. Sich für Frauen im Parlament einzusetzen, ist hier kompliziert. Alle 20 Sitze im regionalen Parlament sind von Männern besetzt. Es bleibt zu hoffen, dass sich das Distriktoberhaupt von Solok gemeinsam mit seiner Frau externen Vorschlägen öffnet, um Frauen auch im öffentlichen Bereich mehr Gewicht zu geben.

Auf der anderen Seite ist die Anzahl der Beamtinnen in einigen Gegenden West-Sumatras vergleichsweise hoch. In der Stadt Solok sind sogar 40,3 % Frauen und 59,7 % Männer. In Sukabumi gibt es ebenfalls recht viele Beamtinnen (56 % Männer und 43,57 % Frauen). In Gianyar gibt es weitaus mehr Beamte als Beamtinnen; eine Umfrage aus dem Jahre 2001 ergab hier einen Anteil von 68,3 % Männern und 31,6 % Frauen. Allerdings muss man dabei bedenken, dass die Mehrheit der Frauen nur in administrativen Positionen arbeitet und nicht als Entscheidungsträgerinnen.[232]

Frauen in der Politik in Zahlen

Im Folgenden möchte ich kurz auf einige statistische Daten eingehen, die aus Studien über Frauen in Indonesien hervorgehen. Eine viel zitierte Studie, auf die ich während meiner Recherchen stieß, ist die von Mayling Oey-Gardiner.[233] Sie ist eine bekannte Frauenaktivistin, die sich mit ihrer Genderideologie nicht nur den patriarchalischen Traditionen widersetzt, sondern auch bereits eine Vielzahl quantitativer und qualitativer Studien durchgeführt hat. Ich treffe Mayling in ihrem Büro in Süd-Jakarta.

Neben ihrer Tätigkeit als Wissenschaftlerin ist Mayling schon seit Langem in der Frauenbewegung *Peka* aktiv und mit Debra Yatim Beraterin für Frauenangelegenheiten für die Behörde für Wiederaufbau der durch Tsunami zerstörten Regionen in Aceh. Bei seinem Besuch in Indonesien in den 90er Jahren war der Direktor der Weltbank recht erstaunt, als Mayling und Carla Bianpoen mit ihren Freundinnen um einen Gesprächstermin baten, und riet ihnen stattdessen ein Treffen mit seiner Frau an. Die Gruppe forderte aber so lange ein Treffen mit dem Direktor, bis dieser schließlich einwilligte. Bei dem Treffen bat die Gruppe die Weltbank darum, bei der

Vergabe von Krediten für Projekte in Indonesien die Belange der Frauen zu berücksichtigen.

Die Anzahl der Wählerinnen war bei den Wahlen von 1999 mit 57 % zwar recht hoch,[234] doch laut Mayling gibt es in den vergangenen zehn Jahren einen abnehmenden Trend, was die Einbeziehung von Frauen in politischen Institutionen und bei öffentlichen Entscheidungen angeht. Statistiken ergeben, dass die Anzahl weiblicher Mitglieder des nationalen Parlaments (*DPR*) von 60 in den Jahren 1992–1997 sowie 1997–1999 auf nur 44 in den Jahren 1999–2004 zurückging. Die Anzahl weiblicher Mitglieder im Volkskongress *MPR*, dem höchsten Entscheidungsfindungsorgan der indonesischen Republik, bestehend aus den Abgeordneten des nationalen Parlaments sowie Vertretern der Regionen und professioneller Gruppen, fiel in den Jahren 1997–1999 von 12 % auf zuletzt 9 %. Trotz nominalem Rückgang stieg doch zumindest die Qualität der Parlamentarierinnen an. Mayling zufolge wurden damals Frauen nur durch Nepotismus in *DPR* und *MPR* gewählt, während dies heutzutage vor allem von ihren Fähigkeiten abhängt.

Mayling schreibt, dass es nur wenige Frauen am Obersten Gerichtshof gibt (12 %) und noch weniger beim Obersten Rechnungshof (1 %).[235] Es gibt bisher keine Frau, die das Amt eines Provinzgouverneurs innehat, vergleichbar mit der Position eines Ministerpräsidenten im deutschen System. Nur sechs von 336 Distrikten im Jahre 2001 (1,7 %) wurden von einer Frau geführt. Im Jahr 1991 gab es in 66.000 Dörfern lediglich 927 oder 14 % Dorfvorsteherinnen. Im Jahr 2000 war nur einer von 27 Sitzen im indonesischen Parlament von einer Frau besetzt. Außerdem gab es im selben Jahr unter 70 Vertretern der Regionalparlamente nur eine Frau.

Die folgenden Zahlen zur Repräsentanz von Frauen in formalen politischen Institutionen zeichnen ein ähnliches Bild: Obwohl 51 % aller Einwohner Indonesiens Frauen sind, gibt es unter 10250 Vertretern der Distriktparlamente in ganz Indonesien nur 350 oder 3,4 % Frauen.[236] Auf nationaler Ebene gab es unter den Parlamentariern in den Jahren 1999–2004 insgesamt nur 9 % Frauen.[237] Im selben Zeitraum wurden nur 1,5 % der Landratsposten von Frauen besetzt.[238]

Trotzdem ist Mayling recht optimistisch in Bezug auf die Bemühungen von Frauen in der Politik, gerade wenn sie auf die letzten 30 Jahre zurückblickt, in denen sie die Interessen der Frauen aktiv vertreten und vorangetrieben hat. Damals war eine 30%-Quote schier unvorstellbar. Heute müssen 30 % der von den Parteien vorgeschlagenen Kandidaten für das Parlament Frauen sein. Dies ist einer der Erfolge der Aktivistengruppe *Cetro* und ihrem Netzwerk. Smita Notosusanto ist eine Aktivistin, die an vorderster Front für die Durchsetzung dieser 30%-Quote gekämpft und die sich auch für eine direkte Präsidentenwahl eingesetzt hat.

Mayling ist die erste Professorin an der Wirtschaftsfakultät der Universitas Indonesia. Sie meint scherzhaft, dass es vielleicht zwar eine bessere Wissenschaftlerin als sie gäbe, aber keine erste Professorin außer ihr: »There might be better ones, but I am the first!« Mir gefällt, was sie sagt. Mehr noch aber erstaunt mich ihre umfangreiche Datensammlung und wie scharfsinnig sie die Situation der Frauen in der Politik beurteilt und bewertet.

Die Daten und Studien des Women's Research Institute erhalte ich bei meinem Besuch des Büros in Süd-Jakarta. In der unmittelbaren Nähe des Büros steht eine Moschee. Schon oft haben die Mitarbeiterinnen des Instituts sich Predigten anhören müssen, die gegen die Frauenbewegung gerichtet sind: »Das ist der Weg der Verirrung, weil er nicht die Ansichten Allahs zur Rolle der Frauen befolgt.« Im Rahmen der Diskussion um das Antipornografiegesetz fiel eine solche Aussage sogar noch mehr ins Gewicht. Das damals in Planung befindliche Gesetz wurde vor allem von feministischen Gruppen in Frage gestellt. Ich freue mich immer, feministische Wissenschaftlerinnen zu treffen. Sie verkörpern oft nicht den Stereotyp des Wissenschaftlers mit ernstem Gesicht und grauer Kleidung, selbst wenn ihr Schreibtisch voll gestopft ist mit Arbeit und Forschungsergebnissen. Anders als in manch anderen Ländern, in denen sich Forscherinnen üblicherweise wenig feminin kleiden, sind Mayling und ihre Freundinnen am WRI recht hübsch und farbenfroh angezogen. Auch wenn sie ernsthaft für ihre Visionen eintreten, haben sie doch nicht den Spaß und die Lebensfreude verloren.

Nachdem wir uns ein wenig über private Angelegenheiten ausgetauscht haben, diskutieren wir über die Ergebnisse und Erfolge der Frauenbewegung in Indonesien und darüber, was derzeit aktuell ist. Mir stellt sich vor allem eine Frage: Warum sind nur so wenige Frauen in formalen politischen Institutionen vertreten?

Frauengruppen und Frauenorganisationen heute

Edriana Nurdin, Programmdirektorin am Women's Research Institut (WRI), und Sita Aripurnami sowie *information officer* Ning geben mir einen kurzen Abriss über das Paradigma der Frauenbewegung. Früher waren viele Frauenaktivistinnen und -organisationen nicht bereit, in formale politische Institutionen, wie Partei, Parlament oder gar Regierung einzutreten.

Heute lautet das Grundprinzip eher, sich mit formalen Institutionen zu verbünden, um eine Veränderung herbeizuführen. Dies bedeutet einen Paradigmenwechsel weg von der Opposition, der sich die meisten Frauen-NRO unter dem Regime der Neuen Ordnung zurechneten, hin zur Arbeit innerhalb des politischen Systems. Das neue Paradigma der indonesischen Frauenbewegung geht vor allem einher mit der Einflussnahme auf die Formulierung von Gesetzen, Verordnungen und Haushaltszuweisungen, die das sogenannte *gender mainstreaming* ermöglichen.

Der klassische Bereich, in dem Frauenorganisationen sich engagieren, ist der Bereich »Gewalt gegen Frauen«, besonders Gewalt in der Familie. Hier sind unter anderem folgende Organisationen tätig: *Komnas Anti Kekerasan Terhadap Perempuan* (Nationales Komitee gegen Gewalt gegen Frauen), *Mitra Perempuan* (Partner der Frauen, eine von Frauen geführte NRO), *LBH Apik* (ein Ableger der bekannten Rechtshilfe-Organisation *LBH*) und viele andere Organisationen.

Ein weiterer Bereich ist die Bildung. Unter anderem engagiert sich hier die *Organisation Kapal Perempuan* (Frauenschiff) mit ihrem regionalen Netzwerk. Ihr Programm setzt sich für die Bildung aller gesellschaftlichen Schichten ein, sowohl Männer als auch Frauen. Die Aktivitäten *von Kapal Perempuan* flankieren die Aktivitäten des indonesischen Bildungsministeriums, um diese wirkungsvoller zu machen.

Ein dritter Bereich ist die Politik. An vorderster Front ist hier die NRO *Cetro* tätig, auch wenn sich diese Organisation nicht ausschließlich für die Belange von Frauen einsetzt. Ihre Hauptaufgabe besteht darin, Empfehlungen für Gesetze und Verordnung zu geben. Dabei arbeitet *Cetro* mit verschiedenen Organisationen auf der regionalen Ebene zusammen, so zum Beispiel mit dem *Jaringan Demokrasi Aceh* (Demokratisches Netzwerk Aceh). *Cetro* erreichte bereits, dass der Entwurf einer frauenfeindlichen Klausel, die als Voraussetzung für den Gouverneursposten in Aceh vorgeschlagen wurde, abgelehnt wurde. Hier wurde gefordert, dass Gouverneurskandidaten in der Lage sein müssen, das Freitagsgebet zu leiten. Dies impliziert, dass sich nur Männer für die Gouverneurswahl aufstellen lassen können, da es Frauen nach islamischem Recht untersagt ist, das Freitagsgebet zu leiten. In der Diskussion im indonesischen Parlament über das geplante Autonomiegesetz für Aceh, setzte sich *Cetro* dafür ein, dass eine Aktivistengruppe *Jaringan Demokrasi Aceh* bei der Lobbyarbeit im Parlament teilnehmen durfte, um die Substanz des Gesetzes zu verbessern. Im April 2006 konnte Suraiya Kamaruzzaman, eine Aktivistin aus dem *Jarin-*

gan Demokrasi Aceh, vor dem nationalen Parlament in Jakarta sprechen, wo ich sie für ein Interview traf. Weitere Organisationen, die sich im Bereich der Politik für Frauen einsetzen, sind *Prolegislasi Nasional* (eine Organisation, die sich für die Berücksichtigung der Belange von Frauen in der nationalen Gesetzgebung einsetzt*)*, *Jaringan Mitra Perempuan* (Netzwerk der Frauenorganisationen), *Solidaritas Perempuan* (Frauen Solidarität), *Kalyanamitra*, *Peka*, sowie das *Women Crisis Center*. Derzeit kämpfen sie vornehmlich für eine Gesetzgebung für Arbeitsmigrantinnen im Ausland und ein Gesetz zum Schutz der Gesundheit von Frauen. Ein wichtiger Meilenstein der Frauenbewegung im Bereich der Politik ist die Erkämpfung des Gesetzes gegen häusliche Gewalt, das 2004 verabschiedet wurde.[239] Auch das Gesetz zur Staatsbürgerschaft und die 30%-Quote für Kandidaten des nationalen Parlaments gehen auf die Aktivitäten von Frauenorganisationen zurück.

Schließlich ist die Frauenbewegung auch im Bereich der Dezentralisierung tätig. Hierbei handelt es sich selbstverständlich um ein neues Terrain, auf dem die indonesische Regierung als strategischer Allianzpartner angesehen wird. Die Aktivitäten in diesem Bereich umfassen das *capacity building* für staatliche Stellen auf nationaler wie regionaler Ebene, unter anderem die Unterstützung bei der Budgetallokation für das *gender mainstreaming*, bei der Einbindung von Frauen in die politische Entscheidungsfindung sowie bei der Anhebung der Zahl und der Qualität von Beamtinnen. Seit 2000 wurden zahlreiche Bildungsmaßnahmen durchgeführt.

Andere Organisationen und Aktivistinnen wie Titik Soentoro, Avi Mahaningtyas mit ihren Organisationen arbeiten für den Umweltschutz und für die Stärkung der Rechte der Bevölkerung im Umkreis von Waldbewirtschaftungs- und Bergbaubetrieben.

Wie können Frauen ein wichtiges Amt erlangen?

Es gibt mittlerweile immer mehr Frauen, die die Karriereleiter aufsteigen. Was sind die Erfolgsfaktoren dieser Frauen und wie gelingt es ihnen, ihre Aufgaben und Pflichten zu erfüllen? Und schließlich, wenn sie erst einmal so hoch aufgestiegen sind, inwiefern setzen sie sich auch für die Rechte von Frauen und die Gleichberechtigung der Geschlechter ein?

Um diese Fragen zu beantworten, führte ich einige Interviews mit Aktivistinnen und Politikerinnen sowie mit Dorfoberhäuptern, Vertreterinnen des Regionalrates, *Dewan Pimpinan Daerah* (DPD), einer Ministerin und einer angehenden stellvertretenden Stadträtin durch. Die im Folgenden dargestellten Persönlichkeiten sind beispielhaft für Indonesien. Sie wurden ausgewählt, weil sie sich so sehr voneinander unterscheiden, weil sie in der einen oder anderen Hinsicht kontrovers sind und einen spannenden sozialen, religiösen und ethnischen Hintergrund haben.

Für diese Interviews reiste ich in recht islamische Gegenden, wie Aceh, aber auch nach Zentral-Java, wo es auch viele Andersgläubige gibt, und schließlich in die Hauptstadt Jakarta. Neben den Interviews entnahm ich auch einige Daten aus Studien und anderen wissenschaftlichen Veröffentlichungen.

Megawati, die erste Präsidentin Indonesiens

Megawati Soekarnoputri ist die Tochter Soekarnos, des charismatischen Staatsgründers und Freund des »kleinen Mannes«, der Indonesien in die Unabhängigkeit führte. Das Leben der ersten Präsidentin Indonesiens zeigt, wie schwierig es ist, als Frau zum Staatsoberhaupt zu werden. Ohne Frage ist der politische Aufstieg Megawatis nicht unwesentlich auf ihren familiären Hintergrund zurückzuführen. Die Bevölkerung setzte damals große Hoffnungen auf sie. Man erhoffte sich eine Vision und ein Eintreten für die arme Bevölkerung, ganz so wie es zuvor bei ihrem Vater der Fall gewesen war.

Obwohl die *PDIP* (Demokratische Partei des Kampfes), die Partei Megawatis, in den nationalen Wahlen die höchste Stimmenzahl erreicht hatte, wollte der Volkskongress, der in der Mehrheit aus Männern und gläubigen Muslimen bestand, keiner Frau für das Präsidentenamt zustimmen. Da die Wahl des Präsidenten vor der Revision der Dezentralisierungsgesetze 2004 durch die Mitglieder des Volkskongresses erfolgte, musste Megawati eine Niederlage einstecken. Nach einigen Manövern im Parlament wurde sodann Gus Dur zum Präsidenten gewählt. Dies geschah in erste Linie, um zu verhindern, dass eine Frau an die Spitze des Staates gelangte. Erst zwei Jahre später, am 23. Juli 2001, nachdem Gus Dur aufgrund eines Korruptionsverdachtes vom Parlament abgesetzt wurde, konnte Megawati die erste Präsidentin des Landes werden – ein Meilenstein in der Geschichte Indonesiens. Doch auch von den Massenmedien wurde sie nie als fähige Frau gelobt, selbst wenn sie Anlass dazu gab. Stattdessen legte man ihr es oft als typisch weibliche Schwäche aus, wenn ihr ein Fehler unterlief, es ein Problem gab oder sie sich unpassend verhielt.

Mit dem Aufstieg einer Frau in das höchste Regierungsamt kam innerhalb der Frauenbewegung keine Euphorie innerhalb der Frauenbewegung auf. Im

Gegenteil, Megawati wurde sogar von vielen Feministinnen angefeindet, weil sie sich nicht wirklich für die Rechte der Frauen einsetzte. Sie berief lediglich zwei Frauen in Ministerämter. Davon abgesehen besaß sie keine nennenswerte Agenda für die Verbesserung der Lebensbedingungen von Frauen in Indonesien. Megawati hatte keine Verbindung zur Frauenbewegung und setzte sich auch niemals aktiv für die Belange der Frauen ein.

Dies verdeutlicht, dass eine Frau an der Führungsspitze des Landes noch lange keine Garantie dafür ist, dass die Interessen der Frauen als wichtiges Thema im öffentlichen und politischen Leben vorangetrieben werden. In Megawatis Amtszeit konnten Frauen kaum eine Rolle in der Öffentlichkeit und Politik wahrnehmen. Zur Überraschung vieler, vor allem der Frauenbewegung, wählte sie gar einen Vizepräsidenten, Hamzah Haz, der sich bekanntermaßen gegen die Berufung einer Frau in das höchste Staatsamt ausgesprochen hatte und sich öffentlich zu seinen vier Ehefrauen bekannte, womit er dem jahrzehntelangen Kampf der Frauenbewegung gegen die Polygamie einen herben Schlag versetzte.

**Nursyahbani Katjasungkana,
die Parlamentarierin und Frauenaktivistin**

Frau Nursyahbani hat sich gerade erst von einer Rückenoperation erholt und ist trotzdem bereit, sich mit mir zu treffen. So kenne ich sie, warmherzig und stets aktiv. Das sind Eigenschaften, wegen derer die Frauenbewegung sie so sehr schätzt. Natürlich auch, weil sie sich hartnäckig und konsequent für die Rechte der Frauen einsetzt. Sie ist intelligent und weiß genau, wie man auf der politischen Bühne Indonesiens mit dem Gesetz und Grundrechten argumentieren muss.

Zum ersten Mal traf ich sie, als Suharto sein Amt niederlegte. Damals regte sie Frauenaktivistinnen zur Gründung einer Frauenorganisation an. Sie war Vorsitzende eines Rechtshilfeinstituts, bevor sie das Institut *LBH Apik* schuf, das aus der großen Rechtshilfe-NRO *LBH* hervorging und speziell Frauen juristische Unterstützung anbietet. Da in jenen Tagen viele Frauen die Studenten mit Essen versorgten, die vor dem Parlamentsgebäude demonstrierten und Suhartos Rück-tritt forderten, konnte sie für die Idee zur Gründung einer Frauenorganisation auch unter den studentischen Aktivisten werben. Einige Monate nach dem ersten Treffen wurde ein Frauenkongress in Yogyakarta veranstaltet, aus dem schließlich die *Koalisi Perempuan Indonesia* (*KPI*) – die Frauen-Koalition – hervorging. Die *Koalisi* ist ein Zusammenschluss von Frauengruppen auf Gemeinde- und Distriktebene. Bu Nursyahbani selbst wurde damals zur ersten Generalsekretärin ernannt. Heute zählt die *Koalisi Perempuan* rund 16.000 Mitglieder im ganzen Land. Bu Nursyahbani ist nach wie vor eine hochgeschätzte Persönlichkeit, auch wenn sie sich inzwischen aufgrund ihrer Arbeit als Parlamentsmitglied von exekutiven Funktionen innerhalb der Organisation hat zurückziehen müssen.

Als ich sie im Parlamentsgebäude interviewte, hielten Aktivisten der *Koalisi Perempuan* gerade ein Training für Beamte aus der Region ab und statteten verschiedenen Fraktionen im Parlament einen Besuch ab, um diese mit der Organisation und ihrem Programm vertraut zu machen. Auch wenn sie als Parlamentarierin eine vielbeschäftigte Frau ist, fand Bu Nursyahbani doch Zeit, sich mit den Aktivisten zu treffen. Heiter und mit einem breiten Lachen empfing sie die Frauen. Ihr Engagement und ihre Beziehungsnetz sind weit gestreckt. Die Mutter von vier Kindern scheut sich auch nicht, unkonventionelle Themen öffentlich aufzugreifen, wie z.B. die Belange von Transsexuellen.

Ihren Erfolg als Politikerin hat sie dem Umstand zu verdanken, dass sie bereits in ihrer Kindheit mit politischen Sachverhalten vertraut gemacht wurde. Nursyahbani Katjasungkana wurde 1955 in Jakarta geboren und war schon früh einer Umgebung und Kultur ausgesetzt, in der man sich politisch engagierte. Ihr Großvater war Sosrodanukusumo, ein Kämpfer gegen die niederländische Kolonialherrschaft und ehemaliger Führer der *Serikat Islam Merah*, der Vereinigung des Roten Islam, welche sich Anfang des 20. Jahrhunderts für eine Festsetzung des Salzpreises einsetzte. Ihr Vater war Mitglied des Volkskongresses und einer der Revolutionäre des Jugendkongresses von 1929, ihr Onkel war Parlamentarier, beide allerdings als Vertreter unterschiedlicher Parteien, nämlich der muslemischen *Masyumi* und der nationalistischen Partei Indonesiens, eine dem ersten Präsidenten Soekarno nahe stehende Partei, die nach seiner Absetzung 1968 aufgelöst wurde. Kurz: der Pluralismus war in ihrer Familie tief verwurzelt. Ihr Vater war auch ein Freund von *Bung* Karno, wie der erste Präsident von Kampfgefährten und Unterstützern freundschaftlich-respektvoll genannt wurde. Schon von klein auf konnte Nursyahbani Diskussionen und Treffen ihres Vaters mit den Aktivisten im Unabhängigkeitskampf mitverfolgen. Sie war auch umgeben von Büchern und politischen Romanen, so dass sie bereits in jungen Jahren mit politischen und sozialkritischen Texten vertraut wurde.

In den Jahren 1980 bis 1993 stand Nursyahbani dann dem Rechtshilfeinstitut *LBH* vor, eine Tätigkeit, durch die sie näher an die Frauenbewegung herangebracht wurde und die sie schließlich das *LBH Apik* gründen ließ. Dieses Institut unterstützt unter anderem Opfer häuslicher Gewalt und Frauen, die grundlos von ihren Männern geschieden werden. Mit dem Gedanken, eine Frauenpartei ins Leben zu rufen, spielte sie wohl, doch dann entwickelte sich das *LBH Apik* zu einer Massenorganisation.

Bu Nursyahbani kam nicht nur früh mit politischen Bewegungen und Menschenrechten in Berührung, sondern kann sich auch auf ein starkes politisches Netzwerk stützen. Sie pflegt eine enge Beziehung zu Gus Dur, der sie dazu bewegte, seiner moderaten islamischen *Partei Kebangkitan Bangsa* (*PKB*) beizutreten und diese später im Parlament zu vertreten. Derzeit ist sie Vorsitzende des Zentralrates der *PKB* auf nationaler Ebene. Zum Zeitpunkt des Interviews kandidierte sie für den Vorsitz der Partei in Jakarta.

Von den mehrheitlich männlichen Parlamentariern, einschließlich der fundamentalistischen islamischen Fraktionen, wird Bu Nursyahbani als Frauenrechtlerin und -aktivistin mit großem Respekt behandelt. Einige polygam lebende Mitglieder der parlamentarischen Kommission für Rechtsfragen, der sie aufgrund ihres professionellen Hintergrunds angehört, schämen sich, ihr gegenüber zu treten. In der Kommission genießt sie hohes Ansehen, da sie so manches Gesetz zugunsten der Belange der Frauen, insbesondere der schwachen Frauen, hat durchsetzen können. Derzeit tritt sie für ein Gesetz zum Schutz von Hausmädchen ein. Unter anderem geht es hier darum, dass Hausmädchen im Gesetz formal als Arbeitskräfte anerkannt werden, denen Mindestlöhne, soziale Sicherung und geregelte Arbeitszeiten sowie Urlaubstage zustehen. Im Zusammenhang mit dem derzeit befindlichen Antipornografiegesetz hat sie zahlreichen Frauenorganisationen Informationen oder Ratschläge gegeben und im Gegenzug selbst Inputs von Frauen in der Region über die Situation dort erhalten.

Frau Nursyahbani sieht die aktuellen Verhältnisse in Bezug auf die Vertretung von Frauen in der Politik und im öffentlichen Leben sehr kritisch und benennt die größten Hürden: Solange das Bildungsniveau von Frauen noch relativ niedrig ist, ist es schwierig für sie, Parlamentsmitglied zu werden. Hierfür sollten Frauen aber mindestens einen Gymnasialabschluss vorweisen können. Wie es scheint, können sehr viele Frauen – vor allem aus den entlegenen Regionen und dem Osten Indonesiens – dieses Kriterium nicht erfüllen, auch wenn sie ihre politischen Visionen klar artikulieren können und jahrelange Erfahrungen in Massenorganisationen haben. Eine weitere Hürde für Frauen in der Politik besteht in der Mobilisierung finanzieller Unterstützung für Kampagnen und Gebühren, die anfallen, wenn man sich als Kandidatin aufstellen lassen möchte.

Bu Nursyahbani befürchtet, dass es seit der *Reformasi*-Ära durch die in den letzten Jahren verstärkt aufkommenden fundamentalistisch islamischen Bewegungen einen Rückschritt in Bezug auf die demokratischen Rechte der Frauen gegeben hat. »Noch nie zuvor wurden Frauen in diesem Land öffentlich dermaßen bloßgestellt und vorgeführt, wie es derzeit unter dem Vorwand des Islam geschieht.« In Aceh werden solche Aktionen sogar noch von der Regierung unterstützt. Die Polygamie oder die Verweigerung des Rechts auf Abtreibung werden in diesen Tagen von radikal-islamischen Gruppierungen besonders propagiert. »Wir können nur hoffen, dass die Regierung bald eine klare Richtung vorgibt und den extremistischen Bewegungen im Land und dem »Terror der weißen Roben« Einhalt gebietet. Dass Pluralismus und die *Pancasila* wieder gelten. Die Polizei und das Militär müssen endlich eingreifen und hart gegen diese Gruppen vorgehen. Wir brauchen dringend ein Nationalbewusstsein und eine klare Vision der Exekutive.«

Schließlich bedanke ich mich bei Bu Nursyahbani für das Interview und verabschiede mich. Es stellt sich heraus, dass sie sich für unser Gespräch dreieinhalb Stunden Zeit genommen hat.

Mari Elka Pangestu, die sympathische Ministerin

Mari ist Ministerin für Industrie und Handel im derzeitigen Kabinett von Präsident Susilo Bambang Yodhoyono. Sie ist eine chinesischstämmige Indonesierin. Im Kabinett fällt sie aus zwei Gründen auf: erstens als Frau und zweitens, weil chinesischstämmige Indonesier bisher nicht auf Ministerposten erhoben wurden.

Für das Interview wurde ich zu einer Feier anlässlich der Verabschiedung eines für das Ministerium tätigen Teams für indonesische Exportmessen eingeladen. Unter den geladenen Gästen waren einige bekannte Gesichter aus der Politik und dem öffentlichem Leben. Sogar die Filmschauspielerin Christin Hakim war in einem glanzvollen Kleid erschienen. Bei dieser Feier wurden die Kuchen, Süßigkeiten und heißen Ingwergetränke von Straßenhändlern serviert, die in voller Montur mitsamt ihren Karren kamen. Die Hauptspeise war ein balinesisches Gericht, das in einem Korb aus Bananenblättern gereicht wurde. Dies sorgte für einige Aufregung. Noch nie zuvor hatte es eine Feier von Ministern gegeben, für die das Menü von Straßenhändlern bereitgestellt wurde. Die Feier wurde von einer Band begleitet, bei der die Sängerin zugleich *Master of Ceremony* war. Erfolgreich moderierte sie das Programm, angefangen mit den Grußworten von den hohen Beamten bis hin zum Anschneiden der Geburtstagstorte. Es stellte sich nämlich heraus, dass einige Tage zuvor der Ehemann von Bu Mari Elka Pangestu und auch sie selbst Geburtstag hatten. Was mir bei dieser Feier ins Auge stach, war die große Anzahl chinesischstämmiger Indonesier unter den Gästen. Üblicherweise sieht man sie nicht allzu oft bei den Veranstaltungen hoher Staatsbeamter. Die Feier war somit auch in dieser Hinsicht Aufsehen erregend.

Als ich sie heute treffe, ist ihre Miene entspannt. Ihr Lächeln ist weitaus gelöster als damals, als ich sie kennen lernte. Damals im Jahre 2000 war sie noch Kommissarin der Stiftung Yayasan Sejati,[240] und zufälligerweise half ich ihr bei der Organisation und strategischen Planung der Aktivitäten der Stiftung. Sie macht einen femininen und sympathischen Eindruck.

Nachdem ich mich bei ihr dafür bedankt habe, dass sie sich für mein Interview Zeit nimmt, stelle ich sofort die Frage, die mir schon lange auf den Lippen brennt: »Was ist das Geheimnis ihres Erfolges als Ministerin?« Immerhin gehört sie einer ethnischen Minderheit an, den Chinesen, denen in der politischen Kultur Indonesiens bisher wenig Platz eingeräumt worden war. Außerdem ist Bu Mari weder ein Mann, noch Moslem. Sie ist auch keine Parteiaktivistin oder Unternehmerin. Davon abgesehen verfügt sie weder über ein starkes politisches Netzwerk noch über eine riesige Anhängerschaft. Wie konnte sie es also angesichts dieser ungünstigen Faktoren als Ministerin akzeptiert werden?

Bu Mari lächelt, als ich ihr meine Frage stelle, vielleicht, weil sie diese Frage oft hört. Ich kann mir gut vorstellen, dass sie ein gefundenes Fressen für ihre politischen Gegner wäre, wenn sie sich machohaft und wie ein Mann verhalten und ihre Rechte als Chinesischstämmige hervorheben würde. Oder wenn sie als Christin allzu selbstbewusst den Verstand zu Lasten guter politischer Verbindungen vorziehen würde. Doch mit ihrer femininen Art, ihrer Bescheidenheit und ihrem entspannten Lächeln bietet sie denen, die gegen sie eingestellt sind, wenig Angriffsfläche.

Wie hat sie den Respekt der Männer im Kabinett und in ihrem Ministerium gewonnen? »By showing respect«, antwortet sie kurz mit dem ihrem besonderen Lächeln, einem fröhlichen Blick und der Ausstrahlung einer klugen Person. Diese Aussage erstaunt mich sehr. Ich hatte eher damit gerechnet, dass sie lang und breit von Komplikationen erzählen würde. Aber gerade weil ihre Antwort so kurz und bündig ausfällt, bin ich von ihr fasziniert und bitte sie, mir mehr zu erzählen.

Bu Mari fährt also fort. Die meiste Zeit ihres Lebens verbrachte sie im Ausland. Als sie nach ihrer Rückkehr nach Indonesien mit unterschiedlichen gesellschaftlichen Gruppen zu tun bekam, gerade auch mit denen in muslimischer Tracht, fühlte sie sich zunächst ein wenig fremd in ihrer eigenen Kultur. Im öffentlichen Leben wusste sie sich nur ungeschickt zu bewegen. Doch dann half ihr die *Sejati*-Stiftung, sich besser in der Öffentlichkeit zu präsentieren. Man sagte ihr, dass ihre Andersartigkeit in Bezug auf Rasse, Religion und Sozialisation eher auffallen würde, wenn sie sich unsicher verhielte. Nachdem sie ihre Einstellung änderte, wurde sie gelassener und natürlicher. Und tatsächlich wurde sie fortan nicht mehr schief angesehen und ihre Andersartigkeit als etwas ganz Normales betrachtet. »Darum zeige ich Respekt gegenüber den Kulturen und Religionen anderer, damit auch sie meinen kulturellen Hintergrund respektieren und akzeptieren«, erklärt Bu Mari.

Ein konkretes Beispiel dafür ist ihr Verhalten während des Fastenmonats Ramadan. Dann trägt sie muslimische Kleidung, sogar ein Kopftuch. Auch gesteht sie ihren Mitarbeitern genug Zeit zu, um ihre Gebete und Rituale durchzuführen. Mit solchen Handlungen verdient sie sich Sympathie und Respekt ihrer Umgebung, vor allem weil sie selbst eine andere Herkunft und Religion hat.

Ich höre ihr gebannt zu und stelle die Frage, wie sie mit der recht patriarchalischen Kultur in der indonesischen Bürokratie umgeht. Auch diesmal ist ihre Antwort kurz, aber bedeutungsvoll: »Ich führe nach asiatischer Art«, sagt sie mit einem einnehmenden Lächeln.

Ich bitte sie um ein Beispiel für das, was sie in ihrer täglichen Arbeit unter dem Begriff *Asian way* versteht. Bu Mari erklärt, dass es bedeutet, keine offene Konfrontation unterschiedlicher Meinungen auszulösen. Wenn es unterschiedliche Meinungen gibt, wird eine Entscheidung erst einmal verzögert, zum Beispiel wenn es eine Diskussion mit einer anderen Dienststelle gibt. Nach dem Treffen schickt sie dann einen Mitarbeiter in dieses andere Büro, um Lobbyarbeit zu betreiben. Eine Entscheidung wird dann in kleinem Kreis und nach der Lobbyarbeit getroffen, nicht bei einem offiziellen Treffen. Auf diese Weise kann man ihrer Erfahrungen nach besser die Ansichten und Argumente des anderen verstehen. Manchmal führt diese informelle Atmosphäre zu einem besseren Ideenaustausch, als es zuvor in der großen Runde der Fall gewesen war. Der Verhandlungspartner passt seine Meinung auf diese Weise der von Bu Mari an, ohne sein Gesicht zu verlieren. Nun muss nur noch ein Treffen veranstaltet werden, in dem die Entscheidung formalisiert wird. Hier kann der Partner die Ideen vorbringen, auf die man sich zuvor in kleinem Kreis geeinigt hatte. Eine solche Vorgehensweise ist in ganz Asien üblich.

Ich frage weiter, wie sie als Ministerin gewährleisten kann, dass Frauen ausreichend in Ämtern und Positionen vertreten sind, in denen sie eine gewisse Entscheidungsbefugnis besitzen. Bu Mari antwortet, dass sie ihre Mitarbeiter nicht aufgrund ihres Geschlechts rekrutiert, sondern ausschließlich nach ihrem Können beurteilt. Dass die Mehrzahl ihrer Mitarbeiter Frauen sind, hat sich nur zufällig so ergeben. Indem sie unterstreicht, dass sie ihre Mitarbeiterinnen nur nach ihrer Kompetenz ausgewählt habe, wirkt sie nicht aggressiv-feministisch und verhindert, dass ihre männlichen Kollegen befremdet reagieren. Trotzdem gelingt es ihr, wesentlich mehr Frauen als Männer zu beschäftigen.

Ich frage sie weiter, wie die älteren und erfahreneren männlichen Kollegen im Ministerium ihr gegenüber eingestellt sind. Ich kann mir vorstellen, dass es einige Widerstände von oben gegeben hat, die ihre Arbeit in der Bürokratie
erschweren. Aber auch hier zeigt Bu Mari Respekt vor ihren Kollegen. »Ich versuche, sie in die Entscheidungsfindung einzubeziehen, und bitte sie um ihren Rat.« Sie erklärt, dass ihr am Herzen liegt, was für das Land

das Beste ist. Was schadet es also, zu nicken und anderen Respekt zu zollen, wenn es doch zum Allgemeinwohl beiträgt? Man hat nicht den Eindruck, dass Bu Mari um jeden Preis an ihrem Amt hängt oder sich zu ihrer Arbeit gezwungen fühlt.

Da ich sehe, dass es schon langsam Abend wird, wage ich es, eine letzte Frage zu stellen. Wie bewertet sie ihren eigenen Erfolg in den beiden Jahren ihrer Amtszeit? Sie entgegnet, dass sie die Denkweisen ihrer Mitarbeiter verändern konnte. Diejenigen, die zuvor in normativen und *Top down*-Parametern dachten, achten nun verstärkt auf die Bedingungen und Forderungen von unten. Im Moment erstellen sie ein *mapping*, wie sich die Verhältnisse in den letzten beiden Jahren verändert haben und beziehen *stakeholder* in die Planung mit ein. Beamte und Vertreter der Privatwirtschaft arbeiten hier gemeinsam in einem Team. Darüber hinaus konnte sie einige ihrer Mitarbeiter aus dem mittleren Management zu Trainings und Studienreisen schicken. Zuvor war es nicht erlaubt gewesen, aktives Personal für Trainings o.a. abzuziehen. Bu Mari kümmerte sich sogar um entsprechende Stipendien. Dies sind alles Verdienste der Ministerin, auch wenn sie diese als Leistungen des Ministeriums als Ganzes darstellt.

Ein weiteres Beispiel für den Erfolg ihrer Arbeit als Ministerin ist die Stabilisierung der Preise für Grundnahrungsmittel in den vergangenen beiden Jahren. Um dies immer im Blick zu haben, besucht Bu Mari regelmäßig lokale Märkte. Und schließlich ist es auch ihr Verdienst, dass Exportmessen im Ausland viel interessanter geworden sind, weil sie den Privatsektor in die Planung und Organisation miteinbezieht.

Wenn man sie auf den Anstieg der Exporte aus Indonesien anspricht, antwortet Bu Mari wieder ganz bescheiden. Die Exportsteigerung sei weniger ihr Verdienst als begründet durch die Erträge der indonesischen Regierung infolge der verbesserten Rahmenbedingungen sowie der Initiative des Präsidenten. Auch hier überlässt sie die Lorbeeren – nach asiatischer Art – anderen.

Ich bin sehr zufrieden und beeindruckt von dem Gespräch. Es erinnert mich an Bu Shantis Worte, dass viele Frauen uneigennützig und um des guten Ansehens und einer Vision willen arbeiten. Bu Mari erfüllt all diese Kriterien, denke ich, während ich mich von ihr verabschiede.

Ratu Hemas, die Königin und Reformerin

Die Politikerin, die ich im Folgenden vorstellen werde, ist Ratu GKR Hemas, Ehefrau des Sultans von Yogyakarta. Ratu ist das javanische Wort für König oder Königin. Allerdings werde ich mich in dem Gespräch auf ihre Rolle als Mitglied des Regionalrats Dewan Perwakilan Daerah *(DPD)*, der Kammer zur Vertretung der Interessen der Regionen in der nationalen Politik konzentrieren.

Mich interessiert besonders, wie sie mit ihrem Bildungshintergrund und ihrer Sozialisation in der modernen Großstadt Jakarta zur Frau des Sultans und Königin der traditionellen Region Yogyakarta werden konnte. Im Regionalrat vertritt sie nun energisch die alten javanischen Traditionen, obwohl sie in Jakarta eine katholische Bildungsinstitution besucht hat, die sich eher an europäischen als an javanischen Werten orientierte. Sie hat es geschafft, einige Traditionen am Sultanshof zu reformieren und setzt sich auf höflich-javanische Art für die Verbesserung des Schicksals der indonesischen Frauen ein, hat damit aber bislang keinen Widerstand bei der Bevölkerung hervorgerufen.

Ihr Haus in Menteng, einem Stadtteil von Jakarta, ist vergleichsweise bescheiden und einfach, ohne viel Bewachung und kompliziertem Protokoll. Als wir bei ihr eintreffen, ist sie noch nicht da. Ihr Mann, der Sultan, hört gerade eine Sendung im Fernsehen. Es läuft ein Bericht über die Vorbereitungen zum Indonesien-Besuch von US-Präsident George W. Bush. Der Sultan bittet uns, ein wenig zu warten. Kurz nachdem er gegangen ist, trifft Ratu Hemas ein. Sie trägt eine moderne Bluse, lange Hosen und einen Blazer. Ihr Erscheinungsbild gleicht eher einer bescheidenen Geschäftsfrau als einer prunkvollen Königin. Ihre schulterlangen Haare trägt sie offen und nur auf beiden Seiten etwas zusammengesteckt. Ich hatte eigentlich eine Königin erwartet, die nach javanischer Art ihr Haar zu einem Knoten zusammenbindet und auch javanische Tracht trägt. Doch nun steht vor mir eine Frau, die sich professionell und offen gibt und sich freundlich für die Verspätung bei uns entschuldigt. Letzteres beeindruckt mich sehr, ist es doch in unserer Gesellschaft üblich, dass wichtige Persönlichkeiten andere warten lassen und sich nicht dafür rechtfertigen oder entschuldigen müssen.

Ich möchte mich in erster Linie mit ihr darüber unterhalten, wie sie die Chancen des zunehmend fundamentalistischen Islam in Indonesien einschätzt, besonders in der javanischen Gesellschaft, die bekanntermaßen sehr stark von der synkretistischen-vorislamischen Javakultur *kejawen* beeinflusst ist. Auch wenn dieser Einfluss in den letzten Jahren etwas zurückgegangen ist, so wird ein *Kejawen*-Islam doch noch vielerorts praktiziert. Und natürlich interessiert es mich auch sehr, wie eine Frau in der javanischen Gesellschaft zu einer Führungspersönlichkeit werden konnte.

Der fundamentalistische Islam wird ihrer Ansicht nach von der westlichen Presse übertrieben dargestellt. Die javanische Gesellschaft selbst sei nach wie vor geprägt von *Kejawen*-Vorstellungen, die auch den Islam in Java auszeichnen. Zwar gäbe es durchaus fundamentale Strömungen, die versuchen, den indonesischen Islam zu erobern. Hinzu kämen politische Manöver aus dem Ausland, die ein Auseinanderbrechen Indonesiens begrüßen würden, da das Land so wesentlich einfacher zu manipulieren sei.

Ratu Hemas zufolge ist die javanische Gesellschaft sehr patriarchalisch strukturiert. Hauptverdiener und Familienversorger sind die Männer. Frauen sind in ihrer Rolle darunter angesiedelt. In diese vorherrschende Tradition passt die islamische Interpretation der Rolle der Frau. Das Ziel der fundamental-islamischen Kräfte ist die Einführung einer *Shariah*-Gesetzgebung in ganz Indonesien, so wie sie es bereits seit den 50er Jahren in den Anfängen der Republik versucht hatten. Damals arbeiteten sie darauf hin, dass die *shariah* in die erste Säule der *Pancasila* aufgenommen wurde. Dies ist bis heute jedoch nicht gelungen. Das mittlerweile verabschiedete Antipornografiegesetz kann als neue Initiative gelten, radikal-islamischen Werten zum Durchbruch zu verhelfen. Die fundamentalistischen Muslime bilden jedoch nicht die breite Masse der indonesischen Bevölkerung. Ratu Hemas sieht keinen Sinn in dem geplanten Gesetz, weil das Internet den Menschen ohnehin viele Möglichkeiten bietet, in eine virtuelle Pornografiewelt einzutauchen. Und dann gäbe es ja noch die pornografischen Zeitschriften, sowohl in Fotokopie als auch in hochwertiger Druckqualität, die man an jeder Straßenecke und für nur wenig Geld erhalten kann. Besser wäre es laut Ratu Hemas, wenn die Verteilung solcher Publikationen überwacht und eingeschränkt werden würde, so wie es in entwickelten Ländern der Fall ist. Ein System zur Kontrolle derartiger Praktiken sollte eingeführt werden anstatt Frauen für unsittliches Posieren zu bestrafen. Es ist bekannt, dass sich Frauen in den meisten Fällen aus ihrer Armut heraus gezwungen sehen, sich für pornografische Publikationen zur Verfügung zu stellen.

Seit 20 Jahren schreibt Ratu Hemas schon sozialkritische Aufsätze über das gesellschaftliche Rollenbild der Frau in Indonesien. Anstatt Schülerinnen der Oberstufe, die schwanger werden, der Schule zu verweisen und sie so ihrem Schicksal zu überlassen, schlägt sie beispielsweise vor, die Curricula und Verordnungen in den Schulen zu reformieren. Diesen Mädchen sollte ihrer Ansicht nach geholfen werden, so dass sie ihren Schulabschluss machen und später für den Lebensunterhalt ihrer Kinder aufkommen können.

In der patriarchalischen javanischen Kultur gibt es Ratu Hemas zufolge keine grundsätzliche Ablehnung gegenüber weiblichen Führungspersönlichkeiten. Besitzt eine Frau die notwendigen Fähigkeiten, so wird sie auch von der Gesellschaft akzeptiert, und das sei allemal besser als korrupte Männer in Führungspositionen. Lediglich die islamischen *hardliner* widersetzen sich diesen Frauen.

Einige Tage nach unserem Gespräch war Ratu Hemas als Sprecherin im Rahmen einer dreitägigen Veranstaltung zum Thema *Caucus for Women Legislators* geladen. Präsident Susilo Bambang Yudhoyono war ebenfalls anwesend und versprach, das Ansehen der Frauen zu verbessern: »We will make sure that women get physical and psychological protection (...) and the fulfillment of their basic rights, which are education, health and income.« Er meinte weiterhin, dass er sich dafür einsetzen werde, dass entsprechende Verordnungen und Gesetze verabschiedet werden, durch die der Anteil der Frauen im indonesischen Parlament angehoben werden würde.

In ihrer Funktion als Vertreterin Yogyakartas im Regionalrat *DPD* sprach Ratu Hemas vor der Versammlung über politische Entscheidungen, die in vielen Fällen ohne die Einbeziehung von Frauen erfolgen.»Eines der Ziele unserer Sitzung ist, Frauen dazu zu animieren, sich aktiv politisch zu engagieren, weil sie sich oftmals noch nicht ihres Potentials für die Politik bewusst sind«, so Ratu Hemas.

Bu Seniwati, die Dorfvorsteherin mit den vielen Freunden

Ich reise nun nach Zentral-Java, um mich mit einigen führenden Frauenpersönlichkeiten zu treffen und von ihnen selbst zu hören, inwiefern Frauen in der javanischen Gesellschaft aufsteigen können.

Meine erste Reise führt mich in die Gemeinde Gergunung bei Klaten, wo ich die Dorfvorsteherin Bu Seniwati treffe. Das Treffen wurde mir durch Pak Wahyu Hariadi von der Distriktregierung in Klaten ermöglicht, mit dem ich bereits einige Male bei der Evaluierung von Entwicklungsprojekten in Dorfregionen zusammengearbeitet habe.

Bis heute haben in Klaten nur Männer als *Bupati* (Landrat) amtiert, und auch im Kreisrat (DPRD – *Dewan Perwaakilan Rakyat Daerah*) sind von 45 Abgeordneten nur zwei Frauen. Zwar gab es seit der *Reformasi*-Ära einmal eine Kandidatin für das Amt des Bupati, doch sie gewann die Wahl nicht. In den 26 Sub-Distrikten Klatens gibt es nur drei weibliche *Camats* (Sub-Distriktvorsteherinnen) und in den 391 Dörfern sind von allen Dorfvorstehern nur 5 % Frauen.

Bu Seniwati ist 40 Jahre alt. Sie erfüllt alle Voraussetzungen, um als Frau in einer Führungsposition von der traditionell-javanischen Gesellschaft akzeptiert zu werden: Sie ist klug, sympathisch und höflich. Mit einem Master-Abschluss in Finanzwirtschaft hat sie eine recht gute Bildung; ihr Familienleben verläuft harmonisch, ihr Ehemann und ihre beiden Söhne bestärkten sie in ihren Ambitionen. Mit ihren Mitarbeitern scheint sie gut auszukommen.

Sie empfängt uns und fordert uns sofort auf, in ihrem Arbeitszimmer Platz zu nehmen. Bu Seniwati trägt ein Kopftuch, ihr Gesicht ist hübsch und freundlich. Während unseres Gesprächs sind einige ihrer Mitarbeiter im Nebenzimmer damit beschäftigt, eine Veranstaltung des Familienwohlstandprogramms (*PKK*)[241] vorzubereiten, an der auch der *Camat* teilnehmen wird. Bu Seniwati verlässt uns für einen kurzen Moment, um ihre Grußworte für diese Veranstaltung zu schreiben und widmet sich sodann wieder voll und ganz unserem Interview. Einige Male kommt einer ihrer Mitarbeiter herein und bittet um ihre Unterschrift. Obwohl sie recht beschäftigt ist, konzentriert sie sich auf ihre Aufgaben und bleibt stets ruhig, auch wenn sie gewissermaßen durch unseren Besuch »gestört« wird.

Bu Seniwati, früher Beamtin der Distriktregierung, wurde in einer schwierigen Zeit zur Bürgermeisterin (*Lurah*) ernannt. Damals gab es gerade einen Konflikt zwischen der Bevölkerung und der Distriktregierung. Das Dorf sollte in einen Sub-Distrikt am Stadtrand eingemeindet werden mit der Folge, dass die Autonomie der Gemeinde eingeschränkt wird und die Bürgermeister nicht mehr direkt gewählt, sondern von der Distriktregierung eingesetzt werden.

Als sie ihr Amt antrat, war ihr Büro von Barrikaden verärgerter Dorfbewohner umstellt. Der *Bupati* selbst war gezwungen, diese Barrikaden aufzuheben und ein *Wayang*-Schattenspiel aufzuführen. In der javanischen Kultur werden solche Schattenspiele oft bei besonderen Ereignissen, wie Hochzeiten oder Beschneidungen, und an heiligen Tagen veranstaltet. Zumeist kommt dann das ganze Dorf zusammen und die Veranstaltung hat zur Folge, dass das Gemeinschaftsgefühl unter den Dorfbewohnern gesteigert wird. Bu Seniwati gelang es mit der Zeit, nicht nur ihr Büro, sondern vor allen Dingen auch die Herzen der Menschen in ihrem Dorf zu öffnen. Nach dem ersten Jahr ihrer Amtszeit gab es niemanden, der sich gegen sie aussprach.

Was sind ihre Erfolgsfaktoren? Hier bewahrheitet sich, was Ratu Hemas über die patriarchalische javanische Gesellschaft gesagt hat. Besitzt eine Frau die notwendigen Fähigkeiten, so wird sie auch von der Gesellschaft akzeptiert. In dem Fall von Bu Seniwati kommt noch ein weiterer Faktor hinzu, nämlich dass sie Dorfvorsteherin in ihrem Heimatdorf ist. Ihre Familie ist allgemein bekannt und geschätzt. Darüber hinaus bringt sie die nötigen Fähigkeiten und die Bildung mit und auch ein freundliches und warmes Wesen. Daher war es für sie vergleichsweise einfach, von der Dorfbevölkerung angenommen zu werden.

Die Schwierigkeit, mit der sie sich anfangs konfrontiert sah, bestand in der Regelung von Zeiten für die Arbeit auf der einen Seite und für die Familie auf der anderen Seite. Ihre Arbeit als Bürgermeisterin beansprucht sie rund um die Uhr. Zu jeder Tages- und Nachtzeit kann jemand vorbeikommen, wenn es ein Problem oder einen Konflikt gibt. Daher ist es auch so wichtig, dass Bu Seniwati auf die volle Unterstützung ihres Mannes zählen kann. Trotzdem ist es manchmal schwierig, wenn sie als Frau in der javanischen Gesellschaft abends das Haus verlassen muss. Wenn ein Mann spät abends aus dem Haus muss, ist das nichts Besonderes, auch wenn seine Frau vielleicht darüber nicht erfreut sein mag. Bu Seniwati muss stets darauf achten, dass ihre Umgebung ihr Verhalten nicht als allzu »unabhängig« auffasst und sie den Nachbarn keinen Anlass zum Gerede gibt.

Aber Bu Seniwati traut sich, diese kulturellen Mauern zu durchbrechen. Anfangs begleitete sie ihr Mann bei allen abendlichen Veranstaltungen. Doch dann wurden es immer mehr Veranstaltungen, so dass sie des Öfteren mit einem ihrer männlichen Mitarbeiter gehen musste. Die Dorfbewohner forderten mit der Zeit immer mehr ihre Anwesenheit, so dass sie allmählich dazu überging, wenn nicht mit ihrem Mann, dann mit einem Nachbarn oder gar alleine zu erscheinen. Bald störte das niemanden mehr. Wer sieht, wie diese Dorfvorsteherin uneigennützig und nur mit dem Allgemeinwohl im Sinn arbeitet, wagt kaum, sich ihr zu widersetzen oder ihr Probleme zu bereiten.

Eines der Hauptanliegen ihrer Arbeit betrifft Ehekonflikte. Zurzeit gibt es zahlreiche Fälle, in denen der Mann arbeitslos wird, aber nicht im Haushalt mithelfen will. Manchmal ist es sogar so, dass die Frau den Lebensunterhalt verdienen muss, und der Mann selbst dann nicht gewillt ist, die Hausarbeit zu verrichten. Schlimmer noch, viele arbeitslose Männer beginnen ein Verhältnis mit dem Hausmädchen, wenden sich dem Glücksspiel zu oder verhalten sich in einer anderen Weise seltsam, wenn die Frau wegen ihrer Arbeit für längere Zeit außer Haus ist. Konflikte wie diese werden in der Regel von Bu Seniwati geschlichtet, da Scheidungsprozesse stets vom jeweiligen Dorfoberhaupt genehmigt werden müssen. Meistens veranschlagt sie drei Beratungstreffen, bevor sie sich entscheidet, ob sie einer Scheidung zustimmen soll oder nicht. Als Mediatorin muss die Dorfvorsteherin die Streitparteien zusammenführen und ihr werden verschiedene Familienangelegenheiten anvertraut. »Letzten Endes habe ich eine riesige Familie«, lautet die Bewertung ihrer Arbeit.

Neben ihrer offiziellen Arbeit und der Familienberatung, engagiert sie sich auch freiwillig im sozialen Bereich. So ist sie zum Beispiel in der *Aliansi Perempuan Peduli* (»Allianz der sich kümmernden Frauen«) aktiv, welche sich der Frauen annimmt, die von ihren Ehemännern vernachlässigt oder geschlagen werden. Die Gruppe unterstützt auch ärmere Frauen, die sich die Kosten für eine Scheidung nicht leisten können.

Die Dorfvorsteherin setzt sich auch anderweitig für die Frauen ein. Einmal im Monat veranstaltet sie eine Diskussionsrunde im Rahmen des *PKK*-Treffens. Sie nennt das *Sekilas Info* (»Augenblick der Information«) und regte hier Diskussionen zum damals in Planung befindlichen Antipornografiegesetz oder dem Ehegesetz an.

Zu einem dieser Treffen kamen auch 13 Vorsteher von Wohnbezirken, die sich im Anschluss an die Veranstaltung mit weiteren Vorstehern über das geplante Gesetz austauschten. Ein weiteres Thema für Bu Seniwatis Diskussionen ist das Gesetz zum Schutz gegen häusliche Gewalt. Während es zum damals geplanten Gesetz gegen Pornografie von der javanischen Bevölkerung nur vereinzelte Reaktionen gab, stieß das Gesetz gegen häusliche Gewalt auf großes Interesse, vermutlich weil es hier so viele Fälle häuslicher Gewalt gibt.

Das Dorf von Bu Seniwati ist nahe der wachsenden Stadt Klaten gelegen. Dies hat Auswirkungen auf die wirtschaftlichen Strukturen und Aktivitäten im Dorf. Längst sind nicht mehr alle Dorfbewohner in der Landwirtschaft tätig. Der Trend geht allmählich in Richtung *home industry*, also Arbeit von zu Hause aus, beispielsweise um Ernteerträge zu vermarkten, oder in Richtung Arbeit in der Stadt selbst. Als Dorfvorsteherin hat Bu Seniwati diese Veränderungsprozesse erkannt und daher diverse Spar- und Kreditgruppen ins Leben gerufen. Darüber hinaus bemüht sie sich um Beschäftigungsmöglichkeiten und setzt sich für die Rechte von Verbrauchern ein.

Bu Endang, die Kreisvorsteherin von Delanggu, steht den Männern in nichts nach

Mein nächster Besuch in Zentral-Java führt mich nach Delanggu zu einer Sub-Distrikvorsteherin. Bu Endang wurde ebenfalls von oben ernannt: Zunächst war sie Beamtin bei der Distriktplanungsbehörde von Klaten, dann wurde sie zur *Camat* von Delanggu ernannt. Diese Position hat sie nun bereits seit eineinhalb Jahren inne. Mit ihren ungefähr 50 Jahren hat sie außerdem ein Kind im Alter von zwölf Jahren und einen Ehemann, der als Dozent tätig ist.

Bu Endang hat seit jeher im öffentlichen Dienst gearbeitet. Daher ist die Arbeit in der Sub-Distriktverwaltung auch nicht schwierig für sie. Das Geheimnis ihres Erfolges lautet: arbeite hart, schnell und genauso gut wie ein Mann, aber stets mit Sanftmut und Menschlichkeit.

Ich bitte sie zu bewerten, wie weit die Entwicklung der islamischen *hardliner* in Klaten bereits fortgeschritten ist. Sie meint, es sei eher unwahrscheinlich, dass sich eine regionale Verordnung mit *Shariah*-Elementen in Klaten durchsetze. Die Gesellschaft von Klaten sei noch sehr pluralistisch und es gäbe noch keine Dominanz in Richtung der einen oder anderen Moralvorstellung. Der Islam wie er hier praktiziert wird, sei noch vielfältig und größtenteils ein traditionalistischer *Abangan*-Islam[242]. Die fundamentalistischen Strömungen konnten sich in dieser Gegend bisher noch nicht durchsetzten.

Eine der Schwierigkeiten sind die späten Arbeitszeiten, die für viele Frauen, wie Bu Seniwati, an der Tagesordnung stehen. Als Sub-Distrikvorsteherin wird sie zu vielen gesellschaftlichen Anlässen eingeladen, die erst am späten Abend stattfinden. Auch wenn es eine Demonstration oder einen gesellschaftlichen Konflikt gibt, ist ihre Anwesenheit erwünscht. Bu Endang bemüht sich sehr, an allen Veranstaltungen teilzunehmen, auch abends, weil sie weiß, wie wichtig es für die Menschen ist, dass sie sich wahr- und ernst genommen fühlen. In einer positiven Atmosphäre kann jede Herausforderung gemeistert werden. Dies impliziert allerdings, dass sie nahezu 24 Stunden am Tag hart arbeiten und oftmals schnell reagieren muss.

Der Schlüssel zu ihrem Erfolg ist zum einen das Verständnis ihres Ehemannes. Manchmal begleitet er sie bei den Abendveranstaltungen. Zu diesem gesellt sich Bu Endangs familiärer Hintergrund und Rückhalt. Sie stammt aus einer *Pamong Praja*-Familie, das heißt, in ihrer Familie gibt es Dorfoberhäupter, *Camats* und Beamte in der Regionalverwaltung. Bu Endang ist es daher schon lange gewohnt, sich unter Führungspersönlichkeiten zu bewegen. Aufgrund ihrer guten Arbeit und der familiären Unterstützung stößt sie bei der Bevölkerung auf wenig Widerstand.

Eines ihrer Arbeitsprogramme befasst sich mit der Stärkung der Frauen durch Integration in Planungs- und Entwicklungsprozesse. Beispielsweise sollen in die Planung auf Dorfebene vermehrt Frauen einbezogen werden. Eines der dringlichsten Themen in den Dörfern ist die Ernährung von Säuglingen und die allgemeine Versorgung mit Gesundheitsdienstleistungen. Auf Sub-Distriktebene gibt es zudem immer mehr Spar- und Kreditgruppen, die von Frauen gemanagt werden. Ziel solcher Gruppen ist es, eine Kreditgenossenschaft zu gründen. Die Gruppen und damit verbundene Trainings für einkommenschaffende Maßnahmen bieten ihnen die Möglichkeit, ihre wirtschaftliche Lage zu verbessern, indem sie unter anderem lernen, Kuchen herzustellen, zu nähen oder einen Friseursalon zu betreiben. Bu Endang unterstützt bei der Suche von geeigneten Trainern aus verschiedenen Behörden und bemüht sich um eine Anhebung des Budgets für die Frauenförderung. Die finanziellen Mittel für diesen Bereich sind in Klaten nach wie vor recht gering.

Bu Endang hat die Erfahrung gemacht, dass ein Hindernis für die Beteiligung von Frauen in öffentlichen Diskussionen und in der Entscheidungsfindung ihre allzu höfliche und zurückhaltende Art ist. Zumeist haben sie Schwierigkeiten, ihre Bedürfnisse und Interessen zu artikulieren oder wollen gar überhaupt nicht sprechen. Darüber hinaus sind sie nicht bestimmt genug, wenn Entscheidungen gefällt werden. Eigentlich sollte es eine Gruppe von Frauen geben, die anderen Frauen gewisse Anleitungen gibt, wie sie im öffentlichen Leben »gewiefter« auftreten können. Daher nimmt Bu Endang ihre Tochter schon seit ihrem 12. Lebensjahr zu ihren öffentlichen Auftritten mit. Inzwischen gibt ihre Tochter sogar schon Kommentare zu den Reden der Mutter ab: »Schon von klein auf ist sie gewohnt, Frauen in vorderster Front zu sehen.«

Ausblick

Viele Probleme, mit denen sich Frauen in der Politik konfrontiert sehen, tauchen natürlich nicht nur in Indonesien auf. Auch in einem wirtschaftlich entwickelten Land wie Deutschland, in dem der Feminismus schon seit Jahrzehnten institutionalisiert ist, ist das Verständnis von der Rolle der Frau im Allgemeinen und von Frauen im öffentlichen Leben im Besonderen nach wie vor ein sehr aktuelles und kontroverses Thema. Auch in

Deutschland hat eine Frau mit Kindern bis heute einen recht eingeschränkten Bewegungsspielraum, da sie immer auch Hausfrau ist. Für diejenigen Mütter, die arbeiten wollen oder müssen, gibt es nicht genug Kinderkrippen, in deren Obhut sie ihre Kinder geben könnten.

Ein Wandel dieses Rollenverständnisses in Richtung einer selbständigen Frau, die ihren eigenen Lebensunterhalt verdient und selbstbewusst ihren Platz in der Geschäftswelt wie im öffentlichen Leben einnimmt, tritt in Indonesien wie in Deutschland nur allmählich ein. Viele Frauen werden weiterhin von der sprichwörtlichen gläsernen Decke zurückgehalten, wenn sie einen höheren Posten anstreben oder sich politisch engagieren wollen. Eine Veränderung der Rolle der Frau geht automatisch mit einer Veränderung der Rolle des Mannes einher. Dies wird auch in der Diskussion der Geschlechterbeziehungen in den Medien widergespiegelt, die die sich wandelnden Rollen oft ironisch darstellen.

Was bedeutet das für die Frauen in der indonesischen Politik? Hier gibt es mit Sicherheit noch viele Hürden und Herausforderungen zu meistern. Die Möglichkeiten für Frauen, sich im öffentlichen wie politischen Leben zu behaupten und eine aktive Rolle einzunehmen, sind noch immer relativ begrenzt. Es ist noch ein weiter Weg, bis die 30%-Quote von Frauen in der Politik erfüllt werden kann. Dieses Problem muss von zwei Seiten angegangen werden: Zum einen muss das allgemeine Bildungsniveau der Frauen angehoben werden. Zum anderen muss die Anerkennung der Frau in der Gesellschaft verbessert werden. Hierzu bedarf es der Entwicklung eines neuen Frauenbildes, das in Schule und Elternhaus auch für die junge Generation zum neuen Leitbild wird.

Die Skizzierung all der weiblichen Persönlichkeiten in diesem Kapitel zeigt, dass Frauen im öffentlichen Leben in Indonesien längst kein Tabu-Thema mehr sind. Im Gegenteil, einigen Frauen ist es sogar gelungen, in eindrucksvolle Führungspositionen aufzusteigen. Ihre Erfolge liegen in ihrem Können, ihrem guten Charakter und ihrem angenehmen Verhalten in der Öffentlichkeit. Doch eine Frau, die von der Öffentlichkeit positiv wahrgenommen wird, muss auch bestimmte Normvorstellungen erfüllen: Als »gute« Frau hat sie Mann und Kinder, hält das Banner des Feminismus nicht so hoch, dass die Männer dadurch verschreckt werden und schafft es doch, eine Verbesserung der Lebensumstände von Frauen herbeizuführen.

Frauenbewegung und Islam – ein ungleiches Paar?

Als wir im letzen Sommer eine der größten indonesischen Buchhandlungen im Norden Jakartas besuchten, staunten wir nicht schlecht. Vom Eingang bis zum hinteren Drittel des Ladens reichte die Abteilung: *Agama*, Religion, worunter zu 90 % die islamische Religion gemeint war. In vorderster Reihe wurde die neuste Publikation des für die Bombenanschläge auf Bali verantwortlich gemachten und gerade wieder aus dem Gefängnis entlassenen Abu Bakar Baa-syir angepriesen. Viele Bücher waren Ratgeber zur richtigen und moralischen Lebensführung, insbesondere solche, die sich mit den Rollenanforderungen an die islamische Frau beschäftigen und den Koran in Bezug auf die sittlichen Vorschriften für die indonesische Frau interpretieren. Ich blätterte in einem Buch, das in zartem Rosa gehalten und anscheinend hauptsächlich an die weibliche Leserschaft gerichtet war, schlug es aber schnell angewidert wieder zu. Ich hatte nicht erwartet, dass in solch verfälschter und beleidigender Weise über den westlichen Sittenverfall berichtet wurde. Demnach waren wir westlichen Frauen die reinsten Männer fressenden Monster, mit verbrauchten, abgegriffenen Körpern, egomanische Ehefrauen und egoistische Rabenmütter, denen sogleich die asiatische Muslimin als tugendsames Gegenbild entgegengestellt wurde. Wenn indonesische Leser und Leserinnen diesen Büchern glauben, wie müssen sie Frauen aus dem westlichen Kulturkreis verabscheuen? Wie kann es jemals zu einer Verständigung zwischen der östlichen und der westlichen Kultur kommen, wenn man solche Bilder vom Anderen vermittelt bekommt? Doch es gab auch andere Ratgeber. In der hinteren Ecke des Buchladens, in der wir unter dem Fachgebiet »Psychologie, Soziologie« nach neueren Untersuchungen zur Rolle der Frau suchten, stand ein völlig abgegriffenes und zerlesenes Exemplar, das seinem Aussehen nach zu den »Rennern« der Buchhandlung gehörte: ein sexueller Ratgeber, in dem wir immer wieder junge Männer verstohlen herumblättern sahen. Es gab den unerfahrenen Lesern genaue Anweisungen, wann und wie sie »Mr. P.« wo genau einführen sollten, um den höchsten sexuellen Lustgewinn zu erfahren.

Das offensichtliche Interesse gerade der lesenden Mittelschicht an Fragen der islamischen Lebensführung lässt einerseits auf eine starke Orientierung an islamischen Prinzipien schließen, kann zugleich aber auch als Ausdruck einer allgemeinen Verunsicherung durch zunehmend ins Schwanken geratene traditionelle Normen und die Konfrontation mit unterschiedlichen

Wertesystemen gesehen werden, die über elektronische Medien und Internet fast von jedem Winkel des Archipels zugänglich sind.

Auch das indonesische Fernsehen nimmt seinen Auftrag als moralische Instanz zur Volkserziehung sehr ernst und ist teilweise erdrückend in seinen unterschwelligen oder direkten Appellen an die Tugendhaftigkeit der Frau, sich nach muslimischen Vorschriften zu verschleiern. In einem Internet Diskussionsforum zum Thema »Gender und Islam« beschwerte sich beispielsweise im Oktober 2006 eine Indonesierin über den *Ulama* Ustad Jefri al Buchori, der in seiner Sendung Frauen mit »Donats« verglich, als leckere Süßigkeiten mit einem Loch in der Mitte, die man, genau wie Frauen, auch lieber verpackt und frisch kaufen wolle als bereits von vielen Händen abgegriffen. Dies war sein humorvolles Argument für die Verschleierung der Frau. Die Schreiberin empört sich in ihrem Beitrag über das frauenfeindliche Bild, das hinter diesem Vergleich steht, Frauen als käufliche Konsumware zu sehen[243]. Kamala Chandrakirana, Vorstand der *National Commission on Violence against Women* kritisiert an der derzeitigen Medienberichterstattung, dass sie sich aus Profitinteresse von den radikalen islamistischen Gruppen missbrauchen ließe, eine viel zu unkritische Berichterstattung eingeschlagen habe und wegen der Verkaufswirkung sensationeller Schlagzeilen den moderaten Stimmen zu wenig Platz einräume.[244]

Entwicklung des Islam in Indonesien bis heute

Was ist in den letzten Jahren mit Indonesien passiert? Als wir vor 20 Jahren nach Indonesien kamen, gab es bereits eine Gruppe von Frauen, die einen *jilbab*, ein die Haare bedeckendes Kopftuch trugen, sie waren jedoch eine Minderheit und oft handelte es sich bei den Kopftüchern um farbige, transparente Spitzenschals, die nur lose über den Kopf geworfen wurden. Der Fastenmonat wurde von vielen nicht besonders streng eingehalten und nur eine Minderheit betete wirklich regelmäßig fünfmal am Tag zu Allah. Indonesien, als die größte moslemische Nation der Welt, die 20 % aller auf der Welt lebenden Moslems stellt,[245] galt immer als Vorbild für eine moderate, tolerante Form des Islam, in der ein kultureller und religiöser Pluralismus blühen konnte.

Der Islam wurde seit dem 13. Jahrhundert durch moslemische Händler aus Indien auf den vielen Inseln des indonesischen Archipels verbreitet. Er erfuhr besonders deshalb regen Zuspruch, weil er die Gleichheit aller Menschen vor Gott predigte und damit der gottgegebenen, hierarchischen Weltordnung der hinduistischen Königshäuser entgegentreten konnte.

Der Umschwung zum Islam vollzog sich aber nicht etwa durch einen heiligen Glaubenskrieg, den jihad, sondern verlief friedlich, indem die hinduistisch-buddhistischen Herrschaftsdynastien einfach nominell zum Islam übertraten und ihren Glauben zu Allah mit ihrem alten Glauben verschmolzen, so wie sie bereits vorher die vorhinduistischen Naturreligionen in ihren Glauben integriert hatten. Das Gebot der Toleranz und Harmonie, sowie die Gabe, verschiedene Sichtweisen zu integrieren, anstatt sie konfrontativ zu bekämpfen, wurde immer als eine der herausragenden indonesischen Fähigkeiten beschrieben, die zu der bis vor Kurzem vorherrschenden friedlichen Koexistenz verschiedener Glaubensrichtungen führte. 85 % der indonesischen Bevölkerung sind heute moslemisch, wobei, besonders unter der Landbevölkerung, Opfergaben an Geister und Götter, ritualisierte Festessen *(slametan)* und Zeremonien, die entsprechend animistischer Bräuche die wichtigen Stationen des Lebenszyklus markieren, nunmehr lediglich unter muslimischem Segen weitergeführt werden.[246]

Was uns an der islamischen Religiosität in Indonesien neben der gelebten Glaubenstoleranz immer fasziniert hat, war auch, dass sie sich, im Gegensatz zu anderorts praktiziertem Islam, einen offenen und natürlichen Umgang mit dem menschlichen Körper bewahrt hat, ohne diesen zu sexualisieren. Auf unseren Reisen durch Indonesien wurden wir nie unsittlich be-

drängt oder gar sexuell bedroht. In den Flüssen wuschen sich die Frauen und Männer nackt, in dem berechtigten Vertrauen darauf, dass die anderen in höflichem Respekt wegschauen würden. Körperbetonte traditionelle Kleidung mit hautengen *sarong*s und durchsichtigen Blusen und ausdrucksvolle, die weiblichen Reize hervorhebende Tänze, bereicherten das farbenfrohe Leben auf allen Inseln, durch die wir reisten. Damals waren die Menschen, die wir trafen, genauso stark an moralische Prinzipien gebunden wie heute. Sie wussten jedoch die Schönheit des menschlichen Körpers als Geschenk Gottes zu würdigen und sahen darin nicht ein Werk des Teufels. Diese Verbindung aus gegenseitigem Respekt, Moral und Natürlichkeit war etwas, was wir aus dem Westen kommend, vorher nicht so erlebt hatten.

Heute sieht man in den Straßen der Städte überwiegend Frauen mit einem straff um die Haare gewickeltem Kopftuch, langen Blusen und weiten Hosen. Manche tragen in der tropischen Hitze dazu dicke, nichttransparente Strümpfe in ihren Zehenlatschen. Auch in den Medien, in Büros, Ministerien und auch an den Universitäten sind immer mehr Frauen verschleiert zu sehen. Mehr als einmal wurde ich auf meinen Besuchen in Bandung oder Jakarta von Frauen herzlich begrüßt, die ich nicht wieder erkannte, weil sie plötzlich streng verschleiert waren. Ganz anders sieht das Bild in manchen Shopping- Malls oder in den Nachtclubs und Bars der Großstädte aus. Wo sich früher ausschließlich Prostituierte mit westlichen Männern amüsierten, sind diese Plätze heute mit der westlich orientierten Mittel- und Oberschicht Indonesiens bevölkert. Die ultrakurzen Miniröcke und bauchfreien Tops der jungen Frauen stehen in so krassem Gegensatz zu dem oben geschilderten Straßenbild, dass die westlichen Besucherinnen langsam zu verstehen beginnen, welche Polarisierung sich hier zusammenbraut. Extremer westlich-amerikanisch orientierter Hedonismus gegen übertriebene islamische Moral. Wie konnte es zu dieser Entwicklung kommen?
Unter Suharto wurde das soziale Engagement islamischer Organisationen zwar offiziell unterstützt, er achtete jedoch streng auf die Trennung von Religion und Politik. Für viele Menschen wurde der Glaube zu einem Vehikel für den politischen Widerstand gegen Suharto, dessen korruptem Herrschaftsanspruch man eine gerechte und moralisch vertretbare Welt entgegensetzen wollte. In den über das ganze Land verbreiteten *pesantren*, islamischen Bildungseinrichtungen, in denen das staatlich oktroyierte Kurrikulum nicht griff, konnten sich die unterschiedlichsten kritischen Stimmen Gehör verschaffen. Einige wurden zu Keimzellen terroristischer Bombenleger unter der spirituellen Führung von Abu Bakar Baasyir. Die-

ser leitet nach seiner Entlassung aus der Haft nun wieder das fundamentalistische *pesantren Ngruki* in Solo und setzt seinen Feldzug für einen orthodox-islamischen Staat auch als Sprecher bei politischen und religiösen Veranstaltungen auf nationaler Ebene fort. Andere *pesantren*, wie das um den *Kiyai* KH. Hussein Muhammad in Cirebon, vertreten eher demokratische Prinzipien des Islam und setzen sich auch für die Rechte der Frau ein.

Die Demokratisierung des Landes nach Suhartos Rücktritt öffnete den Raum für eine freie Meinungsäußerung und gab damit auch den radikalen muslimischen Gruppierungen wieder eine Stimme. Fundamentalistische Gruppen wie »Front for the Defenders of Islam« *(Front Pembela Islam),* »Jihad Warriors« *(Laskar Jihad), Majelis Mujahidin, Hizbut Tahir* und *Jemaah Islamiyah* treten für einen islamischen Staat mit islamischer Rechtssprechung ein und vertreten ihre Ziele auch mit gewalttätigen Aktionen gegen Christen oder Angriffen auf Nachtbars und westliche Hotels. Einige von ihnen stehen auf der Liste der internationalen Terroristen. Die Bombe, die am 12. September 2002 in einer Diskothek auf Bali explodierte und über 200 Menschen in den Tod riss, wurde der *Jemaah Islamiayah* zugeschrieben. Ihr geistiger Führer Abu Bakar Baasyir wurde jedoch lediglich zu 30 Monaten Haftstrafe verurteilt, von denen er wegen guter Führung nur 25 absitzen musste. Im Juni 2006 wurde er bereits wieder entlassen. Gut ein halbes Jahr später bat er um ein offizielles Zusammentreffen mit dem indonesischen Präsidenten, um ihn zu überzeugen, die *Shariah*-Gesetze im ganzen Land einzuführen. Yudhoyono ließ dieses Treffen aus »Zeitgründen« nicht zustande kommen, was von der Presse als offizielle Absage an den islamischen Extremismus interpretiert wurde, in westlichen Augen jedoch eine klare Stellungnahme gegen den Extremismus vermissen lässt und eher wie ein halbherziges Aus-der-Affäre-Ziehen anmutet.

Es wäre falsch, wenn man den terroristischen Gruppen in Indonesien ein zu großes Gewicht beimessen würde. Bedrohlich ist allerdings, dass von politischer Seite nicht konsequenter gegen sie vorgegangen wird und dass ein Abu Bakar Baasyir weiterhin seine aufhetzenden Bücher verkaufen darf. Genauso bedrohlich ist es, dass der religiöse Eifer einiger islamistischer Gruppen, die zum Beispiel Mobiliar und Alkohol in Nachtclubs zerschlagen, von der Masse der Bevölkerung geduldet und sogar gebilligt wird. Die *Islamic Defenders Front FPI* klagte im Sommer 2006 gegen die Teilnehmerinnen an einem internationalen Schönheitswettbewerb, die den Sittenwächtern trotz Verzicht auf den üblichen Bikini auch im Badeanzug noch zu unmoralisch erschienen. Der Anwalt begründete die Anzeige gegen Miss Indonesia und die Organisatoren des Wettbewerbs damit, die Präsentation ihres Körpers beleidige »die indonesische Würde« und insbesondere die indonesischen Frauen.

Sind dies die Tribute einer zu jungen Demokratie, die noch nicht das richtige Maß von Regelbedarf und Toleranz gefunden hat? Langfristig noch gefährlicher als die terroristischen Gruppen ist vielleicht die »Soziale Gerechtigkeitspartei (*Partai Keadilan Sejahtera*), die in letzter Zeit einen großen Zulauf verzeichnen konnte. Sie vertritt fundamentalistische Ziele, bewegt sich jedoch noch im Spektrum der legalen Aktionen. Sie machte im letzten Jahr mit Anzeigen gegen die erotischen und angeblich sittengefährdenden Tänze der beliebten islamischen Tänzerin Inul Daratista auf sich aufmerksam und klagte gegen die bereits gezähmte indonesische Ausgabe des »Playboy«,[247] die daraufhin verboten wurde. Diese Partei war es auch, die seit einigen Jahren die Diskussion um den bereits 1999 eingebrachten »Antipornografiegesetz-Entwurf« neu entfachte. Das Gesetz soll jedem Anzeichen von Sittenverfall vorbeugen. Verboten werden sollten außerehelicher Geschlechtsverkehr, Küssen in der Öffentlichkeit, homosexuelle Beziehungen, das Zur-Schaustellen von Beinen, Schultern und Armen und erotische Tänze in der Öffentlichkeit. Damit würden auch die meisten Trachten und Tänze der vielen ethnischen Gruppen Indonesiens unter den Tatbestand der Pornografie fallen und die Provinz Bali könnte sich gleich als »Pornoprovinz« bezeichnen.

Die meisten moslemischen Organisationen, unter ihnen die beiden größten, die traditionalistische *NU, Nahdlatul Ulama*, der der frühere Präsident Abdul Rachman Wahid vorsteht und die modernistische *Muhammadiyah*, stellen sich explizit gegen diese Entwicklung zur Islamisierung des Staates, würde es doch ein Ende aller kulturellen Vielfalt in Indonesien bedeuten und dem Grundprinzip der indonesischen Ideologie »Einheit in der Vielfalt« widersprechen. Obwohl die Soziale Gerechtigkeitspartei 100.000 Frauen motivieren konnte, für die Antipornografie-Initiative auf die Straße zu gehen,[248] konnte das Parlament die Kritik an dem Gesetzesentwurf gerade aus den moderaten moslemischen Ecke nicht einfach übergehen. Aufgrund der starken Proteste der meisten islamischen Organisationen, verstärkt durch die kritischen Stimmen vieler Intellektueller, Sozialaktivisten, Künstler und Feministinnen wurde der Erstentwurf des Gesetzes Ende 2006 zur Revision in den zuständigen parlamentarischen Sonderausschuss zurückgegeben, am 31.10.08 vom Parlament verabschiedet.[249]

Auch wenn die fundamentalistischen Moslems bislang immer noch eine klare Minderheit darstellen, finden sie doch zunehmend Zulauf aus der Bevölkerung. Angesichts der allgegenwärtigen medialen Überflutung durch

Bilder, die einen freizügigen amerikanisierten Lebensstil zur Schau stellen, befürchten viele Eltern, die eigenen Kinder an die unheimliche Verführungsmacht der westlichen Kultur zu verlieren. Universitäten oder Koranlesungen, *pengajians*, auch die vom nationalen Kurrikulum ausgenommenen islamischen Schulen, die *pesantren*, sind oft die Plätze, an denen verunsicherte Jugendliche oder ihre Eltern von den fundamentalistischen Ideen überzeugt werden. Als für extreme islamische Richtung empfänglich nennt Kamala Chandrakirana insbesondere drei Gruppen: eine frustrierte, von Arbeitslosigkeit betroffene Arbeiterschaft, eine desillusionierte Mittelklasse, die auch zunehmend Schwierigkeiten hat ihren ökonomischen Status zu halten und von der politischen Führung enttäuscht ist und die Jugend, die sich vor ihrer unsicheren Zukunft fürchtet.[250]

Eine äußerst bedrohliche Entwicklung ist in diesem Zusammenhang die Einführung der *shariah*, des Islamrechts, in einigen Distrikten Indonesiens. Seit 2004 ist es den Distriktregierungen erlaubt, Distriktverordnungen zu erlassen, mit denen sie ihre Regionen autonom verwalten zu können. Distriktverordnung steht für *Peraturan daerah*, abgekürzt *Perda*. Im Englischen wird dieser Begriff allgemein mit *by-laws* übersetzt. Zwar gehört Religion zu den fünf Politikbereichen, in denen die Entscheidungsgewalt bei der Dezentralisierung 2001 bewusst auf der nationalen Ebene belassen wurde, doch haben bereits 22 der 400 Distrikte in Indonesien Verordnungen eingeführt, die Elemente des islamischen Rechts für alle Einwohner der Religion verbindlich machen. Das Innenministerium, das diesen Erlassen einen Riegel vorschieben müsste, schweigt dazu. Angeblich ist das Ministerium zu überlastet, um die Konformität der Distriktverordnungen mit übergeordneten Gesetzen zeitnah zu prüfen. In der Provinz *Aceh* wurde bereits 2001 das *Shariah*-Gesetz eingeführt und nach Verabschiedung des Aceh-Sonderautonomiegesetzes im Jahre 2006 wird in weiten Teilen des Alltagslebens das *Shariah*- und nicht mehr das indonesische Zivilrecht angewandt. Eine *Shariah*-Polizei wacht über die Moral der Bewohner, kontrolliert die ordnungsgemäße Verschleierung der Frauen, die Einhaltung des Verbots außerehelicher und gleichgeschlechtlicher Sexualkontakte, Prostitution, Glücksspiel und Alkoholkonsum. Die Einhaltung dieser Gesetze scheint aber selbst hohen Amtsinhabern und Angehörigen der *Shariah*-Polizei Schwierigkeiten zu machen, denn die Zeitungen berichten des Öfteren von Vorfällen, bei denen gerade dieser Personenkreis bei unsittlichen Handlungen erwischt wird. Die Bestrafung umfasst öffentliche Züchtigung, bei denen die Männer und die (häufig in Abhängigkeit handelnden) Frauen mit einem Stock geschlagen werden.[251]

In Tangerang, ein an Jakarta grenzender Distrikt, dürfen Frauen nach Einbruch der Dunkelheit nur noch in Begleitung von männlichen Verwandten auf die Straße gehen. Dies ist umso tragischer, als Tangerang eine Industriegegend ist und viele junge Frauen bis spät in der Fabrik arbeiten müssen. Das Verbot bedeutet für sie das Ende ihrer Berufstätigkeit, wenn sie nicht von einem männlichen Familienangehörigen abgeholt werden können. Die Stadtverwaltung in der westsumatrischen Hauptstadt Padang hat im März 2007 die drei größten Schulbuchverlage angewiesen, die Bilder von unverschleierten Frauen und Mädchen aus ihren Schulbüchern für die Grundschule zu entfernen.[252] Das Times Journal vom 05.03.2007 berichtete von einem Dorfvorsteher, der an seine Tür ein durchgekreuztes Bild einer unverschleierten Frau gehängt hat, ähnlich wie in Deutschland bekannt bei den Hundeverbotsschildern mit dem Hinweis: »Wir müssen leider draußen warten«, womit unverschleierten Frauen der Eintritt in diese Kaufläden verwehrt wird.

Zu den wichtigsten Errungenschaften der Demokratisierung Indonesiens gehören eine freie Presse und die Dezentralisierung mit der politischen Autonomie der Provinzen, Distrikte und kreisfreien Städte. Es ist tragisch, dass genau diese Freiheiten, die Millionen von unter Suharto mundtot gemachten Menschen wieder eine Stimme gegeben haben, nun von fundamentalistischen Islamisten dazu genutzt werden, über die Hälfte der Bevölkerung, nämlich den Frauen und den Nichtmoslems, ihre gleichberechtigte Stimme und ihre demokratischen Rechte um eine freie Meinungsäußerung wieder zu beschneiden. Eine von uns interviewte Menschenrechtsaktivistin, die in diesem Buch nicht namentlich erwähnt werden möchte, sah ihrer Zukunft äußerst pessimistisch entgegen: »Was habe ich zu hoffen, ich bin eine Frau, Chinesin, Christin und lesbisch und gehöre damit zu den mehrfach diskriminierten Bevölkerungsgruppen.« Die Aussage des im August 2008 eingesetzten obersten Verfassungsrichters Moh. Mahfud M.D., die *Shariah*-Verordnungen seien verfassungswidrig und die von der Regionalkammer (*DPD*) daraufhin angekündigte Revision dieser Bestimmungen[253] geben Anlass zur Hoffnung, dass die diskriminierenden Regularien nicht von Dauer sein werden. Da religionsbezogene Fragen vor der Wahl 2009 allerdings höchste Sprengkraft besitzen, ist in dieser Angelegenheit nicht mit einer schnellen Entscheidung zu rechnen.

Frauenbewegung und Islam

Kritische Stimmen an dieser Entwicklung kommen vor allem aus dem Lager der indonesischen Frauenbewegung. Anders als in Deutschland, wo die Einforderung von Geschlechtergleichberechtigung zwar inzwischen weitgehend durch Gleichstellungseinrichtungen institutionalisiert ist, die feministische Frauenbewegung jedoch ein kaum noch wahrnehmbarer Faktor in der Öffentlichkeit ist, blüht die indonesische Frauenbewegung in einem weit verzweigten Netz aktiver und engagierter Aktivistinnen und Organisationen unterschiedlichster politischer und religiöser Schattierungen.

Die Gleichberechtigung von Mann und Frau ist im indonesischen Grundgesetz verankert. Seit der Unabhängigkeit Indonesiens ratifizierte die Regierung verschiedene internationale Konventionen:

- ILO Konvention Nr. 100 (Equal Rights for Equal Value) ratifiziert mit Gesetz Nr. 80/1957,
- Konvention der Vereinten Nationen zu den politischen Rechten von Frauen, ratifiziert mit Gesetz 68/1958,
- Konvention der Vereinten Nationen zur Eliminierung jeglicher Form der Diskriminierung von Frauen, ratifiziert mit Gesetz 7/1984,
- ILO Konvention Nr. 111 zur Diskriminierung von Bezahlung und Position, ratifiziert mit Gesetz Nr. 21/1999.

Seit 1978 gibt es ein Frauenministerium, das »State Ministry of Women Empowerment«, das seit dem Präsidentenerlass 9/2000 auch den *gender mainstreaming*-Ansatz in die Institutionen hineintragen soll. 1999 wurde eine Nationale Kommission zur Verhinderung von Gewalt gegen Frauen eingerichtet, der Kamala Chandrakirana vorsteht.

Die Frauenbewegung hat in Indonesien eine ebenso lange und kämpferische Geschichte wie in Europa. Die ersten Frauenorganisationen entstanden Ende des 19. Jahrhunderts im Zuge des Widerstandes gegen die Holländer. Die Frauen stritten unter unterschiedlichsten politischen und religiösen Vorzeichen Seite an Seite mit ihren Männern für die Unabhängigkeit Indonesiens, kämpften aber gleichzeitig gegen Polygamie, für das Wahlrecht für Frauen und besonders für ein Recht auf Schulbildung für Mädchen. Die durch ihren Briefwechsel mit einer holländischen Freundin bekannteste Frauenvorkämpferin ist Raden Adjeng Kartini, eine Adelige, die Anfang des 20. Jahrhunderts eine der ersten Mädchenschulen auf Java gründete. Ihr Geburtstag, der 21. April, wird bis heute als *Hari Kartini* gefeiert.[254] Der bereits in der Kolonialzeit etablierte nationale Frauenkongress

(*KOWANI*) wurde während des autoritären Regimes von Präsident Suharto quasi kooptiert und in den Dienst seiner Politik gestellt. Frauen von Staatsbeamten und Militärs wurden verpflichtet, sich in Ehefrauenorganisationen, der *Dharma Wanita*, oder *Dharma Pertiwi* karitativ zu betätigen. Dadurch waren die Ehefrauenpflichtvereinigungen so groß, dass sie alle übrigen Frauenorganisationen in dem Frauenkongress dominierten. Viele der in den 80er und 90er Jahren ins Leben gerufenen Nicht-Regierungsorganisationen zur Verbesserung der Situation der Frau engagieren sich deshalb nicht im Dachverband *KOWANI*, so dass dieser heute vorwiegend die konservativen Frauenverbände repräsentiert.

Auch bei der Neuformulierung des 1974 in Kraft getretenen Eherechts waren die Frauenorganisationen maßgeblich beteiligt. Konnten sie auch die Polygamie nicht verhindern, wurden doch einige Verbesserungen durchgesetzt. Während nach den Regeln des javanischen *adat* beiden Geschlechtern die Scheidung erlaubt ist, kennt das islamische Recht nur die einseitige Verstoßung durch den Mann, die ohne Angabe von Gründen erfolgen kann. Der Islam kennt aber auch die an Bedingungen geknüpfte Verstoßung, die *talik-talak* Bestimmung. In Indonesien wurde diese Regelung dazu benutzt, auch Frauen ein bedingtes Scheidungsrecht einzuräumen, wenn der Mann seine ehelichen Verpflichtungen nicht einhält. Das Ehe- und Scheidungsrecht garantiert nun beiden Ehepartnern ein Recht auf Scheidung im Falle der Verletzung der ehelichen Pflichten (Artikel 19 des Gesetzes). Das Gesetz von 1974 erlaubt moslemischen Männern jedoch nach wie vor bis zu vier Frauen zu heiraten, wenn die erste Frau sich damit einverstanden erklärt oder selber keine Kinder bekommen kann. Die Erb- und Vermögensteilung ist bei Scheidung in das Belieben der streitenden Parteien gelegt worden. Das bedeutet in der Praxis, dass muslimische Familien ihren Besitz nach der im Koran vorgeschlagenen Erbregelung aufteilen können: 2/3 für den Mann und 1/3 für die Frau.[255]

Diese Ehegesetzgebung steht heute wieder im Zentrum der Kritik vieler Frauenorganisationen. Trotz oder vielleicht auch gerade wegen der akuten Bedrohung der Menschenrechte der Frau haben die indonesischen NGOs und Organisationen, die für die Rechte von Frauen kämpfen, nichts von dem verstaubten Gilb, den sie bereits in Deutschland angesetzt haben. Neben solchen Gruppen, die Religion als Privatsache behandeln und die Gleichberechtigung nicht mit religiösen Argumenten begründen, wie zum Beispiel *Kalyanamitra*, eine Frauengruppe, die sich für die Bekämpfung sexueller Gewalt gegen Frauen einsetzt, gibt es zahlreiche Gruppen, die den islamischen Glauben explizit als Ansatz sehen, um für eine gerechtere

Welt zu kämpfen. Es ist auffällig, dass Feminismus in Indonesien eng mit Religiosität verbunden ist. Viele der Frauenorganisationen sind streng moslemisch, ihre Mitglieder tragen den *jilbab* und begründen ihren Einsatz für die Rechte der Frau mit ihrem islamischen Glauben. Dies mag für westliche Feministinnen zunächst einmal wie ein Widerspruch klingen, assoziieren sie den islamischen Glauben doch ausschließlich mit frauenfeindlichen Praktiken. Doch nach dem Islam ist es auch die Pflicht aller Gläubigen, sich für Gerechtigkeit und Ordnung im Zusammenleben der Menschen einzusetzen und anderen Menschen mit ihrer Lebensführung ein Vorbild zu sein. Dies ist für viele moslemische Frauengruppen die Motivation, sich für die unterprivilegierten Frauen einzusetzen. Gleichzeitig wollen sie sich mit ihrem Bekenntnis zur Religion von den westlichen Feministinnen absetzen, bei denen sie einen allzu individualistischen Lebensstil und freizügige sexuelle Praktiken vermuten.

Die NGO *Yasanti* z.B. nimmt die religiösen Belehrungen zum Ausgangspunkt, um Frauen über Arbeitsschutzgesetze in den Fabriken aufzuklären und mit ihnen das Thema sexuelle Belästigung am Arbeitsplatz zu diskutieren. Besonders vehement unter den islamischen Organisationen setzt sich *P3M, Perhimpunan Pengembangan Pesantren dan Masyarakat* für eine Verbesserung der Situation der Frau ein. Die 1983 gegründete Organisation, die aus der *NU* entstanden ist, vertritt zusammen mit ihrem explizit frauenpolitischen Ableger *Rahima* das Ziel, soziale Gerechtigkeit und soziale Transformation durch einen soziokulturellen, religiösen Ansatz zu verbreiten.[256] Seitdem macht die Gruppe durch Publikationen, Workshops und islamische Belehrungen zu einer frauenfreundlichen Neuinterpretation des Islam auf sich aufmerksam[257]. Die prominentesten Verfechter einer neuen Islaminterpretation sind der frühere Präsident Abdul Rachman Wahid, seine Frau Sinta Nuriah und seine Tochter Yeni Rosa Damayanti. Während die Gattin des Ex-Präsidenten ihr Haar oft nur mit einem übergeworfenen javanischen Schal bedeckt, ist die in der NRO-Bewegung engagierte Tochter Yeni auch häufig in Jeans zu sehen.

Interview mit Ibu Masruchah

Wir besuchen Ibu Masruchah in ihrem Büro im Süden von Jakarta. Sie ist die Vorsitzende einer weiteren, feministischen Massenorganisation, der »Indonesian Women's Coalition for Justice and Democracy« (*Koalisi Perempuan Indonesia untuk Keadilan dan Demokrasi*) mit zurzeit 20.000 Mitgliedern in 200 Distrikten über 14 Provinzen verteilt. Sie versteht sich als Organ und Sprachrohr einer sozialen Frauenbewegung. In Kongressen, die bis auf die Distriktebene herunterreichen, werden sozialpolitische Fragen thematisiert. Dazu gehört die Demokratisierung des Landes genauso wie Gleichberechtigung zwischen Männern und Frauen mit Themen wie Gender Budgeting, Quotenregelung und Gewalt gegen Frauen und Kinder, wie in ihrer Broschüre und den regelmäßigen Veröffentlichungen ihrer Zeitschrift *Semai* nachzulesen ist. Kongresse, Diskussionen, Veröffentlichungen und politische Erziehung sind die Hauptaktivitäten der Organisation.

Ibu Masruchah selber kommt aus der Frauenorganisation der *NU Fatayat*, der sie sich während ihres Studiums angeschlossen hat. Seitdem kämpft sie für Geschlechtergerechtigkeit und die Freiheit der Frau. »Frauenrechte sind Menschenrechte« sagt sie. In diesem Sinne müsse der Koran neu interpretiert werden. Sie befürwortet die Überarbeitung des derzeitigen Ehegesetzes und fordert, dass der Mann darin nicht mehr als das offizielle Oberhaupt festgeschrieben wird, die Erbteilung nach der islamischen Regel, nach der 2/3 dem Mann und 1/3 der Frau zugesprochen wird, nicht mehr möglich ist und Polygamie verboten wird. Die neuerliche Verbreitung des *jilbab*, der muslimischen Verschleierung, sieht sie mit Besorgnis. Hinter ihr vermutet sie eine »hidden agenda«. Der Schleier diene als Symbol, Frauen mehr in die häusliche Sphäre zu verweisen. Trotzdem ist Masruchah seit ein paar Jahren selber dazu übergegangen, den Schleier in der Öffentlichkeit zu tragen. »Es ist ein Zeichen des Respekts gegenüber meiner islamischen Organisation. Der *jilbab* hilft mir aber auch, das Vertrauen in der muslimischen Bevölkerung zu gewinnen, so werde ich eher ernst genommen. Ich trage den *jilbab* also auch aus taktischen Gründen«, sagt sie. Gleichzeitig spricht sie sich vehement dagegen aus, die Verschleierung mit den *Shariah*-Verordnungen zur Pflicht zu machen. »Die Verschleierung sollte immer freiwillig sein.« Dieser Meinung sind die meisten der Frauenaktivistinnen. Obwohl sie gegen eine Verschleierungspflicht sind, tragen sie selbst freiwillig einen *jilbab*. Da Handeln mächtiger ist als Reden, gibt unserer Meinung nach das persönliche Erscheinungsbild dieser Frauenkämpferinnen ein deutliches Signal für eine Akzeptanz des Schleiergebots und trägt somit dazu bei, dass der Schleier als äußerliches Kennzeichen einer guten Muslimin auch in der Frauenbewegung immer mehr zum Standard wird.

Forderungen der Frauenbewegung

Es gibt viele aktuelle Themen, die den Frauen unter den Nägeln brennen:
- So wie Ibu Masruchah machen sich viele Aktivistinnen heute wieder für eine **Überarbeitung des Ehegesetzes** stark. Die Passage, nach der der Mann der Haushaltsvorstand ist und die Pflicht hat, für seine Frau zu sorgen, soll gestrichen werden, da dies zur Begründung für die schlechtere Bezahlung von Frauen und ihrer Unterordnung führt. Die Erbregelung soll auf eine gleichberechtigte Ebene gestellt werden, das minimale Heiratsalter für Mädchen auf 18 heraufgesetzt und die Scheidung für Frauen und Männer egalisiert werden.[258]

- Auch gegen die **Polygamie** wird von den Frauenrechtlerinnen wieder vehement gestritten. Polygam lebten zwar selbst in den 80er Jahren nur noch ca. 5 % aller indonesischen Haushalte[259] und die Mehrehe wurde insofern erschwert, als sich der polygame Regierungsbeamte nicht nur die Erlaubnis seiner Frau, sondern seit 1990 auch die seines Arbeitgebers einholen muss. Spätestens jedoch seit der ehemalige Vizepräsident unter Präsidentin Megawati, Hamzah Haz, öffentlich bestätigte, drei bis vier Ehefrauen zu haben,[260] ist die Polygamie dabei, wieder salonfähig zu werden. Weitere Affronts waren die öffentlich gefeierte Mehrehe des im Fernsehen bekannten Islamgelehrten Aa Gym, dessen zweite Ehe, ohne die vorherige Einwilligung seiner ersten Ehefrau, mit einem Vorstandsmitglied des Bandunger Ulama Rates als Trauzeugen geschlossen wurde, sowie die polygame Ehe des Kabinettsmitglieds Yusril Ihza Mahendra.[261] Doch das Maß scheint langsam voll zu sein. Die Frauenministerin Meutia Farida Hatta Swasono hat kürzlich gegen den starken Protest der konservativen muslimischen Organisationen und Parteien eine Novellierung des derzeitigen Gesetzes zur Polygamie initiiert.[262]

- Der Kampf vieler Frauen, Frauen vor männlicher **Gewalt** zu schützen, mündete 1999 in der Gründung der Nationalen Kommission zur Verhinderung von Gewalt gegen Frauen, *KOMNAS Perempuan*. Auch wenn die Kommission sowohl auf Regierungsebene als auch an der Basis noch besser verankert sein könnte, wie ihr eine Evaluierung des Asien-Pazifik-Forums neulich bescheinigte,[263] hat sie es doch geschafft, ein Gesetz gegen häusliche Gewalt durchzusetzen, sich wirkungsvoll für misshandelte Arbeitsmigrantinnen einzusetzen und Sensibilisierungsveranstaltungen für Mitarbeiter staatlicher Behörden durchzuführen.

- Im Parteiengesetz von 2003, das vor der Präsidentenwahl 2004 verabschiedet wurde, wurde erstmals eine **Quotenregelung** für Frauen in den politischen Parteien verankert. Viele Politikerinnen, unter ihnen die Menschenrechtlerin und Parlamentarierin Nursyahbani, kämpfen für eine nachhaltige Umsetzung dieses Gesetzes. Auch Andi Yuliani Paris, die für die modernistische Islampartei PAN im Parlament sitzt, setzt sich für eine prominente Platzierung von 30 % weiblichen Kandidaten auf den Wahllisten ein, was aber auch in ihrer eigenen Partei noch nicht verwirklicht ist.

- Die **Klitorisbeschneidung** von Mädchen ist ein Thema, das in Indonesien erst langsam in die öffentliche Diskussion rückt. Wir haben bereits seit 1984 auf die in Indonesien bisher wenig beachtete Praxis der Mädchenbeschneidung aufmerksam gemacht.[264] Auf unsere Nachforschungen hin ergab sich, dass die Beschneidung der Klitoris in den verschiedenen Regionen und je nach Entbindungsklinik oder Religiosität der Dorfhebamme unterschiedlich ausgeführt wurde, jedoch über ganz Indonesien weit verbreitet war. Während die Klitoris in einigen Gegenden nur rituell eingeritzt wurde, gaben andere Krankenhäuser und Hebammen an, bei neugeborenen Mädchen ein Reiskorn großes Stück der Klitoris abzuschneiden. In islamischen Lehrbüchern findet man die Erklärung, dass dies aus Sauberkeitsgründen notwendig sei und verhindere, dass die Mädchen zu *nasal* (frech) würden.[265] Jetzt hat dieses Thema endlich auch das Interesse der indonesischen Frauenbewegung erreicht. Während unseres Gesprächs empörte sich Ibu Musdah Mulia über eine Massenbeschneidung von Mädchen in Süd-Sulawesi, bei der sie zusammen mit einer Gruppe von Aktivistinnen gerade Zeuge geworden war. Den Mädchen wurde die ganze Klitoris abgeschnitten.

- Es ist ein typisches Paradox der indonesischen Wirklichkeit, dass die Freiheit der Frau auf der einen Seite beschnitten wird, was sich sogar in lokal erlassenen Distriktverordnungen ausdrückt, auf nationaler Ebene jedoch Gesetzesvorschläge diskutiert werden, die die Gleichberechtigung von Mann und Frau verbessern. Alle Forderungen nach mehr Gleichberechtigung sind von gläubigen Musliminnen vorgebracht worden, obwohl sich die landläufige Koraninterpretation sowohl das Züchtigungsrecht für Frauen, als auch Polygamie und die Überlegenheit des Mannes als Familienoberhaupt und sogar auf die Beschneidung von Mädchen beruft. Wie begründen die politischen Aktivistinnen ihre Verankerung im muslimischen Glauben mit ihren feministischen Forderungen?

Die Rolle der Frau im Islam

»Männer sollen Frauen bevorzugt werden, wie auch Gott die einen vor den anderen mit Vorzügen begabt und auch weil jene diese unterhalten. Rechtschaffende Frauen sollen daher gehorsam und verschwiegen sein, auf dass Gott sie beschütze. Diejenigen Frauen aber, von denen ihr fürchtet, dass sie durch ihr Betragen euch erzürnen, gebet Verweise, enthaltet euch ihrer, sperrt sie in ihre Gemächer und züchtigt sie. Gehorchen sie euch aber nicht, dann sucht keine Gelegenheit gegen sie zu zürnen, denn Gott ist hoch und erhaben.« (Sure 4, Vers 34)[266]

»Fürchtet ihr gegen Waisen nicht gerecht sein zu können, so nehmt nur eine, zwei, drei, höchstens vier Frauen. Fürchtet ihr aber auch so nicht gerecht sein zu können, so nehmet nur eine oder lebt mit Sklavinnen, die ihr erworben.« (Sure 4, Vers 2)

»Hinsichtlich eurer Kinder hat Gott Folgendes verordnet, männliche Erben sollen soviel haben als zwei weibliche.« (Sure 4, Vers. 11)

»Und man fragt dich nach der Menstruation. Sag: sie ist eine Plage. Darum haltet euch während der Menstruation von den Frauen fern, und kommt ihnen nicht nahe, bis sie (wieder) rein sind! Wenn sie sich dann gereinigt haben, dann geht zu ihnen, so wie Gott es euch befohlen hat! Gott liebt die Bußfertigen. Und er liebt die, die sich reinigen. Eure Frauen sind euch ein Saatfeld. Geht zu (diesem) eurem Saatfeld, wo immer ihr wollt!« (Sure 2, Vers 222, 223).

Religionen sind seit jeher zur Legitimation politischer Systeme benutzt und entsprechend unterschiedlich interpretiert worden. Die gottgegebene Überlegenheit des Mannes über die Frau ist nicht allein Kennzeichen der moslemischen Religion. Auch die Texte des Christentums lassen frauendiskriminierende Interpretationen zu, die Jahrhunderte lang nicht nur die sittlichen Vorstellungen der abendländischen Kultur, sondern auch das politische und soziale Leben durch Gesetze wie Abtreibungsverbot, Züchtigungsrecht und die Unmündigkeit der Frau in der Ehe geprägt haben.

Ich habe mich immer gefragt, warum gläubige Feministinnen so viel Zeit darauf verwenden, die auf die Geschlechterrollen bezogenen Suren des Korans in akribischer Kleinarbeit auseinander zu nehmen, um zu beweisen, dass Frauen darin nicht als Menschen zweiter Klasse gesehen werden. Warum kann man den Koran nicht einfach aus seinem historischen Kontext heraus interpretieren, als eine religiöse Belehrung, die zu Mohammeds Zeiten sicherlich fortschrittlich und gerecht war, jedoch in den historischen Zusammenhang eingeordnet und heute neu interpretiert werden muss, so wie es die Christen auch mit der Bibel tun? Dies, so habe ich mich eines Besseren belehren lassen, ist durchaus nicht einfach. Die Bibel ist von Jesus Jüngern lange nach Jesus Tod niedergeschrieben und damit anerkanntermaßen weltlicher Natur. Die Bibel kann man daher in ihrem zeitlichen Kontext interpretieren, ohne Gott zu lästern. Nicht so den Koran. Im Gegensatz zur Bibel ist der Koran Gottes Wort und Mohammed direkt von Gott in die Feder diktiert worden. Um den Koran kritisch zu interpretieren, ist es also nicht gestattet, sich auf die Befangenheit des historischen Kontextes zu beziehen. Man muss schon ein Islamgelehrte/r sein und die Texte selbst einer Interpretation unterziehen. Dabei haben sich über die Jahrhunderte unterschiedliche Vorgehensweisen und Schulen herausgebildet, die der textualen und kontextualen Interpretation jeweils unterschiedliches Gewicht geben.[267] Nach Hasyiun kann man den Koran aus drei verschiedenen Perspektiven heraus interpretieren:[268]

- Seiner linguistischen Auslegung,
- Der Konsistenz zwischen den verschiedenen Versen,
- Der ethischen Relevanz der Interpretation.

Unterschiedliche Auslegungen des Korans

Frauendiskriminierende Regeln, wie die Möglichkeit der Polygamie, das einseitige Verstoßungsrecht des Mannes, Züchtigungsrecht, Verschleierungsgebot und eine ungleiche Erbteilung stehen zwar im Koran und implizieren eine Unterordnung der Frau unter den Mann, jedoch sind die Worte des Propheten so vielfältig und bildhaft verschlüsselt, dass sie oft verschiedene Auslegungen ermöglichen. Auch die arabische Sprache ist nicht immer eindeutig und unterscheidet zum Beispiel auch oft nicht nach weiblichen oder männlichen Attributen, so dass es bis heute ganz verschiedene Übersetzungen ein und derselben Suren gibt. Prof. Dr. Siti Musdah Mulia, Islamdozentin an der Universität in Jakarta, erklärt uns das an einem Beispiel: »Im Koran steht, so heißt es, dass einem Dieb die Hand abgehackt werden soll. Nun kann man das Wort für Hand aber auch übersetzen mit Macht oder Zugang oder Fähigkeit. Das Wort abhacken, abschneiden steht gleichzeitig für verringern im übertragenen Sinn. Mann kann diesen Spruch also genauso gut in dem Sinne übersetzen, dass ein Dieb in seinem Einfluss eingeschränkt werden muss. Auf dieselbe Art sind sehr viele Suren aus dem Koran vielschichtig interpretierbar.« In ihrem Buch »Die reformerische Muslimin. Die Frau als Erneuerin der Religion« führt sie die unterschiedlichen Bedeutungen des arabischen Wortes *dharaba* an, das in der oben zitierten Sure Al Nisa (4), Vers 34 im Kontext einer Auflehnung der Frau gegen den Mann allgemein mit »schlagen« übersetzt wird. Dieses Wort findet sich 58 mal in 28 verschiedenen Koransuren und wird dort jeweils unterschiedlich als »ein Beispiel geben«, »erziehen«, »tun«, »schlagen«, »ermorden«, »schneiden«, »erklären«, »umfassen« und »weggehen« übersetzt.[269] Die Religionswissenschaftlerin macht in diesem Zusammenhang darauf aufmerksam, dass sich in dieser Sure verwendete arabische Wort *nusyuz*, das allgemein mit »Auflehnung« oder »Ungehörigkeit« übersetzt wird, auch in der Al Nisa-Sure (4), Vers 128 findet, wo es sich auf das Verhalten des Mannes gegenüber seiner Frau bezieht. »So ist Ungehörigkeit nicht nur das Monopol der Ehefrau, wie es allgemein von der Gesellschaft verstanden wird«, folgert sie und verweist damit auf das Konzept einer gleichberechtigten Partnerbeziehung.[270]

Wie auch im Buch von Kodir herausgestellt, das im *NU*-nahen Rahima-Verlag erschienen ist, hat Mohammad gegenüber seinen Frauen niemals Gewalt angewendet, sondern immer geduldig reagiert, auch wenn es zu häuslichen Auseinandersetzungen kam. Diejenigen seiner Zeitgenossen, die ihre Frauen züchtigten, bezeichnete er als grausam und verdorben.[271] Gute Moslems sollten seinem Beispiel folgen und ihre Emotionen zügeln, auch wenn die Frauen den Mann herausfordern oder (im Ehebett) boykottieren. Kodir betont, dass der Prophet durch seine Haltung ein revolutionäres Bewusstsein demonstriert hat, dass den Frauen zur Selbständigkeit verhilft und sie als Menschen wertschätzt.[272]

In diesem Buch wird auch dargestellt, dass der Koran zwar Suren enthält, in der von der Bedeckung des weiblichen Körpers die Rede ist, dass diese jedoch offenlassen, welche Körperteile bedeckt werden sollen.[273] Außerdem wird darauf verwiesen, dass der im Koran verwendete Begriff dessen, was es zu bedecken gilt, an anderer Stelle als Spalte oder Öffnung übersetzt wird, die Feinde für einen Angriff nutzen könnten. Kodir verweist auch darauf, dass sich die Islamgelehrten, die die Frauen insgesamt bedecken und ins Haus verbannen wollen, auf Überlieferungen aus der Zeit beziehen, als der Frauenraub ein beliebtes Mittel des Kampfes zwischen den verschiedenen Volksgruppen war. Er macht auch darauf aufmerksam, dass weibliche Sklaven in dieser Epoche vom Bedeckungsgebot ausgenommen waren bzw. dass für sie die gleichen Regeln galten wie für Männer, die sich nur von der Taille bis zum Knie bedecken sollten.[274]

Konsistenz der Verse

Wie in dem Buch »Women in Islam« von Hasyim eingängig beschrieben, unterscheidet der Koran *Makiyya-* und *Madahiyya-*Verse. Die ersteren sind vor Mohameds Reise nach Medina in Mekka geschrieben worden und haben eher universellen Charakter, die zweiten sind aus der Zeit nach Medina und behandeln eher aktuelle Themen der damaligen Zeit, da Mohamed sah, dass viele seiner Anhänger noch nicht reif genug waren, die ersten allgemeineren Verse zu verstehen. Die frauendiskriminierenden Verse sind ausschließlich *Medina-*Verse, so dass Hasyim vorschlägt, heutzutage eher die *Mekka-*Verse anzuwenden.[275] Von Feministinnen werden oft jene Verse aus dem Koran zitiert, die die Stellung der Frau nicht abwerten.[276] Daradjat zitiert ein Bild aus der Sure 2, Vers 187, in dem Männer und Frauen eine Bekleidung füreinander sein sollen, (»Sie sind für euch und ihr für sie (wie) eine Bekleidung«), und sieht darin bestätigt, dass die Stellung der Frau im Islam gleich hoch wie die des Mannes sei.[277] Andere Textstellen werden häufig zitiert, um eine außerhäusliche Tätigkeit der Frau im Islam zu rechtfertigen, wobei bei diesen Versen durchaus verschiedene Auslegungen möglich erscheinen.

»Und geben Frauen ihre Morgengabe als Geschenk (so dass sie frei darüber verfügen können)! Wenn sie euch aber freiwillig etwas davon überlassen, könnt ihr es unbedenklich (für euch selber) verbrauchen.« (Sure 4, Vers 4).

Und an anderer Stelle heißt es:

»Und wünscht euch nicht das, womit Gott die eine von euch vor den anderen ausgezeichnet hat! Den Männern steht ein (bestimmter) Anteil zu von dem, was sie erworben haben. Ebenso den Frauen.« (Sure 4, Vers 32)

Tatsächlich brachte der Islam auch gegenüber vorislamischen Regelungen in den arabischen Ländern einige für die Frauen günstigere Gesetze mit sich.[278] So dürfen Frauen im Islam über ihren privaten Besitz frei verfügen,[279] eine Regelung, die zurzeit ihrer Niederschrift sicherlich außergewöhnlich war, bedenkt man, dass christlichen Frauen noch im Mittelalter die gleichen Rechte verwehrt wurden.

In Bezug auf den Brautpreis bedeutet das islamische Recht auch gegenüber dem traditionellen javanischen *adat* einen Vorteil für die Frau, da nach dem Islam die Braut selber die Mitgift erhält, während sie nach den Gesetzen des *adat* den Eltern der Braut ausgehändigt wird.[280]

Einer der bedeutendsten Grundsätze des moslemischen Glaubens ist die Gleichheit aller Menschen vor Gott, der auch von indonesischen Autoren immer wieder als Beweis für die Gerechtigkeit des Islam und seine hohe Wertschätzung der Frau zitiert wird.[281] Im Islam sind Mann und Frau vor Gott gleich und haben denselben Anspruch auf Gnade und Erlösung.[282]

Umsetzung des Korans in die Gesetzgebung

Das dritte Argument bezieht sich auf die Umsetzung des Korans in das Gesetz, die *shariah* oder *fiqh*, die im Sprachgebrauch meist dasselbe meinen. Hier spricht nicht mehr Allah selber durch Mohamed, sondern es sind die Menschen, die Allahs Worte auslegen. So sind laut Kodir zum Beispiel alle Auslegungen des Verschleierungsgebots, die in den *fiqh* niedergelegt sind, von Menschen gemacht und deshalb aus einem spezifischen sozialkulturellen Kontext heraus zu verstehen.[283] Die Gelehrten unterscheiden in *Zhanniy*-Verse, die eindeutig sind und nicht der Interpretation bedürfen und in *Quatiy*-Verse, die unterschiedlich interpretiert werden können.[284] Diese Unterscheidung lässt einen großen Spielraum offen. Der Vorschlag des Autors ist, hier die beiden Hauptprinzipien des Korans, nämlich Gerechtigkeit und Gleichheit zum Rückrat und Ausgangspunkt der Gesetzgebung zu machen. In diesem Sinne interpretiert sollten die Rechte und Pflichten von Mann und Frau in Proportion zu ihrer Gleichheit vor Gott gesehen werden. Gleichheit nicht im Sinne von gleich, sondern im Sinne von gleichen Chancen und Rechten.[285]

Interview mit Musdah Mulia

Diese Meinung vertritt auch Musdah Mulia, eine der bekanntesten und mutigsten Verfechterin einer radikalen Neuinterpretation des Korans und Autorin zahlreicher Bücher zur Rolle der Frau im Islam.[286] Als wir wie vereinbart in ihr Büro kommen, treffen wir in dem dunklen Büro nur zwei, sich Luft zufächelnde Assistentinnen an. Der Strom ist gerade ausgefallen. Musdah selbst ist noch gar nicht da. »Im Verkehr stecken geblieben«, sagt man uns. Wir sollen es uns schon einmal gemütlich machen. Mit einer Stunde Verspätung trifft Ibu Musdah schließlich ein, gibt ihren Mitarbeiterinnen noch schnell ein paar Anweisungen und nimmt uns dann mit in ihr Arbeitszimmer. Wir sind im Büro der *ICRP, Indonesian Conference on Religion and Peace,* »Organisation für die religiöse Vielfalt«. Die Organisation besteht seit dem Jahr 2000 aus Mitgliedern aller Religionen und setzt sich für das friedliche Miteinander einer multireligiösen Gemeinschaft ein. Mitbegründer ist der ehemalige Präsident und *NU*-Vorsitzende

Abdul Rachman Wahid. Auch Musdah Mulia kommt aus der Tradition der *NU*, der Frauenorganisationen *Fatayat und Muslimat*.

Die *ICRP* ist nur eine von vielen Tätigkeiten, denen sich Musdah verschrieben hat. Neben ihrem Engagement in Organisationen, die sich für die Rechte der Frau, religiöse Toleranz und gegen Gewalt einsetzen, ist sie Dozentin für Religion an der Universitas Indonesia in Jakarta, sowie Leiterin der Forschungsabteilung im Religionsministerium. Im Jahr 2004 war sie sogar als potenzielle Frauenministerin gehandelt worden, dann aber doch als »zu gefährlich« eingestuft worden, munkelt man. Dieses Bild bestätigt Ibu Musdah sofort. Sie sei die einzige Person in Indonesien, die sich trauen würde, aus der Perspektive der Religion radikal für eine kontextuale Neuinterpretation des Islam zu kämpfen. Es mache ihr nichts aus, sich mit allen anzulegen, sie sei immer schon eine Kämpferin gewesen. Das wird inzwischen auch außerhalb Indonesiens wahrgenommen. Im März 2007 erhielt Prof. Musdah von der amerikanischen Regierung den »International Women of Courage Award«.

Auch Musdah trägt seit dem Jahr 2000 den muslimischen Schleier. Eine Verschleierungspflicht lehnt sie trotzdem ab: »In Süd-Sulawesi, wo ich herkomme, trug früher keine Frau einen Schleier, höchstens ein durchsichtiges Kopftuch, das locker über den Kopf geworfen wurde. Der Schleier ist für mich nur eine Mode und auch ein bisschen wie eine Uniform. So wie ein Koch eine Kochmütze trägt, trage ich als Religionsprofessorin den *jilbab*.«

Musdah leitet eine Forschungsgruppe, die die vom Religionsministerium 1991 offiziell festgelegte Interpretation der *shariah* ändern wollte. »Frauen müssen die gleiche Entscheidungsgewalt in der Ehe haben wie Männer, sie müssen gleich viel erben können und Polygamie sollte verboten werden.« Sie fordert nicht nur die Revision des islamischen Gesetzbuches,[287] sondern auch des staatlichen Ehegesetzes von 1974 und spricht sich in diesem Zusammenhang für die Möglichkeit der Eheschließung zwischen Angehörigen unterschiedlicher Religionsgemeinschaften aus, die seit dem von der indonesischen Regierung rechtsverbindlich anerkannten Beschluss des *Ulama*-Rats von 1980 verboten ist.[288] Der Entwurf von Musdahs Forschungsgruppe wurde vom Religionsministerium abgelehnt, doch die Debatte, die Musdah mit diesen Vorschlägen angefacht hat, konnte nicht gestoppt werden. »Endlich wird über Frauenbenachteiligung auch in der Politik gesprochen«, sagt sie. »Bislang sind ja nur Männer Entscheidungsträger der Islamorganisationen, nur sie sitzen im Rat der *Ulamas* und bestimmen, wie die *shariah* zu interpretieren ist. »Der Koran wurde von den unterschiedlichsten Schulen interpretiert und in die islamische Gesetzgebung, die *shariah,* transferiert. Insofern ist die *shariah* in ihrem historischen Kontext zu sehen und muss heute neu interpretiert werden.« Es ist Musdahs feste Überzeugung, dass die Benachteiligung der Frau gegen die islamischen Prinzipien von Gleichheit und Gerechtigkeit verstößt. Die große Zahl der Befürworter eines Islamstaates erklärt sie sich aus der Unaufgeklärtheit der Bevölkerung. »Die meisten Indonesierinnen wollen ein gottesfürchtiges, moralisches Leben führen und nicht nur nach den Werten einer oberflächlichen Konsumwelt leben. Doch Kapitalismus ist nicht nur westlich, auch viele Muslime verhalten sich nach kapitalistischen Werten und Moral hat auch nicht nur etwas mit Sex zu tun. Auch Korruption und Nepotismus sind unmoralische Lebensweisen. Diese Sünden werden aber mit der heutigen *shariah* nicht nachhaltig verfolgt. Mit dieser Doppelmoral muss endlich Schluss sein. Wir dürfen uns nicht länger an den Ritualen der Religion aufhalten, sondern müssen zu ihrem Kern zurückfinden«, ist ihre Meinung.

Die Symbolwirkung des Schleiers

Die indonesische Nation steht kurz davor, sich an der Frage der Sittengesetze zu spalten. Der Schleier ist zum politischen Symbol für die moralische Sittsamkeit und Abgrenzung von einem freizügigen, hedonistischen Lebensstil geworden.

Das merkwürdige ist, dass die meisten Kritikerinnen der *Shariah*-Gesetze zwar vehement für die Selbstbestimmung der Frau kämpfen, gleichzeitig aber in freiwilliger Selbstverpflichtung das Symbol der Frauen-Unterdrückung anlegen.

Im Laufe unserer Recherche haben wir mit vielen Frauen über ihre Einstellung zum Islam, die Sittengesetzte und die Verschleierung gesprochen. Wir haben fast ausschließlich Frauen getroffen, die sich vehement gegen eine Verpflichtung zum Schleier aussprechen, gleichzeitig jedoch selber den *jilbab* tragen. Immer wieder wurde uns gegenüber betont, man wolle dies freiwillig und nicht aus einem politisch oktroyierten Zwang heraus tun. Das klingt in unseren Ohren genauso wie: »Ich will mich äußerlich anpassen, aber aus freien Stücken und nicht gezwungenermaßen.« Ja, wo liegt denn da der Unterschied, fragten wir? Die Begründungen, weswegen sie den Schleier tragen, waren vielfältig und reichten von: »Es ist eine Mode, ich finde mich mit einem Schleier hübscher.«, über, »Es ist eine Taktik, ich komme mit Schleier eher zum Ziel.«, und »Es ist eine Uniform, die meinen Beruf demonstriert.«, bis hin zu »Ich fühle mich sicherer mit einem Schleier.« und »Ich werde so eher respektiert.«. Unser ehemaliges Kindermädchen, das seit einigen Jahren auch plötzlich nur noch verschleiert in der Öffentlichkeit auftritt, meinte auf meine Nachfrage.« Sie fühle sich mit einem *jilbab* ordentlicher gekleidet, *lebih rapih.*«

Der Wunsch »ordentlich zu leben« trifft es gut. Auch wenn indonesische Frauen politisch für ihre Freiheit eintreten, wollen sie doch demonstrieren, dass sie moralisch integer sind. Die Angst, sich moralisch als sittenlose Frau ins Abseits zu stellen, ist anscheinend wesentlich stärker als die Angst, politisch ins Abseits zu geraten. In einer immer noch überwiegend kollektivistisch orientierten Gesellschaft, in der es sicherer erscheint, sich dem Mainstream der Gruppe anzupassen und in der individualistische Lebensweisen eher bedrohlich wirken, möchten Frauen demonstrieren, dass sie trotz Emanzipation nicht von dem geforderten Bild einer »guten« Frau abweichen. Und dies tun sie paradoxerweise mit dem Symbol der eigenen Unterdrückung.

Es ist unmöglich geworden, den *jilbab* lediglich als Ausdruck von Religiosität zu deuten. Gepaart mit den *Shariah*-Gesetzen zur nächtlichen Ausgangssperre für Frauen ist er ein gesellschaftliches und politisches Symbol geworden, ein Symbol für die gegenwärtige Interpretation der Sittengesetze, die das Thema der Moral primär auf Verhaltensvorschriften für die Frau fokussiert und damit die Selbstbestimmung über ihren Körper und ihren Handlungsspielraum beschneidet. Solange indonesische Frauen diesen latenten moralischen Druck nicht als ebenso große Gefahr erkennen und zurückweisen wie die politische Unterdrückung durch die *Shariah*-Gesetzgebung, können sie patriarchalen Herrschaftsansprüchen nichts entgegensetzen.

Der Druck der Moral ist subtiler und mächtiger als gesetzliche Ge- und Verbote, und es ist bezeichnend, dass sich die meisten der für Frauenrechte engagierten Indonesierinnen im Bereich der Moral bewusst defensiv verhalten. Die Entwicklung im Iran und auch der Siegeszug der *Taliban* in Afghanistan haben gezeigt, wie schnell aus einem aufgeklärten Land ein diktatorischer Staat werden kann, in dem Frauen keinerlei Rechte mehr besitzen.

Das oft angeführte Argument moslemsicher Fundamentalisten, sich mit einer strengen Durchsetzung der Islamgesetze gegen die Fremdbestimmung der individualisierten westlichen Konsumwelt wehren zu wollen, ist durchaus verständlich. Doch hinter diesem Anliegen scheint eine weitere »hidden agenda« zu stecken. Ist es vielleicht doch nur die alte Angst der Männer, dass ihnen die Verfügungsgewalt über ihre Frauen abhanden kommen könnte? Als ob der (noch) übermächtige Westen im übertragenen Sinne den moslemischen Männern ihre Frauen raube, wenn ihre Frauen im Sinne der Menschenrechte die Selbstbestimmung über ihren Körper und ihr Leben für sich in Anspruch nähmen. Fühlen sich Männer erst wieder autonom und stark, wenn sie die Kontrolle über ihre zu frei werdenden Frauen zurückgewinnen? Es ist offensichtlich, dass die indonesischen Distriktchefs bei der Durchsetzung der *Shariah*-Gesetze in den Regionen nicht die auch aus dem Koran abzuleitenden Maßnahmen gegen Korruption und für mehr soziale Gerechtigkeit in den Vordergrund stellen, sondern in erster Linie die Beschneidung individueller und sexueller Freiheiten für die Frau durchsetzen.

Der doppelte Standard der Moral, der hier unter dem Mäntelchen der Sittsamkeit proklamiert wird, ist erschreckend. Es scheint, als sei die Einhaltung der Moral nur über die Kontrolle der Frauen zu erreichen. Während Frauen sich unter einem Schleier verstecken müssen oder erst gar nicht mehr vor die Tür gehen sollen, werden Männer nicht für den Besuch bei Prostituierten bestraft und Pornofilme und -heftchen werden immer noch in großer Zahl in Umlauf gebracht. Statt Frauen vor sexueller Ausbeutung zu schützen, kriminalisieren die *Shariah*-Gesetze den weiblichen Körper und machen aus Opfern Täter. In jedem anderen Gebiet der Rechtssprechung ist es selbstverständlich, dass die potentiellen Opfer von Gewalt, Diebstahl und anderen Übergriffen vor ihren Tätern durch herrschendes Recht geschützt werden. In diesem Fall ist es genau umgekehrt. Männer müssen anscheinend beschützt werden, damit sie nicht ihren Trieben erliegen. Es ist keineswegs nachzuweisen, dass Frauen in Gegenden mit strengen islamischen Gesetzen sicherer leben. Auch ein Schleier vermag nicht vor männlichen Übergriffen zu schützen. So wurde in der Presse in letzter Zeit besonders häufig über Vergewaltigungen aus dem sittenstrengen Aceh berichtet, da dort durch den Tsunami Frauenmangel herrscht. Wenn es für Frauen nicht sicher ist, des Nachts auf der Straße zu sein, wäre dann nicht eine Ausgehsperre für Männer die Lösung? Warum heißt es nicht: »Nach Einbruch der Dunkelheit darf ein Mann nur noch in Begleitung einer weiblichen Verwandten auf die Straße gehen«, anstatt den Frauen die Bewegungsfreiheit zu nehmen? Schließlich enthält der Koran auch Textstellen, in denen die Männer ermahnt werden, ihren Blick niederzuschlagen und ihr Geschlecht im Zaum zu halten.[289]

Die provokante Journalistin Julia Suryakusuma stellte kürzlich einen herrlich satirischen Artikel ins Internet, in dem sie die Frage stellt, wer denn hier unmoralisch sei, die unverschleierten Frauen oder vielleicht die Männer, die sich anscheinend schon beim Anblick unbedeckter Haare nicht mehr beherrschen können? Sie bezieht sich in diesem Artikel auf Abu Bakar Baasyir, der in verschiedenen Fernsehshows gegen den korrumpierenden Einfluss zu leicht bekleideter Frauen ereiferte. Als ein ehemaliges Fotomodell beschreibt sie, dass es ihr und ihren Betrachtern Spaß macht, wenn sie ihre Reize durch ihre Kleidung schön zur Geltung bringt. Sie betrachtet diese Show als eine Form der Kunst. Wir leben in einer Welt der Versuchungen, die keineswegs nur sexueller Natur sind. Moral kommt von innen und genauso wie Buddha unter dem Bodhi-Baum allen Versuchungen widerstanden hat, sollten auch die gläubigen Muslime mehr ihre eigene innere Moral schulen, nicht nur in Bezug auf Sexualität, sondern auch im Hinblick auf andere Sünden, wie z.B. ihre Gewaltbereitschaft. Die panische Angst vor der verführerischen Kraft der Frauen würde sie lediglich als Kleingläubige mit schwacher Moral entlarven

Wenn Männer solche Angst vor Frauenkörpern haben, wäre vielleicht gerade die Nacktheit ein wirksames Mittel, sie von der Durchführung von Terrorakten wie z.B. Flugzeugentführungen abzubringen, schlägt Julia in ihrer Satire vor und empfiehlt nackte Stewardessen als Wunderwaffe gegen gewaltbereite religiöse Fanatiker.

Julia tritt für die Aufrechterhaltung der religiösen, kulturellen und sexuellen Diversität in Indonesien ein. Der Glaube an Gott sollte nicht von den gängigen Ritualen her bewertet werden, sondern nach seinen grundsätzlichen Inhalten. In einem ihrer Artikel in der Jakarta Post bringt sie als Analogie zur zunehmenden Besessenheit mit äußeren Ritualen in der Religionsausübung die fanatische Beschäftigung der Menschen mit ihren Autos, die, aufpoliert und herausgeputzt, nicht mehr als Vehikel zum Erreichen eines Ziels gesehen werden, sondern als Selbstzweck, während das eigentliche Ziel der (spirituellen) Reise aus dem Blickfeld gerät.

Die Botschaft, sich mehr auf die innere Verfeinerung zu konzentrieren, um nicht nur die vertikale Beziehung zu Gott, sondern insbesondere auch die horizontale Beziehung zu anderen Menschen zu verbessern, teilt sie mit Musdah Mulia. Diese sieht die Relevanz der Religion nicht zuletzt dadurch gegeben, dass immer noch Ausbeutung, Konflikte und Gewalt das Verhältnis zwischen den Menschen bestimmen und das Frauen meist am stärksten Diskriminierung und Gewalt ausgesetzt sind, oft sogar im Namen der *shariah*.[290] Obwohl sich beide Feministinnen mit ganz unterschiedlicher Sprache und in unterschiedlichem Stil an die Öffentlichkeit wenden, enthält ihr Appell den gleichen Kern: sich nicht an Äußerlichkeiten festzuhalten, sondern an sich selbst und für ein soziales Miteinander zu arbeiten, in dem sich die positiven Potenziale von Frauen und Männern entsprechend eines humanistischen Menschenbildes in vollem Maße entfalten können.

Interview with Julia Suryakusuma
»I am insider and an outsider at the same time.«
Women and Islam in Indonesia

Julia Suryakusuma schreibt als Journalistin und Buchautorin seit Ende der 70er Jahre über die Situation der Frau. Ihre Texte sind erfrischend provokant und regen durch beißende Ironie zum Nachdenken an. Derzeit hat sie eine feste Rubrik in der Jakarta Post, in der sie meist Frauenthemen aufgreift. Birgit und Nena interviewten sie am 28. Mai 2007 in ihrem Haus in Jakarta.

Birgit: *Julia, in the last year, your columns often focused on issues related to women and Islam in Indonesia. What made you write about this topic?*

Julia: *My approach has always been to merge political science and sociology with feminism using a feminist perspective. I am using women as an entry point, as a spearhead to look at broader social and political issues. I think putting women in the picture gives a different dimension to understanding the Indonesian society, because a feminist approach is always both personal and political.*

I was born as a Muslim and did not know much about Islam, but the desire to study more about Islam became stronger in the reform era when political Islam became a very dominant force in the Indonesian society and especially when it showed its oppressiveness towards women. It does not have to be like that at all, but again women are used symbolically to show a certain power. Focusing on women has a demonstration effect, for example though male rapes like in Bosnia. Women are very valuable for everybody, very significant, women are so important! Women are like sex, people talk about them all the time. Women are such a central part of life, and society and so there's no escaping it.

Birgit: *In your articles you often write about your own family...*

Julia: *Yes, regarding inheritance for example, I wrote the article »Be unfair to your daughters or burn in hell«, fuelled by my personal experience. My mother had said that she would follow the example of her father and divide the heritage equally between her daughter and son. But after my father died, my brother explained to her that according to Islam, a boy has the rights to get two thirds and the girl one third. Initially my mother said »Well, I don't know, I'm still going to follow the example of my father,« but then, three months later, she called me and said: »Well, now I've been studying the Koran and I have to follow the rules and give two thirds to your brother.« I* was just so mad because I have been treated in justice all my life! I said »Mummy you're not being consistent« I didn't say she was being hypocritical. I said »How long have you been studying the Koran? Two weeks?« She has been studying Islam from the Koran recital teacher whom my brother conveniently provided. She said »If you don't follow the rule, the punishment is that you burn in hell.« »Oh yes?« I said, »so my grandfather is also burning in hell?« And she answered: »Well, who knows?«

It hurts, it really, really hurts. That's why I wrote about it in my column in the Jakarta Post.

Birgit: *You are saying that there is a popular interpretation of Islam which is not well rooted in the study of the religious texts.*

Julia: Yes, it is so often incorrect, distorted, corrupted...because it is the age of ignorance. There is a common ideology which unites us all, and that is fear. It is actually ignorance which leads to fear, because if you have knowledge, if you're enlightened, you can break through that fog of fear, you can release yourself from that stranglehold of fear and terror; terror and terrorism. And you are able to take a more critical view of what's going on. But many people don't.

There is also the fast pace of life, people have to earn a living, just don't have time to think and read and seek knowledge. And then you are just given these short messages on TV. The information age is really made for people like kids, people with a very short attention span. So we become kids and are not able to really process any information. In this situation you want to hold on to something and you just grab the easiest thing that is there: religion. And it is a religion which is formulaic, which is ritualistic, which is shallow, which is corrupted, which has been totally devoid of spirituality and any godliness at all. It is an empty shell. Religion in this way is like riding car with no direction and no driver and no map. You have no destination. It's just getting in the car, and just being in the car. And maybe just honking the horn and going around, but you're not really going anywhere.

Nena: *Can you also explain why after democratization Islam is becoming the homogeneous moral?*

Birgit: *... like an unexpected impact of democratization...*

Julia: Well, I wouldn't say that it is totally unexpected. After something has been bottled and suppressed for so long, when the Pandora box is opened, all these forces which have long been struggling to express themselves come out and get a chance. And now the political leaders are total wimps, they are giving in to political Islam. Now I'm more afraid of the Islamic hardliners than I am of the military – everybody hated the military whereas Islam is part of the society. It is all connected; it is part of the fabric of society.

What is important for me about religion is the spiritual aspect, the relationship with god. You can connect to god in so many ways. It doesn't matter if you're doing it while you're praying or when you're walking in a forest or looking at the sunset. I think that my relationship with god is too important to limit it to five times a day. I think you should live it the whole time, 24 hours. That is for me truly being Muslim or Christian or anything. What puts me off are all these people who think they are so Islamic, but they're just hypocrites. Actually, I'm a fundamentalist because I am starting from the basics, the fundamental tendons of Islam.

Nena: How do you see the future of us, of the women in Indonesia if the Muslim hardliners are becoming stronger in society?

Julia: I think it's just a cycle. This doesn't mean we don't have to fight it. Indonesia is too hedonistic, Indonesia is too sensual... I love Indonesia. It is one of the most sexually charged countries in the world. We can never be like the middle-east! I mean those terrorists are just hypocrites, they're just sick people. They're not Muslim they're just sick people who use Islam as a label, as a vehicle.

Birgit: Why do you think do students and especially female students respond so much to this now? When you now walk through a university campus, like Yogyakarta, Bandung or Jakarta, you see all these girls not only with normal jilbab but with long robes. A couple of years ago it was jilbab and jeans.

Julia: I think that's still the minority. I think the majority of women are wearing head scarves with sexy outfits. It's just a cycle; it's just a kind of fashion, maybe in ten years it's different again. I don't want to make little of it, and I'm not saying we shouldn't fight against it. I certainly do. And I was really pleased when the Draft Anti-Pornography Bill was faced with resistance from so many sectors of society, because everybody felt threatened, all the artists, writers, intellectuals – so many people whose creativity is under threat.

I think sexuality is very spiritual as a matter of fact, but people just don't understand it. We live in this very dualistic world where you have to pit *one thing against the other: sexuality against spirituality. Being spiritual has got nothing to do with what I wear – I can wear a tank top and still be spiritual.*

Birgit: *What do you think is the most important social movement in Indonesia at the moment?*

Julia: *Women. That would be my answer. There is an irony because women are seen as the carriers of values, of social values and norms but actually it is women who induce change. I'm not only talking about the demonstrations against Suharto or against the Anti-Pornography Bill, because we were mainly a bunch of intellectuals who had knowledge, we were privileged.*

But what about the migrant workers? They are not moved by any ideology or politics. They are just moved by an economic need. What is this creating? It is creating a change in values, because it is giving a challenge to this notion that if you are a woman, there is this biological reduction and as a woman you have to stay at home and you have to take care of the kids.

And what do women have to do now? Women have to leave home, leave their children in order to be able to feed their children, in order to provide education for their children. I think that is a revolution, I think that is a change. You have the poor women who have to change and to become feminists in a way. Not because they have the feminist consciousnesses, but just by economic need. And the NGOs are in between because they are applying a certain ideology and a certain perspective, inducing social change.

So I think change occurs through women. Women are involved in every area. It is the woman who is affected by the shariah by-laws in the districts and cities, who are affected by the so called Islamisation. It is the women who are affected by poverty most, because they have to take care of their children. And it is the women who are willing to make the biggest sacrifices when their families are in need. Women are quite often victims, but often also agents of change. And because they are the most down trodden, they are the ones who also resist.

Birgit: *What do you think about personal freedom and Islam – do they go together?*

Julia: *Well, I think that actually in Islam there is a lot of room for personal freedom but now it is being interpreted in a very oppressive way. If you read the Koran, if you study Islam properly, there is a lot of freedom. Now*

I can honestly say that I'm proud to be Muslim, because there is so much freedom. There is a big emphasis on use of reason in Islam. For me that is really exciting!

So Islam is not at all incompatible with democracy, in fact pluralism is very much encouraged in Islam. The debate about the Anti-Pornography Bill was interesting, because all the people took to the street and organized this multicultural parade, the Pawai Bhinneka Tunggal Ika (Unity in Diversity Parade). I wrote about it in my column under the title »From Kebaya to Koteka«. Why should we actually adopt the Arabic culture rather than looking for our own?

Birgit: *Why do you write your columns mainly in English addressing a foreign audience?*

Julia: *I think I'm playing a unique role in mediating between Indonesia and the world. I feel I can do that because I'm an insider and an outsider at the same time. I've lived abroad and have the outside perspective, but actually I am very much an insider!*

Another mission I have is to make Indonesia known to the world, because I am really proud of Indonesia and I want the world to know the real Indonesia. Indonesia is a wonderful place, wonderful people, lots of wonderful things, but what does the world know about us? We are the most unknown giant. I am presently planning to publish my collection of works. It will be called »Julia's Jihad«.

Liebe und Ehe im Umbruch

Der folgende Artikel wurde unter uns drei Autorinnen heftig diskutiert, beschreibt er doch weder die normale indonesische Frau, die sich der Tradition beugt, noch die Vorzeigefrauen aus emanzipierten Kreisen, die es geschafft haben, die modernen Anforderungen scheinbar konfliktfrei mit alten Rollenmustern zu vereinbaren. Kultureller Wandel macht sich am ehesten in Konfliktsituationen bemerkbar und lässt sich am anschaulichsten an den Beispielen beschreiben, in denen alte und neue Werte nicht einfach zusammenzupassen scheinen. Deswegen haben wir uns in diesem Kapitel eher für die Brüche in den Biographien interessiert als für die Normalität. Nach unserer Erfahrung gibt es diese Brüche heute aber in so vielen Lebensgeschichten von Frauen, dass man hier eher von der Regel als von Ausnahmen sprechen kann. Diese Brüche erkennen sie nicht immer auf den ersten Blick. Man muss schon tiefer in die Lebensgeschichten Einblick erhalten, denn nach außen wird meist ein anderes Bild vermittelt. Unser Blick auf die hier beschriebenen Phänomene ist ein rein westlicher, der das indonesische Harmoniegebot nicht respektiert. Die typisch indonesische Umgangsweise mit Themen, die nicht in das gewünschte Bild passen, wäre sie möglichst zu übergehen und nicht zu thematisieren.

Die traditionelle Einstellung zur Ehe ist heute einem radikalen Wandel unterworfen. Wurde die Ehe in Indonesien bis vor einigen Jahren noch hauptsächlich unter den Eltern der Brautleute verhandelt, fordern heute immer mehr Jugendliche ihr Recht auf eine romantische Liebesbeziehung oft gegen den Willen ihrer Eltern ein. Forderungen nach individueller Freiheit, Selbstverwirklichung, Lockerung der Moralvorschriften und partnerschaftlichen Beziehungen rütteln an den Grundfesten des alten Sozialgefüges.

Mita ist 34 Jahre alt. Eigentlich hatte sie Polizistin werden wollen. Doch für diesen Beruf reichte das Geld nicht. Die zweite Wahl wäre Krankenschwester gewesen. Doch sie hätte während der Ausbildung im Krankenhaus wohnen müssen, das wollten ihre Eltern nicht. Also nahm sie die Chance wahr und wurde Kindermädchen bei einer deutschen Familie, mit der sie teilweise auch in Deutschland lebte. Ihre eigene Familie sieht sie nur noch selten zu Familienfesten und zum islamischen Neujahrsfest am Ende des Fastenmonats.

Das Dorf ihrer Eltern liegt am Stadtrand von Yogyakarta. Heute ist die Stadt bereits bis wenige Kilometer vor die Türen ihres Elternhauses weiter gewachsen und eine Reihe großer Stadtvillen säumt den Straßenrand ins Dorf. Trotzdem geht das Leben hier immer noch seinen beschaulichen Gang. Ein außenstehender Besucher würde nie die bewegten und aufregenden Lebensgeschichten vermuten, die sich hinter den geduckten Türen der einfachen javanischen Bauernhäuser verbergen. Mitas Mutter wurde wie viele Mädchen in ihrem Dorf nach ein paar Jahren Schule bereits im Alter von zwölf verheiratet. Da sie noch so jung war, dauerte es ein paar Jahre, bis sie Kinder bekam: drei Jungen. Doch sie war in dieser Ehe nicht glücklich und als sie dann noch merkte, dass ihr Mann sie betrog, ließ sie ihre Kinder zurück und brannte mit einem anderen Mann aus ihrem Dorf durch. Sie gingen in die Stadt Magelang, wo er eine Stelle beim Religionsministerium bekam. Hier kamen Mita und ihre beiden Geschwister zur Welt. Als Mita 13 war, wurde der Vater versetzt und so zogen sie wieder in ihr altes Dorf zurück. Beide Eltern hatten 2/3 Hektar Reisland mit in die Ehe gebracht, Mitas Mutter kochte zusätzlich für Familien bei größeren

Festen und so hatte die Familie ein ausreichendes Auskommen. Mita konnte sogar die höhere Schule besuchen und Abitur machen. In der Schule traf sie zum ersten Mal auf ihren Stiefbruder aus der ersten Ehe der Mutter und beide verliebten sich ineinander. Die Verbindung musste natürlich geheim bleiben, denn selbst nach javanischen Regeln, nach denen es unter bestimmten Konstellationen sogar erwünscht ist, wenn Cousin und Cousine heiraten, war dieses Verwandtschaftsverhältnis zu eng für eine Liebesbeziehung. Diese verbotene Liebe war auch der Grund dafür, dass sie mit Ende 20 immer noch nicht an eine Heirat dachte – Anlass zu großer Besorgnis für ihre Eltern, die bis zur Verheiratung ihrer Tochter immer noch die Verantwortung für Mita trugen.

Ihr Onkel fand schließlich einen Junggesellen über 30, der auch noch auf der Suche nach einer Braut war und zudem Dorfchef, also eine gute Partie. Mita war einverstanden. »Man kann es ja mal versuchen« war ihre Devise und sie willigte ein, sich ein paar Mal mit diesem Mann zu treffen. Als schon alles perfekt schien, machte sie plötzlich wieder einen Rückzieher. Die Liebe zu ihrem Stiefbruder war stärker. Doch dieser hatte inzwischen eine andere Frau geschwängert, so dass etwas überstürzt eine Ehe in die Wege geleitet werden musste. Mita war außer sich vor Eifersucht und reiste sofort in ihr Dorf, um diese Ehe zu verhindern. Die Dorfbewohner erzählen immer noch gerne die Geschichte, wie sich Mita mit ihrer Rivalin auf der Dorfstraße prügelte. Auch vom Einsatz schwarzer Magie wurde gemunkelt, zumal die Braut einen Tag vor der Hochzeit eine Fehlgeburt hatte und die Hochzeit in ihrer Abwesenheit zelebriert wurde. Danach hatte sich Mita aber in das Unvermeidliche gefügt. Sie verliebte sich wenig später zum ersten Mal in einen anderen Mann. Ein Busfahrer, der sie bereits öfter in ihr Dorf zurück gebracht hatte. Als sie von ihm schwanger war, stellte sich heraus, dass er schon einer anderen versprochen war und gar nicht daran dachte, sie zu heiraten. Nun kamen aber Mitas Verwandte auf den Plan. Als Mita im achten Monat schwanger war, reisten ihre Eltern mit der Tante und einem Religionsbeamten im Schlepptau an, um die Ehe zu erzwingen. Der Busfahrer willigte schließlich unter der Bedingung ein, dass er sich nach drei Monaten wieder scheiden lassen könne. Damit waren alle Parteien einverstanden und so wurde die Ehe ganz profan in der Küche von Mitas Arbeitgeber vollzogen. Der kleine Epol ist inzwischen fünf Jahre alt und Mitas Ein und Alles. Ihre Zukunftspläne richten sich nur auf ihn. Er soll eine gute Ausbildung bekommen, für ihn will sie Geld verdienen. Große Hoffnung auf eine neue Ehe hegt sich nicht mehr. Ob ihre Eltern ihr nicht noch einmal helfen könnten, einen neuen Mann zu finden, frage ich sie. Nein, das würde ihre Eltern nun nicht mehr kümmern. Da sie einmal verheiratet gewesen wäre, gelte sie als erwachsen und müsse für sich selber Verantwortung tragen.

Wie war es früher?

Liebe nach westlichem Vorbild hat in Indonesien noch keine lange Tradition. Im Jahr 1900 riet der Regent von Serang in seinen Memoiren den Eltern zu einer möglichst frühen Verheiratung ihrer Kinder in einem Alter, in dem sie die Liebe noch nicht kennen gelernt hätten. Dies würde sie davor schützen, mit dem Herzen statt mit dem Verstand zu heiraten.[291] Liebe galt als ein Phänomen, dessen Existenz zwar nicht geleugnet wurde, dem man aber möglichst wenig Bedeutung beimaß. Sie war weder ein Garant für Glück und Zufriedenheit, noch für Wohlstand oder materielle Sicherheit. Bei der Entscheidung für eine feste Verbindung wogen Statusgewinn und ökonomische Sicherheit sehr viel schwerer als Liebe. Noch vor 20 Jahren nannten Paare die ökonomische Partnerschaft und die Zeugung von Nachkommen an erster Stelle als Grund für eine Ehe.[292] Kinderheiraten und arrangierte Ehen waren Ausdruck dieser Einstellung.[293]

Traditionsgemäß war die Eheschließung für die Eltern des Brautpaares ein wichtiger Akt, mit dem sie die Verantwortung für ihre Kinder abgeben und diese ins Erwachsenenleben entlassen konnten. Besonders um die Entwicklung von Mädchen waren sie ängstlich besorgt, denn es steht in ihrer Verantwortung, sie keusch und sittsam in die Ehe zu schicken. Mit der Hochzeit ihrer Kinder hatten sie ihre elterliche Aufgabe erfüllt. Demgegenüber wurden Scheidungen bis vor kurzem nicht moralisch sanktioniert. Die Scheidungsrate war noch in den 50er und 60er Jahren mit 50 % eine der höchsten der Welt.[294] Scheidungen wurden sowohl von Frauen, als auch von Männern eingereicht. Die häufigsten Begründungen waren eine starke Abneigung und Untreue der Männer.[295] Viele Forscher und Forscherinnen sahen den normativen Zwang zur Ehe mit dem gleichzeitigen Phänomen der hohen Unstabilität dieser Verbindungen als einen der sozial signifikantesten Aspekte des javanischen Familienlebens.[296]

Wie Magnis Suseno in seinen Büchern anschaulich beschreibt, gilt nach dem javanischen Moralverständnis nicht die schlechte Absicht, sondern allein das falsche Handeln für verwerflich.[297] Es wurde als natürlich angesehen, dass Männer und Frauen ohne die soziale Kontrolle der Gesellschaft sexuelle Beziehungen eingehen würden. Daher wurden Mädchen und Frauen vor der Ehe möglichst getrennt gehalten. Adelige Mädchen durften bis Mitte des Zwanzigsten Jahrhunderts ab zwölf Jahren das Haus bis zu ihrer Verheiratung nicht mehr verlassen. Natürlich gab es auf dem Lande doch immer Kontakte zum anderen Geschlecht und laut früheren Studien auch damals schon auffallend viele Sieben-Monatskinder.[298] In solchen Fällen wurde der soziale Frieden wieder hergestellt, indem eine Zwangsverheiratung arrangiert- oder ein Ehemann auf Zeit gekauft wurde.[299] Wie man in der folgenden Geschichte und auch an Mitas Beispiel sehen kann, hat diese Praxis durchaus auch heute noch Gültigkeit.

Partini ist eine Frau aus Gentuk, unserem ehemaligen Forschungsdorf. Sie war mit 20 von einem verheirateten Familienvater im Dorf schwanger geworden. Ein Skandal, denn seine erste Ehefrau wollte nicht in eine Polygamieehe einwilligen. Partinis Eltern fanden schließlich einen mittellosen, unverheirateten Mann, einige Jahre jünger als sie, der einwilligte, sie gegen damals umgerechnet 100 Euro noch im siebten Schwangerschaftsmonat zu heiraten. Kurz vor der Geburt zog sie mit ihm für einige Monate nach Jakarta, um sich nicht dem Gerede der Dorfbewohner auszusetzen. Als etwas Gras über die Sache gewachsen war, kehrte sie wieder nach Gentuk zurück. Da alles, was sie besaßen von ihr mit in die Ehe gebracht worden war, empfand sie ihren Ehemann immer als Nutznießer und Schmarotzer und er ruhte sich, so das Gemunkel der Nachbarn, auf seinem Status als Retter des gefallenen Mädchens aus und scheute sich nicht, sie für sich arbeiten zu lassen.[300]

Viele Frauen bekamen ihren Ehemann erst auf ihrem eigenen Hochzeitsfest zu Gesicht.

Eine meiner indonesischen Freundinnen erzählte immer wieder gern die Geschichte, dass ihr Vater, nach dem Namen seiner Braut gefragt, erst in seinem Verlobungsring nach dem eingravierten Namen suchen musste, um antworten zu können. Seine Mutter hatte die Ehe schriftlich arrangiert, nachdem die spätere Braut in einer Radiosendung als eine der ersten indonesischen Absolventinnen des Medizinstudiums vorgestellt wurde. Da ihr Sohn ebenfalls Medizin studiert hatte, dachte sie, dies könnte eine gute Partie werden und kontaktierte die Eltern des Mädchens.

Oft wurden die Ehen noch nicht einmal direkt zwischen den Eltern verhandelt, sondern durch Mittelsmänner, die den betroffenen Familien die Scham einer Abweisung ersparen sollten. Männer hatten bei der Wahl meist mehr Mitspracherecht als die auserwählten Mädchen, schon allein deshalb, da sie zum Zeitpunkt der Eheschließung wesentlich älter waren.

Die Ehe der Eltern von meiner Freundin Julie war da eine glückliche Ausnahme. Ihr Vater war von seinem Freund als Ehevermittler ausgesucht worden, hatte aber seine Aufgabe so ernst genommen, dass er sich selber in die Braut verliebte und sie heiratete.

Nicht alle Frauen fügten sich in das geforderte Bild.

Meiner langjährigen Arbeitskollegin Ibu Soebratna schien die Ehe von klein an keine verlockende Perspektive zu sein. »Ich wusste, selbst wenn mir der Mann gefallen hätte, den meine Eltern für mich ausgesucht hätten, ich hätte nie ein Leben nach meinen Bedürfnissen leben können, sondern hätte immer meinem Mann dienen müssen«, erzählte sie mir oft.

Soebratna ist eine beeindruckende Frau. Heute Ende 70 denkt sie zurück an die 50er Jahre, als sie sich als eine der ganz wenigen indonesischen jungen Frauen gegen eine Zwangsverheiratung durch ihre Eltern auflehnte. Wie sie mir erzählte, war es aber nicht nur die Tatsache, dass sie einen unbekannten Mann heiraten sollte, die sie abschreckte. Sie hatte auch keine Lust auf eine Rolle als Ehefrau, die von nun an ihr Leben in den Dienst eines Mannes stellen sollte. Das Glück wollte es, dass sie eine, um nur wenig Jahre ältere holländische Lehrerin kennen lernte, die froh war, als Soebratna ihr anbot, mit ihr zusammenzuziehen. Gegen den Widerstand der Eltern setzte sie diese Entscheidung durch mit dem Argument, dass die holländische Freundin auf ihre Hilfe angewiesen sei. Die Eltern waren nicht erfreut, willigten aber schließlich ein. Soebratna wurde die erste Absolventin der anthropologischen Fakultät in Jakarta, bekleidete später eine hohe Position im Familienplanungsministerium und empfand sich zeitlebens als Vorkämpferin für die Rechte der Frau. Bis heute lebt sie mit ihrer Freundin in einem bescheidenen Häuschen im Zentrum Jakartas. Die beiden alten Damen haben sich im Laufe der Jahre so sehr aneinander angeglichen, dass sie kaum auseinander zu halten sind, trotz ihrer unterschiedlichen Hautfarbe.

Der Einfluss der Eltern

Heute ist eine indonesische Frau in den meisten Teilen des Landes der Willkür ihrer Familie nicht mehr ganz so stark ausgeliefert.[301]

Dies ist sicherlich auch auf die 1974 neu eingeführte Ehegesetzgebung zurückzuführen, in der ein Mindestheiratsalter für Mädchen mit 16 und für Jungen mit 19 eingeführt wurde.[302] Lela, eine erfolgreiche Geschäftsfrau auf Bali, ist heute 44 Jahre alt. Sie kommt aus einer Familie der unteren Mittelschicht in Jakarta. Nach dem Abitur hätte sie die Möglichkeit gehabt zu studieren. Doch dieses Privileg blieb ihrem ältesten Bruder vorbehalten. Sie wurde mit 18, direkt nach der Schule, mit einem ihr fremden Mann verheiratet. »Natürlich gefiel mir das nicht«, sagt sie. »Doch ich wäre damals nie auf den Gedanken gekommen meinen Eltern zu widersprechen«. Die Ehe hielt nur ein paar Jahre. Dann verließ Lela ihren Mann und baute sich in Bali ein eigenes Leben auf.

Der jüngeren Generation wird heutzutage zumindest ein Vorwahlrecht bei der Wahl des Ehepartners eingeräumt. Das mögliche Vetorecht der Eltern wird aber durchaus noch praktiziert und auch von vielen Jugendlichen ernst genommen.

Nini kommt aus einem kleinen Dorf am Stadtrand von Yogyakarta. Heute ist sie 26 Jahre alt und lebt als Sprachschülerin in Deutschland. Sie genießt die Freiheiten, die sie hier hat. Jo, ihr Freund, ist auch Indonesier, aber chinesischer Abstammung. Beide waren sehr verliebt ineinander, doch nach zwei Jahren Liebesbeziehung machte er ihr klar, dass seine Eltern nie einer Ehe mit einem javanischen Mädchen zustimmen würden. Sie hatten eine Firma, die ihr Sohn übernehmen sollte und das konnten sie sich nur mit einer chinesischen Schwiegertochter vorstellen. Obwohl Nini und Jo sehr ineinander verliebt waren, trennten sie sich voneinander.

Aus unserem Bekanntenkreis gibt es unzählige Beispiele von Paaren, die nach einer wilden Zeit oder nach jahrelanger Liebesbeziehung dann plötzlich doch den Partner heirateten, den die Eltern ausgesucht hatten.

Susi lebte über die vier Jahre ihrer Studentenzeit mit ihrem Freund zusammen, bis dieser dem Ruf der Eltern folgte und eine standesgemäße Ehe mit einem Mädchen einging, das er nur ein paar Mal vorher getroffen hatte. Susi verkraftete diesen Verlust erst nach vielen Jahren.

Ganz ähnlich erging es Umi. Die Eltern ihres Freundes, ein Arzt, hatten herausgefunden, dass sie früher als Barsängerin gearbeitet hatte und ihm die Beziehung verboten. Kiok wurde auf die gleiche Art und Weise sogar trotz der gemeinsamen beiden Kinder verlassen. Ihr Problem war, dass sie Chinesin ihr Freund aber Javaner war. Auch er beugte sich schließlich dem Willen der Eltern und heiratete die Braut, die sie für ihn vorgesehen hatten.

Mita beantwortete meine Frage, ob sie heute auch gegen den Willen ihrer Eltern ein zweites Mal heiraten würde, mit der sehr javanischen konfliktvermeidenden Aussage, sie würde sich zwar nicht nach den Wünschen ihrer Eltern richten, wenn diese aber mit ihrer Wahl nicht einverstanden wären, würde sie sie so lange überreden, bis sie sich bereit erklären würden, die Ehe zu akzeptieren. Ähnlich ist es auch meiner Freundin und Kollegin Sumiati ergangen, die selbst mit 46 Jahren nicht gegen den Willen ihrer Mutter heiraten konnte.

Sumiati ist in Bandung als jüngste Tochter eines Hausarztes aufgewachsen. Ihre älteren Geschwister hatten schon alle eine eigene Familie doch für Sumiati stand ihre Ausbildung immer an erster Stelle. Sie bekam ein Stipendium in die USA, um ihren Master zu machen und schaffte es sogar, später in Australien zu promovieren. Als ich sie kennen lernte, war sie Ende 30 und davon überzeugt, dass die Ehe für sie nicht vorgesehen sei. Im Ausland hatte sie zwar Liebschaften und einen längeren Freund, doch für die Ehe waren sie alle nicht tauglich gewesen. Sumiati war inzwischen 46. Bei ihren Eltern lebte sie schon lange nicht mehr, ihr Vater war vor einigen Jahren gestorben. Sumiati hatte von ihrem Arbeitgeber inzwischen ein kleines Häuschen am Stadtrand von Jakarta bekommen, in dem sie seit vielen Jahren alleine lebte. Deshalb war ich vollkommen perplex, als sie mir bei unserem letzten Treffen stolz einen Ehering präsentierte. Die Geschichte dieser Verbindung ist ein Beispiel für die typisch indonesische Verquickung zwischen Tradition und Moderne, Synkretismus und Islam. Rachman war Computerfachmann in ihrem Büro. Er hatte sie seit Monaten umworben, obwohl er zehn Jahre jünger war als Sumiati. Sie jedoch wollte sich auf eine Verbindung zu einem so viel jüngeren Mann nicht einlassen, bis sie eines Tages beim Abendgebet eine Stimme hörte, die ihr sagte: »Du wirst diesen Mann heiraten.« Von diesem Zeitpunkt an wurden sie ein Liebespaar und hegten bald Heiratswünsche. Doch erstaunlicherweise verweigerte Sumiatis Mutter ihr Einverständnis mit der Begründung, dass Rachman, wie ihr verstorbener Mann, ein Batak aus Nordsumatra sei, und ein Batak in der Familie hätte gereicht. Obwohl Sumiati weit über 40 war und bereits seit Jahrzehnten nicht mehr zu Hause lebte, konnte sie sich nicht vorstellen, gegen die Einwilligung ihrer Mutter zu heiraten. Was konnte sie tun? Sumiati tat, was in der indonesischen Kultur nicht unüblich ist, sie bat ihren Arbeitgeber, bei ihrer Mutter ein gutes Wort einzulegen. Doch obwohl dieser sich die Mühe machte und extra nach Bandung reiste, um Sumiatis Mutter zu überreden, blieb diese Aktion ohne Erfolg. Sumiati war verzweifelt. Schließlich suchte sie einen weisen Heiler auf, einen »Dukun«, der gleichzeitig auch in ihrem Ministerium beschäftigt war. Dieser gab ihr eine von ihm besprochene Flasche Wasser mit, die sie tröpfchenweise ihrer Mutter ins Getränk mischen sollte. Gesagt, getan und siehe, plötzlich fing die Mutter an zu fragen »Wie geht es denn Rachman? Wann kommt er mal wieder her?« Von da an war das Eis gebrochen und die

Hochzeit konnte vollzogen werden. Mit Hilfe desselben Heilers schaffte Sumiati es sogar, in ihrem Alter noch schwanger zu werden, erlitt dann allerdings eine Fehlgeburt.

Partnersuche

Kontaktmöglichkeiten zwischen Jungen und Mädchen sind heute vielfältig, jedoch trifft man sich meist in Gruppen und von einer festen Freundschaft wird erwartet, dass sie auch in die Ehe mündet. Auf dem Lande ist Mädchen eine selbstbestimmte Freizeitgestaltung nach wie vor unmöglich. Tanzt ein Mädchen aus der Reihe, wird sie schnell zur Hure deklariert.

Bevor sie als Sprachschülerin nach Deutschland kam, war Nini noch nie alleine mit Freunden abends weggegangen, außer zu offiziellen Anlässen. Manchmal fand ein Dorffest statt, dann stand sie mit ihren Freundinnen am Rand, während die Jungs tanzten. Als Nini im letzten Jahr auf einem Heimaturlaub diese ungeschriebenen Regeln verletzte und mit ihrem Bruder bis um 2 Uhr nachts eine Disco besuchte, waren ihre Eltern sehr verärgert und sie musste von da an abends zu Hause bleiben.

In den Städten hat sich in den letzten Jahren eine sichtbare Veränderung vollzogen. In den Cafes und Bars sieht man immer öfter, neben den Prostituierten, auch Gruppen junger Mittelschichtsfrauen in Jeans oder Minirock, die sich hier amüsieren wollen oder auf Männerfang sind.

Westliche Romantik ist eine relativ neue Erscheinung, hat aber für indonesische Liebespaare der jüngeren Generation durchaus einen großen Reiz. Traditionell gilt es in Java als ein Zeichen der Schwäche und ein Mangel an Selbstbeherrschung, Gefühle zu zeigen. Echte Gefühle behält ein gut erzogener Mensch für sich. Normalerweise beweisen Indonesier ihre Fähigkeit sich beherrschen zu können, indem sie gerade ihrem Liebespartner besonders wenig Aufmerksamkeit in der Öffentlichkeit zeigen. Heute ist es in den Städten chic geworden, Gefühlsäußerungen nach westlichen Vorbildern zu demonstrieren, Begrüßungsküsse zu zelebrieren, obwohl es in der javanischen Tradition unüblich ist sich zu küssen. Zunehmend kann man Liebespaare beobachten, die sich an den Händen fassen oder Arm in Arm auf der Straße spazieren. Intimere Zärtlichkeiten auszutauschen, wäre allerdings in der Öffentlichkeit nach wie vor undenkbar. In einigen Distrikten Indonesiens, in denen das *Shariah*-Gesetz praktiziert wird, stehen auf solch ein Verhalten sogar hohe Strafen.[303] Insbesondere Studenten nutzen die Freiräume, die sie fern von der elterlichen Kontrolle genießen. Das aus dem Holländischen stammende Wort *Samenleven*, die anrüchige Form der wilden Ehe, war bereits vor 20 Jahren wohl eine der bekanntesten Vokabeln der holländischen Sprache. Yogyakarta, die Stadt mit der bekanntesten Universität Indonesiens, galt schon lange als Sündenpfuhl. Es war eine journalistische Attraktion, als eine Untersuchung 2002 ergab, dass 97 % aller Studentinnen in Yogyakarta keine Jungfrau mehr waren. Ein Viertel von ihnen hatte sogar schon Sex mit mehreren Männern gehabt. Nur acht der 1169 untersuchten Studenten hatten vor dem ersten Sex geheiratet.[304] Doch trotz dieser Tatsache und der seit Jahren nicht zu übersehenden Zahl hastig arrangierter Ehen und Sieben-Monatskindern wird nach außen an der Moral der vorehelichen Enthaltsamkeit für Mädchen festgehalten. Es ist für Mädchen aus der Unter- oder Mittelschicht nach wie vor äußerst peinlich zuzugeben, wenn sie eine sexuelle Beziehung haben. Hier greift nach wie vor die javanische Moralvorstellung, nach der man moralisch verwerfliche Dinge solange tun darf, wie sie die vorgegebene Ordnung nicht öffentlich herausfordern. Schwierig wird es nur, wenn diese Mädchen verhüten wollen. Als unverheiratete Frau sei es unmöglich, einen Arzt um die Verschreibung der Pille zu bitten, erzählt uns eine in der Provinzhauptstadt arbeitende junge Balinesin. Zugang zu Verhütungsmitteln, die über die öffentlichen Gesundheitsstationen unentgeltlich abgegeben werden, haben Unverheiratete sowieso nicht.

Die in Indonesien gerade in den letzten Jahren aktuell gewordene Diskussion um Demokratisierung, Menschenrechte und Gleichberechtigung rüttelt auch an den jahrhundertelang gültigen Rollenverteilungen und hinterlässt eine nicht zu unterschätzende Konfusion in den sich neu formenden Geschlechterarrangements. Die Industrienationen haben nicht nur ökonomische und politische Veränderungsprozesse in Gang gesetzt, sondern auch Wünsche nach größerer individueller Freiheit und Selbstverwirklichung geweckt.

Die nächtliche »Szene« Jakartas ist voll von indonesischen Jugendlichen der Mittel- und Oberschicht, die sich, Mädchen wie Jungen, ganz nach westlichem Vorbild amüsieren. Die Mädchen in kürzesten Miniröcken, der Konsum von Ecstasy, Kokain und Alkohol ist an der Tagesordnung. Liebschaften werden geschlossen und wieder gebrochen. Bis eines Tages wieder der Verstand über das Herz regiert, ein standesgemäßer Partner gesucht wird und ihr Leben wieder nach den alten Sitten und Gebräuchen ihrer Eltern abläuft. Oft genug folgen die Kinder bei diesem Schritt dann doch wieder der Vorauswahl oder dem Vetorecht ihrer Eltern und frönen der Leidenschaft nur noch in heimlichen, außerehelichen Beziehungen. Ein

Bordellbesuch ist fester Programmpunkt der Dienstreisen indonesischer Beamter und Geschäftsleute. Hierüber wurde ich zum ersten Mal von meinen Kolleginnen im Ministerium aufgeklärt, als ich noch für die ILO arbeitete und häufig Trainingskurse in den Distrikten begleitete. Ich hatte mich darüber gewundert, dass wir immer in ein Männer- und ein Frauenauto aufgeteilt wurden und das Männerauto grundsätzlich viel später am Seminarort ankam. Sie waren noch in Tretes vorbeigefahren, ein für die Prostitution bekannter Ort in Ost-Java. Während eines anderen Trainings im Puncak (West-Java) standen vor dem Männerschlafraum hochhackige Damenschuhe und es wurde sehr offen darüber gelacht, dass eine Prostituierte des Dorfes reihum die Bewohner dieses Schlafraums bediente, die dann nacheinander, ganz entspannt im legeren Trainingsanzug wieder im Tagungsraum erschienen.

Ehearrangements

Die Verheiratung junger Mädchen durch ihre Eltern kurz nach dem Auftreten der ersten Periode, ist, zumindest auf Java, selten geworden. Mehrere Studien zeigen, dass das Heiratsalter in den letzten Jahren stetig gestiegen ist.[305] Sie sehen hier auch eine Verbindung zu mehr Wohlstand und einem höheren Bildungsniveau. Dennoch ist das durchschnittliche Heiratsalter für indonesische Mädchen immer noch sehr niedrig. Nach jüngsten Erhebungen werden fast 12 % aller Mädchen im Alter zwischen zehn und 15 Jahren verheiratet. Mit über 25 Jahren sind nur 10 % aller Frauen noch ledig.[306] Lediglich 5,5 % aller Frauen bleiben unverheiratet.[307] In einer 2001 durchgeführten Studie, in der 250 Personen in mehreren Unterschicht-Wohngegenden Jakartas untersucht wurden, hatten mehr als 50 % der Befragten unter 19 Jahren geheiratet.[308] Dies macht den nach wie vor großen Stellenwert von Ehe und Familie in der kollektivistischen indonesischen Gesellschaft deutlich. Eine Familie zu gründen, zu heiraten und Kinder zu bekommen, ist Teil der kosmischen Lebensordnung. Eltern spüren daher nach wie vor eine große Verantwortung, ihre Kinder in den Hafen der Ehe zu lotsen.

Die Scheidungsrate ist dagegen in den letzten Jahren deutlich gesunken. Dies geht sowohl auf das seit 1974 in Kraft getretene Ehegesetze zurück, das eine einseitige Verstoßung durch den Mann nicht mehr ohne Grund erlaubt, als auch auf eine selbstbestimmte Partnersuche.[309] Andere Studien sehen bessere Bildungschancen und das spätere Heiratsalter als Hauptursache für das Sinken der Scheidungsrate.[310] Gleichzeitig hat die Stärkung des Islams in Indonesien dazu beigetragen, dass Scheidungen zunehmend moralisch verurteilt werden. Die offiziell extrem niedrige Scheidungsrate von nur ca. 2 %[311] verdeckt jedoch die große Zahl der de facto-Trennungen, die in indonesischen Ehen nach wie vor vollzogen werden.[312]

Ein anderer Weg, eine offizielle Scheidung zu umgehen, ist die polygame Ehe. Bevor man die schwierige Prozedur einer Scheidung auf sich nimmt, wird einfach vor dem Religionsgericht oder nach den traditionellen Regeln wieder geheiratet. Polygamie ist nach dem Gesetz nur Moslems und unter der Bedingung erlaubt, dass die erste Ehefrau in eine zweite Ehe des Mannes einwilligt oder keine Kinder bekommen kann. Tatsächlich sind polygame Ehen aber längst nicht nur in der Tradition der moslemischen Bevölkerung verbreitet, sondern auch auf dem hinduistischen Bali und vielen ostindonesischen Inseln. Sie werden nach wie vor unter Umgehung der offiziellen Ehegerichte vollzogen. Noch 1998 traf ich auf Sumba einen Dorfhäuptling, der jeder seiner 14 Ehefrauen ein Haus im Dorf gebaut hatte. Er war sehr stolz auf seine Errungenschaft. Birgits Haushaltshilfe aus Nord-Bali war, wie mehrere ihrer Klassenkameradinnen, als Zweitfrau geheiratet worden. Nach der Geburt ihres Sohnes hatte ihr Mann sich bereits einer dritten Frau zugewandt.

Wir haben noch keine Frau getroffen, die die Polygamie gutgeheißen hätte. Die Zahl der polygamen Ehen wurde bis vor ca. zehn Jahren mit 5 % angegeben. Heute wird hierüber gar keine Statistik mehr geführt. Die Mehrehe gilt in Indonesien als politisch nicht mehr korrekt. Es ist zu befürchten, dass dieser Trend durch die Islamisierung Indonesiens wieder rückläufig ist.[313] Vor drei Jahren zog der damalige Vizepräsident Indonesiens Hamzah Haz die Medienöffentlichkeit auf sich, als herauskam, dass er drei oder sogar vier Ehefrauen hat.[314]

Moral und Unmoral

Der sich allmählich durchsetzende Anspruch auf Gefühle der Zuneigung und Liebe als Voraussetzung für eine Ehe und der Wandel in den sexuellen Moralvorstellungen bedeutet eine tief greifende soziale und psychologische Veränderung. Frauen erfahren heutzutage eine Umbewertung ihrer traditionellen Rolle von einer zwar sexuell unfreien, aber achtbaren, respektierten Person zur »modernen Frau«, die bei der Partnersuche durchaus ihre sexuellen Reize in die Waagschale werfen kann. Wie in den Beratungskolumnen indonesischer Frauenzeitschriften nachzulesen ist, wird zunehmend auch den Frauen ein Anspruch auf sexuelle Befriedigung zuerkannt. Dabei verschwimmen dann manchmal die Grenzen zwischen »ehrbaren Frauen«

und »leichten Mädchen« und lassen Frauen ohne eindeutige Orientierungshilfen zurück. Manch eine rutscht auf dieser Gratwanderung ab.

Nachdem Nendeng mit 16 von einem indonesischen Freund schwanger wurde, steckten ihre Eltern sie in eine orthodoxe Islamschule (*pesantren*), die als Internat für gefallene Mädchen bekannt war. Dort musste sie ein Jahr lang streng verschleiert acht Stunden am Tag beten und meditieren. Als ihre Ausbildung abgeschlossen war, hatte sie nicht nur ihren Glauben verloren, sondern auch eine Menge über die Verdienstmöglichkeiten in Jakartas Nachtleben erfahren. Seither arbeitet sie als Serviererin und Animiermädchen in einem Lokal, das überwiegend von Ausländern frequentiert wird. Nach Dienstschluss findet man sie regelmäßig in einer Bar im Süden Jakartas, wo sie auf der Suche nach einer zusätzlichen Einkommensquelle ist. Obwohl immer wieder gerne in Notfällen herangezogen, ist sie bereits zu bekannt in den Kreisen der Stammkunden, als dass sie noch große Aussichten auf eine feste Freundschaft hätte. Vor zwei Jahren hatte sie sich das letzte Mal in einen Deutschen verliebt und in der verzweifelten Hoffnung ihn dadurch halten zu können, ein Kind von ihm bekommen. Umsonst. Enttäuscht hat sie dem Kind den Namen »Devil« gegeben. Es lebt bei ihrer Mutter auf dem Dorf. Nach ihrer Schwangerschaft hatte sie bereits zwei Abtreibungen innerhalb von sechs Monaten, die immerhin von ihren jeweiligen Verursachern bezahlt wurden. Ihre immerwährende gute Laune erkauft sie sich über Drogen. Heroin und Kokain sind nur in der Oberschicht gebräuchlich, da zu teuer. Meist greifen die Mädchen zu Aufputschmitteln und Alkohol im Wechsel mit Barbituraten. Wie Nendeng haben viele Mädchen Hunderte von Narben an den Unterarmen. Sie ritzen sich mit einer Rasierklinge die Haut auf und bestreuen die Wunde mit dem aufgelösten Medikament. Das wirkt schneller und man braucht weniger, sagen sie. An manchen Tagen ist Nendeng in den frühen Morgenstunden zu betrunken und fertig, um noch allein nach Hause zu kommen. Wenn sie Glück hat, trifft sie dann auf einen Freund, der sie mitnimmt, ohne ihren hilflosen Zustand auszunutzen.

Wanita Tuna Susila – »Frauen ohne Moral« ist der offizielle Ausdruck für Prostituierte in Indonesien. Die vorherrschende Doppelmoral, die Männern Promiskuität zubilligt, von Frauen jedoch uneingeschränkte Treue verlangt, wird in Indonesien kaum hinterfragt. Für die meisten Indonesier haben bereits all die Frauen »keine Moral«, die sich überhaupt in der nächtlichen Szene blicken lassen. Hinter dem fröhlichen Wesen, mit dem die Mädchen abends die Männer beglücken, steht oft ein hartes Leben. Kaum ein Mädchen aus der Szene ist über 25 Jahre alt. Fast alle der (Halb-) Professionellen haben eine schlechte Erfahrung aus dem so genannten »anständigen« Leben herauskatapultiert. Männer, die sie mit unehelichen Kindern sitzengelassen haben, ausländische Vorgesetzte, die sie mit Aussicht auf eine Ehe geködert haben und dann ohne Einlösung ihres Versprechens wieder abgereist sind. Einmal in diese Szene hineingerutscht, gibt es kein Zurück mehr. Für die Ehe mit einem Indonesier ist ihnen der Weg verbaut, denn der Ruf ist ruiniert. Bleibt die vage Hoffnung auf einen Ausländer, der sie in ein besseres Leben führen soll.

Wenn sie zwischen zwei wohlhabenden Männern wählen könnte, würde sie sich natürlich für den jüngeren und hübscheren von beiden entscheiden, sagt Nunu lachend, erstaunt über meine dumme Frage. Aber die jungen, hübschen Reichen stehen eben nicht immer zur Auswahl und so ist sie sehr zufrieden mit ihrem derzeitigen 60-jährigen Freund, der ihr sogar eine Heirat in Aussicht stellt. Ältere Männer haben den Vorteil, dass sie oft großzügiger und toleranter sind als die jungen. Außerdem liegt die Aussicht auf eine Erbschaft in nicht allzu weiter Ferne. Zwischendurch leistet sich Nunu ein wenig privates Vergnügen mit einem jungen hübschen Touristen, der sein Studium in Deutschland mit Taxifahren finanziert und während seines Indonesienurlaubs nun bereits zwei Mal sein Visum verlängert hat. Halb krank vor Eifersucht und Liebeskummer schleicht er durch die Gegend und wartet auf ein Zeichen von ihr. Nunu hat ihm nur die halbe Wahrheit erzählt, kann ihn aber immer wieder mit kleinen Notlügen beruhigen. Dass sie ihn liebt und ihm das Gefühl gibt, der Größte zu sein und dennoch offensichtlich nicht daran denkt, für ihn dem 60-jährigen potentiellen Versorger den Laufpass zu geben, also ihre Vernunft eindeutig über ihre Gefühle stellt, treibt ihn an den Rand des Wahnsinns.

Das Thema der geheimnisvollen, verführerischen asiatischen Frau, der die Männer mit Haut, Haar und Portemonnaie verfallen, ist schon von Joseph Conrad in »Der Gefangene der Insel« oder »Ahlmeiers Wahn« beschrieben worden. Der Zauber der asiatischen Frau liegt für westliche Männer gerade in der für sie völlig unverständlichen Mischung aus Bewunderung, Hingabe und Berechnung, die sie in diesen Beziehungen erleben. Die Kehrseite der Medaille beschreibt Pramoedia Ananda Toer zum Ende der Kolonialzeit in »Bumi Manusia« (»Erde der Menschheit«). Hier werden unter anderem indonesische Frauen portraitiert, die nach jahrelangem Zusammenleben von ihren weißen Männern mitsamt den gemeinsamen Kindern sitzengelassen werden.

In dieser verunsichernden Situation verwundert es nicht, dass heute viele Frauen wieder verstärkt Zuflucht zu den moralischen Tugenden des Islam suchen, wo sie sich unter dem Schutz des Kopftuches vor zweideutigen Rollenzuweisungen sicher wähnen. Angesichts der allgegenwärtigen medialen Überflutung durch Bilder, die einen freizügigen, individualistischen Lebensstil zum Ideal erheben, befürchten viele Eltern, die eigenen Kinder an die unheimliche Verführungsmacht der westlichen Unmoral zu verlieren. Gegen die Einführung des Islamrechts mit nächtlichem Ausgehverbot und Schleierpflicht für Frauen in einigen Distrikten Indonesiens gibt es zwar Proteste aber noch mehr Befürworter. Das *Shariah*-Gesetz ist bereits in 22 indonesischen Distrikten eingeführt worden. Das »Antipornografiegesetz«, das freizügige Bekleidung und aufreizendes Tanzen verbietet, wurde vor seiner Verabschiedung im Oktober 2008 in Indonesien heiß diskutiert.Ein paar hundert Frauen demonstrierten im März gegen das geplante Sittengesetz,[315] doch 100.000 moslemische Frauen gingen auf die Straße, um die Einführung des Gesetzes zu unterstützen.[316]

Auch die Geschichte meiner Freundin Yuni ist ein gutes Beispiel dafür, dass die Rückbesinnung auf alte Traditionen in einer bedrohlichen und verunsichernden Situation wieder innere Sicherheit bietet.

Auch Yuni hatte ihren ersten Mann gegen den Willen ihrer Eltern geheiratet. Beide arbeiteten in einem Deutschen Projekt in Sumatra, wo sie sich kennen und lieben lernten. Das Problem für Yunis Eltern war die Herkunft. Yuni kam aus einer Adelsfamilie in Sulawesi, während ihr Mann ein Batak aus Nordsumatra war und nicht aus hochgeborener Familie stammte. Ein weiteres Problem war die Religion. Er war Christ, sie Moslemin. Doch all das störte die beiden nicht. Yuni trat zum Christentum über, der Glauben stand für sie sowieso nur auf dem Papier. Yuni, die sehr in der indonesischen Frauenbewegung engagiert war, versuchte, auch in ihrer Ehe partnerschaftliche Prinzipien durchzusetzen. Haushalt und Kindererziehung, alles sollte gemeinsam verrichtet werden. Yunis Familie fügte sich in die Tatsachen, insbesondere nachdem ein Enkelsohn geboren war. Trotzdem hielt sie mit dem Misstrauen gegen den Ehemann nicht hinter dem Berg. Sie sollte Recht behalten. Die Liebe erkaltete, die Ehe ging schief. Nach der Scheidung traf ich Yuni wieder. Sie hatte eine Kehrtwende von 180 Grad gemacht. Sie war nun strenggläubige Moslemin geworden, kam gerade von einer Pilgerreise nach Mekka mit ihrer Mutter zurück und ging nur noch streng verschleiert ins Büro. Nur eine gottesfürchtige Lebensweise würde ihr den richtigen Weg zeigen, meinte sie. Westliche Kleidung und Umgangsformen würden sie nur unnötig in Versuchung und Gefahr bringen. In ihrer Freizeit arbeitete sie aus dem Koran die Stellen heraus, die auch nach dem islamischen Gesetz Frauen als gleichwertige Geschöpfe vor Gott bezeichnen. Sie hatte auch schon wieder einen neuen Verlobten. Einen jüngeren Cousin, den ihre Eltern für sie ausgesucht hatten. Yuni vertrat nun vehement die Position, dass die Eltern den Ehepartner auswählen sollten, da diese die weisesten Entscheidungen träfen. Sie war bereits dabei, ein Häuschen in der Siedlung ihrer Eltern zu bauen, um dann mit ihrem Mann endgültig wieder in den Schoß der Familie zurückkehren zu können. Ihr Lebenskonzept ist aufgegangen. Heute, zehn Jahre später, ist Yuni Parlamentabgeordnete einer islamischen Partei und ständig in den Medien präsent. Sie tritt immer noch für die Rechte von Frauen ein, jedoch innerhalb der vom Islam moralisch gesetzten Grenzen. Mit ihrem zweiten Mann ist sie glücklich verheiratet und hat zwei weitere Kinder mit ihm.

Für viele junge Mädchen ist der mit dem Kopftuch zur Schau getragene Islam ein Signal, mit dem sie um einen Ehemann werben. Die richtige moralische Einstellung ist ein Pfund, mit dem man genau so wuchern kann wie im Westen mit der zur Schau gestellten Schönheit.

Nele, meine tüchtige Sekretärin, kannte ich nur tief verschleiert. Einen Freund hatte sie nicht, machte sich aber trotzdem keine Sorgen um ihre Zukunft. Die Angst »keinen Mann abzukriegen«, bei uns doch häufiges Gesprächsthema junger Mädchen, war ihr gänzlich fremd. Umso erstaunter war ich, als sie mich eines Tages ohne Schleier begrüßte. Ihre Eltern hätten nun einen passenden Mann für sie ausgesucht. Sie hatte ihn auch schon ein paar Mal getroffen und war zufrieden. Der Hochzeitstermin war festgesetzt und so war die Verschleierung nicht mehr notwendig. Plötzlich besuchte Nele Schönheits- und Schminkkurse, um für die Ehe das Beste aus ihrem Typ zu machen. Die islamische Verschleierung hatte offensichtlich eine Schutzfunktion für sie gehabt, die gleichzeitig dem zukünftigen Heiratskandidaten ihre moralische Integrität demonstrieren sollte. Das Ziel war erreicht worden und die äußerliche Demonstration ihres Glaubens nicht mehr erforderlich.

Zwischen Liebe und Vernunft

Was bedeutet Liebe für Menschen, wenn sie so schnell wieder bereit sind, für die Harmonie der Familie auf sie zu verzichten?

Aus dem Westen importierte Orientierungen, die Liebe als Grundlage menschlicher Beziehungen definieren und individuelle Freiheit und sexuelle Selbstbestimmung zu den höchsten ethischen Werten erklären, haben sich in Europa über ein Jahrhundert hinweg entwickelt. Maßstäbe wie individuelle Freiheit, Selbstbestimmung und die Überhöhung des »wahren« Gefühls haben sich in unserem Kulturkreis im Einklang mit den Erfordernissen der Industriegesellschaft durchgesetzt. Im Gegensatz zur Entwicklung in Europa, wo die Ehe im Zuge der Industrialisierung als Wirtschaftsgemeinschaft immer mehr an Stellenwert verlor und sich folglich von einer Notgemeinschaft zur Wahlverwandtschaft wandelte,[317] ist in Indonesien für den Konflikt junger Leute heute noch ein anderer Faktor ausschlaggebend. Nicht allein die Funktion der Ehe als wirtschaftliche Absicherung stellt für sie einen Widerspruch zu einer Gefühlsentscheidung dar. Von wesentlich größerer Bedeutung ist es, den Rückhalt der eigenen Herkunftsfamilie nicht aufs Spiel zu setzen. Dies ist besonders auf Java zu beobachten. Hier waren Scheidungen und Gütertrennung nach traditionellem Recht immer schon üblich, es war keineswegs selbstverständlich, dass eine Ehe auf Lebenszeit geschlossen wurde. Die eigene Herkunftsfamilie war daher besonders wichtig als soziales Netz, das einen im Notfall immer wieder auffangen konnte. Von daher war es ratsam, sich den Wünschen und Ansprüchen der Familie zu beugen und sie nicht durch unziemliches Verhalten oder Ungehorsam das Gesicht verlieren zu lassen. Solange es noch keine staatlich organisierte soziale Absicherung gibt, die diese Funktion übernehmen könnte, ist es immer noch mit einem hohen materiellen Risiko verbunden, den Wünschen der Familie zu widersprechen, wie auch an den nachfolgenden Beispielen zu sehen ist. Die Absicherung des Rückhalts des familiären Kollektivs steht gegen das Bedürfnis nach individueller Selbstverwirklichung.

Manche wagen einen krassen Bruch mit der Tradition und setzen ihre individuelle Selbstverwirklichung an erste Stelle, oft zu einem hohen Preis und dem Verlust familiärer Bindungen. Die meisten jedoch versuchen den typisch javanischen Weg des »Sowohl als auch« zu gehen; den Anspruch nach Liebe und Gefühl auszuleben, ohne den pragmatischen Zweck einer Ehe, als Einbettung in das soziale Netz der Großfamilie, aus den Augen zu verlieren. Man hat den Eindruck, dass die Tradition kaum ihren Stellenwert für das gesellschaftliche Leben eingebüßt hat. Genauso wie dem Anspruch nach individueller Selbstverwirklichung wird ihr ein fester Platz eingeräumt.

Man kann nun fragen: Was passiert mit dem Bedürfnis nach romantischer Liebe, wenn die jungen Leute sich so plötzlich dem Diktat der Tradition beugen? War die Liebe vorher nur gespielt? Ist es eine andere, uns unbekannte Art von Liebe? Oder empfinden die Männer und Frauen es als unmenschliche Härte, wenn sie plötzlich auf den Mann oder die Frau ihres Herzens zugunsten einer Familienentscheidung verzichten? Vielleicht ist es einfach eine Frage der Prioritäten. Zu einem bestimmten Zeitpunkt oder in einem bestimmten Lebensabschnitt wird das Bedürfnis nach romantischer Liebe anderen Bedürfnissen untergeordnet.

Jahrelang setzte sich Dina kalt lächelnd über die Klagen ihrer Eltern hinweg und lebte in »wilder Ehe« mit ihrem Freund zusammen. Natürlich hätte sie ihn am liebsten geheiratet, doch dieses Thema wurde erst akut, als sie 27 Jahre alt wurde und die Eltern massiven Druck ausübten. Ihr Freund war mit einer Eheschließung einverstanden, jedoch weigerte er sich kategorisch, zum islamischen Glauben überzutreten. Dies jedoch war die Voraussetzung dafür, dass Dinas Eltern ihren zukünftigen Schwiegersohn akzeptieren wollten. Nach monatelangen Diskussionen – Dina lebte zu diesem Zeitpunkt bereits in Deutschland – entschloss sie sich, einen ehemaligen deutschen Arbeitskollegen zu heiraten, der schon seit Langem in sie verliebt war und sich bereit erklärt hatte, für sie auch zum islamischen Glauben überzutreten. Ein Deutscher sollte es sein, denn sie wollte in jedem Fall in Deutschland bleiben. Der Ehevertrag wurde telefonisch ausgehandelt, da der Bräutigam zum Zeitpunkt ihres Entschlusses noch in Indonesien arbeitete. Sie wollte einen Sprachkurs am Goethe-Institut garantiert haben und den Führerschein ablegen. Er war mit allem einverstanden. Bis zum Schluss ließ sich Dina die Option offen, doch noch ihren langjährigen Freund zu heiraten, wenn er doch nur Moslem werden wollte. Allein, er wollte nicht. Heute ist Dina mit dem ehemaligen Arbeitskollegen verheiratet. Für mindestens ein Jahr lang täuschte sie jedoch einmal die Woche einen Termin vor und besuchte weiterhin für einen halben Tag ihren ehemaligen Freund.

Auch bei uns kennen wir das Problem, dass die Jugendlichen neue moralische Werte und andere Lebensformen gegen den Willen ihrer Eltern durchsetzen müssen. Auch bei uns ist die Gefühlsentscheidung nicht auch zwangsläufig immer die glücklichere. Doch in Deutschland wäre es ein moralischer Frevel zuzugeben, sich seinen Partner nur aus »vernünftigen« Erwägungen heraus gewählt zu haben, auch wenn das in Wirklichkeit sicher noch häufig geschieht.

Die Werte sind streitbar, aber sie sind unserer Lebensform angepasst. Wir können es uns leisten, eine Beziehung aus Liebe einzugehen, da uns ihr Misslingen nicht so existentiell bedroht, wie das in Indonesien noch der Fall sein kann. Eine minimale Existenzsicherung wird bei uns über das staatliche Versorgungssystem und nicht über die Familie gewährleistet. Sicher, auch wir müssen einen Preis dafür zahlen, wenn wir uns gegen die Wünsche der Eltern entscheiden, aber es handelt sich hierbei eher um einen emotionalen Verzicht. Der Preis, den indonesische Frauen für das Durchsetzen ihrer privaten Wünsche gegen das Interesse der Familie zahlen müssen, ist ungleich höher. Bei uns geht es ausschließlich um den moralischen und psychologischen Konflikt, inwieweit Dichte und Nähe der Familienbeziehungen Wärme und Geborgenheit bieten können oder auch Fessel und Kontrolle bedeuten. In Indonesien bedeutet die Verstoßung von der Familie nicht nur den Verzicht auf ein soziales, sondern auch auf ein ökonomisches Netz, das einzige, das sie im Notfall auffangen könnte.

Der Anspruch der Familie nach standesgemäßer Ehe und emotionaler Selbstbescheidung, der heute als gleichberechtigter Wert neben dem neueren Bedürfnis nach individueller Selbstverwirklichung und Liebe steht, ist der Grund für viele in diesem Kapitel beschriebene und für uns manchmal fremd anmutende Lösungen. Die Liebe wird zwar als Bedürfnis anerkannt, aber auch wieder nicht so ernst genommen, dass nicht eine pragmatische Kompromisslösung gefunden werden könnte. Ein weiterer Grund, der zu diesen pragmatischen Kompromissen führt, ist das kulturell verankerte Gebot der Konfliktvermeidung. In Indonesien ist die Aufrechterhaltung der Harmonie eines der höchsten Gebote des menschlichen Miteinanders.[318] Während in Deutschland konfrontative Lösungen bevorzugt werden, sind in Indonesien eher uneindeutige Lösungen üblich, die nicht so sehr auf eine Entweder-oder-Entscheidung drängen, die Welt nicht in schwarz oder weiß, gut oder böse aufteilen, sondern die Grautöne bevorzugen und Konflikt vermeidende Entscheidungen einer Sowohl-als-auch-Haltung für lebenswerter befinden.

Herausforderungen meistern – Frauen im Geschäftsleben

Lia wurde im Jahr 1960 in Zentral-Java als drittes von sieben Kindern geboren. Ihr Vater war Beamter und ihre Mutter Hausfrau. Lia besuchte die Schule bis zur Oberschule, heiratete und bekam zwei Kinder. Ihr Mann arbeitete als Standortvermesser für die staatliche Telefongesellschaft und Lia betrieb einen kleinen Kiosk neben ihrem Haus. Sie waren eine typische indonesische Familie.

Doch das Schicksal änderte sich, als sich Ibu Lia von ihrem Mann trennte und ihrer Schwester nach Bali folgte, die dort mit einem deutschen Mann verheiratet war. Ihre Kinder ließ sie in West-Java bei ihrer Mutter zurück. In Bali lernte Lia dann Malcolm kennen, den Besitzer einer Hippie-

Diskothek in Legian. Auf dem Land hinter der Diskothek standen einfache Bungalows, die an Touristen oder auch »Westler«, die sich hier ein neues Leben abseits der westlichen Routine aufbauen wollten, vermietet wurden.

Lia begann mit dem Verkauf von Kuchen für das Restaurant »Blue Ocean«. Als Vergütung wurde ihr erlaubt, kostenfrei in einem kleinen Strandhotel zu wohnen. Ihre erste Glückssträhne kam, als ein Engländer zurück in seine Heimat zurückkehren musste, aber den Mietvertrag für seinen kleinen Laden bereits zwei Jahre bezahlt hatte. Er bot Lia den Laden an und sie nahm das Angebot dankbar an. Für eine Weile verkaufte sie hier Kleider und Ohrringe, musste allerdings schliesslich damit aufhören, weil es zu Konflikten mit dem Ladenbesitzer kam.

Nach einiger Zeit lernte Lia einen Australier kennen, der in Bali mit Kleidung und Antiquitäten handelte. Die beiden zogen zusammen in ein kleines Haus in Legian. Lia eröffnete den ersten Friseursalon für Touristen. »In einem kleinen Raum in unserem Haus schnitt ich ihnen die Haare«, erzählt sie und lacht.

Um ihr Einkommen zu erhöhen, begann Lia, Hemden aus Batikstoffen und Schmuck aus Pfauenfedern herzustellen. Als Näherinnen spannte sie einige Frauen aus der Nachbarschaft ein. Zunächst waren ihre Kunden nur die Besucher des Friseursalons. Eine Schweizerin fand großen Gefallen an einer von Lia entworfenen Hutnadel und regte an, in dieser Art auch Ohrringe anzufertigen. Diese Produkte entpuppten sich als echte Verkaufsschlager. Von 100 Stücken aus der ersten Produktion wurden schließlich tausende Ohrringe, die verkauft wurden. Die meisten Bestellungen gab es 1987, rund 13.000 Stück.

Neben Ohrringen führte Lia auch ihre Arbeit mit den Batikstoffen weiter. Mit einem Kredit kaufte sie sich eine eigene Nähmaschine und schneiderte nun zu Hause. Der ehemalige Friseursalon im Haus wurde in einen kleinen Laden umfunktioniert.

Einer der Kunden war Jerry aus Amsterdam. Die beiden spielten oft Schach zusammen. Wenn Lia gewinnen sollte, so hatte ihr Jerry versprochen, werde er ihr 250 Dollar geben, im Austausch gegen ein altes Tuch aus Kalimantan. Und Lia gewann. Sie verwendete das Geld für die Produktion von Kleidern nach ihren eigenen Entwürfen. Sie kaufte vier Nähmaschinen und wurde zur Modeunternehmerin. Die meisten Bestellungen erhielt sie zu jener Zeit von Jerry, der stets auf der Suche nach alten Stoffen und Holzfiguren aus Kalimantan war. Diese Waren kaufte sie in Jakarta an einem Tag und erhielt für die Bestellung 3.500 Dollar, genug, um einen kleinen Laden in der Nähe des Strandhotels anzumieten. Sie heirate den Australier und bekam drei Kindern von ihm, darunter Zwillinge.

Als sie eine Bestellung von 48.000 Ohrringen mit Pfauenfedern im Wert von 20.000 Dollar erhielt, machte sie 15 Prozent Gewinn. Mit diesem Gewinn konnte sie ihr Geschäft erneut vergrößern. Sie beschäftigte nun vier Näherinnen, die ihr dabei halfen, Batik-Kleidung nach dem »Patchwork«-Muster für Kunden aus Holland anzufertigen. Die Produktion erlebte einen Aufschwung, aus 100 Hemden wurden 15.000 und schliesslich noch 5.000 Jacken. Am Ende konnte Lia eine Fabrik mieten und 60 Näherinnen beschäftigen, die sie fast alle aus ihrem Heimatort auf Java rekrutierte.

Auch wenn ihr Unternehmen recht erfolgreich war, so wollte Lia ihre Aktivitäten noch ausweiten und begann daher, zusätzlich als Maklerin für luxuriöse Villen zu arbeiten. Sie kaufte Land, ihr Mann wurde Architekt und ihr indonesischer Ex-Mann Bauunternehmer. Lia selbst war für die Innenausstattung zuständig. Im Jahr 1991 eröffnete sie gemeinsam mit ihrem Mann ein Bauunternehmen. Die Anfragen kamen wechselhaft. 1997 kaufte ein Investor ihre Pläne und ernannte sie zur Agentin für die Vermietung der Luxusvillen. Ihr Textilunternehmen lief zu dieser Zeit noch recht gut, wenn es auch lange nicht so viel Ertrag abwarf wie ihr Bauunternehmen. 1996 schloss sie ihre Textilfabrik und übergab die Nähmaschinen an ihre Angestellten.

Heute konzentriert sich Lia auf ihre Arbeit als Maklerin. Im Jahr 2000 erhielt sie einen Auftrag, 46 Luxusvillen zu verwalten, die an VIPs aus dem Ausland vermietet wurden. Dies wurde zu ihrer Haupttätigkeit. Der Preis für die Miete dieser Villen bewegt sich zwischen 2000 und 3000 Dollar pro Nacht. Pro Übernachtung bekommt Lia 10 %. Ihre Nebeneinkünfte erwirtschaftete sie durch die Organisation von Ausflugsprogrammen für die Gäste. Ihr Geschäftsnetz vergrößerte sich zusehends, so dass sie schließlich selbst nicht mehr viel arbeiten musste.

Seit zehn Jahren lebt Lia nun schon von ihrem Mann getrennt. Sie kommt selbst für die Ausbildung ihrer fünf Kinder auf. Das Bauunternehmen hat sie inzwischen an ihren Sohn aus erster Ehe abgegeben. Die Kinder, die noch zur Schule gehen, leben mit ihr in einem Haus mitten in Legian. Eine ihrer Töchter ist bereits selbst Mutter geworden. Diese hübsche Lia ist nun Großmutter.

Wenn sie nach dem Schlüssel zu ihrem Erfolg gefragt wird, so gibt Lia zu, dass sie ein großes Organisationsgeschick und ein recht verlässliches Bauchgefühl hat, was Marktlücken angeht. Sie hat noch nie dem großen

Geld nachgejagt, sondern stets als oberste Priorität die Beziehung zu Freunden mit guten Geschäftskontakten gepflegt. Durch ihre sozialen Netzwerke kamen die Informationen über günstige Geschäftsmöglichkeiten fast wie von selbst.

»Ich weiss, wieviel Glück ich hatte«, erklärt sie und lächelt. Ihre Geschäfte fußten nicht auf einer langfristigen Vision, sondern erwuchsen vielmehr auf Geschäftsmöglichkeiten und -ideen, die sich eher zufällig ergaben und die sie sofort in die Tat umzusetzen suchte.

Lia ist sozial engagiert und aktiv. So unterstützt sie beispielsweise Flüchtlinge aus Ost-Timor oder die Opfer des Tsunami in Aceh und Nias. Daher wird sie als Javanerin auch sehr gut von der balinesischen Gesellschaft angenommen. Ihre sozialen Aktivitäten führt sie zusammen mit anderen balinesischen Unternehmern, NROs, Kulturexperten und wichtigen Politikern durch. Wenn sie auch schon seit mehr als zehn Jahren eine erfolgreiche Unternehmerin ist, lebt sie doch nach wie vor sehr bescheiden. In all den Jahren ist sie kein einziges Mal im Urlaub gewesen. Ihr Haus ist nicht besonders luxuriös eingerichtet. Ihre Orientierung auf die Familie zeichnet sie in indonesischen Unternehmerkreisen aus. Dies zeigt sich auch darin, wie sehr sie ihre Familie in ihre Geschäfte einbezieht, sogar ihre beiden Ex-Männer. Auch ihre Eltern leben von ihrem Einkommen, ist sie doch diejenige, die es unter den sieben Kindern am weitesten gebracht hat.

Lia ist kein Einzelfall in Indonesien. Viele Großunternehmen in Indonesien werden von Frauen geführt oder sind sogar im Besitz von Frauen. Viele unter ihnen haben einen guten Zugang zu Bildung, Finanzen und internationalen Ansichten. Doch Lia sticht hervor, weil sie aus der unteren Gesellschaftsschicht stammt und sich über die Jahre hinweg stetig hochgearbeitet hat. Sie hatte Erfolg, weil sie Opportunitäten zu nutzen wusste und auf ihre eigene Stärke baute.

Der Erfolg von Lia als *self-made business woman* erinnert uns an den amerikanischen Mythos, dem zufolge es ein armer Mensch durch Ausdauer, Beharrlichkeit und Hingabe sowie eine gute Portion Glück vom Tellerwäscher zum Millionär bringen kann. Sie ist aber nicht die einzige Frau, die es trotz einfacher Herkunft schaffte, ein erfolgreiches Unternehmen zu gründen. Viele andere Frauen mit ähnlichem Hintergrund haben dies mit Erfolg meistern können. In den anderen Kapiteln wurden diese Beispiele bereits vorgestellt, zum Beispiel Ibu Syarifah aus Ulee Lheue in Aceh, Ibu Jus aus Yogyakarta, die alles hinnehmende Ibu Nani und viele andere mehr, die ihre Familien als Kleinunternehmerinnen ernähren.

Die Bedeutung der Arbeit

Frauen waren in Indonesien immer schon sehr stark in der Wirtschaft involviert. Besonders javanische Frauen dominierten über Jahrhunderte den gesamten Kleinhandel. Frauen aus der Adelsschicht hatten die Schmuck-, Kosmetik- und Batikproduktion unter sich. Zum Teil liegt dies darin begründet, dass das Handeln den adligen Männern nach javanischer Tradition untersagt war. Es war für diese Gesellschaftsschicht eine allzu vulgäre Tätigkeit, besonders weil Geld als schmutzig angesehen wurde.

Die Männer waren in der Administration tätig und widmeten sich politischen, spirituellen oder kulturellen Aufgaben und überließen ihren Frauen das schmutzige Geschäft des Geldverdienens. Auch wenn dies nur auf die herrschende Schicht zutraf, färbte diese Einstellung auch auf die unteren Schichten ab. Daher galt das Geldverdienen lange Zeit als eine Tätigkeit, die zwar nicht sehr angesehen war, für Frauen aber durchaus als passend galt. Diese Ansicht änderte sich erst in der Suharto-Zeit, in der Oberschicht, die im Staatsdienst oder im Militär wichtige Positionen bekleidete, alle Türen für Geschäftstätigkeiten geöffnet wurden. Doch auch wenn sich heutzutage, wie überall auf der Welt, die Männer den Kuchen des *big business* eher unter sich aufteilen, ist es für Frauen immer noch eine Selbstverständlichkeit, zum Familieneinkommen beizutragen. Wer dies nicht tut, gilt als faul und arbeitsscheu.[319] Auch die Verwaltung des Haushaltseinkommens liegt bis heute in vielen Familien immer noch in den Händen der Frau. Männer geben gerne zu, dass ihre Frauen viel besser mit Geld umgehen könnten als sie (siehe auch das Interview mit Magnis von Suseno, Kapitel I.). Viele Karrikaturen in Indonesien handeln davon, dass der Mann zahlungsunfähig ist, weil seine Frau ihm nicht genug Taschengeld gegeben hat.

Ungeachtet ihrer Doppelrolle und der daraus erwachsenden Doppelbelastung suchen sich viele indonesische Frauen aktiv eine Beschäftigung. In den unteren Gesellschaftsschichten, in denen Familien nur ein geringes Einkommen haben, sind Frauen gezwungen zu arbeiten. In Familien, in denen der Ehemann im formellen Sektor tätig ist, ist der Verdienst aus der Tätigkeit der Frau ein willkommener Zusatz. Angesichts der Anforderungen im Haushalt bietet sich die informelle Arbeit im Dienstleistungsbereich oder als Kleinstunternehmerin an. Viele Frauen aus der mittleren Gesellschaftsschicht, die in der Regel einen gehobenen Bildungsstand haben, werden wirtschaftlich aktiv, um sich einen höheren Lebensstandard leisten zu können und auch, weil sie unabhängig sein und sich selbstverwirklichen wollen. Die meisten Frauen in Indonesien betreiben daher ein kleines Geschäft oder Unternehmen. Ganz gleich ob aus der Unter- oder Oberschicht, indonesische Frauen sind sehr kreativ darin, einen Nebenverdienst zu suchen. Das mag die Ehefrau des Diplomaten sein, die mit Land und luxuriösem Schmuck handelt. Das mag auch die Büroangestellte oder Hausfrau sein, die Hauskleidung oder Taschen in Wohn- und Geschäftsvierteln vertreibt, einen Laden für Krimskrams, Gemüse, Jamu oder Batik hat oder auch einen Cateringservice betreibt.

Das aus dem Westen importierte Konzept einer nicht berufstätigen Hausfrau wurde erst allmählich in der Mittelschicht gesellschaftsfähig. Heute behaupten viele Frauen, sie seien »Hausfrau«. Auch Männer stellen ihre Ehefrauen gerne so vor. Sie wollen damit demonstrieren, dass sie es nicht nötig haben zu arbeiten. Doch wenn man genauer hinschaut, stellt sich fast immer heraus, dass auch diese Hausfrauen einen kleines Geschäft betreiben, einen Friseursalon zu Hause, den Verkauf von Stoffen oder Kosmetikprodukten oder in den reicheren Kreisen erfolgreich Versicherungen verkaufen oder mit Häusern makeln. Wer einmal in einem indonesischen Büro gearbeitet hat, wundert sich, was es dort alles noch zu kaufen gibt. Selbst unsere promovierte Freundin Suli aus dem Innenministerium überraschte uns neulich mit einer Kollektion von BHs und Kräutermedizin, die sie aus ihrem Büroschreibtisch hervorholte und zum Verkauf anbot.

Einige Daten und Fakten zu Frauen in kleinen und mittelständischen Unternehmen

Schätzungen aus dem Jahre 2002 ergaben, dass das Einkommen von Frauen in Indonesien nur knapp 73 % von dem der Männer betrug.[320] Hierin unterscheidet sich Indonesien nicht von Deutschland.

Laut der Statistik im Jahre 2002 sind 35,06 % aller erwerbstätigen Frauen im Dienstleistungsbereich und fast 30 % in der verarbeitende Industrie tätig.[321] Die Mehrheit arbeitet dort als Industriearbeiterin oder Verkäuferin mit geringem Lohn, unzureichender sozialer Absicherung und schlechten Arbeitsbedingungen. Gesetzlich vorgegebene Arbeitsrechte werden durch Verträge auf Tages- oder Wochenbasis umgangen. Industriearbeiterinnen sind gesundheitlichen Gefahren und sexueller Ausbeutung durch ihre Vorgesetzten ausgesetzt. In diesem Kapitel wollen wir uns auf die Kleinunternehmerinnen konzentrieren, die in der Statistik nicht als Erwerbstätige erscheinen. Weil ihre Geschäfte nicht registriert sind, werden sie dem informellen Sektor zugerechnet.
Immerhin sind 40 % aller in Kleinst- und Heimbetrieben Tätige Frauen.[322] Typische Geschäftsbereiche der Frau sind Handel, Heimindustrie und Lebensmittelverarbeitung.[323] In den meisten indonesischen Provinzen sind die Märkte eine Domäne der Frauen. Hier sieht man fast nur Frauen, die Produkte anbieten oder kaufen. Die Ausnahme bilden einige Gegenden in Aceh und West-Java. Hier sind es die Männer, die zum Markt gehen und zwar nicht nur um zu verkaufen, sondern auch um landwirtschaftliche Werkzeuge oder Saatgut zu kaufen. Grund dafür ist die strenge Auslegung

des Islam, nach der sich Frauen am besten nicht allzu weit vom Haus entfernen sollten. In Aceh und einigen Gegenden West-Javas sind Frauen auch nicht für die Verwaltung des Haushaltseinkommens verantwortlich und müssen vor jedem geplanten Einkauf um etwas Geld bitten. In den meisten anderen Regionen Indonesiens hingegen sind es die Frauen, die zum Markt gehen, handeln und das Geld der Familie verwalten.

Obwohl Frauen in den Mikro-Unternehmen sehr stark vertreten sind, nimmt ihr Einfluss ab, je größer die Unternehmen werden. Von den Unternehmen, die mehr als fünf Angestellte haben, werden nur noch knapp 12 % von Frauen geführt.[324] Eine Studie über 482 klein- und mittelständische Unternehmen in Medan und Semarang, die von 2001-2002 von der Asian Development Bank (ADB) in Auftrag gegeben wurde, wollte unter anderem die Gründe hierfür herausfinden.[325] Es stellte sich heraus, dass sich in vielen Fällen die Männer in dem Moment als Geschäftsinhaber eintragen ließen, als das Unternehmen ihrer Frauen expandierte.

In der Regel sind Frauen die Manager, solange das Geschäft noch klein ist. Es ist sehr interessant zu beobachten, wie Männer sich zu Anfang wenig geneigt zeigen, ihren Frauen bei ihrem Geschäft zu helfen und sich erst, wenn das Unternehmen floriert und sich vergrößert, als Manager zur Verfügung stellen. Dann wird die Frau, die vorher so sehr zum Geschäftserfolg beigetragen hatte, in eine weniger wichtige Position verdrängt und als unbezahlte Arbeitskraft weiterbeschäftigt. »Wenn der Mann der Frau die Erlaubnis gibt, ein Geschäft zu eröffnen und sich dieses dann gut entwickelt, so tritt er in Aktion – aus Angst, dass seine Position als Familienoberhaupt und Hauptverdiener durch den geschäftlichen Erfolg seiner Frau geschmälert wird.[326]

Je größer das Geschäft und der daraus erzielte Gewinn sind, desto mehr nehmen die Männer die Zügel in die Hand, ob in formaler Hinsicht oder auch in der Verwaltung der Finanzen und in Bezug auf wichtige Entscheidungen im Geschäft.

In den Unternehmen, in denen sowohl die Frau als auch der Mann arbeiten, sind immer beide an der Entscheidungsfindung beteiligt, zum Beispiel wenn es um Finanzen, Management, Produktion, Vermarktung und alle weiteren Geschäftsaspekte geht. Dies wird sogar so gehandhabt, wenn der Mann lediglich in dem Geschäft mithilft. So kam die ADB-Studie zu dem Ergebnis, dass auch in den Unternehmen mit über fünf Beschäftigten der tatsächliche Anteil der Unternehmerinnen immer noch bei über 30 % lag.

Und doch sind Frauen nur die ewig Zweiten

Trotz allem wird die Arbeit von Frauen oft nur als Zusatz zu dem Einkommen des Mannes angesehen. Im kulturellen Kontext Indonesiens sind nach wie vor die Männer für das Haupteinkommen zuständig. Frauen, deren Einkommen über dem ihrer Männer liegt, spielen diesen Umstand oft anderen gegenüber herunter und suggerieren, dass ihre Ehemänner mehr verdienen als sie. Sie tun dies, um den Ruf ihrer Männer als Familienoberhäupter zu schützen. Kaum eine Frau wünscht sich, dass andere auf ihren Mann herabsehen, weil er nicht ausreichend für seine Familie sorgen kann. Auch in vielen Kleinstunternehmen unterstützt der Mann anfangs die Frau, doch sobald ihr Verdienst sein eigenes Einkommen übersteigt, wird es schwierig für ihn zu akzeptieren, dass sie erfolgreicher ist als er. Viele Männer haben Angst, eines Tages nicht mehr als »Herr im Haus« anerkannt zu werden. Sie befürchten auch, dass Frauen gar ihre Aufgaben im Haushalt vernachlässigen, wenn sie einer Beschäftigung nachgehen.

Das Bestreben vieler Frauen herauszustellen, dass ihre Männer die Familienoberhäupter und Hauptverdiener sind, zeigt sich auch darin, dass viele Frauen, die erfolgreich ein kleines Geschäft betreiben, selbiges als den Besitz ihrer Männer ansehen. Dies spiegelt die Tendenz der Frauen wider, vorherrschende patriarchalische Vorstellungen zu verinnerlichen, weil sie selbst in einem Wertesystem gefangen sind, das die Rolle der Frau als Hauptversorgerin in der Familie noch nicht anerkennt. Ein gutes Beispiel hierfür ist Ibu Titin, die ihre Meinung in einer Diskussion zu diesem Thema im Rahmen der oben zitierten Studie wiedergab.

Ibu Titin

Ibu Titin ist davon überzeugt, dass Frauen im Geschäftsleben nicht genug Ansehen genießen. Sie selbst arbeitete nach ihrem Schulabschluss in einer Autowerkstatt und schon bald darauf wurden ihr die Verwaltung und Finanzen der Werkstatt übertragen. Diese Position, die ja eigentlich schon recht bedeutend war, genügte ihr jedoch nicht.

Ihr Ziel war vielmehr, eine eigene Werkstatt zu besitzen. Als sie 20 Jahre alt war, lieh sie sich etwas Geld von ihren Eltern. Damals war Ibu Titin noch nicht verheiratet. Ihr Freund half ihr bei ihrem Vorhaben, selbständig zu werden. Später, als Mutter von vier Kindern und Hausfrau ohne Unterstützung durch eine Haushaltshilfe, arbeitete sie weiterhin in ihrer eigenen Werkstatt. Kein einziges Mal musste sie dafür das Haus verlassen, denn ihrer Ansicht nach schickte sich das nicht für Frauen. Trotzdem wuchs ihr Unternehmen über die Jahre hinweg stetig weiter, so dass Ibu Titin heute 30 Arbeiter beschäftigen kann.

Ibu Titin ist heute 35 Jahre alt. Sie meint, dass der Schlüssel zu ihrem Erfolg in der Unterstützung durch ihren Ehemann lag. Obwohl ihr Mann woanders arbeitet, betont Ibu Titin stets anderen gegenüber, dass sie lediglich das Geschäft ihres Mannes betreibe. Sie befürchtet, von ihren Angestellten nicht ernst genommen zu werden, wenn diese herausfänden, dass sie in Wahrheit die Besitzerin der Werkstatt ist. Sie teilt auch die Ansicht, dass die Arbeit in der Werkstatt eine typische Männerarbeit ist und deshalb glaubt sie, dass die Kunden und Angestellten sie eher schätzen, wenn sie ihnen erzählt, dass sie nur ihren Mann vertritt.

Die Unterstützung durch ihren Mann erachtet Ibu Titin für überaus wichtig, besonders wenn sie einen Kredit benötigt. Oft wird das Familienvermögen als Vermögen des Mannes eingetragen, so dass die Unterschrift und Zustimmung für wichtige Bankgeschäfte stark von ihm abhängig ist. Fehlt aber diese Unterstützung, so sind Frauen mitunter gezwungen, bis zum Tod ihrer Ehemänner zu warten, um einen Kredit zu erhalten oder ein kleines Geschäft zu eröffnen, weil erst dann das Vermögen auf sie übertragen wird.

Dennoch gibt es auch Gegenbeispiele, wie die Geschichte von Ibu Agus zeigt, deren kleines Geschäft nicht von ihrem Mann unterstützt wird. Ihr Mann verweigert ihr jede Unterstützung, weil er befürchtet, von ihr »übertrumpft« zu werden.

Ibu Agus

Jetzt ist Ibu Agus 40 Jahre alt, ihre Söhne sind zwischen zehn und 20. Ihr Mann ist Beamter. Ibu Agus begann mit ihrem Geschäft bereits als ihre Kinder noch recht jung waren. Damals reichte das Einkommen ihres Mannes allein nicht aus, um die Familie zu ernähren. Daher eröffnete Ibu Agus, damals noch mit Unterstützung ihres Mannes, ein eigenes kleines Geschäft, um das Familieneinkommen zu vergrößern. Das Geschäft bestand aus einem Handel mit Waren für den alltäglichen Gebrauch und wurde von zu Hause aus betrieben, sofern dies nicht bedeutete, dass wichtige Arbeiten im Haushalt vernachlässigt wurden. Und sicherlich wollte Ibu Agus auch keiner Arbeit nachgehen, bei der sie allzu oft das Haus verlassen musste.

Das Geschäft florierte. Schritt für Schritt konnte Ibu Agus ihr Warenangebot erweitern. Nach kurzer Zeit konnte sie einen Laden eröffnen, in dem sie Unterwäsche für Frauen sowie traditionelle Hauskleider zum Verkauf anbot. Schon bald überstieg ihr Einkommen das ihres Mannes, der begann sich darüber zu beklagen. Ihm missfiel, dass seine Frau mehr Geld hatte als er. Auch die Kinder klagten, dass ihre Mutter nicht mehr genug Zeit für sie habe. Da sie aber viel Gefallen an ihrer Arbeit fand, entschloss sich Ibu Agus trotz aller Widerstände der Familie, ihr Geschäft weiterhin zu betreiben. Erst viel später gelang es ihr, ihren Mann davon zu überzeugen, sie in ihrem Unternehmen zu unterstützen und sogar selbst im Geschäft auszuhelfen.

Heute hat Ibu Agus vier Läden. Zwei davon werden von ihren Kindern geleitet. Ihr Mann genießt nun sein Leben mehr und hilft sogar ab und an im Geschäft. Er begleitet seine Frau beim Einkaufen oder vermarket Waren an Kunden in anderen Städten, zu denen er mit seinem Auto fährt. Der Grund hierfür ist, dass Ibu Agus selbst keinen Führerschein besitzt. Die Kinder freuen sich ebenfalls über die Möglichkeit, die Läden als eigene Einkommensquelle betreiben zu können.

Frauen können viel besser Gelder und Kredite verwalten

Den Erfahrungen internationaler Institutionen zufolge, die Kredite an Kleinstunternehmen vergeben, sind Frauen in der Regel wesentlich verantwortungsvoller und besser im Umgang mit Geld als Männer. Dies liegt darin begründet, dass Frauen disziplinierter sind, wenn es darum geht, Kredite gemäß der Vorgaben der Banken zurückzuzahlen.[327]

Die ADB-Studie ergab ebenfalls, dass Frauen nicht nur im Allgemeinen besser mit Geld umgehen können, sie sind auch wesentlich ordentlicher und können besser planen. Sie schätzen Risiken realistischer ein und sehen die Herausforderungen in ihrem Geschäft oder Unternehmen klarer. Männer sind dagegen oftmals risikofreudiger und laufen daher auch eher Gefahr, in finanzieller Hinsicht zu scheitern oder Fehler zu begehen.[328] Auch besitzen Frauen bessere kommunikative Fähigkeiten. Beziehungen zwischen weiblichen Angestellten sind viel intensiver und familiärer.

Eine weitere Stärke der Frauen in Kleinstunternehmen liegt darin, dass sie die Preise für ihre Waren besser einschätzen und einen geeigneten Standort auf dem Markt wählen können. Einer Studie des Zentrums für Frauenstudien in der Provinz Yogyakarta zufolge können 51 % der befragten Frauen

Marktpreise und -standorte sicher bewerten, während das nur 29 % der befragten Männer möglich war. Ein Fünftel der UnternehmerInnen analysierten die Marksituation gemeinsam mit ihren Männern.[329]

Die Einschränkungen der Frauen im Geschäftsleben

Die größte Herausforderung für Frauen besteht in ihrer Doppelrolle als Hausfrau und Mutter sowie als Geschäftsfrau. Dies ist nichts Neues und wurde in einer Befragung der ADB aus dem Jahre 2001 von 15 Unternehmerinnen bestätigt.[330] Die Studie untersuchte das Alter von weiblichen und männlichen Unternehmern und zeigte deutlich, dass Frauen Schwierigkeiten haben, ein Geschäft zu eröffnen und zu betreiben, solange ihre Kinder noch klein sind. Daher steigen die meisten Frauen erst ins Geschäftsleben ein, wenn ihre Kinder schon etwas älter sind und nicht mehr ihre ganze Aufmerksamkeit beanspruchen.

Eine weiteres Problem, mit dem sich viele Unternehmerinnen konfrontiert sehen, hängt mit ihrem eingeschränkten Handlungsspielraum zusammen. Da indonesische Frauen in der Regel auch Hausfrauen sind, ist ihr Bewegungsspielraum auf das Haus und seine unmittelbare Umgebung begrenzt. Üblicherweise ist ihnen nicht erlaubt, sich allzu weit und allzu lange vom Haus zu entfernen. Die Frauen selbst verweisen auf die Vielzahl an Gefahren, die ihnen unterwegs und vor allem nachts beggnen könnten, auf ihre Einschränkung, keinen Führerschein zu besitzen und daher auf öffentliche Verkehrsmittel angewiesen zu sein. All dies schränkt ihren Handlungsspielraum erheblich ein und hat zur Folge, dass sie sich nicht umfassend über die Marktsituation informieren, mit Kunden treffen und ihr Netz an Geschäftsbeziehungen weiter ausdehnen können.

Die Studie der ADB aus dem Jahre 2001 ergab, dass die ungerechte Verteilung von Besitzrechten zwischen Männern und Frauen einen wichtigen Faktor darstellt, der zur Folge hat, dass die Unternehmen von Männern und Frauen unterschiedlich erfolgreich sind.[331] Dies wiederum liegt in dem islamischen Erbsystem begründet, nach dem Frauen nur die Hälfte von dem zusteht, was den männlichen Nachkommen vererbt wird. Die Praxis der Vererbung von Landrechten besteht in dieser Weise bis heute fort. Frauen erhalten nur einen kleinen Teil des Erbes ihrer Eltern. In der hinduistischen Gesellschaft Balis steht den Frauen gar kein Erbe zu.[332] Verstärkt wird dies noch durch die vielerorts herrschende Praxis, alles Vermögen auf den Namen des Mannes einzutragen. All dies erschwert es Frauen, einen offiziellen Kredit bei der Bank zu beantragen. Auch die Steuergesetze für verheiratete Frauen sind zum Nachteil der Frauen ausgerichtet. Üblicherweise werden die Männer besteuert. Frauen, die ein Geschäft betreiben, können das nicht eigenständig anmelden, sondern müssen die Steuernummer ihres Mannes angeben.

Trotz dieser Einschränkungen gibt es viele Beispiele von Frauen, die sich erfolgreich in der Geschäftswelt behaupten. Dies gilt nicht nur für Angehörige der Mittel- oder Oberschicht oder Frauen, die einen höheren Schulabschluss erwerben konnten. Auch unter Frauen aus ärmlichen Verhältnissen gibt es viele, die es dank ihres Geschickes zur erfolgreichen Geschäftsfrau gebracht haben. Erfolgsgeschichten finden sich überall. Ein Beispiel hierfür ist die Geschichte von Ibu Lia.

Der Beitrag von Frauen für die lokale Wirtschaft wird immer noch viel zu wenig anerkannt. Dabei kann ihre Arbeit kaum in Geld aufgewogen werden.

»Ich habe dafür gesorgt, dass der Kochtopf nie ganz leer war.« Die Geschichte der Ibu Wiro

Im März 2007 sitzt Ibu Wiro vor meiner Küchentür und reibt sich wie so häufig die müden Waden. Sie möchte etwas Geld leihen, um bei einem Großhändler noch einige Schachteln Zigaretten zu erstehen, bevor sie anfängt, für ihren kleinen ambulanten Essstand zu kochen, einen typischen indonesischen *warung* mit einem Tisch unter einer Plastikplane als Regenschutz und zwei Holzbänken links und rechts davon. Ich frage sie, ob sie Zeit für ein Interview über ihr Leben hat. Am nächsten Tag erscheint sie in Begleitung ihres Mannes, der bei einem so wichtigen Gespräch offenbar nicht fehlen darf.

»Wenn die Geschäfte gut laufen, kaufe ich jeden Tag früh morgens auf dem großen Markt von Denpasar 15 kg Hühner sowie Gemüse und Gewürze ein und koche daraus nasi campur«, erzählt Ibu Wiro. Nach dem leckeren javanischen Reisgericht mit verschieden gewürzten Beilagen besteht auch außerhalb Javas hohe Nachfrage. Ihren warung (Essstand) baut sie zusammen mit ihrem Mann jeden Abend ab 7 Uhr vor einem kleinen Bürogebäude am Standrand von Balis Hauptstadt Denpasar auf. Sie macht das Büro morgens sauber, und ihr Mann ist als Nachtwächter angeheuert. Als Gegenleistung bekommen sie von der Geschäftsfrau keinen Lohn, sondern eine Ecke der Metallwerkstatt als Schlafplatz zur Verfügung gestellt. Außerdem dürfen sie gratis Strom und Wasser sowie eine 20 Quadratmeter große Fläche vor dem Büro für ihren Essstand nutzen. Ibu Wiro findet das sehr großzügig. Von ihrem »Boss«, wie sie die Geschäftsfrau ehrfurchtsvoll nennt, hat sie im Oktober 2002 auch einen Empfehlungsbrief erhalten, als es den javanischen Wanderarbeitern nach dem von radikalen Moslems verübten Bombenanschlag auf eine Touristendisco schwer gemacht wurde, mit der Fähre von Java nach Bali einzureisen. Ibu Wiro kam im Jahr 2001 mit einer Bekannten nach Bali, die bei javanischen Geschäftsleuten in Denpasar eine Anstellung als Hausmädchen gefunden hatte. Ihr Mann folgte ihr nach einigen Monaten und wurde von dieser Familie als Nachtwächter in einer Werkstatt am Standrand eingesetzt. Ibu Wiro zog mit ihm und richtete eine Ecke des Werkstattschuppens als Schlaf- und Kochecke ein. Nach einer Weile baten sie um Erlaubnis, in den Abendstunden an der Straße vor dem Gebäude, nasi jinggo, Reisportionen in Bananenblättern zu verkaufen. Die Besitzerin des Geschäftes willigte unter der Bedingung ein, dass Ibu Wiro als Gegenleistung die Büroräume sauber hielte.

Der Verkauf der kleinen Reisportionen lief gut, da die Straße bis in den frühen Morgen von den Besuchern der Billardsalons bevölkert wurde, die sich in dieser Ausfallstraße aus der Innenstadt befanden. Das Ehepaar Wiro entschied, es mit einem größeren Angebot zu versuchen. Gegrillte Hühner verkauften sich besonders gut und mit der steigenden Zahl der nächtlichen Besucher konnte das Warenangebot des warungs erweitert werden. Jetzt gab es am warung der Wiros nicht nur warmes Essen, sondern auch kalte Getränke in Flaschen sowie Snacks und Zigaretten. Allabendlich fanden 20 kg allabendlich mühelos ihre Abnehmer. Jeden Tag wurde für rund 500.000 Rupiah (knapp 45 Euro) eingekauft und der Reingewinn belief sich auf 75.000 Rupiah (7 Euro). Das Ehepaar holte ihren Sohn aus Java mit Frau und kleinem Enkelkind zu sich, weil sie es allein kaum noch schafften, jeden Abend den Stand aufzubauen, das Feuerholz für den Grill zu spalten, die Hühner auszunehmen und das Gemüse zu putzen. Der Umsatz stieg kontinuierlich an, und die Wiros konnten in ihrem Heimatdorf sogar eine Kuh kaufen – eine unter ländlichen Javanern äußerst beliebte Geldanlage. Doch dann wurde in Indonesien im Jahre 2005 die Vogelgrippe virulent und plötzlich wollte keiner mehr gegrillte Hühnchen essen. Bu Wiro blieb mehrere Male auf ihren Hühnern sitzen, was ihr erheblich Schulden bei dem Großhändler auf dem Denpasar-Markt einbrachte. Daraufhin wurde das Menü wieder auf fleischlose Kost heruntergeschraubt und das Angebot auf Waren beschränkt, die günstig zu erwerben und nicht so leicht verderblich waren.

Dass Bu Wiro sich auf eine unerwartete Situation einstellen musste, war nicht das erste Mal. Bereits früh hatte sie gelernt, mit schwierigen Situationen umzugehen. Mit der härtesten Probe sah sie sich bereits als junge Frau konfrontiert. Nachdem sie die Grundschule nach nur drei Jahren verlassen musste, um ihren Eltern in der kleinen Landwirtschaft zu helfen, wurde sie als Sechzehnjährige mit dem fünf Jahre älteren Pak Wiro aus einem Nachbardorf unweit der Kreisstadt Klaten in Mittel-Java verheiratet. Wenige Monate nach der Geburt ihres ersten Sohnes verließ ihr Mann sie, da er einer inneren Stimme folgte, die ihm Reichtum verhieß, wenn er einige Jahre als Eremit in die Wälder ginge. Ihr Mann war von klein auf ein eigensinniges, rebellisches Kind gewesen, das nicht zur Schule gehen wollte und bereits als Zehnjähriger wochenlang allein auf Feldern und an Stränden herumstreifte. Er hatte Eingebungen und fühlte sich über seine innere Stimme direkt mit dem Allmächtigen in Kontakt. Bis heute ist er Analphabet geblieben. Als »Paranormaler«, den andere Menschen aufgrund seiner besonderen Verbindung zu übernatürlichen Kräften respektieren und um Rat fragen, braucht er keine formale Bildung.

Dem praktischen Leben fühlte Pak Wiro sich nie verpflichtet. So zog er in die Wälder an den Hängen des Merapi-Vulkans. Er lebte von Waldfrüchten und Pflanzen und lernte den Wald mit den wilden Tieren zu teilen. Oft aß er tagelang nichts und trank nur den Tau von den Blättern, wie er stolz berichtet. Aufgrund seines unangepassten Verhaltens und der Weigerung, seine Pflicht als junger Familienvater zu erfüllen, nahmen ihm die Eltern ihm das kleine Haus weg, das sie ihm bereits vererbt hatten und gaben es seinem jüngeren Bruder. Diese Entscheidung seiner Eltern fügte Pak Wiro eine starke Kränkung zu und er beschloss, ihnen zu beweisen, dass er es auf seine Weise zu etwas bringen könnte. Zunächst verschwand er zwei weitere Jahre in der Wildnis. Nur selten tauchte er für ein paar Tage zu Hause auf.

Ob sie sich denn nicht gegrämt und Sorgen gemacht habe, frage ich Bu Wiro. »Ich habe ihr gesagt, dass sie nicht nachdenken soll«, beantwortet stattdessen Pak Wiro meine Frage. »Ich musste einfach meinem Ruf durch den Allmächtigen folgen.« Und wie ist Bu Wiro damit umgegangen? »Ich habe nicht mehr gefragt, sondern mich einfach an das Leben allein gewöhnt«, sagt sie lakonisch.

Nach drei Jahren brachte Bu Wiro ihr zweites Kind zur Welt. Etwa zu dieser Zeit kehrte Pak Wiro aus dem Wald zurück und suchte in Klaten als Kleinhändler wieder Anschluss an die normale Welt. »Ich habe Pak Wiro zweimal geheiratet,« sagt Bu Wiro. »Gerade als ich von der Dorfverwaltung den Brief bekam, dass ich nun geschieden sei, tauchte er plötzlich wieder auf und wir schlossen zum zweiten Mal die Ehe.«

Es dauerte allerdings nicht lange, bis Pak Wiro in Klaten auf dem Markt eine junge Frau kennenlernte, »die sich für ihn interessierte«, so seine Worte. Er zog mit ihr zusammen und führte eine wilde Ehe, die zwar vom Kampungvorsteher anerkannt, aber nicht in die Bücher des islamischen Religionsbüros eingetragen war. »Kawin kampung« ist für arme Leute eine akzeptierte Art der Eheschließung. Aus dieser Verbindung entstanden sieben Kinder, von denen aber nur das Jüngste, ein Sohn, am Leben blieb. »Die Kinder wurden alle im Alter von einigen Monaten krank und starben. Der Allmächtige wollte uns offenbar etwas zeigen;« erklärt Pak Wiro. Der Verlust der Kinder scheint ihn psychisch nicht belastet zu haben, da er ihn als Botschaft des Himmels sah. Nach insgesamt zwölf Jahren verließ er seine Zweitfrau und kehrte schließlich zu Bu Wiro zurück, die ihre Kinder und sich selbst bis dahin durch Gelegenheitsarbeiten in der Landwirtschaft und auf dem Markt über Wasser gehalten hatte.

Als die Kinder bereits junge Erwachsene waren, zogen Pak und Bu Wiro entsprechend einer Eingebung, die Pak Wiro von den höheren Mächten empfangen hatte, nach Westen. Sie landeten in Jakarta und suchte auf großen Baustellen Arbeit. Bu Wiro bot den Arbeitern Essen an und Pak Wiro wurde als Aufpasser angestellt. Das drückt er so aus. »Ich musste eigentlich gar nichts tun, einfach nur da sein. Und am Ende des Monats gab mir der Boss dann richtig viel Geld dafür (ca. 40 Euro).« So blieben sie über ein Jahr auf einer Baustelle und zogen dann auf den nächsten Bauplatz, wenn das Gebäude fertig gestellt war. Insgesamt haben sie auf diese Weise acht Jahre in Jakarta gelebt. Dann kehrten sie nach Klaten zurück und kümmerten sich bis zu deren Tod um die Eltern von Bu Wiro. Von ihren Einkünften in Jakarta hatten sie es geschafft, in ihrem Heimatdorf nicht nur ihren beiden Kindern jeweils ein einfaches Häuschen zu bauen, sondern auch dem Sohn aus Pak Wiros Zweitehe ein kleines Domizil zu errichten.

Mit der Frau und dem Sohn aus Pak Wiros Zweitehe hat Bu Wiro nach ihrer Aussage keine Probleme. Sie treffen sich zu den Feiertagen, und der Sohn aus der Zweitehe zog mit Frau und Kind zu den Wiros nach Bali, als sie Hilfe in ihrem schnell wachsenden warung benötigten. Pak Wiro ist sehr stolz darauf, dass er seinen Kindern mehr materielle Unterstützung bieten konnte, als seine Eltern ihm aufgrund seines unangepassten Lebensstils zugetraut hätten. Er ist überzeugt, dass ihm das nur möglich war, weil er stets den Eingebungen seiner inneren Stimme gefolgt ist.

Bu Wiros Gesichtsausdruck zeigt, dass sie wenig Raum für eigene Entscheidungen über ihren Lebensweg hatte. Sie war ständig mit den praktischen Konsequenzen der »übernatürlichen« Eingebungen ihres Mannes konfrontiert und musste die materielle Bürde über weite Strecken allein tragen. Über die Jahre hat sie gelernt, Schicksalswendungen jeglicher Art mit unendlicher Geduld und Gelassenheit aufzunehmen. Nur ihr Körper macht ihr zu schaffen, Rheuma in Händen und Füßen sowie Rückenschmerzen setzen ihr zunehmend zu. Ihr Tagesablauf enthält nur eine Ruhepause von vier bis fünf Stunden. »Wenn wir den warung morgens zwischen vier und fünf abbauen, fahre ich erstmal auf den Markt und kaufe die Hühner und das Gemüse für den Abend ein. Dann mache ich das Büro unserer Chefin sauber. Von acht bis zwölf oder eins lege ich mich hinten in der Werkstatt hin.« Offenbar ist sie so müde, dass weder die extreme Hitze noch das kreischende Geräusch der Metallsägen in der Werkstatt ihren Schlaf stören. »Um ein Uhr Mittags muss ich aufstehen und die noch fehlenden Dinge besorgen, denn spätestens um zwei muss ich anfangen, die Hühner auszunehmen und das Gemüse für den nasi campur zu schneiden.«

Im Gegensatz zu seiner Frau erfreut Pak Wiro sich bester Gesundheit. »Wie alt schätzt du mich?«, fragt er mit schelmischem Lachen und zeigt dabei seine gut erhaltenen Zähne. Sein Haar ist in einer Art Elvis Presley Look in einer großen Tolle mit Frisiercreme nach hinten geschlagen. Er sieht tatsächlich nicht aus wie 57, wie er befriedigt feststellt. Ibu Wiro dagegen erscheint mit ihrem zerfurchten Gesicht und ihren alten, abgeschabten Kleidern wie Ende 50, obwohl sie doch fünf Jahre jünger ist als ihr Mann. Im Vergleich zu vielen gepflegten Mittelstandsdamen, die auch jenseits der 50 mit schicken Kleidern und strahlendem Teint ihre Jugendlichkeit behalten, wirkt Bu Wiro wie eine alte Frau. Man sieht ihr an, dass sie es im Leben nicht leicht hatte.

In den Nächten der letzten Monate waren die Sitzbänke am warung in der Ausfallstraße Denpasars wieder voll. Sogar eine junge Frau aus Ost-Java hilft Ibu Wiro jetzt beim Kochen und Verkaufen. Die Zahl der Kunden aus den Rotlicht-Cafes, die sich vor dem Heimgehen mit einem nasi campur stärken, hat allerdings nicht die Höhe des Jahres 2004 erreicht, als das Geschäft bis zum Ausbruch der Hühnergrippe besonders gut lief. In den letzten Jahren haben in unmittelbarer Nachbarschaft von Bu Wiros warung viele andere Essstände eröffnet. Der ökonomische Druck in Indonesien ist seit Beginn des Reformprozesses für die unteren Schichten wieder gestiegen und die Zahl der Menschen aus Java und von den Außeninseln, die es auf der Suche nach einem Einkommen nach Bali verschlägt, steigt kontinuierlich an.

Trotzdem wäre bei den Wiros soweit alles in Ordnung gewesen, wenn Pak Wiro nicht vor einigen Monaten einen Motorradunfall gehabt hätte. Er musste einem Fahrradfahrer ausweichen, stürzte und zog sich einen komplizierten Beinbruch zu. Nachdem ein Heiler um die Ecke, der seine Patienten mit Massagen kuriert, das Bein nicht richten konnte, brachte Bu Wiro ihren Mann ins städtische Krankenhaus. »Dort sollte ich 10 Millionen bezahlen, damit er operiert werden könne«, erzählt sie mir. Soviel Geld konnte sie nicht auftreiben, und auch ihr »Boss« wollte sich für diese Summe nicht verbürgen. So wurde das Bein lediglich eingegipst und Pak Wiro auf eigene Verantwortung aus dem Krankenhaus entlassen. Auf Anraten von Bekannten brachte sie ihn zu einem berühmten Heiler in Besakih im Nordosten Balis, der Knochenbrüche durch Ausrichten der Knochen und Massage erfolgreich heilen sollte. Als Pak Wiro auch nach mehrtägiger Behandlung immer noch nicht auftreten konnte, holte Bu Wiro ihn wieder nach Hause. Ihr Sohn in Java wusste von einem Heiler in den Bergen nahe Salatiga, der als Wunderheiler bekannt war. Pak Wiro wurde in den

Nachtbus verfrachtet und nach Salatiga gebracht. »Dort wurde er nur ein einziges Mal massiert und dann stand er auf und ging ohne Stock«, sagt Bu Wiro begeistert. »Und dafür mussten wir nur einen Umschlag mit 50.000 Rupiah übergeben (4,20 Euro), während wir in Besakih mehrere Hunderttausend hingelegt haben, ohne dass sein Bein gesund wurde und das Krankenhaus Millionen verlangt hat.« Krankheiten und Unfälle treiben die Menschen, die als Tagelöhner in Landwirtschaft oder Industrie oder als Kleinhändler im informellen Sektor arbeiten, oft in den Ruin. In Indonesien gibt es keine soziale Krankenversicherung und das staatliche Gesundheitssystem, das eine gebührenfreie Behandlung Armer vorsieht, die mit einem entsprechenden Schreiben ihres Dorfbürgermeisters verse-hen sind, funktioniert in vielen Regionen aufgrund der weit verbreiteten Korruption nicht. Häufig sind eher wohlhabende Familienmitglieder und Freunde der Gemeindevorsteher mit diesem Berechtigungsbrief ausgestattet und die Armen werden im staatlichen Krankenhaus nach dem Normaltarif zur Kasse gebeten.

Dank des Hinweises auf den Wunderheiler in Java kann Pak Wiro sich jetzt wieder bewegen wie vorher. Bu Wiros Leiden dagegen sind chronisch geworden und können auch durch die vom traditionellen Heiler gebrauten Kräutertränke nur gemildert, aber nicht kuriert werden.

Wie lange sie denn noch in Denpasar ihren warung betreiben wollen, frage ich. »Solange wie er Geld abwirft und wir noch stark genug sind, die Arbeit zu verrichten«, sagt Bu Wiro. Und dann? »Dann gehen wir zu unseren Kindern nach Klaten aufs Dorf. Sie werden uns im Alter aufnehmen.«

Bu Wiro stellt keine Fragen an das Leben. Sie verrichtet ihre Arbeit ohne Klagen und freut sich, wenn sie mit den javanischen Hausangestellten in den Häusern um ihren warung herum zwischendurch ein Schwätzchen auf Javanisch halten kann. Sie hat ihre Resignation zur Gelassenheit gewendet und kommt so relativ unerschüttert durch die Höhen und Tiefen des Alltags. Sie hatte keine andere Wahl, als auf ihre Weise Frieden mit ihrem Leben zu finden, das sowohl emotional als auch materiell schon so viele Herausforderungen für sie bereitgehalten hat.

Gegen den Strom schwimmen –
Reflektionen einer kulturellen Kosmopolitin

Birgit und ich kennen Nena schon seit ihrem Studium in Berlin Anfang der 80er Jahre. Wir bereiteten uns damals gerade auf einen längeren Aufenthalt in Indonesien vor und bewegten uns viel in Kreisen der politisch engagierten indonesischen Studenten. Nena war witzig und frech und wir mochten sie sofort. Über Nenas schwierigen Berufseinstieg in Indonesien erzählten uns hauptsächlich gemeinsame Freunde. Nena arbeitete damals in Padang in einem deutschen Entwicklungshilfeprojekt. Wir hörten, ihr Haus würde von den Einheimischen mit Steinen beworfen, da sie nicht entsprechend den indonesischen Sitten leben wolle. Kurz nach dieser Erfahrung ging Nena zurück nach Jakarta und baute ihre eigene, erfolgreiche Consultingfirma auf. Bei vielen deutschen Arbeitgebern war sie deshalb so beliebt, weil sie neben ihrem Fachwissen als lokale Expertin in Hinblick auf Verlässlichkeit, Vertrauenswürdigkeit und Gründlichkeit der deutschen Arbeitsmoral entsprach.

Privat blieben wir über die ganze Zeit freundschaftlich verbunden. Nena war in der deutschen Community eine der wenigen indonesischen Frauen, die dort zwar zu Hause war, jedoch nie mit deutschen Männern anbändelte. Sie liebe eher die braune Haut, ließ sie verlauten. Gleichzeitig bereicherte sie unser Leben durch ihre Affinität zur asiatischen Spiritualität. Fast jedes Mal wenn ich sie traf, hatte sie eine neue Meditationstechnik, interessante Heilmethode oder Verjüngungsgymnastik anzubieten. Die Nachricht ihrer Entscheidung mit über 40 Jahren noch ein Kind ohne Vater zu bekommen, fegte wie ein Sturm durch Jakarta, denn selbst in der Szene der »Nichtangepassten« war sie damit eine absolute Vorreiterin. Sie hatte die Bewunderung all derjenigen indonesischen Frauen auf ihrer Seite, die vorsichtig versuchten, aus traditionellen Verhaltensvorschriften auszubrechen und in Nena eine Art Jeanne d'Arc des Kampfes für die individuelle Freiheit der Frau sahen. Aber es gab natürlich auch kritische Stimmen, die in Indonesien ja meist nur hinter vorgehaltener Hand geäußert werden. Besonders unter den indonesischen Männern gab es viele, die fanden, dass sie nun wirklich einen Schritt zu weit gegangen sei, indem sie alle gängigen Moralvorstellungen mit Füßen trat.

Während unserer langen Zeit in Indonesien war es für Birgit und mich immer ein Problem, Freundinnen zu finden, mit denen wir alle Facetten unseres Lebens teilen konnten. Die meisten deutschen Frauen waren als mitausreisende Ehefrauen nicht berufstätig und führten von daher ein ganz anderes Leben als wir. Es gab aber Aspekte unseres Privatlebens, die wir auch nicht mit befreundeten indonesischen Kolleginnen teilen konnten. Zum Beispiel kamen nächtliche Unternehmungen in Kneipen und Diskos für sie überhaupt nicht in Frage. Dagegen fühlten sich viele der indonesischen Gespielinnen unserer deutschen Freunde nur dort auf sicherem Terrain. Nena war für uns immer eine der ganz wenigen Freundinnen in Jakarta, mit denen wir uns sowohl beruflich wie auch privat über alles austauschen konnten, die wie wir im braven Business-Outfit im Büro saß, mit der man auf intellektueller Ebene diskutieren konnte, mit der man aber genauso abends im Minirock in die Disco gehen und auf Partys seinen Spaß haben konnte.

Der große Zufall ihres Lebens wollte es, dass sie nun wieder in Nord-Deutschland wohnt und wir uns weiterhin häufiger sehen können. Ein Leben zwischen zwei Welten ist immer ihr Schicksal gewesen. Im Folgenden erzählt sie ihre Geschichte.

Ich wurde 1958 in Buenos Aires geboren und bin dort bis zum dritten Lebensjahr aufgewachsen. Mein Vater war dorthin als Diplomat entsandt worden. Anfang 1960 kamen wir nach Indonesien zurück, das war noch in der Zeit Soekarnos. Nicht lange danach wurde mein Vater dann als indonesischer Konsul nach West-Berlin versetzt. Dort habe ich den deutschen Kindergarten und die deutsche Grundschule besucht und damit die deutsche Sprache und Kultur kennen gelernt. Meine Eltern hatten außerdem eine Indonesierin als Lehrerin mitgenommen; sie unterrichtete uns nachmittags in Bahasa Indonesia, damit wir unsere indonesische Sprache nicht vergaßen. Trotz meines insgesamt 19-jährigen Deutschlandaufenthaltes blieb Indonesisch somit meine Muttersprache.

Ich habe drei Geschwister, alle außerhalb Indonesiens geboren, die älteste Schwester in Karatschi, der ältere Bruder in Paris und der jüngste in Berlin. Meine Mutter starb zwei Stunden nach der Geburt meines jüngeren Bruders in Berlin. Ich war damals sieben Jahre alt. Mein Bruder ist bis zum Ende des ersten Lebensjahres in einem deutschen Nonnenkloster großgezogen worden, in so einer Art Säuglingsheim, wo wir ihn zweimal am Tag für jeweils eine Stunde besuchen durften. So bin ich praktisch mit meinem Vater und mit meinen zwei älteren Geschwistern groß geworden.

Ich denke, dass diese Lebenssituation mich geprägt hat. Später als Erwachsene wollte ich nie die Rolle einer typischen Mutter oder Ehefrau, die den Haushalt führt, annehmen, da ich als Kind diese typische Rollenverteilung von Frau und Mann in der Familie kaum kannte. Ich habe mich zwar mit sieben Jahren an die Wärme und Zärtlichkeit meiner Mutter erinnern können, habe aber nach ihrem Tod das Leben meines Vaters als hauptsächliches Rollenmuster gehabt.

Sechs Monate nach dem Tod meiner Mutter in Berlin kam mein Vater eines Tages ganz verwirrt ins Zimmer und sagte: »In Indonesien ist ein Putsch ausgebrochen, Soekarno wird abgesetzt!« Er war als Botschaftsangehöriger ja sozusagen vom damaligen Präsidenten Soekarno ernannt worden und stand nun erst mal im leeren Raum. Wir kehrten 1968 nach Indonesien zurück, als Suharto offiziell die Macht übernommen hatte. Ich hatte in Berlin das zweite Grundschuljahr hinter mir und konnte Gott sei Dank mit Hilfe der Indonesisch-Lehrerin in Berlin auch direkt in eine indonesische Schule gehen, denn sie hatte uns auch mit indonesischen Schulbüchern versorgt.

Mein Vater war ein Freidenker

Neben dem Rollenmuster des Alleinerziehers und professionellen Diplomaten hat mein Vater mich auch in meinem Wertesystem und in meiner Gefühlswelt sehr geprägt. Ich habe sehr viel von ihm abgeschaut, wie er seinem politischen Denken treu blieb, obwohl es ihm deswegen schlecht ging. Er war dem neuen Regime nach dem Putsch nicht wie viele andere opportunistisch gefolgt.

Mit meinen zehn Jahren habe ich schon mitbekommen, dass er als Folge seines politischen Bekenntnisses im Büro bestraft wurde. Er war ja Beamter, und als Beamter konnte man ihn nicht rauswerfen – das hat man auch bei diesem politischen Wechsel nicht getan. Aber er hatte nun keine seinem Dienstgrad entsprechende Aufgabe zugeteilt bekommen, war mit keinerlei Verantwortung betraut und durfte keine diplomatischen Kontakte pflegen. Wir waren immer knapp bei Kasse. Eine innere Einstellung, die ich von ihm gelernt habe, ist die Einstellung zum Geld. Als klassischer Javaner aus der *Priyayi*-Schicht[333] war er so erzogen, dass Geld als etwas Schmutziges galt, mit dem sich ein vornehmer und kulturorientierter Mensch nicht beschäftigen muss. Er war immer gegen Korruption.

Eine andere Einstellung, die ich von meinem Vater angenommen habe, war seine Spiritualität. Wie früher noch verbreiteter als heute, war er als Javaner aus der *Priyayi*-Schicht ein praktizierender *Kejawen*-Gläubiger. *Kejawen* ist eine in Java entstandene mystisch geprägte Glaubensrichtung, die

Elemente des Hinduismus und des Buddhismus sowie des früheren Animismus vereint. Obwohl automatisch im Personalausweis als Moslem abgestempelt unterwarf er sich nicht streng den islamischen Regeln. Wie viele andere *Kejawen*-Anhänger nahm er vom Islam nur das 30-tägige Fasten im Jahr an, da es zu der im *kejawen* praktizierten asketischen Übung passte. Im *kejawen* lernt man beim Fasten, seine Gier zu kontrollieren und seine Energien zu sublimieren. Mein Vater hat eindeutig an Gott geglaubt, doch er hat sich nie etwas daraus gemacht, wo die Leute beten oder zu welcher Religion sie sich bekennen. Er hat immer gesagt: »Das Wichtigste ist« – und da denke ich, sind Elemente vom Buddhismus zu erkennen – »dass das, was man macht, auch wieder zurückkommt«. Wie das buddhistische Karma, das besagt, dass es wichtig ist, wie wir leben, dass wir gut sind, immer gut über andere Menschen denken und sie auch gut behandeln.

Dadurch, dass mein Vater sich politisch nicht für Suharto erklärt hatte, wurde er erst einmal nicht mehr ins Ausland versetzt und musste sechs Jahre in Indonesien bleiben. Ich habe also meine Schule in Jakarta bis zur 9. Klasse besucht. Es war eine katholische Mädchenschule.

Islamische Schulen hatten damals noch eine schlechte Qualität. Die Familien, die ihren Kindern eine gute Ausbildung geben wollten, schickten ihre Kinder entweder auf evangelische oder katholische Schulen. Erst Anfang der 80er Jahre wurden islamische Bildungsstätten langsam konkurrenzfähig. Die Gebühren wurden dann genauso hoch wie die in den katholischen und evangelischen Schulen. Seitdem wurde der Glaube an den Islam bei der Bevölkerung immer stärker. Ich galt immer mehr als Außenseiterin, da ich nicht islamisch erzogen worden war, nie eine islamische Schule besucht hatte und lange im Ausland gelebt hatte.

Anfang der 70er Jahre wurde mein Vater schließlich wieder als Diplomat ins Ausland versetzt. So kam ich dann wieder in eine deutsche Schule, auf das Nicolaus Cusanus Gymnasium in Bad Godesberg, Bonn. Ich hatte mit 14 Jahren keine große Schwierigkeit bei der Anpassung gehabt. In den Fächern Mathematik und Geometrie waren wir in der 9. Klasse in Indonesien bereits viel weiter als in derselben Klasse in Deutschland. Ich sprach noch Deutsch und konnte, ohne die Klasse zu wiederholen, dem Unterricht folgen.

Trotzdem hinterließ das Wechseln von der deutschen in die indonesische und dann wieder in die deutsche Kultur Spuren in mir. In Deutschland war mir bewusst, dass ich anders aussehe als die anderen Kinder. Als eine Ausländerin gehörte ich in Deutschland zu einer Minderheit. Das »Anders-

Sein« war latent vorhanden und hat mich oft gestört. Dazu kam, dass ich ohne Mutter im Haus mich selbst und drei Männer zu versorgen hatte, meinen Vater, meinen älteren und meinen jüngeren Bruder. Wenn sich meine Altersgenossinnen nachmittags gegenseitig besuchten oder miteinander spielten, musste ich aufräumen und kochen. Mein älterer Bruder half mit. Und mein jüngerer Bruder musste sich oft allein versorgen.

Durch die Erziehung meines Vaters habe ich gelernt, dass man sich für den Aufbau seiner Heimat und für seine Prinzipien einsetzen muss. Schon in der 12. oder 13. Klasse fing ich an, mich für die Entwicklung meines Heimatlandes zu interessieren. Ich habe an einer ›linken‹ indonesischen Zeitschrift mitgearbeitet. Obwohl mein Vater in der Botschaft gearbeitet hat, habe ich mit Leuten in der Redaktion zu tun gehabt, die in Russland studiert hatten und die auf der »schwarzen Liste« standen.[334] Mein Vater ließ das zu, obwohl seine berufliche Laufbahn dadurch erschwert wurde, weil sich seine Tochter politisch im »schwarzen Bereich« bewegte. Er war aber schon immer ein Freidenker und ich kann mich nicht erinnern, dass er mir diese Aktivität verboten hätte. Ich glaube sogar, dass er insgeheim auch stolz darauf war, dass seine Tochter sich politisch engagierte.

Bis zu seiner Pensionierung wurde er nicht mehr befördert. Das hat er sich sehr zu Herzen genommen. Ich habe es noch gut im Bewusstsein, dass mein Vater politisch trotzte, obwohl Suharto seit 1968 immer stärker wurde. Ich glaube, um an seinen Prinzipien festzuhalten, habe ich seine Fähigkeit gegen den Strom zu leben, von ihm übernommen.

Noch in Deutschland hat mein Vater meine deutsche Stiefmutter geheiratet, eine Journalistin, die das indonesische Programm der Deutschen Welle leitete. Durch sie und ihre deutsch-indonesische Tochter aus ihrer früheren Beziehung vergrößerte sich die Familie. Meine Eltern sind dann mit meinen jüngeren Geschwistern nach Indonesien zurückgekehrt. Ich habe nur einige Jahre mit meiner Stiefmutter zusammengewohnt, bevor ich zum Studieren nach Berlin zog. Trotzdem habe ich ihre Rolle als tüchtige Karrierefrau bewundert und ihr sicherlich auch nachgeeifert. Ihr Mut, ihre relativ erfolgreiche Karriere in Deutschland aufzugeben, um nach Indonesien umzusiedeln und mit einem indonesischen Beamten mit indonesischem Gehalt zu leben, war bewundernswert. Dann hat sie den Buchverlag Katalis in Jakarta gegründet, der mittlerweile bereits 21 Jahre besteht. Das soll erstmal jemand nachmachen!

Meine Eltern und all meine Geschwister sind immer meine Quelle des Friedens und der Wärme gewesen. Bei uns gab es seit wir klein waren kaum einen ernsthaften Streit. Ganz im Gegenteil, das Schicksal ohne Mutter groß zu werden und die politischen Schwierigkeiten meines Vaters zu erleben, hat ein starkes Band zwischen uns gebunden.

Als mein Vater nach Indonesien zurückversetzt wurde, habe ich mich entschieden, nach dem Abitur von Bonn nach Berlin umzuziehen, um weiter zu studieren. Da fand ich meinen Vater sehr unindonesisch, denn er hat sich keine Sorgen gemacht, sondern fragte nur: »Ja, wie denkst du denn, wie du dein Studium und dein Leben in Berlin finanzieren wirst?« Wir wussten ja, dass mit einem indonesischen Beamtengehalt nicht mit viel finanzieller Unterstützung für den Studienaufenthalt zu rechnen war. Und ich habe ganz großkotzig erwidert: »Ja, ich werd' dann arbeiten und mein Studium selber finanzieren!«. Er hat noch gefragt: »Hast du keine Angst?« und ich hab gesagt »Nein!«. Er hat uns ja zu selbstbewussten Menschen erzogen.

Ich wollte etwas für mein Land tun

Ich kam dann nach Berlin und habe dort Stadt- und Regionalplanung studiert, mit der Perspektive, dass dieses Studium für Indonesien gut ist und ich damit helfen könnte, das Land zu entwickeln. Ich war seit meiner Schulzeit eindeutig an Indonesien interessiert und wollte immer nach Indonesien zurück. Diesen Idealismus habe ich von meinem Vater, darin bin ich groß geworden und so habe ich auch studiert. So bin ich also zu einer Aktivistin in der indonesischen Studentenbewegung geworden. Wir haben sehr viele Seminare und Diskussionen über Indonesien durchgeführt und darüber debattiert, wie das Land aufgebaut werden sollte.

Durch meine Schulzeit in Bonn geprägt, wollte ich ›deutsch‹ werden, dass heißt logisch sein, rationell, direkt und frei von komplizierten Traditionen. Aber in meiner politischen Orientierung und politischen Mission war ich eine Indonesierin, dass heißt, ich habe mein Heimatland geliebt und wollte das Beste aus dem Land machen. Mit dieser Zukunftsorientierung habe ich mich während des Studiums immer mehr von der deutschen Kultur entfernt.

Ich habe mich in der Studentenzeit in Berlin sehr stark auf Indonesien ausgerichtet. Ich wurde Mitglied des Führungsgremiums der indonesischen Studentenvereinigung für ganz Deutschland. Ich nahm an vielen Seminaren über den Aufbau Indonesiens teil. Nach und nach wurde ich immer mehr Indonesierin. Ich sah dann auch keinen Sinn darin, mit deutschen

Männern eine Liebschaft zu haben, denn meine Zukunft war nur auf Indonesien ausgerichtet. Ich fing an, nur Liebschaften mit indonesischen Männern zu haben. Zwischendurch habe ich in Indonesien ein Jahr Auslandspraktikum gemacht, um meine Berufschancen in Indonesien zu verbessern. Durch den Aufenthalt in Indonesien, die Beziehungen zu indonesischen Männern und die Prägung durch das indonesische Studentenleben habe ich mich immer mehr am indonesischen Verhaltens- und Höflichkeitskodex orientiert. Ich habe gelernt, dass nach dem Verhaltenskodex der Indonesier in der Öffentlichkeit keine Kritik geübt wird. Ich lernte, dass Indonesier das Gesicht verlieren können, wesentlich leichter als in Deutschland und verstand, dass für Indonesier das Streben nach Harmonie wichtiger ist als Konflikte auszutragen. Ich lernte auch, wie Indonesier Konflikte zu vermeiden oder mit Diskretion und hinter den Kulissen Konflikte zu schlichten.

Zurück in Indonesien galt ich als schräge Figur

Nach 14 Jahren Deutschlandaufenthalt kam ich Ende der 80er Jahre nach Jakarta zurück. Durch mein Auslandspraktikum in Indonesien hatte ich viele Freunde und Bekannte gewonnen. Mein Netzwerk war relativ gut entwickelt. Das ist in Indonesien sehr wichtig. Ich kam gleich in die Kreise der NGO-Aktivisten und Journalisten. Mir stellte sich die Wahl, ob ich weiter in dem Kontext der Aktivisten in der Hauptstadt bleiben und auf internationalen Seminaren in Fünfsternehotels verkehren wollte oder ob ich als Regionalplanerin irgendwo ins Land gehen und meinen Beitrag für die Entwicklung des ländlichen Indonesiens leisten sollte. Und da habe ich mich für das Letztere entschieden, weg aus der Hauptstadt Jakarta.

Im streng islamischen West-Sumatra galt ich dann als »schräge Figur«. Ich kam noch mit einer ausgefallenen Punk-Frisur in Padang an, mit provokativer roter Brille und Minirock. Ich habe zu der Zeit noch geraucht und wusste nicht, dass das Rauchen als Frau in Indonesien als nicht schicklich gilt.

Ich ging abends oft in die Kneipe, um mich mit internationalen Kollegen aus der Entwicklungshilfeszene zu treffen. Mir war nicht bewusst, dass auch dies von den Indonesiern vor Ort als Verstoß gegen die guten Sitten gesehen wurde, wohnte ich doch als unverheiratete Frau alleine, in einem riesengroßen Haus. Ich konnte dort umsonst wohnen, da es als ein sonderbares Haus bekannt war, in dem es nicht mit rechten Dingen zugeht. Vorher hatte dort ein Professor mit Familie gelebt, dessen Frau plötzlich starb, angeblich durch einen Herzschlag. Es wurde gesagt, dass ihre und auch einige anderen Seelen im Haus noch herumgeisterten. Deshalb wollte außer mir keiner dort wohnen. Die Einheimischen gingen immer mehr auf Abstand zu mir und sagten: »Bei der Frau kann es nicht mit rechten Dingen zugehen, sie lebt als unverheiratete Frau ganz allein – und dann noch in einem Spukhaus!« Nach meiner Rückkehr aus Deutschland bildete ich mir ein, dass ich den indonesischen Verhaltenskodex im Wesentlichen kannte. Aber mir war nicht bewusst, dass ich in Padang gegen viele Verhaltensregeln verstieß.

Einmal hat mich ein indonesischer Bekannter abends besucht, der zu später Stunde wegen eines Unwetters und Hochwassers nicht nach Hause konnte. Er war Dozent, war nicht mein Liebhaber und ich hatte keine Schwierigkeiten, ihm ein Zimmer anzubieten, denn das Haus hatte sechs Schlafzimmer. Obwohl wir in getrennten Zimmern schliefen, war das in diesem streng islamischen Gebiet ein schwerer Verstoß gegen die guten Sitten. Mitten in der Nacht, um 2 Uhr, kam ein Anruf von einem Mann, der sich als Beamter von der Polizeiwache vorstellte. Er wolle mich jetzt nur gutmütigerweise warnen, denn er kenne die Gesellschaft in dieser Stadt und er wisse auch, was mir bevorstehe, wenn dieser Mann weiter nachts bei mir bliebe. Er habe von der Nachbarschaft einen Anruf bekommen. Man habe sich beklagt, dass bei mir eine *suasana kehidupan bebas*, eine freie Lebensweise, herrsche, und klar gemacht, dass man dies in einer guten Nachbarschaft nicht dulden könne. Die Fantasien der Nachbarschaft waren wahrscheinlich freier als das, was eigentlich im Haus passierte, nämlich nichts!

Ich weiß aus Erzählungen, dass die Leute glauben, wenn die Nachbarschaft so etwas in einem Haus duldet, werde die ganze Nachbarschaft von Pech betroffen, beispielsweise würden Krankheiten ausbrechen oder es würden Einbrecher kommen. Dann habe ich diesen Gast aufgeweckt. Er hat gezittert vor Angst und wollte das Haus sofort verlassen. Aber ich habe gesagt: »Wieso, wir machen doch nichts. Die Polizei ist uns gerne willkommen, sie können ja gucken, wo wir schlafen!« Er hat jedoch gesagt, dass er das nicht ertragen könne, weil er aus Padang komme und wisse, dass die Leute dann das Haus überfallen und mit Steinen beschmeißen würden. Dann hat er das Haus in der Nacht verlassen.

Als ein paar Wochen danach mein Bruder kam und mit seiner deutschen Frau in einem Zimmer geschlafen hat, war für die Nachbarn das Maß voll, denn sie dachten, dass mein Bruder und seine Frau nicht verheiratet waren. Zunächst kamen jugendliche Banden an unser Gartentor und wollten in einem unhöflichen Ton Zigaretten und Geld haben. Mein Bruder ging an meiner Stelle ans Gartentor. Das hieß so viel wie: »Ja gut, wir geben dir noch die letzte Chance! Du hast die Möglichkeit, uns noch auszuzahlen! Dann stören wir dich nicht mehr«. Aber mein Bruder, frisch aus Aachen kommend, fand das unverschämt und hat sich konfrontativ dort hingestellt und »Nein!« gesagt. Damit war für diese Banden die Grenze überschritten und sie haben mein Haus mit Steinen beworfen. Das war mein erster radikaler Kulturschock.

Damit begann der Prozess meiner Indonesierung

Danach begann der lange Prozess meiner »Indonesierung«. Ich wollte mich nicht mehr als Außenseiterin in der islamischen Religion betrachten sondern selber zur Insiderin werden. Eigentlich betrachte ich mich nicht als Muslemin. Durch die Religion meines Vaters und die Art, wie er mich erzogen hatte, war ich ja weit entfernt vom Islam. Ich hatte aber eine gläubige Muslemin als Freundin. Mit ihrer Hilfe habe ich an mir selbst gearbeitet, durch sie habe ich mir das fünfmal tägliche Beten beigebracht, ich habe die arabischen Gebete auswendig gelernt, die man rezitieren muss für alle Lebenslagen. Ich muss sagen, ich habe sehr viel an mir gearbeitet, um nicht mehr so anders zu sein, um eine richtige Indonesierin zu werden und sogar auch Muslemin. Ja, ich habe gefastet und gebetet. Ich habe dann mit dem Rauchen und mit dem Minikleider-Tragen aufgehört und irgendwann habe ich auch damit aufgehört, spät in die Bar zum Biertrinken zu gehen. Und dann bin ich ohnehin von Padang weggezogen.

Mein Ziel war mich zu integrieren, um nicht mehr als etwas Anderes betrachtet zu werden. 19 Jahre in Deutschland als Ausländerin betrachtet zu werden war genug Leid. Ich wollte als Beraterin in Indonesien akzeptiert werden. Denn durch meine Arbeit wollte ich meinen Beitrag zur Entwicklung meines Landes leisten. Und solange ich durch meine westlichen, negativen Gewohnheiten irgendwie missachtet wurde, beeinträchtigte das meine Mission. Irgendwann, ein Jahr nachdem das Haus mit Steinen beworfen wurde, sagte Klaus Altemeier, ein guter Freund und Kollege, der mich bei einer meiner Moderationen traf: »Mensch, Nena, wie du dich verändert hast! Schau dich mal jetzt an: Du trägst jetzt einen langen Rock – so eine Oma-Länge!« und was weiß ich, was er da noch aufgezählt hat, was im Gegensatz zu der Nena stand, die er von früher kannte. Da habe ich gesehen, wie sehr ich mich schon verändert hatte. Ein anderer Bekannter, ein Indonesier, der lange in Amerika gelebt und mitbekommen hatte, wie ich mich bemühte, mich zu verändern, sagte damals: »Nena – arbeiten ist ja gut, aber dass man dann völlig seine Persönlichkeit verliert oder sich in die Ecke drängen lässt, das ist ungesund!« Ich habe das aber nie so gesehen – für mich galt immer das Motto »Ich muss da durch!«

Am Anfang meines Indonesienaufenthaltes wollte ich bei den Behörden keine inoffiziellen Abgaben zahlen. Zu der Zeit war für den Antrag auf Führerschein und Personalausweis und bei vielen Verwaltungsgängen immer ›Spenden‹ zu zahlen. Ich habe mich immer dagegen gewehrt und verlangte den Vorgesetzten zu sprechen. Ich wollte die Handlanger nicht in Anspruch nehmen, die die komplizierten und langwierigen Verwaltungsgänge gegen ein gewisses Honorar für einen erledigten und oft an den Schaltern die Arbeit der Beamten machten. Im Prozess, mich zu einer »echten Indonesierin« zu entwickeln, habe ich allmählich auch diese Spiele toleriert und sie sogar als eine an die wirtschaftliche Lage des Landes angepasste Handlungsweise angesehen. Ich habe sie als Umverteilung des Einkommens betrachtet.

Mein Kontakt zu Deutschen blieb während meines Indonesienaufenthaltes bestehen. Ich bekam ständig Moderationsaufträge von deutschen Entwicklungsprojekten und traf mich auch oft privat mit den deutschen Freunden, die in Indonesien lebten. Ich achtete aber darauf, dass ich den Ruf als professionelle Consultingfrau bewahrte und nicht den Eindruck vermittelte, als würde ich durch Anbändeln mit deutschen Männern meine Aufträge kriegen oder sogar als würde ich nach Deutschland umziehen wollen, um meinen Status zu verbessern. Ich hatte lange genug in Deutschland gelebt und wollte einfach nur Indonesierin sein. Eine Zeit lang war ich mit Aufträgen überschüttet und war ständig auf Dienstreisen.

Trotz meiner Arbeit mit ausländischen Organisationen war ich privat viel mehr mit Indonesiern zusammen. Nach einiger Zeit habe ich mich auch als Indonesierin gefühlt. Ich habe 19 Jahre meinen Beruf erfolgreich ausgeübt und auch meine indonesische Identität entwickelt und gestärkt. In der Zeit habe ich zudem mein eigenes Beratungsbüro aufgebaut. Mein Wunsch, als Indonesierin akzeptiert zu werden und als Fachfrau mein Land mitzuentwickeln, war realisiert und mein Rollenverständnis, als Frau Karriere zu machen und finanziell selbstständig zu sein, hatte ich ebenfalls erfüllt.

Meine Fokussierung auf indonesische Männer entsprach meiner Ideologie und Vision. Dazu passte es eben nicht, mit einem ausländischen Mann zusammen zu sein. Das Gute an meinen indonesischen Liebhabern war, dass ich durch sie ein Teil von Indonesien wurde. Ich konnte in der Unterhaltung, im Zusammensein mit ihnen beobachten, wie sie reagieren. So hatte ich die Quelle Nummer Eins, um wieder in die indonesische Kultur integriert zu werden und auch zu sehen, wie Mann und Frau sich verhalten, wie ihre Interaktion miteinander ist. Aber ich fühlte immer die Erwartung, dass ich mich entsprechend des typischen Rollenverhaltens einer indonesischen Frau dem Mann unterordnen sollte. Der Mann wird meistens mit der Anrede Mas angesprochen, das bedeutet älterer Bruder, zu dem die Frau aufschaut. Obwohl ich endlich als volle Indonesierin anerkannt werden wollte, hatte ich mit dieser unterschwelligen Erwartung an meine Rolle als Frau Schwierigkeiten.

Ich hatte starke Frauen als Leitfiguren in Indonesien gehabt. Mein Vater erzählte viel von seiner Mutter, die im Umland von Yogyakarta in Zentral-Java lebte. Sie war eine Geschäftsfrau gewesen, hatte ihren eigenen Laden auf dem Markt von Ngijon gehabt. Ihr Mann, also mein Großvater, war im Staatsdienst. Er hat ab und zu im Laden geholfen. Mein Vater erzählte, dass meine Großmutter meinen Großvater einmal gefragt habe, wie viel er denn als Staatsdiener verdiene. Sie bot ihm das Doppelte an, dafür sollte er im Geschäft helfen. Ich war sehr beeindruckt von dieser Geschichte.

In der indonesischen Kultur war ich so eine Art Hofnarr

Menschen in Indonesien sind sehr spirituell. Mit Stärkung des radikalen Islams spürte ich als Frau eine größere Repression. In den anderen Kapiteln haben wir bereits über die in den letzten Jahren zunehmend spürbare Islamisierung geschrieben. Die fortschrittlich denkenden Frauen in Indonesien stehen zwischen zwei Fremdeinflüssen – dem die individuelle und gleichberechtigte Selbstverwirklichung idealisierenden westlichen Denken einerseits und den strengen islamischen Moralvorstellungen andererseits. Im Allgemeinen spüre ich, dass seit den 80er Jahren eine größere Anpassung an die islamische Moral verlangt wird. Seit Beginn des Reformprozesses Ende der 90er Jahre ist der Druck immens stärker geworden.

Ich bewegte mich unter Freunden und Frauenaktivistinnen sowie Mitgliedern von Nichtregierungsorganisationen, die gegen die verschärften islamischen Verhaltensvorschriften gemäß arabischer Norm kämpften, auch gegen häusliche und gesellschaftliche Gewalt gegen Frauen aber für gerechtere Arbeitsbedingungen, geregelte Arbeitszeiten für das Hauspersonal, gleichen Lohn und eine stärkere Beteiligung von Frauen im öffentlichen Leben und in der Politik. Ich kenne auch Aktivistinnen, die sich als Feministinnen bekennen und sehr islamisch sind.

Einige Moscheen haben den Krieg gegen die Frauenbewegung gepredigt, weil die Frauenbewegung Widerstand gegen den starren Verhaltenskodex der radikalen Moslems leistete. Es ist heutzutage in Indonesien schwierig, gegen die starre arabisch-islamische Islaminterpretation zu agieren, da man damit sofort als anti-islamisch abgestempelt wird und sich somit viele Feinde macht. Eine Bewegung für einen liberalen Islam lebte nur kurz auf und wurde von den radikalen Gruppen dann sofort unterdrückt. Neben dem Islam gibt es im heutigen Indonesien kaum eine akzeptierte alternative Moral oder Ideologie, so dass viele Frauen den Kompromiss eingehen, lieber eine Kopfbedeckung zu tragen, Koran lesen zu lernen und einige weise Texte aus dem Koran in der Öffentlichkeit zitieren zu können, um mit ihren politischen und sozialen Aktivitäten angenommen zu werden.

Obwohl ich mich immer bemüht habe mich zu integrieren, war mir bewusst, dass ich anders war. Allein durch meine freiberufliche Tätigkeit als Beraterin in Entwicklungshilfeprojekten war ich fast jeden Monat auf einer Dienstreise in einer entlegenen Region. Die meisten meiner Kollegen waren daher Männer. Auch dass ich nicht verheiratet war, war ein Unikum. Andere Frauen waren verheiratet und konnten oder wollten nicht mehr für ihre Arbeit andauernd auf Dienstreise gehen. In meinem Beruf war ich als Frau eine Ausnahme. Damals wurde mir langsam bewusst, dass ich immer gegen den Strom schwimme. Und dass ich dagegen eigentlich auch nichts mehr tun kann und ich mich einfach dazu bekennen muss. Irgendwann war das mit dieser Islamisierung bei mir auch zu Ende und ich habe mir gesagt: »Das passt nicht zu mir!« Mich störten sehr viele Verhaltensvorschriften. Dann habe ich mit dem Zwang, keine schräge Figur sein zu wollen und als Indonesierin akzeptiert zu werden, aufgehört. Schließlich habe ich für mich einen eigenen Weg gefunden.

In den letzten Jahren meiner insgesamt 19 Jahre Indonesien habe ich schließlich so gelebt, wie ich es für richtig empfand. Meine Antwort auf ein erfülltes Leben und mein Weg zur Selbstverwirklichung war die Entscheidung, keine Ehe einzugehen, solange ich nicht sicher sein konnte, dass gleiches oder ähnliches Wertedenken und Spiritualität geteilt werden. Ich wollte mir nicht durch eine Ehe andere Wertesysteme aufzwingen lassen und ständig in die Versuchung kommen, faule Kompromisse einzugehen, nur um nicht als Unikum angesehen zu werden. Natürlich ist mein Weg nicht auf andere Frauen übertragbar. Denn den idealen Weg gibt es nicht.

Ich war froh, dass ich trotz allem einen multikulturellen Freundeskreis aufbauen konnte. Viele, die auch wie ich den Mut hatten, nach ihren eigenen

Wertvorstellungen zu leben, schwammen damit automatisch gegen den Strom. Viele von ihnen passten von ihrem Verhalten und ihrer Rolle her in keine Norm. Hierin eingeschlossen waren die Freidenker, Feministen, Künstlerinnen, Homosexuelle und Leute, die ihre Spiritualität individuell interpretieren und danach lebten.

Ich entwickelte meine eigene Art der spirituellen Verwirklichung und baute Freundschaften mit Angehörigen spiritueller Gruppen auf, die weder islamisch noch christlich waren. Ich wurde im Jahre 1996 Reikimaster und gab etliche Reikikurse, gründete mit Gleichgesinnten eine monatliche Meditationssitzung. Die spirituellen Gruppen in Jakarta, die ich seit Anfang der 90er Jahre kenne, sind relativ stark in einem Land, in dem die Bevölkerungsmehrheit moslemisch ist. Ich sympathisierte auch mit den bis heute praktizierenden *Kejawen*-Gläubigen, Anhängern der alten Religionen und der unorthodoxen Lebenseinstellung der Zentral-Javaner, die nun langsam aber sicher von der immer strenger werdenden Islamisierung verdrängt wird. Eine Zeit lang vertiefte ich mich auch in die spirituellen Lehren und Bräuche dieser Gruppen. Mit all dem gehörte ich in der indonesischen Kultur zu einer exotischen Minderheit.

Endlich trat Suharto als Präsident zurück

Anfang 1997 begann die Asienkrise und die Macht Suhartos fing an zu bröckeln. Während seiner diktatorischen Regierung waren Demonstrationen in der Regel nicht erlaubt. Die ersten, die den Mut hatten, gegen das System zu demonstrieren, waren die Frauen. Danach kamen die Studentendemonstrationen, die wie mehrere große Wellen zuerst die Hauptstadt überfluteten und danach auch die anderen großen Städte erfassten. Die Frauenbewegung formierte sich ebenfalls und unterstützte die Studentenbewegung. Hier lernte ich mehrere Aktivistinnen kennen, unter anderem Nursyahbani Katjasungkana, die die Initiative ergriff, mehrere kleine Frauengruppen in einer größeren Bewegung zusammen zu führen. Als die Studenten das Parlamentsgebäude mehrere Tage belagerten, waren es unter anderem die Frauengruppen, die die Belagerer mit Nahrung versorgten. Neben den Frauengruppen war auch ich mit den Alumni Jerman, den Absolventen deutscher Universitäten aktiv, mit mehreren Parlamentsausschüssen über das System zu debattieren. Einen Tag bevor Suharto zurücktrat, schmuggelte ich mich mit einigen Freunden durch die dicke Sperre um das Parlamentsgebäude, um Getränke und Essen für die Studenten hineinzubringen. Als Suharto am frühen Vormittag des folgenden Tages zurücktrat, war es für uns, als platze eine große Freudenbombe. Der nächste Gang zum Parlament war dann, um mit den Belagerern zu feiern. Ich musste an meinen Vater denken. Schade, dass er ein Jahr vor Suhartos Sturz gestorben war. Wie glücklich er gewesen wäre, das Ende der autoritären Regierung zu erleben. Sicher wäre er gerne mit mir ins Parlamentsgebäude gegangen um mitzufeiern. Er hatte schließlich seit Suharto an der Macht war politisch und beruflich genug unter dem Suharto-Regime gelitten.

Meine uneheliche Schwangerschaft hat großes Aufsehen erregt

Als ich mich im Jahre 2001 entschieden habe, ohne verheiratet zu sein, ein Kind zur Welt zu bringen, habe ich damit großes Aufsehen erregt. Obwohl ich als Unikum betrachtet wurde, war mein Verhalten für viele Indonesier ein großes moralisches Vergehen. Auf der anderen Seite gab es sicherlich auch viele, die mich für meine innere Freiheit bewunderten und meinen Mut unterstützten. Das Schicksal wollte, dass ich mit 42 noch keine Ehe eingegangen war, und ein Kind zu bekommen war für mich ein großes Geschenk der Natur. Einige Jahre später wäre mir die Möglichkeit, Kinder zu bekommen, biologisch genommen gewesen. Den Vater des Kindes habe ich nicht geheiratet.

Natürlich hatte ich in den ersten Monaten der Schwangerschaft einen inneren Konflikt wegen meiner Reputation im Privaten wie auch als Freiberuflerin. »Was würden die Leute über mich denken? Was passiert bei mir beruflich?« Der Konflikt dauerte einige Wochen, bis gute Freunde mir den Spiegel vorhielten: »Mensch, du bist doch oft gegen den Strom geschwommen.« Daraufhin habe ich meinen Entschluss gefasst. Wenn du weiterhin gut arbeitest, dann wirst du auch so akzeptiert.

Im Beruf habe ich die Leute sowieso nie in mein Privatleben blicken lassen. Die meisten würden wahrscheinlich denken, ich sei normal verheiratet. So habe ich das Kind ausgetragen. Von meinen Freunden kam ein großer Hurra-Ruf, alle waren begeistert von meiner Entscheidung. Auch in meiner Familie bin ich auf keinerlei Ablehnung gestoßen, selbst von der entfernteren Verwandtschaft kam ein Zeichen der Akzeptanz. Ohne die moralische Unterstützung von Freunden und Familie wäre mir die Entscheidung nicht so leicht gefallen.

Mir war natürlich bewusst, dass ich mit dieser Schwangerschaft bei vielen Empörung auslöste. Bekannte, die sehr islamisch sind, fanden, dass das, was ich mache, nicht der islamischen Norm entspricht. Aber die Zeit, normenkonform sein zu wollen, war für mich vorbei. Ich akzeptiere mich nun so wie ich bin und möchte nach meiner eigenen Moral und eigenen Wertvorstellungen leben. Im Beruf sehe ich meine Mission, die politisch schwächere Landbevölkerung zu stärken, indem sie in die Planung von neuen Projekten eingebunden wird, und privat möchte ich anderen Frauen Mut zusprechen, ihre eigenen Wege zu gehen.

Nach meiner Entscheidung hatte ich sowohl privat als auch im Beruf nichts zu beklagen. Allerdings spielte dafür sicher der Faktor, dass ich in der relativ verwestlichten Stadt Jakarta lebte, eine große Rolle. Woanders hätte ich wahrscheinlich stärkere soziale und moralische Sanktionen erleben müssen. Außerdem war ich finanziell unabhängig, so dass keiner einen ökonomischen Druck auf mich ausüben konnte. So hatte ich die Narrenfreiheit gewonnen.

Und dann habe ich gedacht: »Ja, mit dem!«

Irgendwann hatte ich im Beruf das Gefühl, dass ich das erreicht habe, worauf ich jahrelang hingearbeitet hatte. Ich war als Beraterin für viele Entwicklungszusammenarbeitsprojekte tätig und ich denke, dass ich in dieser Rolle akzeptiert wurde. Ich hatte meine kleine Firma so weit gebracht, wie ich sie maximal entwickeln konnte. Ich hatte ein gut funktionierendes Netzwerk zu potenziellen Kunden und zu anderen Beratern, so dass wir jeweils projektweise zusammenkamen.

Nach dem Tsunami in Aceh wurde ich die nationale Projektkoordinatorin der Diakonie-Katastrophenhilfe Deutschland. Ich habe mich dann für ein Jahr auf diese Katastrophenarbeit konzentriert. In dieser Periode kam ich wieder mit Fiti, meinem jetzigen Ehemann, zusammen, einer verflossenen Liebe von vor fast 30 Jahren. Wir hatten uns damals in Berlin kennen gelernt, als ich 19 war. Er war mit dem Studium fertig und dabei, seine Zelte in Berlin abzubrechen, um auf eine einjährige Weltreise zu gehen. Ich fing gerade mit meinem Studium an. Und in dieser kurzen Zeit haben wir uns ineinander verliebt. Es endete mit einem Good-Bye-Winken am Bahnhof »Zoologischer Garten«. Danach trennten sich unsere Wege.

Durch Zufall, durch gemeinsame Freunde aus Bali, haben wir nach knapp 3 Dekaden unsere Telefonnummern wiederbekommen und uns während der ganzen Zeit meiner Arbeit in Aceh jeden Tag SMS geschickt. Ich hatte plötzlich das Gefühl: »Mensch, da ist doch einer, mit dem ich so sein kann wie ich bin!« Sechs Monate lang blieben wir nur virtuell durch die SMS in

Kontakt, bis wir uns schließlich während meiner Dienstreise nach Deutschland wieder trafen. Vor genau 27 Jahren trennten wir uns am Bahnhof Zoo in Berlin, und im Jahre 2005 trafen wir uns wieder am Kölner Hauptbahnhof.

Nach den ersten zwei Tagen war uns klar, dass unsere gemeinsame Geschichte noch nicht zu Ende war und wir sie fortsetzen wollten. Sechs Monate später waren wir verheiratet.

Was die traditionellen Rollen von Mann und Frau anbelangt, kann ich ihn auch als Freidenker betrachten. Er ist sehr tolerant. Wie ich, hatte er vorher noch nicht geheiratet, hat aber auch ein Kind. Mit Fiti hatte ich das Gefühl: »Ja, mit dem!« Ich habe kurz entschlossen mein Büro in Jakarta geschlossen und lebe seit 2006 in Norddeutschland.

Vorher konnte ich entweder nur meinen deutschen Teil oder meinen indonesischen Teil mit jemandem teilen. Jetzt musste ich mich nicht wie eine traditionelle Asiatin verhalten und die geforderte Mutterrolle spielen, eine Frau, die zuhört, Emotionen ausgleicht, lieb und aufmerksam zu ihrem Mann ist und ihn bedient und betätschelt. In meiner Ehe habe ich jetzt das Gefühl, dass ich diese Anstrengungen nicht machen muss. Fiti lebt allerdings auch nicht nach der normalen deutschen Norm, was das Zusammenleben von Mann und Frau anbelangt, er ist eigentlich auch ein Exot, so dass ich überhaupt keinen Zwang habe, irgendwie in eine Rolle schlüpfen zu müssen – ich kann einfach ich selbst sein.

Einige Freunde fragen mich, wie ich denn schließlich doch einen »Weißen« geheiratet habe, obwohl ich mich in Indonesien jahrelang dagegen gesträubt habe. Diese Frage kann ich nicht beantworten, denn wo mich schließlich der Pfeil der Liebe getroffen hat, bleibt für mich das Mysterium des Lebens.

Mama, warum bist du hier die Putzfrau?

Das Leben in Deutschland ist schon sehr anders. Ich kenne Deutschland von früher als Kind, dann als Schülerin und später als Studentin. Da hat man mit diesem richtig normalen deutschen Familienleben nichts zu tun gehabt. In Indonesien lebt man in der Gruppe. Entweder helfen Familienmitglieder, Nachbarn oder eine Haushaltshilfe bei der Kinderaufsicht. Die Gruppe um einen herum ist meistens viel größer als in Deutschland. Kinder sind in der Regel nicht ausschließlich auf die Eltern angewiesen, sondern haben das Hausmädchen, Nachbarn, Verwandte oder Freunde. Familien

aus der Mittelschicht haben meistens Dienstpersonal, eine Köchin, ein Kindermädchen und eventuell auch einen Chauffeur und einen Gärtner.
In Deutschland ist alles anders: Auf der einen Seite ist es gut, dass die Kluft zwischen Arm und Reich hier eher nivelliert ist. Aber dafür klebt alles an einem selbst, einkaufen, kochen, saubermachen, um das Kind kümmern – da gibt es jetzt überhaupt keinen Abstand mehr. Nach einem Leben in Jakarta als Karrierefrau mit einer Haushälterin und Chauffeur kommt mir die ganze Haushaltsarbeit in Deutschland als niedere Arbeit vor. Viel Zeit zur kreativen Arbeit bleibt nicht mehr übrig. Auch meine Tochter fand das tägliche Leben in Deutschland anders. Als sie mich das erste Mal mit dem Besen zu Hause sah, fragte sie: »Mama, seit wann bist du denn hier die Putzfrau?« Da musste ich ihr erst mal erklären, wie unterschiedlich das Leben in Indonesien und in Deutschland ist.

In Deutschland befinde ich mich erneut in einem Kulturschock

Ich dachte, dass ich in beiden Kulturen, Deutschland und Indonesien, zu Hause sein kann. Nach der Begeisterung in der Anfangsphase in Deutschland kam ich nach einigen Monaten in ein Tief. Die Entscheidung, mein Leben vom Singledasein und dem einer erfolgreichen Beraterin ins Eheleben zu begeben und das Land zu wechseln, verlangt doch viel mehr Energie als ich erwartet hatte. Veränderungen auch an mir selbst zu managen, brachte mich an meine persönlichen Grenzen. Als Ehefrau werden Entscheidungen nicht mehr alleine getroffen. Es wird viel mehr nach Anpassung und Kompromissen gefragt als beim Singledasein. Das war die erste Änderung in meiner gewohnten Lebensweise. Zweitens mit Ajna, meinem 6-jährigen Kind, war es mir in Deutschland nicht möglich, meine bisherige freiberufliche Tätigkeit als Entwicklungsberaterin fortzusetzen. Ohne Helfer, Tagesmutter und erweiterte Verwandtschaft, wie es in Indonesien üblich ist, kann ich die Familie nicht alle vier bis sechs Wochen für eine ein bis zweiwöchige Dienstreise alleine lassen. Sehr viele Aufträge musste ich absagen. Nachdem ich mein Beratungsbüro und die Koordinationsstelle für die Katastrophenarbeit im Tsunamigebiet Aceh aufgegeben hatte, hatte ich keine Angestellten und keine Führungsrolle mehr. Ich war es gewohnt, um Rat und Hilfe gefragt zu werden und andere anzuleiten. Nun musste ich in Deutschland plötzlich niedere Hausarbeiten verrichten. Trotz meines langen Deutschlandaufenthalts und meiner sehr guten Deutschkenntnisse war ich mit den Umgangsformen meiner neuen Umgebung nicht richtig vertraut.

Durch meine Weiterbildung im Bereich Interkulturelles Coaching und Training lernte ich den Begriff Kulturschock kennen. Die Wissenschaftler, die Kulturschock definiert haben, meinen, dass sogar diejenigen, die es gewohnt sind, sich von einer Kultur zur anderen zu bewegen, einen Kulturschock erleben können. Es trifft jeden, der in einem fremden Kulturkreis kommt. Manchen trifft es mehr, manche weniger.

Die Erkenntnis, dass mein Tief durch einen Kulturschock verursacht wurde, hilft mir sehr, es zu verarbeiten. Zum einen muss ich akzeptieren, dass es eine ganz normale Phase ist, die jeder in einem fremden Kulturkreis durchlaufen muss. Positiv gesehen kann der Kulturschock neue Einsichten und Perspektiven geben. Nun versuche ich, neue Einsichten zu bekommen und meine eigene Haltung in einem anderen Licht zu sehen. Der eigene Veränderungsprozess schärft die Reflektionsfähigkeit und ist somit eine positive Lernerfahrung. Voraussetzung ist natürlich, dass mein Kulturschock nicht so groß wird, dass er mich innerlich von den neuen Normen abschottet. Ich stelle mir also die Frage, unter welchen Bedingungen ich mein Hin- und Herwechseln zwischen den Kulturen positive nutzen kann. Durch das Lesen vieler Texte über dieses Thema und mit intensiveren Dialogen mit anderen, die auch über den eigenen Tellerrand geguckt haben oder – falls sie selbst zu den »Sesshaften« gehören – offen dafür sind, versuche ich, durch die Brille anderer zu gucken und dabei etwas Neues über mich selbst zu entdecken und meine neuen Erfahrungen bewusst zu verarbeiten.

Die bisherige Selbstverständlichkeit, zu Hause von Frauen bedient zu werden, die niedrigere Löhne erhalten, wird in meinem jetzigen Leben in Deutschland in ein anderes Licht gerückt. Hier wird mehr Kraft und Kreativität von mir verlangt, mich trotz Hausarbeit und Kinderbetreuung professionell und gesellschaftlich zu engagieren, auch für die Entwicklung meines Heimatlandes. Denn Indonesien bleibt meine Heimat und zu ihrem Aufbau beizutragen bleibt für mich Perspektive und Lebenssinn. So muss ich trotz der täglichen Haushaltsroutine den besten Weg finden, Familie und persönliche Ziele zu vereinbaren.

Als Beraterin für Projektplanung betrachte ich meine Anpassungsperiode als ein dreijähriges Projekt. Ich denke, bis dahin werde ich mein Netzwerk auf der beruflichen Ebene wieder hergestellt haben und genügend Aufträge erhalten, um wieder meine alte Identität als selbstständige Beraterin, Moderatorin und Trainerin leben zu können.

Zwei Lebenswelten – aus neuer Perspektive

In meiner jetzigen Lage versuche ich die Vor- und Nachteile beider Lebenswelten für Frauen zu sehen. Haben wirtschaftlicher Fortschritt und langjährige Frauenbewegung in Deutschland, das angeblich nicht mehr von hierarchischen und kollektiven Strukturen durchdrungen ist, zu mehr Gleichberechtigung der Geschlechter geführt? Wie lassen sich Gleichberechtigung und Erwartungshaltungen an die Frauen miteinander vereinbaren? Kann die Frau in Deutschland Familie und Arbeit besser verbinden? Mit welchen Problemen haben deutsche Frauen, die in der heutigen Zeit groß werden, zu kämpfen? Welche Lebensentwürfe stehen dahinter und welche Antworten haben sie auf die Fragen, die die Frauen weltweit beschäftigen: wie können die unterschiedlichen Rollenerwartungen und Bedürfnisse der Frau als Mutter, Lebenspartnerin und Berufstätige in Gesellschaft und in Familie gleichzeitig verwirklicht werden?

Diese Fragen bewegen mich zurzeit sehr intensiv, da ich meinen persönlichen Weg in einer anderen Lebenswelt wieder neu finden muss.

Welchen Stellenwert hat die Berufstätigkeit für die Identität deutscher Frauen? Frauen im Westen sind seit Jahrzehnten dabei, sich gegen viele Widerstände einen gleichwertigen Platz im Berufsleben zu erobern, meist zum Preis einer Doppel- und Dreifachbelastung. Wie in den anderen Kapiteln durch mehrere Einzelschicksale bereits dargestellt, ist es für die indonesischen Frauen quer durch alle Schichten selbstverständlich, zum Familieneinkommen beizutragen.

In Deutschland ist die Schere zwischen arm und reich im Vergleich zu einem Entwicklungsland wie Indonesien nicht so groß. Es gibt für die schlechter verdienenden Frauen auch geregelte Arbeitszeiten und Gewalt gegen Frauen wird strafrechtlich verfolgt. Die Mittelschicht stellt in Deutschland den stabilen Sockel der Gesellschaft dar. Die Selbstverwirklichung der Frau und die Vereinbarkeit von Arbeit und Familie kann nicht mehr durch die Dienste wesentlich schlechter verdienenden Frauen ermöglicht werden.

Wir haben in den vorherigen Kapiteln sehr viel über Probleme der Frau in Indonesien geschrieben. Wir haben aufgezeigt, dass Frauen durch aufgedrängte Rollenmuster im öffentlichen Leben und Beruf in ihrer persönlichen Freiheit eingeschränkt werden – sei es basierend auf alten Traditionen oder durch den Konservativismus des strengeren Islams.

Haben es die Frauen in Deutschland besser als in Indonesien?

Nun, seit einem Jahr in Deutschland, sehe ich mit großer Deutlichkeit die vielen Probleme der deutschen Frau. Frauen mit Kleinkindern, die arbeiten wollen, müssen zu Hause bleiben, weil sie für die Kinder keine Krippe oder Hort bekommen. Hauswirtschaftlerinnen, Küchenhelferinnen und Erzieherinnen in Deutschland erhalten im Gegensatz zu ihren Berufskolleginnen in Indonesien geregelte Arbeitszeiten und haben eine Sozial- und Krankenversicherung.

Aber ein Leben als Frau mit guter Karriere und Kleinkindern, wie ich es von relativ vielen Frauen in Jakarta kenne, ist in Deutschland kaum möglich. Für Mütter mit Kindern unter drei Jahren stehen in Deutschland nur 8 % Hortplätze zur Verfügung. Die Familienministerin von der Leyen, Mutter von sieben Kindern, wird gefragt, ob sie ihre Kinder denn kenne, da sie diese im Kleinkindalter mit einer Nanny in Amerika großgezogen haben soll. Wenn wir über aufgedrängte traditionelle Rollenmuster der Frau in einem Entwicklungsland wie Indonesien sprechen, so finden wir in Deutschland ein interessantes Äquivalent »Rabenmutter!« Die früheren ostdeutschen Frauen sagen, dass die Kinder nach dem im Westen gängigen Modell idealerweise von der Mutter zu Hause betreut werden sollen. Nach langjähriger Frauenbewegung und im angeblich sozialen Gerechtigkeitsgefüge wählen viele Frauen den Weg »Mama bleibt zu Hause und Papa verdient«, oder »Frau macht Teilzeit oder geringfügige Beschäftigung und der Mann ist der Hauptverdiener«. Aber auch denjenigen, die Karriere machen wollen, wird in Deutschland das Leben schwer gemacht, denn es steht keine ausreichende Tagesbetreuung für Kinder zur Verfügung. Martina Rellin schreibt in ihrem Buch »Klar bin ich eine Ost-Frau«[335]: »Laut Familienministerium gab es Ende der 90er Jahren im Osten von Deutschland für rund 35 Prozent der Kinder unter drei Jahren Krippenplätze – im Westen nur für drei von hundert Kindern!«

Im früheren Ostdeutschland war die Vereinbarkeit von Kindern und Berufstätigkeit keine Frage. Die Frauen hatten eine Arbeit und einen Platz für ihr Kind in der Kindertagesstätte. In der Zeit, als geschiedene Ehefrauen im Westen finanzielle Unterstützung vom ehemaligen Ehemann bekamen, waren die Frauen im Osten bereits finanziell unabhängig. Waren sie alle nur Rabenmütter?

In den Medien wird oft über die negativen Erfahrungen anderer europäischer Länder berichtet, wo viele Mütter eine Vollzeitarbeit annehmen. Als würde man sagen wollen, orientiert Euch nicht nach den Nachbarländern, denn die haben zwar genügend Kindertagesstätten, aber dies ist doch so schlecht für die Kindererziehung. Dabei wird nach der Meinung der Frauen, ob sie sich auch beruflich oder durch gesellschaftliches Engagement verwirklichen wollen, nicht gefragt. Erst seit Frau von der Leyen in Deutschland Familienministerin ist, wird nicht nur über mehr Kindertagesstätten diskutiert, sondern es sollen in den nächsten Jahren auch tatsächlich mehr eingerichtet werden.

Wie steht es mit der Lohngerechtigkeit in Deutschland? Nach einer Online-Befragung des Nachrichtenmagazins »Der Spiegel«, der McKinsey-Unternehmensberatung, sowie des Wirtschafts- und Sozialwissenschaftlichen Instituts (WSI) der Hans-Böckler-Stiftung gibt es in Deutschland immer noch eine Lohndiskriminierung von Frauen gegenüber Männern mit gleicher Ausbildung und gleichen Abschlussnoten. Sogar mit kürzerer Hochschulausbildung, besseren Noten, mit mehr Auslandpraktika erhalten Frauen bei der ersten Anstellung bis zu 26,8 % weniger als Männer. Das kann im Monat für eine Betriebswirtin bis zu 500 Euro weniger ausmachen. In anderen Berufen wie ChemikerIn, VolkswirtIn und PolitikwissenschaftlerIn verdienen Frauen um 400 Euro weniger.[336] Informatikerinnen erhalten im Durchschnitt 381 Euro weniger im Monat als ihre männlichen Berufskollegen. In den Berufen Versicherungskauffrau und Betriebswirtin ist die Einkommensschere am höchsten.

Das Wirtschafts- und Sozialwissenschaftliche Institut (WSI) der Hans-Böckler-Stiftung fand heraus, dass sich in den letzten 50 Jahren im Gehaltsunterschied zwischen Mann und Frau wenig geändert hat. Der langsame Aufholprozess ist in den letzten fünf Jahren sogar ins Stocken geraten. Bemerkenswerterweise kommt noch dazu, dass die Einkommensschere zwischen den Geschlechtern in dem früheren Ostdeutschland vor der Wende nur 10 % betrug, sich danach aber verschärft hat.[337] Eine andere traurige Tatsache ist auch, dass Frauen noch nicht im Top-Management der Großunternehmen angekommen sind. Nur ein trauriger Anteil von 7 % im Jahr 2004 hat es geschafft. »Frauen stoßen auf dem Weg nach oben oft auf ein undurchsichtiges Panzerglas.«[338]

Verschieden und doch gleich?

In den vorherigen Kapiteln stellten wir uns die Frage, was die Erfolgsfaktoren für Frauen sind, die es im öffentlichen Leben in Indonesien bis nach oben geschafft haben. Und hier stelle ich die gleiche Frage, was die Vorraussetzungen für die Erfolge der deutschen Frauen sind, die in einflussreiche Positionen gelangen. Da fiel mir ein interessanter und amüsant geschriebener Artikel im Spiegel[339] auf: »Die Bundesrepublik hat bis zum Jahr 2005 nicht eine Politikerin hervorgebracht, die wirklich Macht hatte. Die prestigeträchtigen Ministerien – Außen, Innen, Verteidigung, Finanzen – wurden ausnahmslos von Männern besetzt. Die Frauen bekamen Ämter, in denen sie nicht störten.« Weiterhin erläutert der Artikel, dass »gespielte Mädchenhaftigkeit« die Vorraussetzung von Merkels Erfolg sei. Und obwohl die Kanzlerin Merkel auch hartnäckig sein kann, »(...) aber diese Hartnäckigkeit wirkt für einen Mann nicht so bedrohlich, wenn sie mädchenhaft daherkommt. Im Wahlkampf legte sie auch »keinen Wert auf frauenpolitische Themen. (...) Das war eine Täuschung, damit den Männern nicht Angst wurde.« Selbst Frau von der Leyen »macht den Männern und den konservativen Frauen« keine Angst. Sie erfüllt das Rollenbild als gute Frau: sie ist adrett, zeigt saubere Schönheit, hat sieben Kinder und ist konservativ.[340] Hört sich das nicht sehr bekannt an? Gleiche Probleme und gleiche Fragen. Da sehe ich zwischen den Frauen in Deutschland und in Indonesien viele Ähnlichkeiten.

Die verschiedenen Kulturen, zwischen denen ich mich hin und her bewege, geben mir die Möglichkeit, meine Erfahrungen zu reflektieren und meinen eigenen Weg zu Glück in der Ehe, Profession und sozialem Engagement zu finden. In beiden Kulturen tut sich im Moment einiges. Und in diesem Prozess befinde ich mich wieder in einer persönlichen Transformation. In manchen Bereichen habe ich den Eindruck, dass beide Kulturen vieles gemeinsam haben. In anderen Bereichen stehen sich sehr unterschiedliche Wertesysteme gegenüber. Mit meiner Erfahrung des Integrationsversuches in Indonesien habe ich gelernt, dass man sich selbst Räume schaffen muss, um sein Glück zu finden und zu leben. Wichtig ist, dass ich mich in dem Prozess, die neuen Einflüsse und Werte in mir zu einer neuen Einheit zu verbinden, nicht selbst verliere.

IV. Was uns verbindet – die Suche nach der weiblichen Identität. Autorinnengespräch

Sowohl im Osten als auch im Westen suchen die Frauen nach einer optimalen Balance zwischen ihrer Rolle als (Ehe-)Frau, Mutter und Berufstätige. Während in den asiatischen Lebenskonzepten Individualität an Bedeutung gewinnt; wächst im Westen die Sehnsucht nach einem nicht nur materiellen Lebenssinn und nach mehr sozialem Miteinander. Welche Antworten finden westliche und östliche Frauen bei der Suche nach einem erfüllten Leben? Welche Themen teilen wir, bei welchen Fragen können wir voneinander lernen? Was gibt uns die Auseinandersetzung mit unterschiedlichen Lebensentwürfen?

Zu diesen Fragen führte Vera Kuenzer im Mai 2007 ein Interview mit den drei Autorinnen in Bremen.

Vera: Ihr schreibt in Eurem Buch über indonesische Frauen, Kulturwandel und Identität. Warum beschäftigt Euch das Thema?

Jutta: Birgit und ich haben vor 20 Jahren angefangen, uns mit dem Leben indonesischer Frauen zu beschäftigen, als wir 1986/87 zur Feldforschung für unsere Doktorarbeit in Indonesien waren. Wir hatten das Gefühl, dass wir westlichen Frauen viel von den indonesischen Frauen lernen können. Unsere These war, dass die meisten indonesischen Frauen in den bäuerlichen Familien mehr ökonomische Stärke und einen größeren Handlungsspielraum besaßen als die patriarchalische Ideologie glauben machte, dass auch Mittelschichtfrauen mehr im Berufsleben standen und in dieser Position mehr anerkannt wurden als die deutschen Frauen. Das Ideal des Hausfrauendaseins ist eher eine westliche Erscheinung. Auf der anderen Seite fanden wir, dass die persönlichen Entwicklungsmöglichkeiten der indonesischen Frau eher geringer waren als unsere.

Vera: Warum beschäftigt Euch das Thema heute wieder?

Jutta: Wir wollten sehen, was sich daran geändert hat. Unsere These ist letztendlich heute immer noch eine relevante Frage.

Nena: Ich bin ja erst kürzlich aktiv in Eure Auseinandersetzung mit dieser Frage eingestiegen. Ich denke, vor 20 Jahren waren wir in einer anderen Altersgruppe, wo viele Fragen, z.B. »Wie stehe ich als Frau zum Mann« für uns selbst eine andere Rolle spielten als heute. Jetzt befinden wir uns in einer anderen Lebenssituation, wo wir uns eher fragen: »Was haben wir geschafft? Sind wir reifer geworden? Haben wir alle Hürden genommen, die Frauen durchlaufen müssen?« Nun wollen wir diese Fragen, die wir uns früher gestellt haben, wieder beantwortet haben. Und dann für uns sehen, wie weit wir damit selbst gekommen sind.

Birgit: *Für mich spielt die persönliche Eben auch eine wichtige Rolle, aber dennoch ist noch ein anderer Aspekt Anreiz für mich gewesen, wieder auf die Situation von Frauen zu gucken. Ich lebe ja nach wie vor in Indonesien und habe in den letzten Jahren beobachtet, wie der Druck auf die Frauen größer geworden ist. Im Rahmen eines relativ drastischen Kulturwandels setzt sich in einer traditionell pluralistischen Gesellschaft jetzt immer stärker die Hauptströmung des Islams durch. Ich sehe, wie die unterschiedlichen Facetten und Lebenskonzepte von Frauen unter Druck geraten und Frauen sich in irgendeiner Form neu positionieren müssen. Viele Frauen haben in den letzten Jahren den Schleier angelegt. In dieser kulturellen Transformation stellt sich mir die Frage, welche Parameter die Identität der Frau bestimmen. Was ist das Maßgebliche für ihre Entwicklung? Welche Faktoren beeinflussen ihre Entscheidungen?*

Vera: *Gut, können wir zunächst einen Vergleich zwischen Frauen in Deutschland und Indonesien versuchen? Wie leben sie und wie definieren sie sich? Nena, möchtest Du als Indonesierin mal beschreiben, was Du siehst, wenn Du auf die deutschen Frauen schaust?*

Nena: *Ich habe immer angenommen, dass die Lage der Frau sehr bestimmt ist von den äußeren Situationen, von den Rahmenbedingungen, seien es Gesetze, kommunale Verordnungen, soziale Infrastruktur, Bildungseinrichtungen, die Möglichkeit für die Frau Bildung zu genießen, die Möglichkeit als Frau in Top-Management-Positionen, die Wirtschaft oder die Politik zu kommen. Diese Fragen haben wir in unserem Buch behandelt und viele Hindernisse aufgezeigt. Wir haben aber auch unterschiedliche Wege von Frauen aufgezeigt damit umzugehen. Jetzt, wo ich in Deutschland lebe, dachte ich, dass diese ganzen sozialen Hindernisse hier nicht vorhanden seien. Doch ich sehe, dass sich die Frauen hier trotzdem beklagen, weil sie sich nicht selbst verwirklichen können, sie sind einfach konzentriert auf Familie und Kind. Die meiste Zeit sind Frauen hier in Deutschland mit dem Haushalt beschäftigt. Viele sind damit glücklich, viele sagen, dass ist meine Wahl und denken nicht mehr über andere Möglichkeiten nach. Ich vermisse auch eine feministische Bewegung, die das Gegebene in Frage stellt. Ich frage mich – und darauf habe ich noch keine Antwort erhalten – warum sich die Frauen in Deutschland trotz oder in* *freier Wahl einkerkern, weg von einer kreativen Arbeit, weg von einer Selbstverwirklichung im Beruf. Und dies wird ja auch bestätigt von den derzeitigen Diskussionen in den Medien über Rabenmütter in Frankreich, Dänemark usw. Da werden deutsche Frauen interviewt, die sagen wie schrecklich ist es, dass sie so viel arbeiten müssen oder dass ihre Kinder fremdbetreut werden, und die Männer, Politiker, Senioren sagen auch, dass es nicht gut ist, wenn die Frau außer Haus tätig ist. Und das tun sie ja aus freier Wahl. Es gibt keine Religion, die sie unter Druck setzt. Deutschland ist ein relativ freies Land – warum hemmen sich die Frauen hier selbst?*

Birgit: *Kurz ein Einwurf. Als Du gesagt hast, sie kerkern sich freiwillig ein, schoss mir ein Bild dazu durch den Kopf: in Indonesien setzen Frauen das Kopftuch auf und gehen damit in die Öffentlichkeit und hier bleiben sie ohne Kopftuch zuhause.*

Jutta: *Ja, hier haben sie den moralischen Druck verinnerlicht, dass sie schlechte Mütter sind, wenn sie ihre Kinder nicht selbst betreuen. Wir drei haben ja unser ganzes Leben versucht, diese Aspekte zusammen zu bringen – Mutter und trotzdem berufstätig zu sein und zudem noch ein Privatleben zu haben. Und sich dabei nicht nur in dem engen normativ gesetzten Rahmen zu bewegen, sondern auch ein wenig ausgeflippt das Leben zu genießen.*

Birgit: *Ja, und auch nicht nur schon vorgefertigte Rollenmuster zu erfüllen, sondern diese auch selbst mitzugestalten.*

Jutta: *Wir haben versucht, diese drei Leben miteinander zu verbinden, und letztendlich haben Birgit und ich das nur geschafft, weil wir so lange in Indonesien gelebt haben. Wir hätten das in Deutschland wahrscheinlich nicht so einfach hinbekommen. In Indonesien konnten wir uns Hauspersonal leisten und eine andere Art der Kinderbetreuung gewährleisten. Es ist ja etwas anderes, ob eine liebevolle junge Frau den ganzen Tag auf das Kind aufpasst oder ob man das Kind morgens in der Tageskinderstätte abgibt und es nachmittags wieder abholt.*

Vera: *Nena sagt, dass die deutschen Frauen sich aus eigener Entscheidung selbst einschränken. Seht Ihr das auch so? Warum tun sie das?*

Jutta: *Ich glaube schon, dass solche Probleme bei uns in erster Linie immer als individuelle Entscheidungen betrachtet werden. Meine Studentinnen sehen sich ja gar nicht benachteiligt, sie sehen erstmal, dass sie die gleichen Chancen haben, genauso gut sind, wenn nicht besser als die*

Jungs. Sie wollen auch nicht in die Opferrolle gedrängt werden, dadurch, dass eine Frauenbeauftragte ihnen sagt: Ihr seid benachteiligt! Dagegen wehren sie sich total. Gleichzeitig treffen die meisten von ihnen später die Entscheidung, den Beruf zugunsten des Mannes aufzugeben, der weiter berufstätig sein wird, und sie werden auf die Kinder aufpassen, weil der Mann mehr verdient, sich das mehr lohnt. Jede entscheidet nur innerhalb der eigenen Familie und sieht nicht, dass es strukturelle Probleme sind, dass Frauen in den niedrig bezahlten Lohngruppen arbeiten oder stecken bleiben. Probleme, die gesellschaftlicher Natur sind, werden als individuelle Probleme gesehen.

Vera: *Was ist eine gute Mutter in Deutschland und was ist eine gute Mutter in Indonesien? Dies ist ja offensichtlich ein zentrales Thema bei dieser Selbsteinschränkung.*

Jutta: *In Deutschland wird das Wohl der Kinder sehr hoch geschätzt: Kinder sollen sich verwirklichen können, Kinder sollen emotional aufgehoben sein, genug Liebe bekommen. Nena, wie siehst du das?*

Nena: *Ich habe in einem Zeitungsartikel über die Gleichstellungsbeauftragte im Verteidigungsministerium gelesen, die sagt, was Frauen wollen, und was sie denkt, was Frauen brauchen. Sie sagt nicht, »Ihr Männer müsst den Frauen mehr Raum geben«, sondern »Frauen, nehmt euch für euer Wohl mehr Raum und bleibt nicht nur im Haushalt!«. Doch in den Massenmedien höre ich meistens die Männer, seien es Politiker oder Journalisten, die klagen, wie schlecht es ist, wenn die Kinder fremdbetreut werden, weil die Frauen sich selbstverwirklichen wollen. Sprich: diese egoistische Frau! Sind denn die Menschen in Dänemark oder in Frankreich alle psychologisch abgedreht, weil sie fremdbetreut wurden? Eigentlich nicht, oder? Warum glaubt man denn in Deutschland, dass die Menschen nicht normal werden, wenn sie nicht hauptsächlich von der eigenen Mutter betreut werden?*

Vera: *Es wird ja immer wieder gesagt, dass im deutschen Mutterbild noch Elemente aus dem Nationalsozialismus mitschwingen. Im Osten ist die kollektive Betreuung seit der Wiedervereinigung kontinuierlich zurückgedrängt worden. Die Frauen haben immer weniger Möglichkeiten, arbeiten zu gehen – und sie tun das auch nicht mehr so selbstverständlich wie früher. Was ist denn ein erfülltes Leben für Frauen hier und Frauen in Indonesien?*

Nena: *Indonesische Frauen ab der Mittelschicht aufwärts, die das Geld haben und die es sich leisten können, Freizeit zu nehmen, wollen sich* *selbstverwirklichen, wollen kreativ arbeiten, wollen in der Gesellschaft zeigen, was sie können.*

Vera: *Wollen sie auch arbeiten? Und wie sehen sie ihre Verantwortlichkeit für die Kinder?*

Nena: *Ja, sie wollen arbeiten. Unterstützt werden sie in der Kinderbetreuung durch die Kindermädchen. Es wird nicht als Problem gesehen, dass Kinder von Helferinnen betreut werden.*

Wenn sie berufstätig sind, halten viele Frauen aus der Mittelschicht das Bild aufrecht, dass der Mann das Familienoberhaupt ist, obwohl sie selbst oft mehr Geld verdienen. Wie wir in den vorangegangenen Kapiteln beschrieben haben, spielen sie ihre Rolle entsprechend des herrschenden Rollenklischees, machen im Hintergrund aber viel in eigener Regie. Frauen aus den unteren Schichten haben dahingegen gar keine Wahl. Sie müssen arbeiten gehen, weil die Männer nicht genügend Geld mit nach Hause bringen.

Birgit: *Das Elternbild der Kinder ist in Indonesien anders als in Deutschland. Es gibt durch alle Schichten in Indonesien hinweg relativ wenige Kinder, die sagen würden: »Mama, warum spielst du nicht mit mir?« Es ist völlig klar, dass die Eltern dafür da sind, den materiellen Rahmen zu sichern, und, wenn es sich um die Ober- oder obere Mittelschicht handelt, sich in der Gesellschaft zu engagieren und dadurch der Familie einen bestimmten Status zu sichern. Stattdessen mit den Kindern Spiele zu spielen wäre rausgeschmissene Zeit. Die Kinder wachsen so auf und bewundern ihre Eltern auch dafür. Die emotionale Nähe und Wärme beziehen sie stattdessen aus mehren Kanälen, nicht nur von Mutter und Vater, weil sie meistens in Großfamilien leben oder Betreuung haben. Wie auch in meiner eigenen Situation. Ich habe Helferinnen, die bei mir sind, seitdem meine Kinder geboren wurden. Mein Sohn ist 21 und ist schon aus dem Haus und auch die Helferin ist jetzt in ihre eigene Familie zurückgekehrt. Sie hat aber mit ihren zwei Kindern über zehn Jahre mit mir in einer Familie gelebt und ihre Kinder waren auch ein Stück meine Kinder in der gesamten Gruppe. Ihrem Sohn finanziere ich das Studium. Eine weitere Helferin ist mit uns nach Sri Lanka und Deutschland gezogen, als sie noch solo war, und hat dort englisch und deutsch gelernt. Sie ist allein erziehende Mutter und ihr kleiner Sohn wächst in meiner Familie auf, sitzt bei uns am Tisch, kommt zu uns ins Bett. So wie mein Sohn bei ihr unter die Decke schlüpft, schlüpft ihr Sohn bei mir unter die Decke. Das ist vielleicht eine Sondersituation, doch es drückt aus, dass man diesen Anspruch auf Nähe nicht nur bei den leiblichen Eltern finden kann.*

Nena: *Familien in Asien sind in aller Regel nicht nur auf die Kernfamilie von Vater und Mutter mit ein bis drei Kindern beschränkt. Auch die Nachbarschaft, der Onkel, die Freundin oder das Kindermädchen gehören dazu.*

Vera: *Ist die Kleinfamilie vielleicht der Grund dafür, dass das Monopol für die emotionale Versorgung der Kinder bei uns bei den Eltern liegt? Außen herum gibt es niemanden. Deshalb wollen die Eltern ihre Kinder nicht loslassen und auswärtig betreuen lassen. Sie haben nicht das Gefühl, dass sie dort emotional aufgehoben sind.*

Jutta: *Meiner Meinung nach ist das von Birgit dargestellte Modell zu stark idealisiert. Ich finde eigentlich auch, dass da in Indonesien ein Manko besteht. Es stimmt, was Nena eben sagte, die Kinder werden teilweise total verwöhnt, wenn sie mit ihren Kindermädchen durch die Gegend kutschiert werden. Ich glaube auch, dass sich diese Erziehung auch auf das spätere Leben auswirkt, besonders bei Jungs. Wenn sie einmal schreien, bekommen sie alle Wünsche erfüllt, weil die Hausmädchen sich nicht durchsetzen können. Ich sehe darin nicht unbedingt das Ideal. Und indonesische Kinder leiden auch darunter, wenn ihre Eltern sie bei Großeltern oder Tanten abgeben. Die Gefühle der Kinder werden nicht so ernst genommen wie hier.*

Nena: *Ich kann mich an die Worte von Jutta erinnern, die sie vor einigen Jahren sagte, als sie nach Deutschland zurückgekehrt ist. Da hat sie gesagt, es wird Zeit nach Deutschland zurückzugehen, denn das Leben in Indonesien ist für Kind und Mann schlecht für den Charakter. Daran ist viel Wahres. Wenn die Kinder von den Kindermädchen betreut werden, werden sie einfach verwöhnt.*

Vera: *Mir fällt auf, dass sich die indonesischen Frauen, die es sich leisten können, offenbar in Familie und in Arbeit verwirklichen. Was ist mit der dritten Ebene der persönlichen Verwirklichung – wird diese auch angestrebt oder ist das etwas individualistisch Westliches?*

Nena: *Ich glaube das Leben in Indonesien ist facettenreicher als in Deutschland. Je mehr Aufgaben und Aktivitäten eine Person in Indonesien hat, desto stärker sind ihre sozialen Beziehungen. Für Indonesier sind die sozialen Beziehungen wichtig und ein Aspekt der Selbstverwirklichung. Der Bezug zur Gruppe ist dort wichtig, nicht nur seine eigene Arbeit und Familie. In Deutschland sind die persönlichen Belange wichtiger, da das Leben individualistischer abläuft als in Asien. Und da man in Deutschland viel Zeit im Haushalt verbringt, bleiben einem sowieso nur noch Beruf und Familie und ein bestimmter Freundeskreis. Während das Leben in Asien einfach mehr Dimensionen hat.*

Jutta: Vielleicht wird auch das, was Du Selbstverwirklichung nennst, unterschiedlich besetzt. Bei uns denkt man bei diesem Begriff eher an Freizeitaktivitäten, die man zum Vergnügen betreibt und nicht an irgendeine Aktivität, mit der man gesellschaftliches Engagement zeigt und Status gewinnt. Wenn man sich die indonesischen Frauen aus der oberen Mittelschicht anguckt, dann sind die unglaublich aktiv. Die sind an x-verschiedenen Gruppen beteiligt, sind gesellschaftlich meist sehr engagiert, und auch wenn sie alle sagen würden, dass das Kind für die Mutter das Wichtigste ist, haben sie im täglichen Ablauf wahrscheinlich relativ wenig mit ihren Kindern zu tun. Sie haben aber auch weniger als wir ein Bedürfnis nach Freizeit im Sinne von »da darf man aber auch keinen Stift in die Hand nehmen«.

Birgit: Außerdem stellt sich mir die Frage, ob Frauen in Deutschland einen Kultur- oder Wertewandel in Richtung mehr weibliche Werte mitbestimmen konnten – wenn wir das so unterscheiden wollen. Jutta hat es ja eben so benannt: männliche Werte implizieren hart sein, kämpferisch und auch rücksichtslos. Ist das weibliche Prinzip mehr ein harmonisches, soziales Miteinander und ein menschlicher Umgang untereinander? Ist das von der Frauenbewegung in Deutschland nicht erreicht worden?

Vera: Gibt es die Frauenbewegung überhaupt noch oder ist sie zersplittert?

Jutta: Meiner Meinung nach ist sie institutionalisiert worden. Es gibt Gleichstellungsbeauftragte und EU-Gesetze. Das ist nicht mehr so eine Basisbewegung, sondern es gibt bestimmte Posten in den Institutionen, die sich qua Amt dafür einsetzen.

Birgit: Das Gegenstück wäre, ganz bewusst als Frau zu wirken und anders zu sein, so wie das die französische Präsidentschaftskandidatin Ségolène Royal gemacht hat. Sie hat ganz selbstbewusst einen anderen Stil an den Tag gelegt als ihre männlichen Mitbewerber – allerdings hat ihr das nicht die Mehrheit der Stimmen eingebracht. Ist es hier nicht der Ehrgeiz von Frauen, die im öffentlichen Leben stehen, eine eigene Note zu finden? Orientieren sich diese Frauen dann immer gleich wieder an der Männerwelt? Wie ist das für Dich, Jutta? Du stehst als Professorin in Bremen ja auch im öffentlichen Leben...

Jutta: Was Frauen zum Erfolg bringt, ist hauptsächlich das männliche Leitbild. Die Frauen, die Erfolg haben, haben oft keine Kinder, sind unverheiratet und legen oft männliches Rollenverhalten an den Tag. Sie werden als wenig weiblich von der Öffentlichkeit betrachtet. Da herrscht oft ein Zwiespalt, dass man entweder Status anstrebt, wobei man dann nicht als Frau gesehen wird, oder man ist weiblich und verhindert dadurch den Status. Beides zusammen zu kriegen ist schwer. Die Familienministerin Ursula von der Leyen verkörpert vielleicht einen neuen Weg, eine Ausnahme. Aber es ist viel seltener und doch ganz auffällig, dass in den Führungsetagen viele unverheiratete, kinderlose Frauen sitzen, die genauso hart und durchsetzungsfähig sowie aggressiv karrierebewusst vorgehen wie Männer.

Birgit: Und auch keine Frauen unter ihnen stützen.

Jutta: Und diesen Zwiespalt gibt es in Indonesien meiner Meinung nicht. Diese Trennung, dass Weiblichkeit und Karriere nicht zusammenpassen.

Nena: Es war schon immer so, dass sich Frauen in Indonesien im Beruf ganz frei bewegen konnten, auch wenn sie gleichzeitig Mutter waren.

Birgit: Ich habe ein Interview mit Alice Schwarzer in der »Zeit« gelesen. Sie war sehr stolz, dass unsere Kanzlerin, Angela Merkel, in einem schwarzen Anzug dem Scheich in Saudi-Arabien die Hand gibt. Das ganze Interview war nach dem Motto gestaltet »Wir können stolz zurückblicken. Der Kampf der Frauenbewegung hat sich doch gelohnt.« Witzigerweise hatten wir diese Situation auch in Indonesien. Es gab ein weibliches Staatsoberhaupt – die Präsidentin Megawati. Das war möglich, aber wie in so vielen anderen asiatischen Ländern wurde Megawati eher über ihren Vater und ihre Familie definiert. Sie selbst wurde in den Medien oft als passive Hausfrau portraitiert und belächelt. Ich denke, wir können Angela Merkel nicht mit Megawati vergleichen, da sie sich ihre Position selbst erobert hat, »self made« ist. Eine interessante Parallele besteht darin, dass eine Frau an der Spitze des Staates steht und es auch Ministerinnen gibt, wir doch andererseits diese von Jutta beschriebene Gegenreaktion der jungen Frauen haben, die mit der Frauenbewegung nichts zu tun haben wollen. Was heißt denn das? Sind wir bereits am Punkt der größtmöglichen persönlichen Wahlfreiheit angelangt?

Jutta: Als ich vor elf Jahren nach Deutschland zurückkam, begegneten mir in Büros und auf Konferenzen vorwiegend graue, langweilig gekleidete Männer und nur wenig »bunte« Frauen. Wenn ich heute auf eine Konferenz gehe, sehe ich viel mehr Frauen als früher, doch die haben auch alle diese grau-schwarzen Anzüge und Kostüme an. Die Frauen haben sich allein kleidungsmäßig total diesem langweiligen Anzugstil angepasst und nicht umgekehrt – ich denke, das ist symptomatisch.

Birgit: Die Frauen haben also nicht die Business-Kultur mitgeprägt sondern sich angepasst. In Indonesien ist das doch anders.

Nena: Die indonesischen Frauen zeigen trotz Kopfbedeckung ihre weiblichen Attribute. Aber ganz wichtig, sie müssen koscher bleiben. Sich z.B. mehrere Male scheiden zu lassen, darf sich eine Frau mit gesellschaftlichem Status in Indonesien nicht leisten. Aber dieses Farbenfrohe gibt es schon immer– nur sind woanders dann die Zäune.

Vera: Was können die deutschen Frauen von den Indonesierinnen lernen: dass sie weiblich bleiben und trotzdem Karriere machen? Warum geht das in Indonesien besser als hier?

Jutta: Ich glaube, dass die Frauen in Indonesien auch einen Preis zahlen. In Indonesien müssen sich die Frauen viel stärker innerhalb eines bestimmten moralischen normativen Rahmens bewegen. Sie sind stärker von einem gesellschaftlichen Status abhängig. In Deutschland ist es nicht mehr so wichtig, aus welcher Schicht man kommt. Als Umi, unser Hausmädchen aus Indonesien, als Aupairmädchen nach Deutschland kam, war es für sie anfangs sehr verwirrend, dass das Kindermädchen meiner Schwägerin gleichzeitig als Mutter von Lottes Schulfreundin mit mir befreundet war und kein sozialer Unterschied zwischen uns gemacht wurde.
Frauen im Westen werden eher über ihre Attraktivität bewertet, werfen sich mit ihren persönlichen Attributen als Individuen auf den Markt. In Indonesien bewertet man Frau eher über ihren Status.

Vera: Du sagst also, dass wir nach 100 Jahren Frauenbewegung in Deutschland mit unserer Attraktivität als Sexobjekte konkurrieren. Ist das so? Ist das alles was von unserer Frauenbewegung übrig geblieben ist?

Jutta: Was ich gesagt habe, ist sehr von meiner Zeit in Indonesien geprägt. Ich erinnere mich, dass ich einmal mit einer jungen Kollegin shoppen ging. Sie wunderte sich, dass mir ein bestimmtes Kleid gefiel, da ich darin ja so jung aussehen würde. Was ich als Kompliment empfand, war für sie etwas Negatives. Sie wollte eher älter aussehen, da damit ein höherer Status assoziiert war. Ein jugendliches Aussehen ist doch nur dann wichtig, wenn man sich als freies Individuum seinen Partner suchen muss. Wenn die Eltern die Partnersuche bestimmen, geht es eher um »die richtige Partie« als um äußere Merkmale.

Vera: Vorhin sagtest Du aber, dass wir im Beruf als Sexualobjekte konkurrieren würden.

Jutta: Nein, nicht im Beruf. Ich meinte, wenn hier Menschen auf Partner-

suche sind, dass es in Deutschland mehr über Schönheit und Äußerlichkeiten geht als in Indonesien. Dort geht es mehr über den Status.

Vera: *Wenn wir auf die Rolle der Frau in der Gesellschaft schauen und ihre Möglichkeiten sich durchzusetzen, wo ist da etwas erreicht worden?*

Birgit: *In Deutschland ist es erlaubt, dass Frauen auch erobern und ihre Partner wählen. Im asiatischen Kontext herrscht da eine andere Norm, obwohl indonesische Frauen in der Realität auch ziemlich offensiv auf Männer zugehen können. Die Norm scheint den Unterschied auszumachen: in Deutschland dürfen Frauen mehr, nehmen diesen Freiraum aber oft nicht voll wahr. In Indonesien dürfen Frauen offiziell weniger, suchen sich aber ihre Wege zwischen den Regeln und verfolgen ihre Interessen oft intensiv von der Hinterbühne, bevor sie offen damit in Erscheinung treten.*

In Deutschland fällt mir auf, dass Frauen in der Öffentlichkeit immer noch als Sexobjekte dargestellt werden. Fast an jeder Bushaltestelle finden sich große Werbetafeln mit Frauen in knapper Unterwäsche. Das beeinflusst auch das Selbstverständnis der jungen Mädchen: sie finden es ganz normal, dass die Frau als sexuelles Reizobjekt ausgestellt wird.

Vera: *Ist es also eine würdelose Freiheit, die wir hier haben?*

Nena: *Ich bewundere schon die persönliche Freiheit der Frau hier, die sich, egal in welchem Alter, so kleiden kann, wie sie will. Frauen fühlen sich frei und man sieht das. Ich finde das ist schon ein positives Zeichen. Sie zeigen auch nicht nur, dass sie Sexobjekt, sondern dass sie auch intelligente und kreative Frauen sind. Das finde ich nicht würdelos. Auf der anderen Seite gibt es erstaunlich viele Frauen, die sagen, wir haben die Freiheit, wählen aber trotzdem die Rolle der Mutter und Hausfrau. Für mich bleibt nur die Frage, warum so viele Frauen die Rolle der Mutter zu Hause wählen, obwohl sie sich so frei entscheiden können.*

Birgit: *Es scheint ja nicht die Mehrheit zu sein, denn die Zahl der Kinder reduziert sich ja.*

Jutta: *Ja gut, aber unter denen die Kinder haben, nehmen vielleicht 3 % der Väter Elternurlaub. Über 90 % der Frauen fühlen sich hauptsächlich für die Kinder zuständig.*

Birgit: *Noch mal zum Sexualobjekt. Die Frau sieht sich in Deutschland nicht nur als Objekt, sondern auch als sexuelles Subjekt, als eine Person, die es für sich in Anspruch nimmt, ihre Sexualität auszudrücken und auszuleben, wie sie möchte. Diesen Teil gilt es ja in vielen Ländern, wie auch in Indonesien, zu beherrschen. Entsprechend findet das individuelle Ausleben* *verdeckt statt. Es gibt Frauen, die ein Kopftuch tragen aber Affären haben und eine Art Doppelleben führen. Eine Doppelmoral ist für Männer durchaus akzeptiert; von Frauen wird sie versteckter praktiziert.*

Jutta: *Es spricht aber keiner darüber und es möchte keiner drüber sprechen – so lange sie alle die vordergründigen Verhaltensregeln befolgen.*

Birgit: *Das individuelle Verwirklichen und das Spaß haben ist im indonesischen Rollenbild für eine erwachsene Frau nicht enthalten. Auch wenn Frauen sich miteinander treffen, muss es einen Nutzen haben. So gründen sowohl Bäuerinnen als auch städtische Hausfrauen sofort eine gemeinsame Spar- und Kreditkasse oder betreiben zumindest eine Art Lotterie, die ihnen einen materiellen Vorteil bringt. Frauengruppen als reinen Selbstzweck zum Reden oder für gemeinsame Vergnügungen gibt es fast nicht. Die Journalistin Julia Suryakusuma ist eine von wenigen Frauen in Indonesien, die die individuellen Freiheiten der Frau, einschließlich der Verwirklichung als sexuelles Subjekt, öffentlich einfordert.*

Jutta: *Vielleicht ist es zu einseitig, wenn man es nur auf sexuelle Freiheit beschränkt – weiter gefasst geht es um individuelle Freiheit. Wirklich Wahlmöglichkeiten zu haben, wie man leben möchte. Das ist der Punkt, an dem ich unser Leben besser finde als das einer Frau in Indonesien. Aber vom Ansehen und von der Art und Weise, wie sich Frauen in Indonesien im Berufsleben engagieren können und in dieser Rolle akzeptiert werden, ist es in Indonesien einfacher.*

Nena: *In Deutschland habe ich den Eindruck, dass eine Frau ihre Freiheit verliert, wenn sie sich für ein Kind entscheidet. Sie ist viel eingeschränkter in ihrem Leben. So lange eine Frau in Deutschland kein Kind hat, so hat sie die völlige Freiheit, sich selbst zu verwirklichen, weil sie auch die Zeit hat.*

Vera: *Viele Frauen aus dem Süden sagen ja, wir sind deswegen unfrei, weil unser Selbstbewusstsein und unsere Emotionalität viel mehr vom Mann abhängen als bei Frauen aus dem Süden. Wäre das auch ein Unterschied zwischen diesen beiden Ländern?*

Jutta: *Ich glaube man könnte es umgekehrt sagen. Wir stellen viel höhere Anforderungen an eine Partnerschaft. Für uns muss der Mann nicht nur ein Partner sein, mit dem wir durchs Leben gehen, sondern für uns muss unser Partner auch bester Freund sein. Und ich glaube, das haben in südlichen Ländern wenige Ehepaare. Dort ist es eine Lebensgemeinschaft, aber enge, emotionale Beziehungen hat man zu anderen. Und das ist in Indonesien auch so.*

Vera: Sind deshalb Frauen in Indonesien freier?

Nena: Wahrscheinlich. Das Leben von Ehemann und Ehefrau ist oft sehr getrennt. Die Frauen machen ihre Sachen und müssen darüber nicht mit den Männern sprechen. Die Männer haben auch ihre Welt.

Birgit: Ein Grund dafür sind vielleicht auch die vielen arrangierten Ehen. Einige unserer Interviewpartnerinnen, die von ihren Familien verheiratet wurden, erweckten den Eindruck, dass sie ihr Leben ziemlich unabhängig vom Mann führen und die Ehegemeinschaft eher als Arrangement zur Sicherung der Vaterschaft sehen. Solche Ehen gibt es in Deutschland auch einige, aber meistens ist der Anspruch ein anderer.

Vera: Wo gibt es denn Gemeinsamkeiten zwischen der indonesischen und deutschen Frauenbewegung bzw. den Frauen?

Nena: Egal wie die sozialen und politischen Rahmenbedingungen sind, die Frau entscheidet sich, sobald sie heiratet, meist für die Familie, unabhängig von Ausbildung, Einkommen und Status. Sehr viele Frauen wollen diese typische Rolle der Frau einnehmen – in Indonesien wie auch hier in Deutschland.

Vera: Seht Ihr denn weitere Gemeinsamkeiten?

Nena: In beiden Ländern ist die Chance für Frauen, die die Karriereleiter hochklettern wollen nicht so gut. Es gibt strukturelle Stolpersteine. Frauen, die eine Top-Management-Position erklimmen wollen, stoßen auf eine undurchsichtige Glasdecke.

Jutta: Ich würde auch sagen, hier wie dort möchten die Frauen Kinder haben und beruflich tätig sein. Unterschiede sehe ich bezüglich individueller Freiheit und gesellschaftlichem Engagement.
Was wir voneinander lernen können, ist, dass man den eigenen Lebensweg nicht für den einzig gültigen ansehen sollte. Man sollte erkennen, dass andere mit ähnlichen Problemen kämpfen, aber andere Lebenswege einschlagen. In unseren und in den Lebenswegen von Indonesierinnen gibt es Vor- und Nachteile. Diese zu beleuchten, eröffnet für beide Seiten neue Horizonte.

Birgit: Wir haben bei allen Begegnungen mit den indonesischen Frauen immer wieder unsere eigene Identität reflektiert. Dabei ist uns bewusst geworden, wie wir drei auf unterschiedliche Art versucht haben, unsere individuellen Möglichkeiten zu nutzen, sie voll auszuschöpfen, zu entfalten. Wir wollten nicht auf etwas verzichten, weil wir Frauen sind. Ich denke, das ist unsere Botschaft, auch an andere Frauen.

Jutta: Ja und wir sind alle auch gegen bestehende Normen vorgegangen. Wir haben ja zum Beispiel unsere Kinder »rabenmütterlich« als Berufstätige Hausmädchen überlassen. Oder Du, Nena, hast Dich individuell verwirklicht, obwohl das in der indonesischen Kultur nicht akzeptiert ist.

Nena: Vielleicht noch einen abschließenden Satz von Dir, Vera. Was hast Du für einen Eindruck?

Vera: Was mich beeindruckt ist, dass Ihr in Frage stellt, was die Frauenbewegung in Deutschland hervorgebracht hat. Ihr seht: ein System, in dem Gleichheit formalisiert und institutionalisiert ist, aber von vielen Frauen nicht genutzt wird. Ein System, in dem Frauen sich freiwillig selbst beschneiden und ihren Handlungsspielraum auf die Privatsphäre begrenzen. In Eurer Reflexion über Lebenswege und Entwicklungsmöglichkeiten vergleicht Ihr Euch mit den privilegierten Indonesierinnen, die auch Wahlmöglichkeiten haben, sich in ihrer Wahl aber an anderen Parametern orientieren als Ihr. Wie sie ihren Handlungsspielraum gestalten und Selbstverwirklichung definieren das kann auch in Deutschland neue Anstöße geben. Für die Frauen, deren Handlungsspielraum materiell viel enger ist, stellt sich die Frage der Wahlmöglichkeiten wiederum anders. Das beleuchtet Ihr in vielen Facetten in den Lebensgeschichten, die ihr in eurem Buch eingefangen habt, und das geht unter die Haut.

Literaturverzeichnis

Adelstal, B./ Berninghausen, J. (ed.): Gender Awareness and Planning Manual for trainers, project planners and implementors in the cooperative sector, International Labour Organization, Jakarta 1993

Agustino, Leo: Politik dan Otonomi Daerah, Serang, Banten, Indonesia 2005

Anggreni, Dewi: Dreamseakers. Indonesian Women as Domestic Workers in Asia, Jakarta 2006

Arivia, Gadis: Feminisme. Sebuah Kata Hati, Jakarta 2006

Asian Development Bank SME Development TA, Indonesia, Policy papers, Jakarta 2001/2002

Azra, Azyumardi: Indonesia, Islam and Democracy. Dynamics in a Global Context, The Asia Foundation, Jakarta 2008

Bali Sruti. Suara Nurani Perempuan , Zeitschrift, Nr. 3, März 2006

Beck, Ulrich/ Beck-Gernsheim, Elisabeth: Riskante Freiheiten, Frankfurt a. M. 1994

Bemmelen Sita van/ Grijns, Mies: What has Become of the Slendang? Changing Images of Women and Java, in: Antlov, Hans/ Hellmann, Jorgen (Hrsg.): The Java that Never Was. Academic Theories and Political Practices, Münster 2005

Bemmelen, Sita van: Competing Gender Identities in Post Orde Baru Bali: A Call for More Research, Srikandi, Jurnal Studi Perempuan. Pusat Studi Wanita, Lembaga Penelitian Universitas Udayana bekerja sama dengan BKPP, Daerah Bali, Jahrgang V, Nr. 2, 2005

Berninghausen, Jutta/ Kerstan, Birgit: Die Töchter Kartinis. Berichte und Reportagen aus dem Leben indonesischer Frauen, Berlin 1984

Berninghausen, Jutta/ Kerstan, Birgit: Die unsichtbare Stärke. Frauenarbeit in der Dritten Welt, Entwicklungsprojekte und Selbsthilfe, Saarbrücken/Fort Lauderdale 1984

Berninghausen, Jutta/ Kerstan, Birgit: Emanzipation ja, Feminismus nein? Gespräche mit Aktivistinnen aus indonesischen Frauenprojekten, in: Beiträge zur feministischen Theorie und Praxis, Nr. 23, Köln 1988

Berninghausen, Jutta/ Kerstan, Birgit: Forging New Paths, Feminist Social Methodology and Rural Women in Java, London and New Jersey 1992

Berninghausen, Jutta/ Kerstan, Birgit: Frauen-Selbsthilfeorganisationen und -Genossenschaften in Java und ihre Bedeutung für die Erweiterung des sozialen und ökonomischen Handlungsspielraums der Frau, Dissertation, Erziehungswissenschaftliche Fakultät, Technische Universität Berlin

Berninghausen, Jutta/ Kerstan, Birgit: Kritisch bis konform. Selbsthilfeorganisationen und Genossenschaften in Indonesien, Arbeitsmaterialien für den landeskundlichen Unterricht, Heft 19, DSE, Bad Honnef 1991

Berninghausen, Jutta/ Kerstan, Birgit: The Socioeconomic Position of Rural Women. A Case Study from Java, in: Oepen, M./ Karcher, W. (ed.), The Impact of Pesantren in Education and Community Development in Indonesia, P3M/FNS, Jakarta/ Bonn 1988

Berninghausen, Jutta/ Kerstan, Birgit: Wer die Wahl hat, hat die Qual. Mütter und Töchter – Eine Geschichte über die Veränderungen von Lebensbedingungen und sozialen Normen in Mitteljava, in: Beiträge zur feministischen Theorie und Praxis, Nr. 21/22, Köln 1988

Berninghausen, Jutta/ Kerstan, Birgit: Women's (Pre-)Cooperatives as Agents of Chance in Indonesian Development? in: Prisma, No. 4, Jakarta 1988

Berninghausen, Jutta: 15 Jahre Erfahrungen mit Gender-Analyse und Gender-Planung, in: Netzwerk Gendertraining (Hrsg.), Geschlechterverhältnisse bewegen – Erfahrungen mit Gender-Trainings, Ulrike Helmer Verlag, Königsstein 2004

Berninghausen, Jutta: Gender Integration in Cooperatives. Report of the Country Survey Indonesia, ICA Regional Office for Asia & the Pacific (ed.), New Delhi, India 1992

Berninghausen, Jutta: Gendertraining zur interkulturellen Kompetenz, Überlegungen zu Gender-Training, Interkultureller Kompetenz und Managing Diversity, in: Netzwerk Gendertraining (Hrsg.), Geschlechterverhältnisse bewegen – Erfahrungen mit Gender Trainings, Ulrike Helmer Verlag, Königsstein 2004

Berninghausen, Jutta: Konstruktive Annäherungen an die Geschlechterproblematik, in: Konfliktfeld Bildung, Lehren und Lernen in Indonesien, Arbeitsmaterialien für den landeskundlichen Unterricht, (Hrsg.) Wald, Karcher, Oepen, Heft 23, DSE Bad Honnef 1994

Berninghausen, Jutta: Konzepte von Liebe und Ehe im Umbruch am Beispiel Indonesiens, in: Kramer, H. Naegele, R. (Hrsg.), Geschlechterarrangements in globaler und historischer Perspektive, Mattes Verlag, 2003

Berninghausen, Jutta: Towards a Gender Conducive Planning in SME Development, Asian Development Bank SME Development TA, Indonesia, Background Report, Jakarta 2001/2002

Betke, F./ Ritonga, H.: Developing a Local-specific Approach to Poverty Monitoring in Indonesia: Who are the Poor in East Sumba?, Manila 2004

Betke, F./ Ritonga, H.: Managers of Megalithic Power. Towards an Understanding of Contemporary Political Economy in East Sumba, Unpublished Working Paper. National Bureau of Statistics/ GTZ, Jakarta 2002

Betke, F./ Ritonga: Results of the 2004 Listing Trial in Desa Praibakul and six Adjacent Villages, East Sumba. Unpublished Discussion Paper, Jakarta 2006

Biro Pusat Statistik, Indikator Tingkat Kehidupan Pekerja 2002–2004, Jakarta

Biro Pusat Statistik, National Socio Economic Survey 2004

Pusat Statistik: Statistik Kesejahteraan Rakyat, Welfare Indicators 2004, National Socio Biro Economic Survey, Jakarta 2004

Badan Pusat Statistik, Data dan Informasi Kemiskinan. Tahun 2004, Buku 2: Kabupaten

Badan Pusat Statistik Kabupaten Lombok Timur dengan Bappeda kabupaten Lombok Timur. Lombok Timur dalam Angka 2004

Breidenbach, Nyiri: Kulturelle Kompetenz im Wochenendseminar, In: Zeitschrift für Organisationsentwicklung Heft 4/01, 2001

Chandrakirana, Kamala/ Chuzaifah, Yuniyanti: The Battle Over a »New« Indonesia, Religious Extremism, Democratization and Women's Agency in Plural Society, in: Sisters in Islam, Muslim Women and the Challenge of Islamic Extremism, Norani Othman (Hrsg.), Malaysia 2005

Cherbosque, Jorge/ Rowe, Lee/ Gardenswartz, Anita: Emotional Intelligence and Diversity Series, Emotional Intelligence and Diversity Institute, Los Angeles 2005

Cox, Taylor /Beale, Ruby L.: Develop Competency to Manage Diversity, San Francisco 1997

Creese, Helen: Reading the Bali Post. Women and Representation in Post-Suharto Bali, in: Intersections: Gender, History and Culture in the Asian Context, Issue 10, August 2004

Dahm, Bernhard: History of Indonesia in the Twentieth Century, Bristol, Great Britain 1971

Daradjat, Z.: Islam dan Peranan Wanita, Jakarta 1978

Der Koran, übersetzt von L. Allmann, Bielefeld, Leibnitz 1881

Der Koran, übersetzt von R. Paret, Stuttgart 1985

Dunga, A. M.: Beberapa Permasalahan Adat-Budaya Masyarakat Sumba Timur serrta Stratifikasi Sosialnya dan Pengaruhnya Terhadap Pembangunan. Waingapu,1978

Geertz, Clifford: Dichte Beschreibungen, Frankfurt a. M. 1983

Geertz, Clifford: The Religion of Java, Chicago 1959

Geertz, Hildegard: The Javanese Family. A Study of Kinship and Socialization, The Free Press of Glence, 1961

Gunawan, Lilian/ Fono, Nancy: Socioeconomic Study of Self-help Groups in East Sumba. A Study into Strategy and Implementation of the Nusa Tenggara Project, Mataram, Unpublished Paper, 2003

Gunawan, Lilian: Challenges of Self-help Promotion in East Sumba. An Assessment of Project Strategy and Implementation. An Internal Evaluation on behalf of the Program »Poverty

Alleviation and Support for Local Governance in the Nusa Tenggara Provinces (PROMIS)«, Unpublished Paper, Denpasar 2003

Hall, Edward T.: Beyond Culture, New York1976/ 1981

Hasyim, Syafiq: Understanding Women in Islam. An Indonesian Perspective, Solistice Publishing, Jakarta 2006

Heaton, T./ Cammack M./ Young, L.: Why is the Divorce Rate Declining in Indonesia?, In: Journal of Marriage and Family, Jahrgang 63, Mai 2001

Hofstede, Geert: Lokales Denken, globales Handeln. Kulturen, Zusammenarbeit und Management, München 1997

Howe, Leo: Hinduism and Hierarchy in Bali, Oxford 2001

Hull, V.: Each Child Brings his own Fortune. An Inquiry into the Value of Children in a Javanese Village, Dissertation, Department of Demography, Australian National University, Canberra 1975

Hull, V.: Fertility, Socioeconomic Status and the Position of women in a Javanese Village, Dissertation, Australian National University Canberra 1975

Hull T. H./ Hull V. J.: Changing Marriage Behavior in Java: The Role of Timing and Consumation, In: Southeast Asian Journal of Social Science, 1987

Hurgronje, Snouk: Aceh di mata Holand, Yayasan Sokoguru, 1985

I Gde Pidana (Hrsg.): Dinamika Masyarakat dan Kebudayaan Bali, Denpasar 1994

Jay R.: Javanese Villagers. Social Relations in Rural Modjokuto, Cambridge, Massachusetts 1969

Jones, Gavin. W.: The Changing Indonesian Household, in: Women in Indonesia, Gender, Equity and Development, Institute of Southeast Asian studies, Singapore 2002

Kapita, Oe. H.: Sumba dalam Jangkauan Jaman, Naskah-Naskah Kebudazaan Daerah Sumba, Dewan Penata Layanan Gereja Kristen Sumba (Service Council of the Christian Church of Sumba), Waingapu und Masyarakat Sumba dan Adat Istiadatnya. Textesammlung von 1961–63, 1976.

Kasto: Perkawinan da Perceraian pada Masyarakat Jawa, Working Paper, Pusat Penelitian dan Studi Kependudukan Universitas Gadjah Mada, Yogyakarta 1982

Katz, June/ Katz, Ronald S.: Legislating Social Change in a Developing Country. The New Indonesian marriage Law revisited, in: The American Journal of Comparative Law, Vol. 26, Berkeley 1978

Kerstan, Birgit/ Berninghausen Jutta: Emanzipation wohin? Frauen und Selbsthilfe in Java/ Indonesien, Frankfurt 1991

Khalil: Nilai Wanita, Solo 1987

Kodir, Faqihuddin Abdul: Bergerak Menuju Keadilan, Pembelaan Nabi terhadap Perempuan, Rahima, Jakarta 2006

Koeswadji: Law and Development. The Legal Status of Women in Indonesia. Their Role and Challenge in Creating a New National Law, In: Malaya Law Review, Nr. 18, Singapore 1976

Ludwig, Jessica/ Kamelus, Deno/ Suhirman: Efficiency and Effectiveness of the Planning and Budgeting Process. GTZ Poverty Alleviation and Support for Local Governance Project (PROMIS), Mataram 2004.

Luh Ketut Suryani: Perempuan Bali Kini, Penerbit BP. Denpasar 2003

Luhmann, Niklas: Liebe als Passion, Frankfurt a. M. 1990

Magnis-Suseno, Franz von: Javanische Weisheit und Ethik. Studien zu einer östlichen Moral, München, Wien 1981

Magnis-Suseno, Franz von: Neue Schwingen für Garuda. Indonesien zwischen Tradition und Moderne, München 1989

Majemuk: Merayakan Perbedeaan menuai Perdamaian. Periodical of the Indonesian Conference on Religion and Peace (ICRP), Jakarta

Malau, Ria: Berbagi dengan Sesama Untuk Meringankan Beban Penderitaan Mereka, Majalah Koalisi Perempuan Indonesia, Semai 1/2005, Jakarta 2005

Manning C./ Singarimbun M.: Marriage and Divorce in Mojolama, In: Indonesia, Nr. 17, Cornell University, Ithaca/ New York 1974

Martin, Marlis/ Thomas, Alexander: Beruflich in Indonesien, Göttingen 2002

Moosmüller, Alois: Die Schwierigkeit mit dem Kulturbegriff in der Interkulturellen Kommunikation, in: Alsheimer, Rainer/ Moosmüller, Alois/ Roth, Klaus (Hrsg.): Lokale Kulturen in einer globalisierenden Welt, Perspektiven auf interkulturelle Spannungsfelder, Münster, München, New York 2000

Morfit, Michael: »Pancasila: The Indonesian State Ideology According to the New Order Government«, Asian Survey, Vol. 21, Nr. 8, August 1981, S. 838, notiert unter URL http:/www.hrw.org/reports98/indonesia2/Borneote-08.htm

Mulder, Niels: Inside Indonesia Society. Cultural Change in Java, Amsterdam, Kuala Lumpur 1996

Mulia Siti Musdah/ Farida, Anik: Perempuan dan Politik, Gramedia Jakarta 2005

Mulia, Siti Musdah: Islam Menggugat Poligami, Gramedia Jakarta 2004

Mulia, Siti Musdah: Muslimah Reformis. Perempuan Pembaru Keagamaan, Mizan Bandung 2004

Nakamura Hisako: Divorce in Java. A Study of the Dissolution of Marriage among Javanese Muslems, Gakushuin University, Japan, Gadjah Mada Press, Yogyakarta 1983

Nobles, Jenna/ Buttenheim, Alison: Demographic Responses to Economic Crisis: Determinants of Marriage and Fertility for Indonesian Youth 1993 – 2000, University of California, Los Angeles, 2005

Noerdin, E./ Rahman, L./ Laelasari, R./ Aripurnami, S.: Representasi Perempuan dalam Kebijakan Publik di Era Otonomi Daerah, In: Women's Research Institute (Hrsg.), Jakarta 2005

Noerdin, Edriana: Politik Identitas Perempuan Aceh, Women Research Institute, Jakarta 2005, URL: paa2005.princeton.edu/download.asp?submissionld=5/497, Stand: 30.08.06

Notopuro: Masalah Wanita, Kedudukan dan Perananya, Bandung 1977

Oey-Gardiner, Mayling: And the Winner is ... Indonesian Women in Public Life, In: Robinson, Kathryn/ Bessell, Sharon (Hrsg): Women in Indonesia, Gender, Equity and Development, Institute of Southeast Asian Studies. Singapore 2002

Badan Pengembangan Perekonomian dan Investasi Daerah Propinsi Daerah Istimewa Yogyakarta (DIY) dengan Pusat Studi Wanita Universitas Gadjah Mada: Penelitian Peningkatan Peran Perempuan dalam Pengembangan Usaha Kecila Menengah Berwawasan Gender di Propinsi DIY, Yogyakarta 2003

Purwandari, Kristi: Psikologi Korban Pasca Bencana, Jurnal Perempuan 40, Jakarta 2005

Purba, Lily: Menyelenggarakan Kesenjangan, Catatan bagi Organisasi yang Bekerja di Aceh pasca Tsunami, Jurnal Perempuan 40, Jakarta 2005

Putri, Prathiwi Widyatmi: Perempuan Bangkit dalam Bencana, Jurnal Perempuan 40, Jakarta 2005

Rellin, Martina: Klar bin ich eine Ost-Frau. Hamburg 2005

Robbe, Martin: Islam, Religion, Gesellschaft, Staat, Berlin (DDR) 1981

Robinson, Geoffrey: The Dark Side of Paradise. Political Violence in Bali, Cornell University. Ithaca, New York 1995

Robinson, Kathryn/ Bessell, Sharon: Women in Indonesia, Gender, Equity and Development, Institute of Southeast Asian Studies, Singapore 2002

Sadli S./ Brian Z.: Permissive Attidudes in Sexual Relations, In: Prisma, Nr. 4, Jakarta 1976

Sadli, Saparinah: Feminism in Indonesia in an International Context, In: Women in Indonesia, Singapore 2002

Salim, H.: Wanita Islam, Kepribadian dan Perjuangnya, Bandung 1984

Saunders, Kim Jane: Contemporary Tie and Dye Textiles of Indonesia, Oxford University Press, 1997

Sayogyo: Peranan Wanita dalam Perkembangan Masyarakat Desa, Jakarta 1983

Sharma, Arvind: Perempuan dalam Agama-Agama Dunia, SUKA-Press Yogyakarta (indonesische Übersetzung des Buches »Women in World Religions«), New York 1987

SMERU Buku II: Penguatan Usaha Mikro, Jakarta, Desember 2003

SMERU Buku II: Upaya Penguatan Usaha Mikro, Jakarta, Desember 2003

Soetjipto, Ani Widyani: Politik Perempuan Bukan Gerhana, Jakarta 2005

Subiyantoro, Eko Bambang: Kebutuhan perempuan yang terabaikan, Jurnal Perempuan 40, Jakarta 2005

Soeharto, B.: Pustaka Budaya Sumba Vol. I, Unauthorized Translation by Judi Achjadi »Department for Education and Culture«, Jakarta

Suryakusuma, Julia: Sex Power and Nation, Metafor, Jakarta 2004

Suryani, Luh Ketut: Perempuan Bali Kini, Penerbit BP. Denpasar, 2003

Tanner, N.: Matrifocality in Indonesian and Africa and among Black Americans, in: Rosaldo, Michelle Zimbalist (Hrsg.): Woman Culture and Society, Stanford, California 1974

Trompenaars, Fons: Handbuch Globales Management. Wie man kulturelle Unterschiede im Geschäftsleben versteht, Wien, Düsseldorf 1993

Turner, Mark/ Podger, Owen: Decentralisation in Indonesia. Redesigning the State, the Australian National University, Canberra 2003

Undang Undang Perkawinan, Arkol Surabaya

Undang-Undang No. 23/2004 tentang Kekerasan dalam Rumah Tangga, Gesetz Nr. 23/2004 über Gewalt im häuslichen Bereich.

USAID Democratic Reforms Support Program, Indonesia's Decentralization Reforms: From Missed Opportunities to Renewed Commitment, Jakarta 2006

Vel, Jaqueline: The Uma Economy, Wageningen 1994

Vickers, Adrian: Bali. A Paradise Created. Periplus, 2. Ausgabe, Hong Kong 1996

Vreede de Stuers, Cora: The Indonesian Woman. Struggles and Achievments, Den Haag 1960

Wald, Hermann J. (Hrsg.)/ Karcher, Wolfgang/ Oepen, M.: Konfliktfeld Bildung, Lehren und Lernen in Indonesien. Arbeitsmaterialien für den landeskundlichen Unterricht, Heft 23, DSE Bad Honnef 1994

Welsch, Wolfgang: Transkulturalität. Zur veränderten Verfassheit heutiger Kulturen, In: Institut für Auslandsbeziehungen (Hrsg.): Migration und Kultureller Wandel, Schwerpunktthema der Zeitschrift für Kulturaustausch, 45. Jahrgang 1995, Stuttgart 1995, S. 83–122

Wessel, Ingrid: The Impact of the State on the Democratization Process in Indonesia, in:

Wessel, Ingrid (Hrsg.): Democratisation in Indonesia after the Fall of Suharto, Logos Publishers, Berlin 2005, S. 12ff

Wiludjeng, Henny/ Wibawa, Dhevy Setya/ Habsyah, Attashendartini: Dampak Pembakuan Peran Gender terhadap Perempuan Kelas Bawah di Jakarta, Jakarta 2005

Winarni, Trsinawati: Perempuan Pedesaan-Pemiskinan dan Agenda Pembebasan, Persepsi, Klaten 2001

Winarno, Dwi S.Pd. M.Si: Paradigma Baru Pendidikan Kewarganegaraan, Jakarta 2006

Women's Research Institute (WRI): Representasi Perempuan dalam Kebijakan Publik di Era Otonomi Daerah, Jakarta 2005

Zulminarni, Nani: Beudedeh, Jurnal Perempuan 40, Jakarta 2005

Nationale und Internationale Presse

Activists seek review of shariah, Jakarta Post, 22.05.2006

Aristiarini, Agnes: Membangun Keindonesiaan Baru. In: Kompas, 19.05.2006.

Bayuni, Endy M.: Symposium aim to invoke Pancasila to bind nation. In: Jakarta Post, 18.05.2006

Candidates say no to Shariah-based bylaws, In: Jakarta Post, 01.08.2006. FN30

Cok Sawitri, Pahlawan Itu Ternyata Perempuan (»Eigentlich ist der Held eine Frau«), In: Kompas, 14.04.2003

Der Spiegel, Ausgabe 25/2007, S. 74–80

Dharmasaputra, Sutta, Maswadi: Impian Akselerasi Aktualisasi Pancasila, In: Jakarta Kompas, 10.06.2006

Die Welt vom 10.03.2003

Die Welt vom 22.05.2006

Experts decry sexist bylaws as threat to the nation, Jakarta Post, 20.04.2006.

Frankfurter Rundschau vom 07.08.2002

FAZ vom 10.04.2006

Galingging, Ridarson: Shariah by laws put national unity at risk, In: Jakarta Post vom 03.06.2006

Gender_Initiative_Indonesia Digest Number 11, 19.10.2006

Govt told to act on religious violations, In: Jakarta Post, 01.02.2006.

Hajramurni, Andi: Shariah advocates await their day of triumph in S. Sulawesi, In: Jakarta Post, 10.02.2006

Hardianto, Josie Susilo: Optimis 75 persen, In: Kompas, 14.06.2006

Hasyim Muzadi: NU opposed to formalization of Islam, In: Jakarta Post, 07.06.2006

Honoris, Charles: Taming the radicals, In: Jakarta Post, 06.06.2006

INPRES TKI. Reformasi Birokrasi Harus Bisa Jalan, In: Kompas vom 14.08.2006

Jakarta Post vom 01.06.1994

Jakarta Post vom 28.03.2003

Jakarta Post vom 29.11.2003

Jakarta Post vom 30.06.2006

Jakarta Post vom 03.07.2006

Junge Welt vom 20.10.2006

Jakarta Post vom 12.01.2007

Jakarta Post vom 06.03.2007

Jakarta Post vom 20.04.2007

Jakarta Post vom 21.04.2007

Jakarta Post vom 05.07.2007

Kalla Kecewa jika Penerapan Syariat lewat Perda, In: Kompas, 06.07.2006

Kompas vom 28.08.2001

Kompas vom 20.05.2006

Luhulima, James: Mengadakan perubahan tanpa guncangan, In: Kompas 19.05.2006

Ma'arif Achmad Syafii: Transformasi Kebangsaan, In: Kompas 08.06.2006

Menggali Pancasila di tengah Keterpurukan, In: Kompas, 05.05.2006

Moritz Kleine-Brockhoff, In: Frankfurter Rundschau, 10.07.2007

Nordwest-Zeitung vom 21.04.2007

Nordwest-Zeitung vom 24.04.2007

Nordwest-Zeitung vom 02.05.2007

NU, Muhamadiyah against unlawful use of shariah, In: Jakarta Post, 03.02.2006

Perempuan dalam politik, siapa takut?, In: Permas Nr. 01/2003

Reformasi Baru Sebatas Ornamen Demokrasi (»Die Reform – bisher nur ein demokratisches Ornament« – Bericht über eine Meinungsumfrage), In: Kompas vom 28.05.2007

Rehn, Elisabeth: SBY promises initiatives to end discrimination against women, In: Jakarta Post 24.11.2006

RI ›too democratic‹ to progress, says Kalla, In: Jakarta Post, 08.06.2007

RI domestic workers ›among most excploited‹, In: Jakarta Post, 27.07.2006

SBY promises initiatives to end discrimination against women, In: Jakarta Post, 24.11.2006

Setiawan, Bambang: Menggali Pancasila di Tengah Keterpurukan. In: Kompas, 05.06.2006

Sijabat, R. M./ Nurbaiti, A.: Make 30 percent quota mandatpry, says women's caucus, In: Jakarta Post, 25.11.2006.

Soelarto, ST.: Berikan Kepercayaan kepada Rakyat, In: Kompas, 19.05. 2006

Soemantri, Adriani S.: Pentingnya pemberdayaan ekonomi bagi daerah korban bencana, Jurnal Perempuan 40, Jakarta 2005

Soewarni, Yuli Tri: Familiarity breeds content in Cianjur shariah campaign, In: Jakarta Post, 10.02.2006

Suryakusuma, Julia: What really makes a chicken *halal*?, In: Jakarta Post, 03.05.2006

Suwarni, Yuli Tri: Familiarity breeds content in Cianjur shariah campaign, In: Jakarta Post, 10.02.2006

Temukan lagi sosok Indonesia, In: Kompas vom11.08.2006

The Bali Times vom 24.08.2006

Tolak asas tunggal dan keseragaman, In: Kompas, 14.08.2006

Transformasi Kebangsaan, Otobiografi Syafii Ma'arif: Keutuhan Bangsa harus dijaga, In: Kompas, 08.06.2006.

Trisha Sertori: Luh Ketut Suryani: Living on suicide watch. In: Jakarta Post, 16.03.2007

White, Benjamin: Measuring Time Allocation, decision making and agrarian changes alffecting rual workers. Examples from recent research in Indonesia, In: IDS Bullitin, Vol. 15, Nr. 1, Institute of Development Studies, Sussex, England 1984

Wijaya Taryanto: Mengapa perempuan mesti melek politik, In: Permas 1, Klaten 2003

Wisudo, Bambang: Keberagaman tanpa keadilan social, In: Kompas. 19.05.2006

Women activists yell no to antiporn bill, In: Jakarta Post, 06.02.2006

Internet:

http://islamlib.com/id/index.php?page=article&id=1152

http:/www.hrw.org/reports98/indonesia2/Borneote-08.htm

htttp;//islamlib.com/id/index.php?page=article&id=1074

paa2005.princeton.edu/download.asp?submissionld=5/497 Stand: 30.08.06

www.kompas.com/kompas-cetak/0304/14/swara/254704.htm

www.nakertrans.go.id

www.nzz.ch, Stand 08.03.2006

www.sshe.murdoch.au/intersections/issue10/ cresse.html, para. 4313

www.stuttgarter-zeitung.de, Stand 10.03.03

Fotonachweis:

Seite	Fotograf
40	Luciana Ferrero, www.luciferrero.com
57	Luciana Ferrero, www.luciferrero.com
63	Dieter Lotze, didi.lotze@googlemail.com
82	Mark Hayton
89	Birgit Kerstan
91	Luciana Ferrero, www.luciferrero.com
99	Birgit Kerstan
106	Luciana Ferrero, www.luciferrero.com
117	Luciana Ferrero, www.luciferrero.com
142	Friedhelm Betke
145	Birgit Kerstan
147	Birgit Kerstan
159	Luciana Ferrero, www.luciferrero.com
167	Luciana Ferrero, www.luciferrero.com
176	Luciana Ferrero, www.luciferrero.com
184	Luciana Ferrero, www.luciferrero.com
189	Luciana Ferrero, www.luciferrero.com
213	Luciana Ferrero, www.luciferrero.com
232	Nursyahbani Katjasungkana
280	Luciana Ferrero, www.luciferrero.com
282	Luciana Ferrero, www.luciferrero.com
288	Birgit Kerstan
342	Sascha Peschke, Hochschule Bremen

Birgit Kerstan   Nena Soeprapto-Jansen   Jutta Berninghausen

Über die Autorinnen

Birgit Kerstan befasst sich als Erwachsenenbildnerin seit über 25 Jahren mit Fragen des Lernens und der Organisationsentwicklung. Nachdem sie Anfang der 80er Jahre in Berlin Projekte in den Bereichen Stadtteilarbeit und Gesundheit mitbegründete, ist sie seit 1982 in der Entwicklungszusammenarbeit aktiv. Aus einer mehrjährigen Feldforschung in Zentral-Java über Frauen und Selbsthilfegruppen entstanden ihre Doktorarbeit und eine Reihe von Publikationen gemeinsam mit Jutta Berninghausen. Seit Ende der 80er Jahre arbeitet sie als interne und externe Beraterin für Entwicklungshilfeprojekte in Asien mit den Schwerpunkten berufliche Bildung, Selbsthilfeförderung, Gender Mainstreaming, Armutsminderung und Dezentralisierung. Von 1996 bis 2005 war sie als Projektleiterin der Deutschen Gesellschaft für Technische Zusammenarbeit in Sri Lanka und Indonesien und als GTZ-Büroleiterin für Indonesien, Malaysia und Timor Leste in Jakarta tätig. Derzeit lebt sie mit ihrer Familie als freie Gutachterin für Organisationsentwicklung auf Bali und baut ein indonesisches Netzwerk für Veränderungsmanagement auf.

Nena Soeprapto-Jansen studierte Stadt- und Regionalplanung an der TU Berlin und absolvierte anschließend ein Aufbaustudium im Internationalen Management. Sowohl im Studium als auch im Beruf lag ihr Schwerpunkt auf dem Thema Beteiligung von Bürgern in Planungsprozessen.

Nach 19 Jahren in Deutschland kehrte sie im Jahre 1988 in ihre Heimat zurück. 18 Jahre lebte und arbeitete sie in Indonesien, gründete in Jakarta ihre eigene Consultingfirma und war primär als Beraterin für internationale Entwicklungshilfeprojekte, als Moderatorin, Trainerin, Evaluatorin und Konfliktmediatorin tätig. Ihre Einsätze führten sie quer durch das indonesische Archipel sowie nach Malaysia, Laos und Vietnam. Ihr inhaltlicher Schwerpunkt lag auf der Partizipation der Beteiligten in Planungsprozessen und der sozialen Transformation der ländlichen Bevölkerung. Im Auftrag der Diakonie Katastrophenhilfe koordinierte sie 2005 die Projekte in den Tsunami betroffenen Gebieten in Indonesien. Seit Mai 2006 lebt sie als unabhängige Beraterin und Trainerin für Interkulturelles Management wieder in Deutschland.

Jutta Berninghausen studierte Diplompädagogik und promovierte nach einer mehrjährigen Feldforschung in Zentral-Java über Frauen und Selbsthilfegruppen 1989 an der TU Berlin zum Thema Frauenselbsthilfegruppen auf Java. Neun Jahre Leben und Arbeit in Indonesien, in denen sie für deutsche und internationale Organisationen der Entwicklungszusammenarbeit tätig war, haben ihr gezeigt, wie wichtig interkulturelle Kompetenz für den Erfolg internationaler Arbeitsbeziehungen ist. Heute ist sie Professorin für interkulturelles Management und Konrektorin für Internationales an der Hochschule Bremen. Sie lehrt Interkulturelles Handlungstraining, Cross Cultural Management, Diversity Management und Kulturwissenschaften Südostasiens. Daneben ist sie noch ab und zu als Gutachterin, Supervisorin, Coach und Trainerin für internationale Organisationen in der Entwicklungszusammenarbeit, Wirtschaftsunternehmen und soziale Einrichtungen in den Bereichen Gender Mainstreaming, Diversity Management und Interkulturelle Kommunikation tätig. Sie ist im Vorstand der Akademie für Interkulturelle Studien (Würzburg) und Vorstandsvorsitzende des Hochschulinstituts ZIM, Zentrum für Interkulturelles Managements (Bremen).

Anmerkungen

1. Magnis-Suseno, Franz von: Javanische Weisheit und Ethik. Studien zu einer östlichen Moral, München/Wien, 1981.
2. *Ibu*, indonesisch »Mutter«, wird als höfliche Anrede für erwachsene Frauen gebraucht.
3. Van Bemmelen, Sita/ Grijns, Mies: »What Has Become Of The Slendang? Changing Images of Women and Java, in: Antlov, Hans; Hellman, Jorgen: The Java That Never Was: Academic Theories and Political Practices, Münster 2005, S. 97-133.
4. Ebd.
5. Siehe u.a. Berninghausen, Jutta/ Kerstan, Birgit: »Die Töchter Kartinis. Berichte und Reportagen aus dem Leben indonesischer Frauen, Berlin 1984; dies. 1988, Wer die Wahl hat, hat die Qual. Mütter und Töchter – eine Geschichte über die Veränderung von Lebensbedingungen und sozialen Normen in Mittel-Java, in: Beiträge zur feministischen Theorie und Praxis, No.21/22, Köln; dies. 1991, Emanzipation wohin? Frauen und Selbsthilfe auf Java, Frankfurt, IKO-Verlag.
6. Siehe dazu auch Kapitel III. Frauenbewegung und Islam – ein ungleiches Paar?
7. Die so genannte *Reformasi*-Ära begann 1998 mit dem Sturz des damaligen Präsidenten Suharto.
8. *Bhinneka Tunggal Ika* – die Einheit in der Vielfalt – ist die gesellschaftliche Grundlage des modernen indonesischen Staates. In seiner Eigenschaft primär auf die unterschiedlichen Ethnien bezogen ist das indonesische Staatsmotto auch auf die geographischen und klimatischen Bedingungen, die unterschiedlichen Religionen, die historische Entwicklung zu beziehen. Der Begriff *Bhinneka Tungal Ika* wurde als Staatsprinzip schon im 14. Jahrhundert im Majapahitreich benutzt, um eine Rekonziliation zwischen Hinduismus und Buddhismus herzustellen.
9. Siehe auch Kapitel I.: Interview mit Franz von Magnis-Suseno.
10. Winarno, Dwi: Paradigma Baru. Pendidikan Kewarganegaraan, Jakarta 2006, S. 44.
11. Zu dieser Zeit gab es allerdings den Begriff »Indonesien« selbst noch nicht für das Gebiet, das wir heute Indonesien nennen.
12. Aus dem Sitzungsprotokoll des Badan Penyelidik Usaha-Usaha Persiapan Kemerdekaan Indonesia BPUPKI & BPKI; 1998, zitiert von Bernhard Dahm, 1971.
13. Dahm, Bernhard: History of Indonesia in the Twentieth Century, London, 1971, S. 146.
14. Ebd.
15. Dahm, Berhard 1971, S. 148.
16. Dahm, Bernhard 1971, S. 178.
17. P4 steht für *Pedoman Penghayatan Pancasila*, Kurs über die Anweisungen zur Realisierung und Anwendung von *Pancasila*.
18. Setiawan, Bambang: Menggali pancasila di Tengah Keterpurukan. In: Kompas vom 05.06.2006, S. 5.
19. *GOLKAR* ist die Abkürzung für *Golongan Karya*, Gruppe der Werktätigen oder Professionellen.
20. Tolak asas tunggal dan keseragaman. In: Kompas vom 14.08.2006.
21. Ebd.
22. Transformasi Kebangsaan, Otobiografi Syafii Ma'arif: Keutuhan Bangsa harus dijaga. In: Kompas vom 08.06.2006.
23. Temukan lagi sosok Indonesia. In: Kompas vom 11.08.2006.
24. Kalla Kecewa jika Penerapan Syariat lewat Perda. In: Kompas vom 06.07.2006.

25 Muzadi Hasyim: NU opposed to formalization of Islam. In: Jakarta Post vom 07.06.2006, S. 2.
26 Luhulima, James: Mengadakan perubahan tanpa guncangan. In: Kompas vom 19.05.2006, S. 63.
27 Gewaltsame Vertreibung.
28 Bayuni, Endy M.: Symposium aim to invoke Pancasila to bind nation. In: Jakarta Post vom 18.05.2006.
29 Jakarta Post, Candidates say no to shariah-based bylaws. In: Jakarta Post vom 01.08.2006; Khalik, Abdul: New court head slams sharia bylaws. In: Jakarta Post vom 23.08.2008, S.1.
30 Suwarni, Yuli Tri, Familiarity breeds content in Cianjur shariah campaign: In: Jakarta Post vom 10.02.2006.
31 Khalik, Abdul: New court head slams sharia bylaws. In: Jakarta Post vom 23.8.2008, S.1.
32 Partei Damai Sejahtera – Partei für Frieden und Wohlstand
33 Gesetz 44/2008, Paragraph 3
34 Gesetz 44/2008, Paragraf 20
35 Jakarta Post vom 10.1.2009, S. 2
36 Siehe dazu auch Kapitel III. Frauenbewegung und Islam – ein ungleiches Paar?
37 *Halal* bedeutet dem islamischen Reinheitsgebot entsprechend.
38 Suryakusuma, Julia: »What really makes a chicken halal?«, In: Jakarta Post vom 03.05.2006.
39 Der Salafismus sieht den Propheten Muhammed und seine Gefährten als die einzig wahren Repräsentanten der islamischen Lehre und lehnt jegliche Art von Reformbewegungen ab. Quelle: http://www.geistigenahrung.org/ftopic9744.html.
40 Der Schwur der Jugend »Sumpah Pemuda«, war eine Versammlung der wichtigsten Jugendorganisationen des indonesischen Archipels, die den Beginn der Unabhängigkeitsbewegung markiert. Unter dem Motto »Eine Nation, ein Staat, eine Sprache« wurde hier der erste deutliche Impuls zur Schaffung der indonesischen Republik gege-ben. Siehe http://www.arts.auckland.ac.nz/online/index.cfm?P=5768 und Wikipedia http://en.wikipedia.org/wiki/Indonesia_Raya.
41 Die *Pancasila* ist die Staatsideologie des indonesischen Staates, die 1945 von den Gründern der Republik formuliert wurde. Sie umfasst fünf Prinzipien, die auch im Staatswappen symbolisiert sind: Nationale Einheit, Humanität, Soziale Gleichheit, Demokratie und den Glauben an einen Gott. Siehe URL:http://id.wikipedia.org/wiki/Garuda_Pancasila.
42 Der Wahabismus ist eine rigide Version des sunnitischen Islam in Saudi-Arabien, der auf der schriftgläubigen Auslegung des Koran und der Sunna beruht. Siehe URL: http://www.sebjo.de/home/spengler/IslamischerFundamentalismus/
43 Abu Bakar Basyir wurde 2003 als spiritueller Führer der Terrorgruppe *Jemaah Islamiya* für die Unterstützung der Bombenanschläge in Bali und Jakarta Hotel zu vier Jahren Gefängnis verurteilt. Bereits im Juni 2006 wurde er wegen guter Führung entlassen und nahm seinen ideologischen Feldzug für einen Islamischen Staat sofort ungehindert wieder auf.
44 »RI ›too democratic‹ to progress, says Kalla«. In: Jakarta Post vom 08.06.2007.
45 16,6 % der Bevölkerung oder 37 Mio. Menschen leben von nach den im Juli 2007 veröffentlichten Daten des Nationalen Statistikbüros ein Pro-Kopf-Einkommen von weniger als 18 US$, siehe Jakarta Post vom 28.05.2007.
46 »Reformasi Baru Sebatas Ornamen Demokrasi« (Die Reform – bisher nur ein demokratisches Ornament« – Bericht über eine Meinungsumfrage In: Kompas, vom 28.05.2007, S.5.
47 *NASAKOM* (nasionalis, agama, komunis = nationalist, religious, communist) steht für die drei Hauptelemente in Soekarnos Regierungskoalition von 1955. Siehe Berninghausen,

[47] Jutta/ Kerstan, Birgit: »Die Töchter Kartinis. Berichte und Reportagen aus dem Leben indonesischer Frauen«, Berlin 1984, S.17.ff.
[48] Die Doppelrolle des Militärs wurde unter der Bezeichnung *dwi fungsi* Teil von Suhartos Machtstrategie.
[49] Berninghausen, Jutta/ Kerstan, Birgit: Emanzipation wohin? Frauen und Selbsthilfe in Java/Indonesien, Frankfurt 1991, S. 213.
[50] Berninghausen/ Kerstan 1984, S. 21 ff.
[51] P4 steht für *Pedoman Penghayatan Pancasila*, allgemein übersetzt als Weiterführender Kurs über die Anweisungen zur Realisierung und Anwendung von *Pancasila*, siehe Morfit, Michael: »Pancasila: The Indonesian State Ideology According to the New Order Government«, Asian Survey, Vol. XXI, No. 8, August 1981, S. 838, notiert unter http:/www.hrw.org/reports98/indonesia2/Borneote-08.htm.
[52] Ein bekanntes Opfer der Pressezensur war der Intellektuelle Mohamad Goenawan, Herausgeber der regierungskritischen Zeitschrift *Tempo*, die 1994 zusammen mit der Tageszeitung *Detik* verboten wurde. Nach dem Fall Suhartos erschien die Zeitschrift ab 2003 wieder.
[53] National Commission on Violence against Women. Public Accountability Report 2002–2004, Jakarta 2005, S. 5.
[54] Zur Umsetzung der Dezentralisierung siehe unten Teilkapitel »Zehn Jahre Dezentralisierung«.
[55] Gesetze 28/1999 und 31/1999.
[56] The National Awakening Party (*PKB*) gewann 12,5 % der Stimmen, die Vereinte Entwicklungspartei (*PPP*) erreichte 10,7 % und die Nationale Mandate Partei (*PAN*) 7,1 %. Siehe Ingrid Wessel: The Impact of the State on the Democratization Process in Indonesia, in: Ingrid Wessel (ed.), Democratisation in Indonesia after the Fall of Suharto, Logos Publishers, Berlin 2005, S. 12.
[57] Wessel, Ingrid 2005, S. 12 ff.
[58] Der Präsident wurde nach der derzeit geltenden Gesetzgebung durch die Volksversammlung (*Majelis Perwakilan Rakayat – MPR*) gewählt, die sich aus den Mitgliedern des nationalen Parlaments und den Mitgliedern der Regionalkammer (*Dewan Perwakilan Daerah – DPD*) zusammensetzt.
[59] *PAN, Partai Amanat Nasional*, die Nationale Mandatspartei, ist eine modernistische Islampartei, der viele islamische Intellektuelle und Angehörige der *Muhammadiah*-Organisation angehören.
[60] Wessel Ingrid 1995, S. 13.
[61] Herrmann, Johannes: In Wessel, Ingrid (Hrsg.) 2005, S. 143.
[62] Krishna, Sen: The Mega Factor in Indonesian Politics: A New President or a New Kind of Presidency? In: Robinson, Kathryn/ Bessell, Sharon (Ed.): Women in Indonesia. Gender, Equity and Development, Institute of Southeast Asian Studies (ISEAS) Singapore 2002, S. 13 ff.
[63] Siehe www.stuttgarter-zeitung.de vom 10.03.2003.
[64] Die Anti-Korruptionskommission (*Komisi Pemberantasan Korupsi – KPK*) wurde mit dem Gesetz 30/2002 verankert.
[65] Stockmann, Petra: Developments in legislation in the Megawati-Era, In: Wessel, Ingrid 2005, S. 48.
[66] Siehe Stockmann in: Wessel 2005, S. 55–56.
[67] Art. 22 C, D UUD NRI 1945, zitiert von Petra Stockmann in Wessel 2005, S. 42.
[68] Das Gesetz, das die Details der Justizreform regelt und die Funktionen seiner Institutionen festlegte, wurde erst drei Jahre später als Gesetz 4/2004 erlassen.

69 Die Überprüfung von Rechtsvorschriften unterhalb der Gesetzesebene obliegt dem Obersten Gericht, siehe Stockmann, in Wessel 2005, S. 42.
70 Stockmann in: Wessel 2005, S. 56.
71 Presidential Instruction 1/2003.
72 Siehe Agus Raharjo: Implikasi Pembatalan Undang-Undang Komisi Kebenaran dan Rekonsiliasi terhadap Prospek Penanganan Pelanggaran berat Hak Asasi Manusia, Jurnal Mimbar Hukum, Vol. 19 No. 1, Feb. 2007, S. 1-18.
73 0,6 % weniger als 1999.
74 Beittinger-Lee, Verena: Civil Society in Indonesia – Concepts and Realities, in: Wessels 2005, S. 115.
75 Im *Corruption Perception Index* erhielt Indonesien 2008 den Wert 2.6. Die Skala reicht von 0 (extrem korrupt) bis 10 (nicht korrupt). Siehe die Website von Transparency International http://www.transparency.org/policy_research/surveys_indices/cpi/2008.
76 Jakarta Post vom 30.06.2006, S. 2.
77 Aglionby, John: Indonesian prosecutor jailed for 20 years. In: Financial times, 04.09.08.
78 Jakarta Post vom 03.07.2006, S. 9.
79 Asmarani, Devi: Suharto's children to "inherit« civil lawsuit. In: The Straits Times, 30.01.08.
80 Williamson, Lucy: Suharto son civil charges dropped. In: BBC News, 28.02.08.
81 Suharmoko, Aditya: Mulyani turns up the heat on Tommy. In: Jakarta Post, 30.08.08.
82 Association of Southeast Asian Nations.
83 Entsprechend der vom Nationalen Statistikbüro durchgeführten Demographie- und Gesundheitsstudie von 2002-2003 lag die Mortalitätsrate bei Müttern in Indonesien bei 307 Sterbefällen auf 100.000 Lebendgeburten und die Säuglingssterblichkeitsrate bei 35 auf 1.000 Lebendgeburten. In der unterentwickelten Provinz Ost-Nusa Tenggara betrug die Müttersterblichkeit sogar 554 pro 100.000 und die sich östlich an Bali anschließende Provinz West-Nusa-Tenggara hat mit 74 auf 1.000 eine extrem hohe Säuglingssterblichkeitsrate.
84 Hudiono, Urip: Poverty numbers down 'slightly'. In: Jakarta Post, 03.07.07.
85 Nurhayati, Desy: Presidentäs speech likened to campaign. In: Jakarta Post, 16.08.08, S. 1.
86 Dana Alokasi Umum, DAU – Ungebundene Zuweisung, Dana Alokasi Khusus, DAK – Zuweisung für bestimmte Zwecke, Dana Dekon – Dekonzentrationsbudgets der Sektorministerien.
87 Vgl. USAID Democratic Reforms Support Program, Indonesia's Decentralization Reforms: from Missed Opportunities to Renewed Commitment. Jakarta, Juli 2006. Ein Jahr später plädierte der für Regionalautonomie zuständige Direktor im Innenministerium, Dr. Made Suwandi dafür, ein Moratorium zum Stopp weiterer Abspaltungen von Distrikten und Städten zu erlassen, da die Gründung einer neuen Gebietskörperschaft mit Blick auf Einwohnerzahl und Wirtschaftskraft oft nicht gerechtfertigt sei. In: Jakarta Post vom 05.07.2007.
88 Mencari Solusi atas Dilema Pemekaran. Komite Pemantauan Pelaksanaan Otonomi Daerah (Monitoring Comittee for the Implementation of Regional Autonomy), 21.05.08, http://news.okezone.com/index.php/ReadStory/2008/07/23/1/130353 und http://kppod.org/ind/index.php?option=com_content&task=view&id=411&Itemid=2.
89 Dies wird anhand der Provinzen West- und Ost-Nusa Tenggara und exemplarisch aufgezeigt in der Studie von: Jessica Ludwig/ Deno Kamelus/ Suhirman: Efficiency and Effectiveness of the Planning and Budgeting Process. GTZ Poverty Alleviation and Support for Local Governance Project (PROMIS), Mataram 2004.

[90] Regierungsverordnung Nr. 8 von 2003.
[91] Regierungsverordnung 41/2007 (*PP 41/2007 tentang Organisasi Perangkat Daerah*)
[92] Erlass des Innenministers 8/2008 zur Richtlinie für das Gender Mainstreaming in den Regionen (*Peraturan Menteri Dalam Negeri No. 8 2008 tentang Pedoman Umum Pelaksanaan Pengarusutamaan Gender di Daerah*)
[93] Bei der Formulierung des Gesetzes hat die Deutsche Gesellschaft für Technische Zusammenarbeit durch die Entsendung von Beratern Unterstützung geleistet.
[94] Ein Problem ist, dass sich die Forschung zu diesem Thema in erster Linie auf Java bezieht. An diesen Stellen werden wir dann ausdrücklich von Java und nicht von Indonesien sprechen. Historisch kann man allerdings durchaus die gleichen Wurzeln des von hinduistischen Wertvorstellungen geprägten Archipels bis nach Malaysia verfolgen, so dass sich die Grundzüge dieser ethischen Werte bis heute in diesem Raum wieder finden. Auch die Zentralisierungspolitik unter Suharto hat ihren Teil dazu beigetragen, die javanischen Werte auf dem gesamten Archipel zu verbreiten.
[95] Vgl. Geertz 1983.
[96] Moosmüller, Alois: Die Schwierigkeit mit dem Kulturbegriff in der Interkulturellen Kommunikation, in: Alsheimer, Rainer/ Moosmüller, Alois/ Roth, Klaus (Hrsg.): Lokale Kulturen in einer globalisierenden Welt, Perspektiven auf interkulturelle Spannungsfelder, Münster, München, New York 2000, S.24.
[97] Welsch, Wolfgang: Transkulturalität. Zur veränderten Verfasstheit heutiger Kulturen, In: Zeitschrift für den Kulturaustausch Heft 1, 1995.
[98] Auch in der Sprache halten sich alte Zuschreibungen, wenn sich diese Rollendefinitionen auf der Handlungsebene bereits verändern. Denken wir nur daran, dass in den Medien nach wie vor ständig vom »starken« oder »schwachen« Geschlecht gesprochen wird.
[99] Hall 1976, Hofstede 1997, Trompenaars 1998.
[90] Die länderspezifischen Ergebnisse ihrer inzwischen veralteten, in den 50er (Hall), 70er (Hofstede) und 80er (Trompenaars) Jahren durchgeführten Untersuchungsergebnisse sind vielfach angezweifelt worden und sollen hier auch nicht weiter zur Debatte stehen.
[101] Magnis von Suseno: Javanische Weisheit und Ethik, Studien zu einer östlichen Moral, München, Wien, 1981 und: Neue Schwingen für Garuda, Indonesien zwischen Tradition und Moderne, München, 1989.
[102] Die Ausführungen über die Javanische Ethik basieren im Wesentlichen auf der Forschung des seit über 40 Jahren in Indonesien lebenden Philosophieprofessors und Jesuitenpaters Franz Magnis von Suseno (Magnis Suseno 1981 und 1989). Sie beziehen sich zunächst nur auf Java und auch dort nur auf das traditionelle Ideal, nicht unbedingt auf die gelebte Wirklichkeit. Grundelemente der hier beschriebenen Ethik findet man aber überall in Indonesien und teilweise sogar in ganz Südostasien wieder.
[103] Der immense Reichtum der Familie Suharto kann sich weiterhin ungehindert vermehren und wer es wagt, einen aus ihrer Mitte zur Rechenschaft ziehen zu wollen, muss um sein Leben bangen, wie im Fall des ermordeten Richters, der Tommy Suharto verurteilen wollte oder des Bürgerrechtlers Munir, der sich für Menschenrechte einsetztete.
[104] Mulder, Niels: Inside Indonesia Society, Cultural Change in Java, Amsterdam, Kuala Lumpur 1996, S. 88, 89.
[105] Siehe CDAW, Ratifizierung des Anti-Diskriminierungsgesetzes.
[106] Geertz, Hildred: The Javanese Family. A Study of Kinship and Socialization, The Free Press of Glence, 1961.
[107] Im Gegensatz zu seiner großen Schwester ließ sich mein Sohn in Indonesien immer ohne Murren zu Bett bringen. Mit drei Jahren entwickelte er jedoch eine panische Angst vor

[108] Ratten. Ich war geschockt als herauskam, dass unser Kindermädchen ihm Abend für Abend damit gedroht hatte, die Ratten würden ihn fressen, wenn er nicht schlafen ginge.
Magnis von Suseno 1989, S. 87, 88.
[109] Siehe die Website von Transparancy International: http://www.transparency.org.
[110] Über dieses Seminar wurde im Kompas vom 14.08.2006 berichtet.
[111] Vgl. Martin, Marlis/ Thomas, Alexander: Beruflich in Indonesien, Göttingen 2002, S. 129.
[112] Das *Shariah*-Gesetzt ist bereits, wie im Kapitel über den Islam beschrieben, in zahlreichen Distrikten eingeführt.
[113] Geertz, Clifford: The Religion of Java, Chicago 1959.
[114] Kerstan/ Berninghausen 1991, S. 55.
[115] Frankfurter Allgemeine Zeitung vom 10.04.2006.
[116] Der Vermieter hatte für dieses Häuschen 60 DM im Jahr verlangt. Ein Preis, den wir äußerst günstig fanden und sofort akzeptierten. Die übrigen Dorfbewohner waren jedoch einhellig der Meinung, dass der Vermieter uns ausgenommen und einen Wucherpreis von uns verlangt hätte.
[117] Kerstan/ Berninghausen 1991, S. 158.
[118] Kerstan/ Berninghausen 1991, S. 243.
[119] *Dangdut* ist eine meist von einer erotisch tanzenden Sängerin begleitete Musik arabischen Ursprungs, zu denen indonesische Männer und männliche Jugendliche bei städtischen und dörflichen Festen und in speziellen Discos tanzen.
[120] Die nicht-staatliche Organisation LP3ES *(Lembaga Penelitian, Pendidikan dan Penerangan Ekonomi dan Sosial*-Institut für ökonomische und soziale Forschung, Bildung und Information), deren Hauptbüro 1971 in Jakarta eröffnet wurde, betrieb in Klaten seit 1979 eine Zweigstelle, die klassische Gemeinwesenarbeit im ländlichen Bereich durchführte und, finanziert aus Zuschüssen ausländischer Geber, den Aufbau von Selbsthilfeorganisationen mit einkommensschaffenden Aktivitäten unterstützte. Das Frauenprogramm hatte aufgrund seiner guten Erfolge mit der Förderung von Spar- und Kreditgruppen eine prominente Stellung innerhalb der Organisation. Vgl. Kerstan/ Berninghausen 1991, S. 278 ff.
[121] Vgl. auch Kerstan/ Berninghausen 1991, Kapitel III. Jutta Berninghausen hat außerdem von 1998 bis 1994 in einem Genossenschaftsprojekt der ILO gearbeitet. Sie war dort für die Förderung von Frauengruppen, Frauen in Genossenschaften und Frauengenossenschafen zuständig
[122] Mulder 1996, S. 84.
[123] Vgl. auch Wiludjeng, H./ Wibawa, D. S./ Habsyah, A.: Dampak Pembakuan Peran Gender terhadap Perempuan Kelas Bawah di Jakarta, Jakarta 2005, S. 48.
[124] Vgl. dazu auch die bereits in diesem Kapitel beschriebenen Forschungsergebnisse.
[125] Als wir von diesem Schicksal hörten, empfahl Birgit die Genossenschaft einem Katastrophenhilfsprogramm der Deutschen Gesellschaft für Technische Zusammenarbeit (GTZ), die die Kooperative in ihr Programm aufnahm. Durch die Unterstützung konnte die Kooperative den Mitgliedern, die wegen der Zerstörung ihrer wirtschaftlichen Infrastruktur zahlungsunfähig geworden waren, mit subventionierten Krediten aus der Notsituation helfen. Laut GTZ läuft das Programm bis heute sehr gut.
[126] Eine Art grobe Baumwolle, mit der auch Matratzen gefüllt werden.
[127] Für unsere Interviews hatten wir daher damals zwei javanische Studentinnen als Übersetzerinnen und Forschungsassistentinnen für einige Monate mit ins Dorf genommen. Mit Marlin, einer von ihnen, sind wir bis heute gut befreundet.
[128] Mulder 1996, S. 90.

[129] Berninghausen/ Kerstan 1988, S. 186 ff.

[130] Die Geschichte von Ira ist wie viele der Geschichten, die uns die Dorffrauen erzählt haben, so spektakulär, dass wir gezögert haben, sie aufzuschreiben, da sie natürlich nicht den Normalfall repräsentiert. Andererseits zeigt sie auch, dass sich hinter der glatten Oberfläche und der unscheinbaren Kulisse eines friedlichen Dorfes dieselben Gefühlsdramen abspielen wie überall auf der Welt und es auch innerhalb eines engen Bewegungsradius keine 100%-tige Anpassung gibt. Normverstöße finden auch in kleinen Welten statt und dabei wird aus dem Fundus geschöpft, der sich dafür anbietet.

[131] Auch in einer kürzlich erschienenen Untersuchung der Lebensverhältnisse von Unterschichtfamilien in Jakarta bestätigte sich dieses Muster. Circa zwei Drittel der befragten Frauen waren der Ansicht, dass Mann und Frau gemeinsam für den Lebensunterhalt ihrer Familien aufkommen sollten (s. Wiludjeng et.al. 2005, S. 48).

[132] In den 80er Jahren haben verschiedene Forscher die Arbeitszeit von Frauen und Männern in Java untersucht. (z.B. White 1984 und Sayogyo 1981). Die geschlechtliche Arbeitsteilung wird auch in Gendertrainings thematisiert. Die Autorinnen haben seit Ende der 80er Jahre zahlreiche Gendertrainings durchgeführt, in Indonesien, Deutschland und auch mit einem internationalen Publikum. In 90 % aller Fälle bestätigten sich die oben genannten Aussagen: Frauen arbeiten überall auf der Welt und durch alle sozialen Schichten hinweg deutlich länger als ihre Männer.

[133] zum Thema Islamisierung vgl. die Kapitel I. und III.

[134] Mulder 1996, S. 86.

[135] Dieses Muster wurde auch in einer Studie über 249 Unterschichtsfamilien Jakartas bestätigt, obwohl die Lebensverhältnisse in den städtischen Siedlungen, wo sich verschiedene indonesische Volksgruppen mischen, von denen in den homogenen mitteljavanischen Dörfern unterscheiden. Während die Frauen Entscheidungen den Haushalt betreffend meistens alleine fällten, wurden weitreichendere Entscheidungen, z.B. über die Ausbildung der Kinder oder größere Anschaffungen, überwiegend gemeinsam getroffen (Wiludjeng et.al 2005, S. 43).

[136] All diese Aussagen konnten auch in zahlreichen Genderanalysen bestätigt werden, die wir im Rahmen unserer Tätigkeit als Beraterinnen in der Entwicklungszusammenarbeit mit Frauen aller sozialen Schichten und aus den verschiedenen Landesteilen Indonesiens gewinnen konnten.

[137] *PKK* war das staatliche Familienwohlfahrtprogramm, in der die Ehefrauen der Statusträger ehrenamtlich verpflichtet wurden, sich für das Gemeinwesen zu engagieren. Gemäß dieser Regel hätte eigentlich die Frau des Dorfbürgermeisters und nicht Ibu Broto Mitglied dieser Gruppe sein sollen.

[138] Diese Aufgabe machte sie gleichzeitig zu einer begeisterten Informantin über das Geschlechtsleben aller Dorfbewohner. Kein Wunder, dass sich einige Dorfbewohnerinnen lieber dem Risiko einer Schwangerschaft aussetzten als Ziel dieses Dorfklatsches zu werden.

[139] *Ketoprak* ist ein Volkstheater, an die hinduistischen Geschichten des Schattenspiels angelehnt.

[140] Kerstan/ Berninghausen 1991, S. 167 f, 189ff.

[141] Suryakusuma, Julia: Sex Power and Nation. Metafor. Jakarta, 2004, S. 205.

[142] Dies erzählten uns der Leiter der Rechtshilfe-NRO Lembaga Bantuan Hukum *(LBH)*, Bp. Ngurah Wisnu Wardhana und die Leiterin von LBHs Abteilung für Frauenfragen, Luh Putu Anggraini bei einem Interview am 03.08.2006.

[143] Eine Heiratsurkunde ist auch die Grundlage für die Ausstellung von Geburtsurkunden für die Kinder. Noch heute haben 60 % aller Kinder unter 18 Jahren in Indonesien keine Geburtsurkunde (Daten der nationalen Kinderschutzkommission, zitiert in der Jakarta Post

vom 21.04.2007). Eine Geburtsurkunde wiederum ist notwendig, um Zugang zu staatlichen Dienstleistungen im Gesundheits-, Bildungs- und Sozialbereich zu erhalten.

[144] In vielen Passagen des nationalen Eherechts gibt es die Möglichkeit, das örtliche Gewohnheitsrecht anzuwenden. Dies kann je nach Religionszugehörigkeit und Ethnie differieren. Zur Problematik der Rechtssprechung bei Scheidungen siehe die Ausgabe »*Perceraian Datang, keadilan Hilang*« (Wenn es zur Scheidung kommt, geht die Gerechtigkeit verloren) der Zeitschrift *Bali Sruti. Suara Nurani Perempuan*, No. 3, März 2006. Das Magazin »*Bali Sruti. Suara Nurani Perempuan*« (Chants of Bali. Die innere Stimme der Frau) wird in indonesischer Sprache von einer Gruppe von Aktivistinnen in Denpasar veröffentlicht.

[145] Dies wurde von Kadek, die ebenfalls aus einem Dorf in den Bergen Nord-Balis stammt, als übliches Vorkommen geschildert. Sie berichtet, dass in ihrem Dorf Polygamie noch heute weit verbreitet ist und viele Männer unter 30 bereits die dritte Frau haben. Einige ihrer Schulkameradinnen, die mit 24 Jahren bereits zwei oder drei Kinder haben und dann von ihrem Mann verlassen wurden, ziehen es vor, den Lebensunterhalt für ihre Kinder irgendwie allein zu bestreiten, als diese durch eine formale Trennung an die Familie des Mannes zu verlieren. (Interview am 14. Februar 2006).

[146] Eine Ausländerin in Bali, bei der Siti einige Jahre später als Haushaltshilfe tätig wurde, bot an, das Kind in Jakarta abzuholen und eine Beihilfe für seine Schulausbildung zur Verfügung zu stellen. Doch nach Rücksprache mit ihrem damaligen Ehemann erklärte Siti unter Tränen, dass sie die Adresse der Familie in Jakarta nicht mehr ausfindig machen könne und deshalb alles so bleiben müsste, wie es sei. Tatsächlicher Grund waren wahrscheinlich die Ablehnung ihres derzeitigen Ehemannes, ein weiteres Kind in den Haushalt aufzunehmen, und die Angst, dass das Geld nicht für ein weiteres Kind reichen würde. Vielleicht hatte Siti den Jungen auch bereits formal an die Familie in Jakarta abgetreten und scheute sich nun, ihn zurückzufordern. Sie litt unter ihrer Entscheidung, sah aber keine realistische Möglichkeit, diese umzukehren.

[147] Suryani, Luh Ketut: Perempuan Bali Kini, Penerbit BP. Denpasar 2003, S. 16, 17.

[148] Sita van Bemmelen: Competing Gender Identities in Post Orde Baru Bali: A Call for More Research, Srikandi, Jurnal Studi Perempuan. Pusat Studi Wanita, Lembaga Penelitian Universitas Udayana bekerja sama dengan BKPP, Daerah Bali, Jg V, Nr. 2, 2005, S. 16-21.

[149] *Ajeg* heißt auf balinesisch soviel wie stark, stabil und aufrecht. *Ajeg Bali* steht für Stärke und Stabilität von Religion, Gewohnheitsrecht (*adat*) und Kultur in einer Zeit massiver gesellschaftlicher Umbrüche. Der balinesische Medienmogul Satria Naradha, dem sowohl die in ländlichen Regionen viel gelesene »*Bali Post*« als auch »*Bali TV*« und einige lokale Rundfunkstationen gehören, ist einer der aktivsten Verfechter dieser Bewegung. Er setzt sich für die Stärkung der Selbstverwaltungskräfte in Bali ein, die Erhaltung von Kultur und der natürlichen Ressourcen. Gleichzeitig votiert er für die Abschaffung von Bräuchen, die die Weiterentwicklung der Wirtschaft in Bali belasten, wie z.B. die Hahnenkämpfe als Wettspiel, und ermuntert alle Balinesen, sich auch in Wirtschaftsbereichen zu betätigen, die in Bali traditionell als minderwertig angesehen werden und deshalb meist von zugewanderten Moslems aus Java, Lombok oder Sulawesi ausgeübt wurden. Zur Förderung solcher Tätigkeiten hat er eine Genossenschaft gegründet, die inzwischen 5000 Kleinunternehmer als Mitglieder hat. Kritiker werfen der *Ajeg*-Bali-Bewegung vor, die Ausgrenzung anderer ethnischer Gruppen zu betreiben und eine Ablösung vom Nationalstaat in Erwägung zu ziehen (Jakarta-Post vom 28.09.2006). In der Zeitschrift »*Inside Indonesia*« wird die Bewegung als »balinesisch nationalistisch« und tendenziell »hindufundamentalistisch« bewertet. Elizabeth Rhoads weist in ihrem Artikel »Bali Standing Strong. Hindu-Balinese identity is enforced though pork meatballs and praying competitions« darauf hin, das der Indonesische Hindu-Rat, unterstützt durch die Medienpropaganda

der *Ajeg-Bali*-Bewegung auf eine Standardisierung der religiösen Rituale hinwirkt und dadurch die traditionelle Vielfalt einschränkt. Als Beispiel führt sie an, dass die Farben »weiß« als Zeichen der Reinheit und »schwarz« als Zeichen der Trauer in Anlehnung an westliche Bräuche als Grundfarben der *Adat*-Kleidung festgelegt wurden. Heute tragen die Balinesen bei Verbrennungen hauptsächlich schwarz und bei anderen Tempelfesten weiße Blusen und Hemden, während vor 10-15 Jahren eine größere Farbpalette üblich war. Siehe »Inside Indonesia«, April-Juni 2007.

[150] Luh Ketut Suryani 2003, S. 18.

[151] Eine Übersicht der Kasten und der damit verbundenen Adelstitel findet sich bei Howe 2001, S. 13. Männliche Angehörige der Priesterkaste, die Brahmanen, werden *Ida Bagus* genannt, die Frauen *Ida Ayu*. Angehörige der *Satria Dalem* (innerer Krieger) heißen *Cokorda* und *Anak Agung*, während *Satria Dewa* (männlich) und *Desak* (weiblich) genannt werden. Männliche Angehörigen der dritten Kasten der *Wesia*, werden *Gusti*, weibliche *Wesia* heißen *Tini*. Eine Sonderstellung innerhalb der Kastenlosen haben die Schmiede, die *Pande* genannt werden.

[152] Die Holländer versuchten das balinesische Kastensystem zu vereinfachen und reduzierten es nach indischem Vorbild auf drei Hauptkasten: *Brahmanen*, *Satria* und *Wesia*, die zusammen die *Triwangsa* bilden. Sie führten auch den Begriff *Sudra* für die Kastenlosen ein, die nach traditionellem Sprachgebrauch *Jaba* genannt wurden, was soviel wie Außenseiter bedeutet. Siehe Leo Howe: Hinduism and Hierarchy in Bali, Oxford, 2001, S. 22. Zur Vereinfachung des Kastenwesens durch die Holländer vgl. auch Vickers 1989, S. 146.

[153] Dass *Brahmanen* heute nicht unbedingt ein Priesteramt ausüben müssen, erzählt uns Ibu Dayu, die aus einer der fünf *Brahmanen*-Familien in Ubud stammt. Ihr Vater besitzt nicht genügend Reisfelder, als dass die Familie davon leben könnte und arbeitet als Fahrer für ein Touristikunternehmen; ihr Mann, der aus der *Satria*-Kaste stammt, ist als Näher in einer Schneiderei tätig. Interview am 01.03.2006.

[154] Siehe Luh Ketut Suryani 2003, S. 8, 9.

[155] Ebd, S. 252.

[156] Trisha Sertori: Luh Ketut Suryani: Living on suicide watch. In: Jakarta Post 16.03.07.

[157] Luh Ketut Suryani 2003, S. 43.

[158] Siehe Cok Sawitri, Pahlawan Itu Ternyata Perempuan (»Eigentlich ist der Held eine Frau«), Kompas vom 14.04.2003, www.kompas.com/kompas-cetak/0304/14/swara/254704.htm

[159] Dazu Alit S. Rini, Profesi, Perempuan dan Spirit Feminin-Maskulin (Professions, Women and the Female-Male Spirit), Bali Post, 22.04.2001, zitiert von Helen Creese, Reading the Bali Post: Women and Representation in Post-Suharto Bali, in: Intersections: Gender, History and Culture in the Asian Context, Issue 10, August 04, wwwsshe.murdoch.au/intersections/issue10/ cresse.html, para. 4313.

[160] »Tak Seorangpun Bisa Mengkapling Surga« (»Niemand kann das Paradies parzellieren, Interview vom 28.06.2006 mit Cok Sawitri auf der Website »Jaringan Islam Liberal« (Netzwerk des liberalen Islams), htttp://islamlib.com/id/index.php?page=article&id=1074.

[161] Als die Gemeindegrenzen während Suhartos Regime der Neuen Ordnung neu gezogen worden sind, wurden viele der traditionellen Dörfer zerteilt und administrativ unterschiedlichen Gemeinden zugeteilt. Nach Einführung der Dezentralisierung 2001 gibt es Bestrebungen, die an der traditionellen Zuordnung orientierten Gemeindestrukturen wiederzubeleben. Siehe das Kapitel »Desa Adat versus Deas Dinas«In: I Gde Pidana: Dinamika Masyarakat dan Kebudayaan Bali, 1994, S. 137 ff.

[162] Vgl. Robinson, Geoffrey: The Dark Side of Paradise. Political Violence in Bali, Cornell University, Ithaca, New York 1995, S. 37.

[163] See Luh Ketut Suryani 2003, S. 64.
[164] Vickers 1996, S. 135.
[165] Vgl. Howe 2001, S. 21.
[166] Vickers 1996, S. 137.
[167] Siehe Vickers 1989, S. 25 ff. und 60ff.
[168] Siehe Helen Creese, die auf den Artikel von Luh Ketut Suryani in der Tageszeitung «Bali Post» verweist. H. Creese: Reading the Bali Post: Women and Representation in Post-Suharto Bali. In: Intersections: Gender, History and Culture in the Asian Context, Issue 10, August 2004, www.sshe.murdoch.au/intersections/issue10/ cresse.html, para. 3937.
[169] Mündliche Information von Sita van Bemmelen, Denpasar, November 2006.
[170] Luh Ketut Suryani 2003, S. 248ff.
[171] Erstgeborene heißen in Bali *Wayan* oder *Putu*. Diese Namen sind für Kinder beiderlei Geschlechts gebräuchlich. Erstgeborene Jungen werden häufig auch *Gede* (Großer) genannt, erstgeborene Mädchen *Luh*. Die Zweitgeborenen heißen *Made*, *Kadek* oder *Nengah* und die dritten Kinder bekommen den Namen *Nyoman* oder *Komang* (Jungen und Mädchen). Viertgeborene beiderlei Geschlechts werden *Ketut* genannt. Ab dem fünften Kind wiederholt sich die Namenfolge der ersten vier Kinder.
[172] Während die Müttersterblichkeit für ganz Indonesien bei 307 Todesfällen auf 100.000 Lebendgeburten und die Säuglingssterblichkeit bei 35 auf 1000 Lebendgeburten liegt, sind diese Raten in den unterentwickelten Provinzen Ost-Indonesiens alarmierend höher. In der Provinz West Nusatenggara, zu der Lombok gehört, betrug die Müttersterblichkeit 394 Todesfälle auf 100.000 Lebendgeburten. Die Säuglingssterblichkeit lag mit 74 Todesfällen auf 1.000 Lebendgeburten sogar doppelt so hoch wie im indonesischen Durchschnitt (Central Bureau of Statistics (BPS), Indonesia Demographic and Health Survey 2002-2003).
[173] *Rambu* ist traditionell die Anrede für eine Frau der Adelsschicht (*Maramba*).
[174] *Umbu* ist die Anrede für einen Mann aus der Adelsschicht. Diese Formen werden heute zunehmend als höfliche Anrede auch für nicht-adelige Sumbanesen gebraucht.
[175] Ikat-Webtücher mit Ornamenten, Tier- und Menschenfiguren aus dem rituellen Leben der *Sumbanesen* werden von den Frauen traditionell aus selbst gesponnener Baumwolle hergestellt. Dabei werden die Längsfäden vor dem Weben durch Abbinden des gewünschten Motivs mit Naturfarben eingefärbt. Besonders wertvoll sind die mit vielfältigen Motiven versehenen *hinggi kombu*, die von Männern bei Zeremonien getragen werden. Siehe Saunders, Kim Jane: Contemporary Tie and Dye Textiles of Indonesia, Oxford Univeristy Press, 1997.
[176] Betke, F./ Ritonga, H.: Developing a local-specific approach to poverty monitoring in Indonesia: who are the poor in East Sumba? Manila 2004.
[177] Kapita, Oe. H.: Sumba dalam Jangkauan Jaman, Naskah-Naskah Kebudayaan Daerah Sumba, Dewan Penata Layanan Gereja Kristen Sumba (Service Council of the Christian Church of Sumba), Waingapu und Masyarakat Sumba dan Adat Istiadatnya. Textesammlung von 1961-63, 1976.
[178] A. M. Dunga: Beberapa Permasalahan Adat-Budaya Masyarakat Sumba Timur serta Stratifikasi Sosialnya dan Pengaruhnya Terhadap Pembangunan. Waingapu, 1978.
[179] Betke, F./ Ritonga, H.: Managers of Megalithic Power. Towards an Understanding of Contemporary Political Economy in East Sumba. Unpublished Working Paper. National Bureau of Statistics/ GTZ, Jakarta 2002.
[180] Betke, F./ Ritonga: Results of the 2004 Listing Trial in Desa Praibakul and six Adjacent Villages, East Sumba. Unpublished discussion paper, Jakarta 2006, S. 14.

[181] Die reziproken Austauschbeziehungen als Merkmal der Überlebensstrategien in Sumba werden auf der Grundlage eines fünfjährigen Feldaufenthalts sehr anschaulich und detailliert von Jaqueline Vel beschrieben. Vel, Jaqueline: The Uma Economy, 1994. S. 51 ff.

[182] Kapita, Oe. H. 1976, S. 152 ff.

[183] Suharto, B.: Pustaka Budaya Sumba Vol. I, unauthorized translation by Judi Achjadi »Department for Education and Culture«, Jakarta, S. 10.

[184] Sein übergreifender Name »Anatala« darf nur geflüstert werden, um seine Heiligkeit nicht zu verletzen. Vgl. Kapita, H. 1976, S. 229 ff.

[185] Kapita, Oe. H. 1976, S. 93.

[186] Die Schöpfungsgeschichte spricht von acht Himmelssphären, von denen vier dunkel und vier hell sind. In der obersten Schicht erschuf das göttliche Wesen sieben Könige und acht Königinnen. Diese Urahnen, die ersten *Merapus*, wanderten mit dem göttlichen Wesen durch alle sieben Schichten bis in die achte, wo sie sich unter Teak und Zitronenbäumen niederlassen sollten. Dort wurden Häuser errichtet, Felder angelegt und die Gebräuche herausgebildet, die bis heute für alle *Merapus* verbindlich sind. Doch da die Urväter und -mütter in dieser Sphäre nicht zufrieden waren, schickten sie ein fliegendes Wesen aus, das die Welt unter ihnen erkundete. Es sah dort eine große Wasserfläche, die sich an den Horizont erstreckte, so weit das Auge reichte. Nachdem es den Königen und Königinnen berichtet hatte, fragten diese das göttliche Wesen, ob sie sich dort niederlassen könnten. Dieses gab seine Einwilligung und gab ihm Erde und Steine, die er auf der großen Wasserfläche verstreute. So entstand eine Kette großer und kleiner Inseln. (Anm. der Verf: Diese werden heute die kleinen Sunda-Inseln genannt). Nachdem diese Welt geschaffen war, entschied die Versammlung der *Merapus*, die Inseln zu besiedeln und stieg, so die Überlieferung, über eine Eisenleiter und eine Holzterrasse auf die Erde hinab, wo sie über Malaka, Java, Bali und Bima (Sumbawa) nach Sumba gelangten. Siehe Kapita, Oe. H. 1976, S. 231f.

[187] Zu allen Anlässen, die mit dem menschlichen Lebenszyklus zu tun haben, werden die Rituale im Clanhaus *Uma Dokalu* durchgeführt. Dieses gliedert sich entsprechend der sumbanesischen Kosmologie in drei Sphären, die untere, die den Tieren vorbehalten ist, die mittlere, in der die Menschen leben, und die obere, in der die *Merapus* wohnen. Im *Uma Dokalu* ist der rechte Teil den Männern und der linke Teil den Frauen vorbehalten, die das Haus jeweils durch einen eigenen Eingang betreten. Zum Bereich der Frauen gehört auch die Küche, in der die Frauen Speisen und Getränke zubereiten, die dem *Merapu* im Haus dargebracht werden. Der Priester kommuniziert mit dem *Merapu* und schlägt als Zeichen seiner Antwort eine Axt in den Pfeiler, an dem das Ritual ausgeführt werden soll.

[188] Siehe Kapita, Oe. H 1976, S. 141ff.

[189] Die Deutsche Gesellschaft für Technische Zusammenarbeit (GTZ) ist ein Bundesunternehmen für Entwicklungszusammenarbeit. Sie hat im Rahmen der Entwicklungshilfe für Indonesien im Auftrag des Bundesministeriums für wirtschaftliche Zusammenarbeit und Entwicklung von 1997 bis 2005 mehrere Armutsminderungsprojekte in Ost-Indonesien durchgeführt. Eine der Autorinnen war bis 2004 für die Projekte in den Ostprovinzen NTB und NTT zuständig und leitete von 2004–2005 das GTZ-Büro für Indonesien, Malaysia und Timor Leste in Jakarta.

[190] Badan Pusat Statistik, Data dan Informasi Kemiskinan. Tahun 2004, Buku 2: Kabupaten, S. 73. In der Provinz Nusa Tenggara Timur liegt die Rate der Analphabeten unter der Bevölkerung über 15 Jahre bei 15 % deutlich. höher ist die Analphabetenrate nur in der Provinz Nusantenggara Barat (23 %)und in Papua (26 %). Ebd. S. 66–77.

[191] Siehe Fußnote 162.

[192] Gunawan, Lilian/ Fono, Nancy: Socioeconomic Study of Self-help Groups in East Sumba. A Study into Strategy and Implementation of the Nusa Tenggara Project, Mataram, Unpublished Paper, 2003, S. 4.

[193] Gunawan, Lilian: Challenges of Self-help Promotion in East Sumba. An Assessment of Project Strategy and Implementation. An Internal Evaluation on behalf of the Program »Poverty Alleviation and Support for Local Governance in the Nusa Tenggara Provinces (PROMIS)«, unpublished paper, Denpasar 2003, S. 14ff.

[194] Badan Pusat Statistik Kabupaten Lombok Timur dengan Bappeda kabupaten Lombok Timur. Lombok Timur dalam Angka 2004, S. 83.

[195] Ebd., S. 88.

[196] *The Bali Times* vom 24.08.2006, S. 18.

[197] *Bapak*, abgekürzt auch Bp., Bezeichnung für Vater und Herr.

[198] Ein Muslim, der eine Pilgerreise nach Mekka, den *haj*, unternommen hat, erlangt den Grad eines *Haji*. *Haji* zu werden, bringt einen erheblichen Statusgewinn mit sich, und diese Anrede wird dann anstelle des Namens oft auch im Alltagsleben benutzt. Das gilt auch für Frauen, die *Haja* werden. Bisher ist die Zahl der indonesischen Pilgerinnen allerdings viel kleiner als die der männlichen Pilger.

[199] INPRES TKI. Reformasi Birokrasi Harus Bisa Jalan, In: Kompas vom 14.08.2006.

[200] Siehe dazu auch die Studie über indonesische Arbeitsmigrantinnen in Malaysia, Singapur und Hongkong von Dewi Anggreni, Dreamseakers. Indonesian Women as Domestic Workers in Asia, Jakarta 2006.

[201] RI domestic workers ›among most excploited‹, Jakarta Post vom 27.07.2006, S. 23.

[202] Siehe die Übersicht der Mindestlöhne in Indonesien auf der Website des Arbeitsministers unter www.nakertrans.go.id, Stand 29.05.2006.

[203] Die abstammungsgeschichtlich mit den Balinesen verwandten *Sasak* sind die dominierende Volksgruppe. Ihre Mitglieder bekennen sich fast ausnahmslos zum Islam und richten das Alltagsleben stark an religiösen Grundsätzen aus. Nur im Nordosten Lomboks gibt es eine Volksgruppe, die der *Wetu Telu*-Religion angehören. Sie sehen sich als Moslems, doch die Religion enthält viele hinduistische und animistische Elemente. Traditionell sind die *Sasak* in vier soziale Klassen gegliedert. Die damit verbundene Statuszuschreibung ist immer noch spürbar, insbesondere bei der Besetzung von Positionen im öffentlichen Bereich, die meist von Angehörigen der obersten Kaste innegehalten werden, und auch bei Verheiratungen, wo sich der Brautpreis an der Kastenzugehörigkeit von Braut und Bräutigam bemisst. Eine Eheschließung ist auch möglich, wenn beide nicht der gleichen Kaste angehören, doch dann muss die Braut vom Bräutigam »entführt« werden (siehe Kapitel II.) und der Brautpreis ist höher, wenn der Bräutigam aus einer niedrigeren Kaste kommt als die Braut.

[204] In den Provinzen West-Nusa Tenggara (NTB) und Ost-Nusa Tenggara (NTT) liegen die wichtigen Gesundheitsindikatoren Säuglings- (NTT 59/1000; NTB 74/1000) und Müttersterblichkeit (NTT 554/100.000, NTB 394/100.000) deutlich über den nationalen Durchschnittswerten (35/1.000 und 307/100.000). Siehe National Statistics Bureau, Indonesian Demographic and Health Survey 2003.

[205] Die meisten Nicht-Regierungsorganisationen laufen in Indonesien unter der Bezeichnung LSM (Lembaga Swadaya Masyarakat).

[206] Siehe dazu Kapitel I.

[207] Nena, die Autorin dieses Kapitels, hat über ein Jahr lang die Aceh-Katastrophenhilfe aller NROs, die von der Diakonie Katastrophenhilfe unterstützt wurde, koordiniert

[208] Badan Rehabilitasi dan Rekonstruksi (BRR) für Aceh und Nias.

[209] Forum Bangun Aceh – Forum für den Wiederaufbau Acehs.

[210] Wie wir im Kapitel II »Die Macht hinter den Kulissen« beschreiben, ist dies in Java genau umgekehrt. Dort verwalten die Frauen üblicherweise das Haushaltsgeld.

[211] siehe Kapitel II. « Interview mit Nurul Akhmal«.

[212] Nurdin, Edriana: Politik Identitas Perempuan Aceh. Women Research Institute, 2005, S. XII.
[213] Nurdin 2005, S. 3.
[214] Nurdin 2005, S. 4.
[215] Nurdin 2005 S. 16, 18.
[216] Interview im November, Denpasar 2006.
[217] Diese Tradition gab es bereits in Zeiten der niederländischen Kolonialherrschaft und wurde unter anderem von Snouck Hurgronje, einem Berater für »einheimische Angelegenheiten«, beschrieben. Er erstellte eine Untersuchung über Aceh und schrieb die Ergebnisse dieser Untersuchung in dem Buch »The Acehnese« nieder, welches in Leiden veröffentlicht wurde. Die indonesische Übersetzung des Buches mit dem Titel »Aceh di Mata Holland« (übersetzt: »Aceh in den Augen der Holländer«) wurde 1985 von der Yayasan Sokoguru herausgegeben und ist heute leider bereits vergriffen. Mir war es auch nur über die Bibliothek des Dekans der Rechtsfakultät an der Syah Kuala-Universität zugänglich, als ich ihn zu einem Interview traf.
[218] Interview mit Suraiya Kamaruzzaman im April 2006.
[219] Idi Rayeuk, Mitglied der Gruppe »Pemberdayaan Perempuan Kepala Keluarga/PEKKA«, aufgezeichnet von Beudedeh, Nani: Zulminarni, Jurnal Perempuan Nr. 40, 2005, S. 57.
[220] Interview mit Suraiya Kamaruzzaman im April 2006.
[221] Ebd.
[222] Dazu heißt es in einer Presseerklärung der Deutschen Gesellschaft für Technische Zusammenarbeit (GTZ), die die Erarbeitung der Charta in Zusammenarbeit mit einer Gruppe von Frauenorganisationen unterstützt hat: »Hauptanliegen der Frauenrechts-Erklärung ist die Gleichberechtigung und die Wahrung international verbriefter Rechte von Frauen in Aceh, die im Einklang mit dem Islam stehen. Die Erklärung ist als moralischer Integritätspakt und gesellschaftlicher Konsens richtungweisend im Hinblick auf die Rolle von Frauen im zukünftigen Entwicklungsprozess Acehs. Weite Teile orientieren sich an dem VN Übereinkommen zur Beseitigung jeglicher Diskriminierung der Frau (CEDAW). So heißt es in Artikel 1 der Charta, »Frauen in Aceh haben das Recht auf Leben und ihr Leben mit den gleichen Rechten wie Männer zu führen«. GTZ Banda Aceh, 28.07.2008.
[223] *Bangkit* heißt aufstehen, sich erheben. Komitte Aceh Bangkit könnte also mit »Kommitte Aceh wach(t) auf« übesetzt werden.
[224] PKK (*Peningkatan Kesejahteraan Keluarga*) ist ein Familienförderungsprogramm, das von Suhartos Regierung der Neuen Ordnung initiiert wurde, um die Frauen in die Gemeindeentwicklung einzubinden. Meist reduzierten sich die Aktivitäten aber auf die klassischen Bereiche der Frau im häuslichen Bereich wie Kindererziehung und Ernährung.
[225] Zur Zeit des Interviews entsprachen 10.000 Rupiah in etwa 1 Euro.
[226] Perempuan dalam politik, siapa takut?, Permas Nr. 01/2003, S. 9.
[227] Nachzulesen in Permas Nr. 1, 2003.
[228] Permas Nr. 1, 2003, S. 6.
[229] Eine Bestandsaufnahme zur Rolle der Frau gemäß der auf Distriktebene verabschiedeten Verordnungen wurde in verschiedenen Regionen 2005 vom Women's Research Center (WRI) durchgeführt. Die Studie umfasst eine Untersuchung juristischer Verordnungen an acht Standorten auf Java und außerhalb Javas sowie in Regionen, die bereits islamische Bestimmungen eingeführt haben oder selbiges planen. Ausgewählt wurden Sukabumi und Tasikmalaya in West-Java, Solok in West-Sumatra, Mataram in der Provinz West-Nusa Tenggara (NTB). Zudem wurden nicht-islamische Regionen, Gianyar auf Bali und Kupang in Ost-Nusa Tenggara (NTT), untersucht. Schließlich wurden ebenfalls Regionen

mit Konfliktpotential, Banda Aceh in Aceh sowie Samarinda und Kutai Barat auf Kalimantan, hinzugezogen. Siehe Women's Research Institute (WRI), Representasi Perempuan dalam Kebijakan Publik di Era Otonomi Daerah, Jakarta, 2005.

[230] Peraturan Daerah Kabuaten – Distriktverodnung, die vom gewählten Kreistag verabschiedet wird.

[231] WRI 2005, S. 53.

[232] WRI 2005, S. 54.

[233] Mayling Oey-Gardiner: And the Winner is… Indonesian Women in Public Life, in: Robinson, Kathryn/ Bessell, Sharon: Women in Indonesia. Gender, Equity and Development, Institute of Southeast Asian Studies. Singapore 2002, S. 100-113.

[234] Mayling Oey-Gardiner 2002, S. 106.

[235] Ebd.

[236] In: Kompas vom 28.08.2001.

[237] Noerdin, E./ Rahman, L./ Yuningsih, RT./ Aripurnami, Sita: Representasi Perempuan dalam Kebijakan publik di Era Otonomi Daerah, in: Women's Research Institute (Hrsg.), Jakarta 2005, S. 15.

[238] Ebd.

[239] Undang-Undang No. 23/2004 tentang Kekerasan dalam Rumah Tangga, Gesetz Nr. 23/2004 über Gewalt im häuslichen Bereich.

[240] Yayasan Sejati ist eine gemeinnützige NRO, die sich für ethnische Minderheiten einsetzt und deren Kultur hervorhebt. Mittlerweile hat die Organisation ein Museum in Jakarta eröffnet.

[241] *PKK* steht für ein »Familienwohlfahrtsprogramm«, das in der Suharto-Ära von den Frauen der Ehefrauenpflichtvereinigungen durchgeführt werden musste und von daher auch nicht allzu beliebt und wenig effektiv war.

[242] Zu den Kategorien *abangan* und s*antri* siehe das Interview mit Franz von Magnis-Suseno Kapitel I.

[243] gelesen im Diskussionsforum der Internetseite: http://islamlib.com/id/index.php?page=article&id=1152.

[244] Chandrakirana, Kamala/ Chuzaifah, Yuniyanti: The Battle Over a «New« Indonesia, Religious Extremism, Democratization and Women's Agency in Plural Society, in: Sisters in Islam, Muslim Women and the Challenge of Islamic Extremism, Norani Othman (Hrsg.), Malaysia 2005, S. 10.

[245] Chandrakirana/ Chuzaifah 2005, S. 3.

[246] Dies ist genauso in Deutschland für den christlichen Glauben zu beobachten. So wurde bei der Christianisierung Germaniens die Geburt Christi kurzerhand mit dem Geburtstag des Sonnengottes verschmolzen. Tannenbaum und Ostereier zeugen bis heute von vorchristlichen Fruchtbarkeitsbräuchen, die mit dem christlichen Glauben nichts zu tun haben.

[247] Die indonesische Ausgabe des Playboy war ohnehin schon an die islamische Moral angepasst und verzichtete bewusst auf die Darstellung von nackten Frauen.

[248] In: Die Welt vom 22.05.2006.

[249] Siehe Kapitel Einheit in der Vielfalt.

[250] Chandrakirana/ Chuzaifah 2005, S. 9.

[251] Jakarta Post vom 20.04.2006.

[252] In: Jakarta Post vom 06.03.2007.

[253] Maulia, Erwida: DPD announces plan to establish body to review sharia bylaws. In: Jakarta Post, 02.09.2008.

[254] Siehe auch Berninghausen/ Kerstan: Die Töcher Kartinis, 1984.

[255] Im Gesetzestext heißt es: »In the case a marriage has been dissolved on account of a divorce, the Joint property shall be dealt with according to the respective laws.« (Artikel 37) Und in den Erläuterungen zum Gesetz wird ausgeführt: »What is meant by «their law« is the law of their respective religion, customary law and other laws.«

[256] Chandrakirana/ Chuzaifah 2005, S. 18.

[257] Siehe auch die Zeitschrift »*Rahima*«, sowie zahlreiche Bücher, unter ihnen Faqihuddin Abdul Kodir, Bergerak Menuju Keadilan, Pembelaan Nabi terhadap Perempuan, Rahima, Jakarta 2006, Siti Musdah Mulia, Muslimah Reformis, Perempuan Pembaru Keagamaan, Mizan Bandung 2004, Syafiq Hasyim, Understandung Women in Islam, An Indonesian Perspective, Solistice Publishing, Jakarta 2006.

[258] Hierfür sprechen sich viele bekannte Frauenrechtlerinnen und Politikerinnen aus, wie z.B. Nursyabani und Zoemrohin K. Susilo, Jakarta Post vom 28.03.03 und 29.11.03

[259] Hull 1975 und Kasto 1982.

[260] In: Die Welt vom 10.03.03.

[261] Jakarta Post vom 12.01.07 und http://www.korantempo.com/korantempo/2006/09/18/headline/krn,20060918,16.idhtml und http://www.suarakarya-online.com/news.html?id=155594

[262] Ebd.

[263] Junge Welt vom 20.10.06.

[264] Berninghausen/ Kerstan, 1984, S. 47 ff.

[265] Kerstan/ Berninghausen 1991, S. 207ff, zudem auch Jakarta Post vom 01.06.1994.

[266] Der Koran, übersetzt von Allmann 1881. Wie schwierig es ist, den Koran zu interpretieren, zeigt sich allein an den unterschiedlichen Koranübersetzungen. So wird derselbe Vers in einer Übersetzung von Paret 1985, folgendermaßen übersetzt: »Die Männer stehen über den Frauen, weil Gott sie (von Natur vor diesen) ausgezeichnet hat und wegen der Ausgaben, die sie von ihrem Vermögen (als Morgengabe für die Frauen?) gemacht haben. Und die rechtschaffenen Frauen sind (Gott) demütig ergeben und geben Acht auf das, was (den Außenstehenden) verborgen ist, weil Gott (darauf) acht gibt (d.h. weil Gott darum besorgt ist, dass es nicht an die Öffentlichkeit kommt). Und wenn ihr fürchtet, dass (irgendwelche) Frauen sich auflehnen, dann vermahnt sie, meidet sie im Ehebett und schlagt sie. Wenn sie euch (daraufhin wieder) gehorchen, dann unternehmt (weiter) nichts gegen sie. Gott ist erhaben und groß.«

[267] Mulia 2005, S. 74.

[268] Hasyim, Syafiq: Understanding Women in Islam, An Indonesian Perspective, Solistice Publishin, Jakarta 2006, S. 42.

[269] Mulia 2004, S. 165.

[270] Mulia 2004, S. 164.

[271] Kodir, Faqihuddin Abdul: Bergerak Menuju Keadilan. Pembelaan nabi terhadap Perempuan, (In Richtung Gerechtigkeit bewegen. Die Verteidigung der Frau durch den Propheten), Jakarta 2006, S. 141.

[272] Kodir 2006, S. 142.

[273] Kodir 2006, S. 201.

[274] Kodir 2006, S. 219ff.

[275] Hasyim 2006, S. 181.

[276] Khalil 1987, Salim 1984, Daradjat 1978, Notopuro 1977.

[277] Daradjat, Z.: Islam dan Peranan Wanita, Jakarta 1978, S. 11.

[278] Robbe, Martin: Islam, Religion, Gesellschaft, Staat, Berlin (DDR) 1981, S. 56 und Hasyim 2006, S. 17ff.

[279] Sure 4, Vers 32 und Vers 4, vgl. auch Vreede de Stuers 1960, S. 33.
[280] Vreede de Stuers, Cora: The Indonesian Woman. Struggles and Achievments, Den Haag 1960, S. 31.
[281] Vgl. auch Salim, H.: Wanita Islam, Kepribadian dan Perjuangnya, Bandung 1984, S. 12.
[282] Sure 4, Vers 124.
[283] Diese Meinung wird auch von Kiyai KH Husein Muhammad vertreten, der als Befürworter eines »frauenfreundlichen« Islam bekannt ist. Kodir 2006, S. 218.
[284] Hasyim 2006, S. 176f.
[285] Hasyim 2006, S.187f.
[286] Unter anderen: Islam Menggugat Poligami (Der Islam klagt die Polygamie an), Gramedia Jakarta 2004, Muslimah Reformis. Perempuan Pembaru Keagamaan (Die reformerische Muslimin. Die Frau als Erneuerin der Religion), Bandung 2004, Perempuan dan Politik (Frau und Politik), Gramedia, Jakarta 2005.
[287] Kompilasi Hukum Islam = KHI.
[288] Der Beschluss des *Majelis Ulama Indonesia* (MUI) wurde ins islamische Gesetzbuch *KHI* aufgenommen, das mit dem Präsidentenerlass 1/1991 rechtsverbindlich gemacht wurde. Mulia 2004, S. 59.
[289] Sure Al Nur, Vers 30, zitiert bei Kodir 2006, S. 202.
[290] Mulia 2004, S. 54.
[291] Vreede de Stuers 1960, S. 52.
[292] Hull 1975, S. 163.
[293] Geschlechterarrangements im traditionellen Java sind in den 60er und 70er Jahren von verschiedenen Forschern untersucht worden (Geertz (1961), Jay (1969), Manning Singarimbun (1974), Hull (1975), Tanner (1974), Sadli (1976) und ihre Veränderungen im Zuge der Moderne ist in den Achtzigern ansatzweise aufgegriffen worden (Nakamura 83, Sayogyo 83, White/Hastuti 81, Hull 87). Eine umfassende wissenschaftliche Studie, die empirisches Material zu den rasanten Veränderungen der Liebes- und Ehekonzepte der letzten 10–20 Jahre liefert, steht, wie Hall bemerkt, jedoch noch aus (Jones 2002, S. 223).
[294] Manning C./ Singarimbun M.: Marriage and Divorce in Mojolama, In: Indonesia, Nr. 17, Cornell University, Ithaca/ New York 1974, S. 73.
[295] Manning/ Singarimbun 1974, S. 74, Geertz, H. 1961, S. 142.
[296] Ebd. S. 81 und Chapon 1976, S. 1.
[297] Magnis von Suseno 1981, S. 189ff.
[298] Hull T. H./ Hull V. J.: Changing Marriage Behavior in Java: The role of Timing and Consumation, In: Southeast Asian Journal of Social Science 1987, S. 113f.
[299] Geerz, H.1961, S. 70.
[300] Kerstan/ Berninghausen 1991, S. 203f.
[301] Allerdings habe ich auf meiner Reise 1998 durch Sumba immer noch viele Mädchen kennen gelernt, die mit 13 Jahren verheiratet wurden.
[302] Undang-Undang Perkawinan di Indonesia, Arkola Surabaya. S. 3.
[303] Siehe auch Kapitel: Frauenbewegung und Islam – ein ungleiches Paar?
[304] Das Institut für Liebe und Humanität in Zusammenarbeit mit einer islamischen Universität führte 2002 eine Untersuchung von 1160 der 100.000 in Yogyakarta studierenden Jugendlichen durch. (In: Frankfurter Rundschau vom 07.08.2002.
[305] Nobles, Jenna/ Buttenheim, Alison: Demographic Responses to Economic Crisis: Determinants of Marriage and Fertility for Indonesian Youth 1993–2000, University of Cali-

fornia, Los Angeles, 2005. URL:
paa2005.princeton.edu/download.asp?submissionld=5/497, Stand: 30.08.2006
[306] Biro Pusat Statistik, National Socio Economic Survey 2004.
[307] Nach einer Studie von 1995, zitiert nach Jones 2006, S. 228.
[308] Wiludjeng et al 2005; S. 22f.
[309] Jones 2002, S. 222.
[310] Heaton, T./ Cammack M./ Young, L.: Why is the Divorce Rate Declining in Indonesia?, In: Journal of Marriage and Family, Jahrgang 63, Mai 2001.
[311] BPS 2004.
[312] Alle Frauen, die wir fragten, sowohl die aus Mitas Dorf, als auch die aus unserem Forschungsdorf, sowie Frauen aus Bali oder Jakarta, bestätigten, dass Trennungen sehr häufig vorkämen. Allerdings sind die Formalien so kompliziert (Gerichtsprozess, Interview mit dem Vorgesetzten am Arbeitsplatz etc.), dass auf eine offizielle Scheidung oft verzichtet wird (Jones 2006, S. 222). Zu vermuten ist auch, dass in der Vielzahl der Ehen, die lediglich nach Gewohnheitsrecht oder vorm Religionsgericht geschlossen wurden, auch die Scheidungen nicht offiziell registriert werden.
[313] Siehe auch das Kapitel III. Frauenbewegung und Islam – ein ungleiches Paar?
[314] www.stuttgarter-zeitung.de vom 10.03.2003.
[315] www.nzz.ch vom 08.03.2006.
[316] In: Die Welt vom 22.05.2006, siehe auch Kapitel III.»Frauenbewegung und Islam – ein ungleiches Paar?«.
[317] Beck, Ulrich/ Beck-Gernsheim, Elisabeth: Riskante Freiheiten, Frankfurt a. M. 1994.
[318] Vgl. auch das Kapitel I.»Interkulturelle Spannungsfelder«.
[319] Kerstan/ Berninghausen 1991, S. 112ff.
[320] Ibid Jahr, S. XXI.
[321] Biro Pusat Statistik, Indikator Tingkat Hidup Pekerja 2002-2004.
[322] SMERU Buku II: Upaya Penguatan Usaha Mikro, Desember 2003, S. 1.
[323] SMERU Buku II: Penguatan Usaha Mikro, Desember 2003, S. 32.
[324] Ebd.
[325] Asian Development Bank SME Development TA, Policy papers, Jakarta 2001/2002. Die Studie wurde von der GFA Hamburg und der Schweizer Firma Swiss Contact durchgeführt. Eine der Autorinnen war in dieser Studie für die Untersuchung von geschlechtsspezifischen Unterschieden und Empfehlungen zuständig. Viele Aussagen in diesem Kapitel stützen sich auf die Ergebnisse dieser Untersuchung.
[326] Musa Asy'arie, Bisnis-Gender-Manajemen, Persepsi, 1997.
[327] Eine der Autorinnen hat vier Jahre lang in einem ILO-Projekt für das indonesische Koerativenministerium mit Kreditgenossenschaften gearbeitet. Frauenkreditgenossenschaften funktionierten in aller Regel wesentlich besser so, als wären Männer die Kreditnehmer.
[328] Penelitian Peningkatan Peran Perempuan dalam pengembangan usaha kecil menengah berwawasan gender di propinsi DIY, Badan Pengembangan Perekonomian dan Investasi Daerah Propinsi DIY dengan Pusat Studi Wanita UGM, Yogyakarta 2003.
[329] Ebd.
[330] Berninghausen, Jutta: Towards a gender conducive planning in SME development, ADB-TA, 2001.
[331] Ebd.
[332] Siehe Kapitel II. Licht und Schatten der Götterinsel: Frauen auf Bali.

[333] Mit *priyayi* wird die javanische Adelsschicht bezeichnet, deren religiöse Praxis und Wertesystem buddhistischen und hinduistischen Lehren näher war als dem arabischen Islam. Siehe dazu den Abschnitt »Trennung von fein (geistig) und grob (weltlich)« im Kapitel »Interkulturelle Spannungsfelder« sowie Clifford Geertz: The Religion Java, Chicago 1959.

[334] Nach der Regierungsübernahme durch Suharto kam es zur gnadenlosen Verfolgung aller linksgerichteten Elemente. In Indonesien starben fast eine Million Menschen. Im Ausland kamen alle Oppositionellen auf eine schwarze Liste. Das galt insbesondere für die Indonesier, die zu dem Zeitpunkt in den Ländern des kommunistischen Blocks studiert oder gearbeitet hatten. Ihnen wurde die Heimkehr nach Indonesien für über zwei Dekaden verwehrt.

[335] Rellin, Martina: Klar bin ich eine Ost-Frau. Hamburg 2005, S. 15.

[336] Nordwest-Zeitung vom 24.04. 2007

[337] Nordwest-Zeitung vom 02.05.2007

[338] Nordwest-Zeitung vom 21.04.2007

[339] Der Spiegel, Ausgabe 25/2007, S. 74-80.

[340] Der Spiegel, Ausgabe 25/2007, S. 78.

Interkulturelle Studien

BAND 1
Wirtschaft als interkulturelle Herausforderung
Business across Culture!

182 Seiten, A5 im Softcover,
ISBN 978-3-939928-09-6,
€ 14,90

Die zunehmende Internationalisierung von Wirtschaft und Gesellschaft führt zu einem Wandel der Anforderungen an das Management von Unternehmen, Verwaltungen und sozialen Einrichtungen. Traditionelles Managementwissen allein reicht nicht mehr aus. Hinzukommen muss vielmehr interkulturelle Kompetenz der Mitarbeiter und Sensibilität für die Einflüsse von Kultur.
In diesem Band gehen deshalb Experten aus Forschung und Praxis auf Aspekte von Interkulturalität im Managementbereich ein. Dabei gehen Sie auf Fragen ein wie »Wer bietet interkulturelle Trainings an und wo findet man Qualität?«, »Wie wirkt sich Kultur auf die Organisation von Unternehmen aus?«, »Wie gelingt eine erfolgreiche Reintegration rückkehrender Mitarbeiter?«.

BAND 2

Interkulturelle Kompetenz Managing Cultural Diversity
Das Trainingshandbuch

In den letzten zehn Jahren hat sich die Zahl der Menschen, die an der Weltwirtschaft teilhaben, von einer auf rund fünf Millionen rasant entwickelt. Sie treiben Handel, sind lokal, regional und international unterwegs. Wirtschaftliche Prozesse werden von Menschen unterschiedlicher kultureller Identitäten, diverser Talente und Kompetenzen gesteuert. Sie müssen sich über Grenzen hinweg verständigen. Ohne Kulturkompetenz ist das nicht leicht.
Dieses Trainings-Handbuch ist ein Leitfaden für Multiplikatorinnen und Multiplikatoren, in dem praktische Vorschläge für die Gestaltung interkultureller Trainings gegeben werden. Trainer/innen können hieraus ihre eigenen Konzepte und Programme entwickeln und individuell zusammenstellen.

288 Seiten, A4 Softcover,
ISBN 978-3-939928-08-9,
€ 24,90

BAND 3
Diversity-Kompetenz durch Auditierung
Kultur – Struktur – Strategie

194 S., A5 Softcover,
ISBN 978-3-939928-10-2, € 16,90

Was ist Diversity-Kompetenz? Was meint Managing Cultural Diversity im Unterschied zu Diversity Management? Was kann ein Diversity-Audit erreichen?
In diesem Buch wird von einer systemischen, vitalen und flexiblen Organisation ausgegangen, die sich ganzheitlich präsentiert, um den globalen und sozialen Herausforderungen gerecht zu werden. Lernende Organisationen sind intelligent und gestalten sich immer wieder neu. Nur so ist möglich, die kulturelle Vielfalt der Belegschaft eines Unternehmens nutzbringend zu integrieren. Vor diesem Hintergrund bietet dieses Buch sowohl Bausteine für eine diversity-sensible Kultur für Unternehmen als auch die Architektur für eine Diversity-Auditierung. Es präsentiert Diversity im Projektzyklus und ein Instrument zur Bewertung erfolgreiches Diversity Management.

Interkulturelle Studien

BAND 5

256 pages,
A5 Softcover,
ISBN 978-3-939928-04-12,
€ 16,90

BAND 6

Korupsi – Korruption in Indonesien
Einblicke und Hintergründe

184 Seiten, A5 im Softcover,
ISBN 978-3-927155-51-0,
€ 16,90

Global Competence for the Future
Employability – Mobility – Quality

More and more countries in Europe started a challenging change following the vision of a common „European Higher Education Area" which has taken on structure and shape within the scope of the Bologna process. The internationalization of universities is a response to the challenges of global-ization, and is one of the most important objectives of the Bologna Process. The key aims of the Bologna Process are directed toward the comparability of educa-tional systems, more transparency, and verifiable educational contents, in order to establish the same standards in higher education across Europe.

»Wenn Sie im Regierungsgeschäft tätig sind, also Maschinen und Anlagen anbieten wollen, dann muss auch etwas bezahlt werden.«
Kann man sich als deutscher Geschäftsmann überhaupt aus der gängigen Korruption heraushalten, fragt Simon Koenen? Seine Interviews lassen nur eine Antwort zu: entweder man macht bis zu einem gewissen Grad mit oder man zieht sich aus dem Indonesiengeschäft zurück.
Dieses Buch ist ein Schatz für diejenigen, die wissen wollen, wie korrupte Geschäftspraktiken tatsächlich und aktuell funktionieren.

BAND 7

Intercultural Competence – Managing Cultural Diversity
Training Handbook

282 Seiten, A4 Softcover,
ISBN 978-3-939928-07-2, € 24,90

What is culture? What is management? What is intercultural management and how does one acquire diversity competence?
Economic processes are driven by people of differing cultural identities, with diverse talents and competencies and with individual desires and interests. These people have to communicate and cooperate with others on the other side of cultural boundaries. It is an encouragement as well as a changing stimulus of the individual's own cultural character and a challenge for all who want to be successful in their international relationships. This is not easy to accomplish without cultural competence.
This manual is a guideline for multipliers, a manual in which practical suggestions are given for the design of intercultural training courses. Based upon this manual, trainers can develop their own concepts and compile their own individual programs.

Das Management-Handbuch:
Die Lust an der Norm

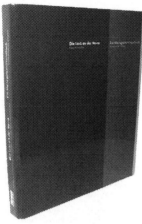

200 Seiten,
22 x 26 cm im
Ordner, zwei-
farbige Innen-
seiten,
ISBN 978-3-
927155-83-1,
€ 24,90

Nachschlagewerk, Ideenstifter, Sparringpartner – eine Fundgrube für alle, die Verantwortung in öffentlichen und privaten Unternehmen tragen oder anstreben. Für Geschäftsführer/innen, Leitungsfrauen und -männer, Betriebs- und Personalräte, QM-Verantwortliche, Studierende und lebenslang Lernende, die praktische und erprobte Ratschläge für die Gestaltung der Betriebsorganisation suchen. Für Manager/innen, die Qualitätsmanagementprozesse vor sich haben oder mittendrin stecken.

112 Seiten, 17 x
24 cm Hardcover,
ISBN 978-3-
927155-51-0,
€ 9,90

Leben in kultureller Vielfalt
Managing Cultural Diversity

Die Strukturen der Erwerbsarbeit in Deutschl. werden sich in den nächsten Jahren noch stärker wandeln, weshalb es wichtig ist die kulturellen Unterschiede wahrzunehmen und auszuwerten. Generationsübergreifend und nachvollziehbar ist das Workshop-Konzept, über das in diesem Buch berichtet wird. Geschildert wird anschaulich und beispielhaft, wie Leben in und Lernen von kultureller Vielfalt ohne großen Aufwand möglich ist, sowie zur persönlichen und organisatorischen Bereicherung beitragen kann.

Im Buchhandel oder direkt beim
SachBuchService Kellner

Kellner-Verlag
St.-Pauli-Deich 3
28199 Bremen

per Fon: 0421 - 77 8 66
per Fax: 0421 - 70 40 58
per Mail: buchservice@kellnerverlag.de
www.kellner-verlag.de